Ullstein

ÜBER DAS BUCH:

Beim Klang von Slocums Namen horchen Segler auf wie Jäger beim Klang der Hörner. Denn er war der erste Einhandsegler, der die Welt umrundete und obendrein noch packend darüber schrieb. Als Matrose und Kapitän segelte Slocum auf vielen Schiffen, ehe er sich 1885 die Bark *Aquidneck* kaufte und mit seiner Familie nach Montevideo fuhr. Dort erlebten sie Cholera und Quarantäne, bis die Bark schließlich auf einer Sandbank verlorenging. Slocum begann sofort, ein neues Boot zu bauen, die zwölf Meter lange *Liberdade*, mit der er in die Heimat zurücksegelte: für die Zeitgenossen eine Sensation. Das Boot wurde in verschiedenen Häfen ausgestellt und fand seinen Ruheplatz im berühmten Smithsonian Institute in Washington.
Slocum schrieb über die »Reise der *Liberdade*« und hoffte vergeblich auf ein neues Unternehmen. 1892 sah er auf einem Feld die verrottete *Spray*. Überzeugt von ihren Qualitäten, baute er sie neu auf und brach am 24. April 1895 in Boston allein zu seiner Weltumsegelung auf. Am 27. Juni 1898 landete er in Newport, nachdem er seinen Ausgangskurs gekreuzt hatte. Schon im folgenden Jahr erschien sein Bericht über diese Soloreise, der ihn weltberühmt machte.
Beide Reiseberichte sind in diesem Band vereint: ein Klassiker der Segelliteratur!

ÜBER DEN AUTOR:

Joshua Slocum wurde am 20. Februar 1844 auf der kanadischen Halbinsel Nova Scotia geboren und wuchs am und auf dem Wasser auf. Er riß von zu Hause aus, wurde Schiffsjunge und Koch und segelte schließlich als Matrose auf einem Vollschiff über den Atlantik. Sein erstes Kommando erhielt er 1869, einen Schoner, dem noch viele Schiffe folgten. Nach seinen hier geschilderten Reisen mit *Liberdade* und *Spray* und der Veröffentlichung seiner Berichte ging er im Alter von 65 Jahren allein auf eine neue weite Fahrt mit Ziel Südamerika. Am 4. November 1909 verließ er mit der *Spray* den Heimathafen – und wurde nie mehr gesehen.

Joshua Slocum

Allein um die Welt

Er wagte es als erster

Ullstein

Ullstein Buchverlage GmbH & Co. KG,
Berlin
Taschenbuchnummer: 24736
Titel der Originalausgaben:
›Sailing Alone Around the World‹
und ›The Voyage of the Liberdade‹
Aus dem Englischen von
Jürgen Hassel

Ungekürzte Ausgabe
Januar 2000

Umschlagentwurf:
Hansbernd Lindemann
Umschlagillustration:
Silvia Christoph
(nach einem Foto von Joshua Slocum)

Abbildungen im Text:
Joshua Slocum

Taschenbuchausgabe mit freundlicher
Genehmigung des Verlags
Delius Klasing & Co., Bielefeld
Printed in Germany 2000
Gesamtherstellung:
Ebner Ulm
ISBN 3 548 24736 9

Gedruckt auf alterungsbeständigem
Papier mit chlorfrei
gebleichtem Zellstoff

Die Deutsche Bibliothek – CIP-Einheitsaufnahme

Slocum, Joshua:
Allein um die Welt : er wagte es als erster / Joshua Slocum.
[Aus dem Engl. von Jürgen Hassel]. –
Ungekürzte Ausg. – Berlin : Ullstein, 2000
(Ullstein-Buch ; Nr. 24736)
Lizenz des Verl. Klasing, Bielefeld. – Orig.-Ausg. gesondert u. d. T.:
Slocum, Joshua: Sailing alone around the world und Slocum, Joshua:
The voyage of the Liberdade
ISBN 3-548-24736-9

INHALTSVERZEICHNIS

ALLEIN UM DIE WELT

Vorwort 7
Die Wiedergeburt der SPRAY 19
Erste Erfahrungen als Einhandsegler 26
Zu den Azoren 35
Der Steuermann der PINTA 44
Von Gibraltar nach Pernambuco 54
Strandung 66
Einfahrt in die Magellanstraße 76
Sturm bei Kap Horn 88
Zum zweitenmal durch die Magellanstraße 96
Auf den Pazifik hinaus 107
Robinsons Insel 116
Auf Samoa 125
Nach Australien 135
Im Großen Barriere-Riff 146
Durch die Torresstraße 156
Keeling Cocos und Rodriguez 168
Von Mauritius nach Südafrika 180
Um das Kap der Guten Hoffnung 191
St. Helena 199
Zu den Westindischen Inseln 208
Der letzte Schlag 215
Die SPRAY – technisch gesehen 222

DIE REISE DER LIBERDADE

Ein Hurrikan, der Passat und ein Pampero 237
Die »Bombelia« 243

Cholera 245
Ein ruinöser Handelskrieg 254
Gemischte Fracht 261
Nächtlicher Überfall 264
Die Pocken und keine Hilfe 271
Das Ende der AQUIDNECK 280
Der Bau der LIBERDADE 285
Stürmische Jungfernfahrt 296
Besuch bei Cabo Frio 301
Unter der Küste von Brasilien 307
Im Kielwasser von Kolumbus 312
Von Bahia nach Barbados 315
Landfall in Nordamerika 326
In heimatlichen Gewässern 337
Das weitere Schicksal der LIBERDADE 347

VORWORT

Joshua Slocum gilt als der Vater aller Einhandsegler. Und wenn er auch nicht der erste Einhandsegler überhaupt war, so war er doch der erste, der allein um die Welt segelte – und darüber schrieb[1]. Es gibt kaum ein Buch eines Einhandseglers oder über das Einhandsegeln, in dem nicht irgendwo sein Name oder der seines Fahrzeugs, der SPRAY, auftaucht. In den USA wurde 1944 eines der Liberty-Schiffe JOSHUA SLOCUM getauft. Bernard Moitessier nannte sein vorläufig letztes Schiff JOSHUA – heute bereits Typenbezeichnung einer französischen Werft. Eine ganze Reihe von Bootsbauern und Amateuren versuchte sich im Nachbau der SPRAY[2]. Und inzwischen gibt es auch eine Slocum-Gesellschaft mit Sitz auf Hawaii, die vor allem Daten über Einhandsegler und ihre Reisen sammelt.

Slocums Leben ist erforscht. Sein ältester Sohn Victor, der im folgenden als Steuermann der AQUIDNECK und Mitglied der kleinen Familiencrew der LIBERDADE auftauchen wird, schrieb 1950 die erste Biographie[3], Walter M. Teller ließ 1956 eine zweite folgen[4], die auch die weniger liebenswerten Züge des Helden, seinen Verfall im Alter nach der Weltumsegelung auf der SPRAY, nicht verschweigt.

Er wurde am 20. Februar 1844 auf der kanadischen Halbinsel Neuschottland geboren. Schon früh paddelte er mit Freunden in kleinen Booten auf dem Wasser herum, lernte aber nie schwimmen. Als er acht Jahre alt war, zog seine Familie nach Briar's

1 »Sailing Alone Around the World« erschien als Buch zuerst in den »Blue Ribbon Books«, New York 1899.

2 Kenneth E. Slack: In the Wake of the SPRAY. Rutgers University Press, New Brunswick, N. J., 1966, gibt eine liebevoll-genaue Untersuchung der SPRAY und ihrer Nachbauten.

3 Victor Slocum: Captain Joshua Slocum. Sheridan House, New York 1950.

4 Walter M. Teller: The Search for Captain Slocum. Charles Scribner's Sons, New York 1956.

Island; er verließ die Schule und mußte auf der Farm seines Vaters mithelfen. Im Alter von zwölf Jahren wurde er dabei erwischt, wie er im Keller ein Schiffsmodell schnitzte statt Kartoffeln zu sortieren, bekam eine Abreibung, floh von zu Hause und trieb sich die nächsten Jahre als Koch und Schiffsjunge unter den Fischern der Bay of Fundy herum. Mit 16 segelte er vor dem Mast auf einem Vollschiff von St. John's auf der Neuschottland gegenüberliegenden Seite der Bay of Fundy nach Dublin. Er hatte sein Ziel erreicht.

Offensichtlich war er weder ein Träumer noch ein Faulenzer, wie das Bild des modellschnitzenden Jungen im Kartoffelkeller suggerieren könnte. Er segelte auf allen möglichen Schiffen unter verschiedener Flagge nach Australien, in die Südsee, rundete zweimal Kap Horn und arbeitete sich allmählich empor. Sein erstes Kommando erhielt er 1869 im Alter von 25 Jahren, einen Schoner, der Korn und Kohle zwischen San Francisco und Seattle transportierte. Ein Jahr später ging er als Kapitän mit der Bark WASHINGTON von San Francisco nach Australien und weiter nach Alaska zum Lachsfang. Erst 1867 hatten die Amerikaner Alaska von den Russen gekauft, und so war die WASHINGTON eines der ersten amerikanischen Schiffe in diesen Gewässern. In Sydney hatte Slocum auch seine erste Frau Virginia kennengelernt und geheiratet, und sie begleitete ihn nun auf die 6000 Meilen weite Reise.

Von Australien nahm er auch Holz mit und baute unterwegs an Bord der Bark zwei Dories für den Fischfang. Diese Vorbereitung erwies sich nicht nur als nützlich, sondern wurde bitter nötig. Denn kaum hatte die WASHINGTON Alaska erreicht – die Mannschaft war noch dabei, die Gerätschaften an Land zu bringen –, als sie auch schon in einem Sturm ihren Anker über Grund schleppte und, da sie nur unter Ballast lief, so hoch auf den Strand gesetzt wurde, daß keine Hoffnung bestand, daß sie je wieder aufschwimmen könnte. Dies war wohl die erste gefährliche Situation, in der Slocum seine Qualitäten bewies. Jedenfalls gab er nicht auf, schaffte alles Notwendige an Land und setzte eine Saison lang mit angeheuerten Indianern den Lachsfang erfolgreich fort. Die Fische blieben in Fässern eingesalzen an Ort und Stelle, während Slocum und seine Mannschaft in den beiden Fischerdories und einem neugebauten 35 Fuß langen Walfänger durch die Tiden zum nächsten Hafen kreuzten. Dort fanden sie auch zwei Schoner, die den Fisch zum Verkauf herbeiholten. Wenn die Eigner der WASHINGTON den Verlust ihres Schiffes auch bedauerten, so waren sie mit ihrem Kapitän dennoch zufrieden, denn sie gaben ihm sofort ein neues Schiff, die Barkentine CONSTITUTION, mit der er zwischen San Francisco, Sydney und den Südseeinseln herumsegelte.

Von einer der Reisen der CONSTITUTION wird auch ein Vorfall berichtet, der die Leser dieses Buches interessieren dürfte. Auf der Fahrt von Honolulu nach San Francisco zerbrach der Schiffschronometer. Slocum hätte umkehren oder doch wenigstens mit großer Verspätung rechnen müssen. Aber er verließ sich auf die alte Methode der Zeitberechnung nach Monddistanzen; er war ohnehin gewohnt, die Genauigkeit seines Chronometers durch Mondbeobachtungen zu überprüfen. So machte er eine ungewöhnlich schnelle Reise, und die Eigner der CONSTITUTION dankten ihm mit einer goldenen Uhr. Wer heute die Nautischen Almanache aufschlägt, findet keine Tabellen mehr für Monddistanzen. So bleibt ihm vielleicht auch unverständlich, daß Slocum auf seiner Reise um die Welt mit der SPRAY mit einem Blechwecker auskam, der schließlich auch noch seinen Minutenzeiger verlor und nur die Stunden anzeigte, nachdem er ihn »gekocht« hatte – vermutlich um das Salz, das sich in der Seeluft angesetzt hatte, herauszudestillieren. Für ihn waren das alles Selbstverständlichkeiten, aber wir bedauern heute, daß er in diesen und anderen Punkten, die Navigation und Seemannschaft betreffen, in seinen Büchern so wenige Einzelheiten berichtet hat.

1873 segelte er auf der Bark BENJAMIN AYMAR zwischen San Francisco, Australien und Shanghai, bis sie in Manila verkauft wurde. Gleich an Ort und Stelle unterzeichnete er den Kontrakt für den Bau eines Dampfers. Wer schon Dories und einen 35 Fuß langen Walfänger gebaut hatte – das schien überhaupt seine bevorzugte Länge zu sein: die LIBERDADE war 35 Fuß und die SPRAY nur wenig länger –, der konnte sich auch an ein Dampfschiff von 150 Tonnen wagen. Er baute es – aus dem frischen Holz des Urwaldes, 60 Meilen von Manila entfernt; die Familie hauste solange in einer selbstgezimmerten Hütte am Strand, gegen den Widerstand und die Intrigen der einheimischen Schiffszimmerleute. Nach dem Stapellauf bekam er als Bezahlung für die Arbeit einen Schoner von 90 Tonnen, die PATO. Man könnte glauben, die Figur des Kapitäns Slocum sei einem der Romane Joseph Conrads entsprungen, der etwa anderthalb Jahre später ja auch als Steuermann und Kapitän der OTAGO in diesen Gewässern kreuzte.

Mit der PATO übernahm Slocum sogleich die schwierige und abenteuerliche Aufgabe, die kostbare Ladung einer britischen Bark zu retten, die 420 Meilen vor Manila auf einem Riff gestrandet war. In zwei Wochen schaffte er drei Fahrten zwischen Manila und dem Wrack; bei der vierten Fahrt drehte der Wind, und das Wrack rutschte vom Riff in die Tiefe. Er segelte die PATO nach Hongkong. Ein paar Fischereigeräte, die er dort in einem der Schapps des Schiffs fand, erinnerten ihn an alte Zeiten, und er fuhr die 2900 Meilen bis nach Petropawlowsk auf der Kamtschatka-Halbinsel, um im Ochotskischen Meer Kabeljau zu fischen. Von dort ging es über weitere 2900 Meilen bis nach Victoria an der kanadischen Westküste. Dann wieder kreuzte die PATO in der Südsee. Als in Honolulu das Postschiff einen Sack mit Post auf dem Kai vergessen hatte, schnappte ihn sich Slocum und segelte hinter dem schnellen Schoner her. Was außer ihm niemand für möglich gehalten hatte, er holte ihn ein und übergab die Post. Mit schnellen Reisen unter Segeln konnte man sich damals einen Namen machen wie heute vielleicht nur mit einer Olympia-Medaille oder dem Gewinn des Fastnet Race. Slocum verkaufte die PATO »für einen Beutel Gold«.

Mit dem Gold wurde er Anteilseigner an einer alten Bark von 400 Tonnen, der AMETHYST. Er transportierte mit ihr Holz von den Philippinen nach China, Kohle von Nagasaki nach Wladiwostok, Eis von Hakodate nach Hongkong, Schießpulver von

Shanghai nach Hainan usw., bis er sie schließlich verkaufte; sie wurde dann noch als Walfänger eingesetzt und ging in der Arktis verloren.

Nach 1880 segelte er als Anteilseigner eine Zeitlang das Vollschiff NORTHERN LIGHT, »das schönste Segelschiff der amerikanischen Handelsflotte«. Und schließlich kaufte er die kleine, aber schnelle Bark AQUIDNECK. Mit ihr segelte er von den USA nach Südamerika, wo 1885 seine erste Frau Virginia im Alter von 34 Jahren starb. Knapp zwei Jahre später heiratete er wieder, Henrietta Elliot, eine entfernte Verwandte, 24 Jahre alt; Slocum war damals 42.

Die AQUIDNECK war sein letztes Kommando. Mit seiner jungen Frau, seinem 14 Jahre alten Sohn Victor als Steuermann und dem fünf Jahre alten Garfield – beide wie Slocums alle vier Kinder auf See oder in einem fremden Hafen geboren – segelte er am 28. Februar 1886 von New York nach Südamerika. Es ist die ereignisreiche Reise, die er in seinem ersten Buch, der »Reise der Liberdade« (hier als zweites abgedruckt), beschreibt*. Sie endete mit dem Schiffbruch der AQUIDNECK und dem Bau der LIBERDADE, einem sehr flachgehenden Boot von 35 Fuß Länge, das dem Typ nach irgendwo zwischen einem Cape-Ann-Dory und einem chinesischen Sampan lag. Über fast 6000 Meilen segelte er die LIBERDADE mit seiner Familie von der Baia de Paranaguá nach Hause; am 27. Dezember 1888 traf sie in Washington ein.

Die »Reise der LIBERDADE«, in der ja zum größten Teil die Reise mit der AQUIDNECK beschrieben wird, gibt einen guten Einblick in Slocums Leben als Kapitän der Handelsschiffahrt, wenn es wohl auch nicht immer in solcher Aneinanderreihung von Katastrophen bestanden hatte. Die Selbstverständlichkeit und Ausdauer, mit der er diese Unglücksfälle erträgt – Krankheit, Meuterei, Raub, Schiffbruch – und mit der er sich sofort nach der Strandung der AQUIDNECK an den Bau eines neuen Bootes macht, ist bezeichnend für seinen Charakter. Nach der

* »Voyage of the LIBERDADE« erschien als Buch zuerst im Jahre 1894.

Rückkehr lebte er noch eine Zeitlang auf der LIBERDADE und stellte sie in verschiedenen amerikanischen Häfen aus; sein ganzes Vermögen war ja mit der AQUIDNECK in den Wassern des Paranaguá versunken. Das Boot wurde schließlich in der berühmten Smithsonian Institution in Washington ausgestellt, und Slocum schrieb seinen lebendigen Bericht.

Ein neues Kommando fand er nicht wieder – die Zeit der großen Segelschiffe war allmählich vorbei. Doch als er 1892 die alte SPRAY auf einem Feld bei Fairhaven sah, kam ihm wohl der Gedanke, eine ähnliche Fahrt zu wiederholen und damit auch den Erfolg seiner ersten Veröffentlichung – ein Motiv, das sich bei Einhandseglern nicht gerade selten findet. Es wurde die erste Weltumsegelung allein in einem kleinen Schiff.

Die SPRAY, die er sah, war eine verrottete Hulk, die wahrscheinlich schon kurz nach 1800 an der amerikanischen Ostküste als Austernfischer Dienst getan hatte. Mit ihren 36 Fuß 9 Zoll Länge über Deck war sie klein wohl nur im Vergleich zu den Vollschiffen und Barken, die er vorher gesegelt hatte. Sie war schwer gebaut, immerhin fast 15 Fuß breit (was einem Längen-Breiten-Verhältnis von 2,6 entspricht), hatte einen unhandlichen Bugspriet, einen schweren, langen Baum und ein entsprechend riesiges Großsegel. Ihr Hauptvorteil war ihre Kursstabilität, auf die Slocum auch nicht wenig stolz war. Aber ihre Segeleigenschaften am Wind und bei wenig Wind müssen nicht besonders gut gewesen sein. Zwar war sie auf Grund der enormen Breite recht steif, aber verglichen mit einer modernen Segelyacht hatte sie nur eine geringe Endstabilität; sie hatte keinerlei Ballast unter dem Kiel. Kein vernünftiger Mensch würde sich heute in einem solchen Boot auf eine Reise um die Welt wagen. Selbst Kenneth E. Slack, ausgewiesener Bewunderer der SPRAY, schreibt, daß sie neben der modernen Yacht als »langsam, plump und unhandlich« erschien: »Ein solches Fahrzeug in den überfüllten Häfen und an den von Dampfern nur so wimmelnden Küsten von heute zu segeln, erfordert viel mehr Geschicklichkeit, als sie der normale Eigner besitzt. Und schließlich gibt es unter uns nur wenige, die sich darin mit Kapitän Slocum messen können.«

Slocum war von den Qualitäten seiner SPRAY überzeugt, und die Unkompliziertheit seiner Reise gab ihm dazu wohl auch ein gewisses Recht, obwohl wir heute eher seine Seemannschaft, sein Können und seine Vorsicht dafür verantwortlich machen möchten. Trotz allen Lobes für das Fahrzeug kürzte er den Bugspriet, den Mast und den Baum und setzte schließlich auch noch einen Besanmast, machte aus dem Kutter- ein Yawlrigg und unterteilte damit die große Segelfläche.

Er selbst bezeichnete die SPRAY allerdings vor und nach der Umwandlung hartnäckig als Slup. Slup nennen wir eigentlich ein Fahrzeug mit einem Mast, Großsegel und Stagfock. Die SPRAY hatte aber zunächst neben dem Großsegel und dem Stagsegel noch einen Klüver und setzte dazu gelegentlich noch einen Außenklüver oder Flieger; damit war sie eindeutig als Kutter ausgewiesen. Mit dem kleinen Heckmast, dem Treiber oder Besan, hatte sie ein Yawlrigg. Die Begriffsverwirrung löst sich freilich auf, wenn man weiter nachforscht. Schon Frederick Chapman hatte in seiner »Architectura Navalis Mercatoria« von 1769 den Segelriß einer »Slup« mit drei Vorsegeln (und dazu zwei Rah-Toppsegeln) wiedergegeben. John Leather geht in seinem schönen Buch über das Gaffelrigg* auf die Entwicklung der Begriffe »Slup« und »Kutter« im 19. Jahrhundert ein. An den englischen Küsten und an der amerikanischen Ostküste wurde demnach mit Slup ein Schiff bezeichnet, das breiter, langsamer und flacher war als der Kutter, obwohl sich beide im Rigg ähnlich sein konnten. Bei der Slup wurden lediglich Stagsegel und Klüver an festen Stagen gefahren, die zugleich den Mast abstützten; der Bugspriet war ein fester Baum. Beim Kutter hingegen wurden die Vorsegel fliegend gefahren, das heißt, sie wurden praktisch am Vorliek gesetzt; der Bugspriet konnte infolgedessen eingezogen werden. Der Unterschied im Rigg scheint allerdings nicht so wichtig gewesen zu sein wie der in den Linien des Rumpfes: Slups dieser Art waren vor allem Fischereifahrzeuge, Kutter zunächst vor allem Zollsegler, die

* John Leather: Gaff Rigg. Adlard Coles, London 1970.

schneller sein mußten als ihre Gegner, die Schmuggler. Nichts hindert uns also daran anzunehmen, daß Slocum den Begriff »Slup« einfach als Typenbezeichnung für ein kleines, einmastiges Fischereifahrzeug gebrauchte, das ziemlich breit und relativ flach war. Daß er diese Bezeichnung auch nach dem Umbau zur Yawl beibehielt, erklärte er selbst: Der Besan war nur als vorübergehende Einrichtung gedacht.

Joshua Slocum segelte mit seiner »Slup« SPRAY am 24. April 1895 von Boston ab – er war damals 51 Jahre alt – und ankerte nach etwas mehr als drei Jahren am 27. Juni 1898 wieder vor Newport. Die erste Einhandreise um die Welt war vollbracht.

Bald erschien die Geschichte der Reise kapitelweise im »Century Magazine« – was ein aufmerksamer Leser dem Buch heute noch anmerkt – und etwas später als Buch. Auf einer Reise durch die amerikanischen Häfen, in denen er Vorträge hielt und die SPRAY ausstellte, sammelte er Anerkennung und Geld für seinen Lebensunterhalt, kaufte schließlich in der Nähe von Martha's Vineyard eine Farm, die allerdings nie genug für den Lebensunterhalt abwarf; seine Familie konnte dort leben, während er ruhelos auf dem Wasser blieb und die SPRAY an der Küste entlangsegelte, im Winter mehrmals bis in die Karibik. 1906 bekam er Ärger, als die Eltern eines zwölf Jahre alten Mädchens ihn wegen Notzucht anklagten; der Fall wurde nie aufgeklärt, die Anklage später fallengelassen, aber Slocum hatte 42 Tage in Haft gesessen. Ob dieser Vorfall seine Zielstrebigkeit und Widerstandskraft brach, ober ob er schon lange über den »point of no return« hinaus war? Ein Yachtsegler, der ihn kannte, beschrieb den alternden Slocum als »einen fähigen, aber einsamen und unglücklichen Mann«.

Im Alter von 65 Jahren ging er auf eine neue weite Reise – sein Ziel war Südamerika, er wollte den Orinoko hinauf bis zu den Quellen des Amazonas. Eine andere Version ist, daß er nur plante, die kalte Jahreszeit auf den wärmeren Westindischen Inseln zu verbringen, »einfach nur, um keinen Wintermantel kaufen zu müssen«, soll er gesagt haben. Am 4. November 1909 segelte er die SPRAY aus Vineyard Haven hinaus und wurde nie wieder gesehen.

Es gab und gibt natürlich eine ganze Menge Theorien darüber, was ihm passiert sein könnte. Sein Sohn Victor rechnete aus, daß er mehrere Dampferrouten kreuzte; er hielt es für wahrscheinlich, daß die SPRAY von einem Dampfer überrannt wurde, als Slocum unter Deck war, kochte, las oder schlief und sein Schiff sich wie gewöhnlich selbst steuern ließ. Andere haben nachgewiesen, daß er gleich nach dem Auslaufen in einen schweren Sturm geriet. Zwar hatte Slocum schon Stürme jeder Art gemeistert, und die SPRAY war auch noch nicht besonders alt; aber sie war aus frischem, unabgelagertem Holz gebaut worden und hatte in den letzten Jahren schon oft repariert werden müssen. So leuchtet vielleicht die Erklärung, die D. H. Clarke gibt, am meisten ein*:

»Slocum war 65, die SPRAY nur 15 Jahre alt seit ihrer Wiedergeburt, aber wahrscheinlich waren beide gleich wenig seetüchtig. Der Kapitän litt bisweilen an Ohnmachtsanfällen, vielleicht als Folge eines Schlags an den Kopf aus dem Jahre 1896; die SPRAY litt unter nur gelegentlicher, fast nicht vorhandener Pflege: Sie war ›ziemlich verkommen‹, um nur einen Kommentar zu zitieren ... Er hatte seine Berühmtheit genossen und lechzte nach mehr Anerkennung. Doch sein Vertrauen in seine Fähigkeit und die seines Schiffes, alle Gefahren der See zu überleben, stimmte nicht mehr mit der Wirklichkeit überein; wir werden nie wissen, wer von beiden in diesem letzten Kampf gegen die Elemente versagte.«

* D. H. Clarke: An Evolution of Singlehanders. Stanford Maritime, London 1976.

ALLEIN UM DIE WELT

DIE WIEDERGEBURT DER SPRAY

Die Vorfahren: Blaujacken mit Neigung zum Yankeetum – Jugendliche Liebe zur See – Kapitän der Northern Light – *Schiffbruch mit der* Aquidneck – *Heimreise mit der* Liberdade – *Ein »Schiff« als Geschenk – Der Neubau der* Spray – *Rätsel um die Finanzierung und das Kalfatern – Der Stapellauf der* Spray

Im schönen Neuschottland, einer kanadischen Küstenprovinz, gibt es einen Bergrücken, North Mountain genannt, von dem man zur einen Seite auf die Bay of Fundy und zur anderen auf das fruchtbare Annapolistal hinabschauen kann. An seinem Nordhang wächst die widerstandsfähige Rottanne, deren Holz unter dem Namen Spruce gut für den Schiffbau geeignet ist. Die Menschen von dieser Küste, ebenso widerstandsfähig, robust und stark, spielen im Handel der Welt durchaus eine Rolle, und es spricht nicht gegen den Schiffsführer, wenn in seinen Papieren als Geburtsort Neuschottland steht. Ich wurde an einem kalten 20. Februar in einer kalten Ecke, da wo es am North Mountain am kältesten ist, geboren, obwohl ich Bürger der Vereinigten Staaten bin – ein naturalisierter Yankee, wenn man nicht überhaupt die Neuschottländer als Yankees im wahrsten Sinne des Wortes bezeichnen will. Auf beiden Seiten meiner Familie gab es Seeleute; und wenn ein Slocum nicht zur See fährt, so schnitzt er doch wenigstens Schiffsmodelle oder träumt von weiten Reisen. Mein Vater war ein Mensch, der an einer einsamen Insel Schiffbruch erleiden konnte und doch immer den Weg nach Hause gefunden hätte, vorausgesetzt, er besaß ein Taschenmesser und fand einen Baum. Er hatte einen guten Blick für Schiffe, doch die alte Lehmfarm, an die er zu seinem Unglück geraten war, hielt ihn fest wie ein Anker. Er hatte keine Angst vor einer Mütze voll Wind, und er verdrückte sich auch nie nach hinten bei einer Zeltmission oder einer der guten, altmodischen Versammlungen der Erweckungsbewegungen.

Was mich selbst betrifft – die wunderbare See bezauberte mich von Anfang an. Schon mit acht Jahren schaukelte ich – mit guter Aussicht zu ertrinken – mit anderen Jungen auf der Bucht herum. Als junger Bursche übernahm ich den wichtigen Posten des Kochs auf einem Fischschoner. Doch ich stand nicht lange in der Kombüse, denn die Mannschaft meuterte beim Anblick meines ersten Puddings und setzte mich an die Luft, bevor ich mich als Kochkünstler hervortun konnte. Der nächste Schritt zum Gipfel meines Glücks führte mich vor den Mast eines Vollschiffes auf großer Fahrt. So kam ich schließlich von der Back und nicht aus der Offiziersmesse zu einem Schiffskommando.

Mein bestes Kommando war die prachtvolle NORTHERN LIGHT, an der ich Miteigner war. Ich hatte Grund, stolz auf sie zu sein, denn zu jener Zeit – in den achtziger Jahren – war sie das schönste Segelschiff der amerikanischen Handelsflotte. Später besaß und segelte ich die AQUIDNECK, eine kleine Bark, die mir von allen Schöpfungen aus Menschenhand dem Ideal der Schönheit am nächsten zu kommen schien und die bei gutem Wind auch so schnell war, daß sie es mit Dampfschiffen aufnehmen konnte. Ich war fast zwanzig Jahre lang Schiffsführer gewesen, als ich mit ihr an der brasilianischen Küste strandete. Die Heimreise machte ich zusammen mit meiner Familie in dem Kanu LIBERDADE – ohne jeden Zwischenfall.

Meine Reisen gingen alle in die Ferne. Ich segelte als Händler in der Trampschiffahrt hauptsächlich nach China, Australien und Japan und zu den Gewürzinseln. Mir gefiel das Leben nicht, bei dem man erst lange seine Leinen an Land aufschießen mußte – Sitten und Gebräuche, die ich schließlich auch ganz vergessen hatte. Und als dann die Zeiten für Frachtsegler schlecht wurden und ich die Seefahrt aufgeben wollte – was gab es da für einen alten Seebären zu tun? Ich war im Seewind geboren, hatte wie kaum ein anderer die See durchforscht und dabei alles andere vernachlässigt. Nach der Seefahrt zog mich eigentlich nur der Schiffbau an. Ich wollte Meister in beiden Berufen werden, und in kleinem Maßstab erfüllte ich mit der Zeit auch diesen Wunsch. In den schwersten Stürmen hatte ich an Deck stolzer

Schiffe Berechnungen angestellt, wie groß und von welchem Typ ein Schiff sein müßte, das bei jedem Wetter und jeder See sicher sein sollte. So war die Reise, über die ich hier berichte, nicht nur ein natürliches Ergebnis meiner Abenteuerlust, sondern auch meiner lebenslangen Erfahrung.

Es war an einem Mittwintertag des Jahres 1892 in Boston, wo mich ein oder zwei Jahre zuvor der alte Ozean an Land gespült hatte. Ich zögerte noch, ob ich mich um ein Kommando bewerben und mein Brot wieder auf See verdienen oder ob ich zum Arbeiten auf die Werft gehen sollte. Da traf ich einen alten Bekannten, einen Walfangkapitän, der zu mir sagte: »Komm nach Fairhaven, ich gebe dir ein Schiff. Aber«, fügte er hinzu, »es muß etwas überholt werden.« Nach ein paar näheren Angaben war ich mehr als zufrieden mit dem Angebot. Es schloß alle Hilfe mit ein, die ich brauchte, um das Fahrzeug seetüchtig zu machen. Ich schlug freudig ein, denn ich hatte schon herausgefunden, daß ich auf der Werft nur dann Arbeit erhalten würde, wenn ich zuvor 50 Dollar an eine Gesellschaft bezahlte. Und was ein Schiffskommando anging – es gab nicht mehr genug Schiffe. Fast alle unsere großen Schiffe waren abgetakelt und in Kohlenhulks umgewandelt worden und wurden jetzt von Hafen zu Hafen geschleppt, während viele ehrenwerte Kapitäne sich aufs Altenteil zurückgezogen hatten.

Am nächsten Tag landete ich in Fairhaven und stellte fest, daß mein Freund sich einen Spaß erlaubt hatte. Das Schiff, sieben Jahre lang in seinem Besitz, erwies sich als eine ziemlich antiquierte Slup mit dem Namen SPRAY, die nach Meinung der Nachbarn etwa im Jahre 1 gebaut worden war. Sie stand sorgfältig aufgebockt auf freiem Feld in einiger Entfernung vom Salzwasser und war mit einer Persenning abgedeckt. Die Leute aus Fairhaven sind sparsam und neugierig. Sieben Jahre lang hatten sie sich gefragt, was wohl Kapitän Eben Pierce mit der alten SPRAY anfangen würde. Mein Erscheinen gab dem Geklatsche neuen Auftrieb. Endlich war jemand gekommen und begann auch tatsächlich, an der alten SPRAY zu arbeiten. »Er schlachtet sie aus, denk' ich mir.« »Nein, er baut sie um!« Die Verwunderung war groß. »Wird sich das bezahlt machen?« war die Frage, auf die ich ein Jahr lang immer wieder antwortete, ich würde schon dafür sorgen.

Mit meiner Axt fällte ich in der Nähe eine stämmige Eiche für den Kiel, die mir der Farmer Howard gegen ein kleines Entgelt zusammen mit genug anderem Holz für den Spantbau heranschleppte. Ich riggte einen Dampfkasten und einen Topf als Kessel. Für die Spanten verarbeitete ich Frischholz; sie wurden ausgelaugt und gedämpft, bis sie schmiegsam waren, und dann über einem Klotz gebogen, wo sie bis zum Einbau blieben. Irgend etwas war jeden Tag zu tun, und die Nachbarn machten die Arbeit zu einem geselligen Unternehmen. Es war ein großer Tag auf der SPRAY-Werft, als der neue Vorsteven aufgestellt und an dem neuen Kiel befestigt wurde. Walfangkapitäne kamen von weit her, um die Arbeit zu begutachten. Ihr einstimmiges Urteil war: »Eins A« und: »Damit kann man Eis brechen.« Der älteste Kapitän schüttelte mir herzlich die Hand, als die Bugbänder eingesetzt wurden, und erklärte, er sehe keinen Grund, warum die SPRAY sich nicht sogar mit einem Grönlandwal einlassen sollte. Das so hochgelobte Stevenholz stammte vom unteren Stamm einer kräftigen Steineiche. Später, auf Keeling Island, zersplitterte es einen Korallenstock und bekam nicht einmal einen Kratzer ab. Es gibt kein besseres Holz für ein Schiff. Die Bugbänder und alle Spanten waren aus diesem Holz.

Es ging schon weit in den März hinein, als ich ernsthaft mit der Arbeit begann; das Wetter war kalt, aber meine »Inspektoren« erschienen noch recht zahlreich, um mich mit Rat zu unterstützen. Wenn ein Walfangkapitän in Sicht kam, ruhte ich mich eben eine Zeitlang auf meiner Krummaxt aus und hielt ein Schwätzchen mit ihm.

New Bedford, die Heimat der Walfangkapitäne, ist mit Fairhaven über eine Brücke verbunden, und so lag mein Arbeitsplatz für sie gerade in der Reichweite eines kleinen Spaziergangs. Für mich blieben sie nie zu lange. Und ihr amüsantes Garn über den Walfang in arktischen Gewässern inspirierte mich auch dazu, die Bugbänder der SPRAY doppelt so stark zu machen, damit sie vielleicht sogar Eis beiseite schieben konnte.

Die Jahreszeiten vergingen schnell während meiner Arbeit. Vor der Apfelblüte standen kaum die Spanten. Bald blühten die Gänseblümchen und Kirschen. Dicht neben dem Platz, wo sich die alte SPRAY jetzt allmählich auflöste, ruhte die Asche von John Cook, einem der verehrten Pilgerväter. Vom Deck aus konnte ich Kirschen pflücken, die über dem kleinen Grab wuchsen. Bald konnte ich auch die Planken des neuen Schiffs aufbringen; sie bestanden aus 1 1/2 Zoll dicker Georgiakiefer. Das Aufplanken war zeitraubend, doch das Kalfatern wurde dann um so leichter.

Nach außen waren die Nähte für die Kalfaterung leicht offen, aber nach innen standen die Plankengänge so dicht aneinander, daß ich kein Tageslicht zwischen ihnen hindurchschimmern sehen konnte. Alle Planken waren fest mit den Spanten verbolzt und verschraubt, so daß ich von daher keinen Ärger zu erwarten hatte. Insgesamt verarbeitete ich etwa tausend Schraubbolzen und Muttern in der gesamten Konstruktion. Ich wollte ein stämmiges und widerstandsfähiges Schiff haben.

Nun gibt es bei Lloyd's eine Bestimmung, die besagt, daß die JANE selbst dann noch die JANE bleibt, wenn vor lauter Überholen und Reparieren kein ursprüngliches, altes Teil mehr an ihr ist. Die SPRAY verwandete sich so allmählich, daß man kaum sagen konnte, wann die alte starb und die neue geboren wurde, und im übrigen war das auch egal. Die Schanzkleidstützen machte ich aus weißer Eiche, 14 Zoll hoch, und deckte sie mit 7/8 Zoll dickem Kiefernholz. Die Stützen, die durch das 2 Zoll dicke Schandeck genutet waren, dichtete ich mit dünnen Keilen aus Zedernholz ab. Bisher sind sie immer dicht geblieben. Das Deck fertigte ich aus Kiefernplanken von 1 1/2 Zoll, die ich auf die 6 x 6 Zoll dicken Decksbalken nagelte, die aus gelber oder Georgiakiefer bestanden und im Abstand von jeweils 3 Fuß verlegt waren. Es gab einen Decksaufbau von 6 x 6 Fuß über dem Hauptluk für eine Kombüse und einen zweiten von 10 x 12 Fuß weiter achtern für eine Kajüte. Beide hatten eine Höhe von etwa

3 Fuß über Deck und reichten so tief in den Schiffsraum hinunter, daß ich Stehhöhe hatte. Seitlich von der Kajüte baute ich unter Deck eine Koje und Borde für kleinere Ausrüstungsgegenstände ein, wobei ich auch einen Platz für die Bordapotheke nicht vergaß. Mittschiffs, also zwischen Kajüte und Kombüse, war unter Deck genügend Raum für Wasser, Pökelfleisch und anderen Proviant, mit dem ich viele Monate auskommen konnte.

Als nun der Rumpf meines Fahrzeugs so fest zusammengebaut war, wie es mit Holz und Eisen eben ging, und die verschiedenen Räume unter Deck abgeteilt waren, machte ich mich an das Kalfatern. Einige meiner »Inspektoren« hatten schwerwiegende Bedenken, daß ich an diesem Punkt scheitern könnte. Ich hatte auch schon überlegt, das Kalfatern einem professionellen Bootsbauer zu überlassen. Beim ersten Schlag mit dem Kalfateisen auf die Baumwolle, wie ich ihn für richtig hielt, erklärten mir denn auch andere, ich machte es ganz falsch. »Sie wird herausgedrückt!« rief ein Mann aus Marion, als er mit einem Korb voll Muscheln auf dem Rücken vorbeiging. »Sie wird herausgedrückt!« rief ein anderer aus West Island, als er sah, wie ich Baumwolle in die Nähte stemmte. Bruno wedelte einfach nur mit dem Schwanz. Selbst Mr. Ben J., eine bekannte Autorität auf Walfangschiffen, dessen Ansichten allerdings, wie man sagte, schralten wie der Wind, fragte ganz im Vertrauen, ob ich nicht glaubte, daß sie herausgedrückt würde. »Wie schnell wird sie herausgedrückt?« schrie mein alter Kapitänsfreund, der schon von so manchem leibhaftigen Pottwal in Schlepp genommen worden war. »Sag uns, wie schnell, damit wir rechtzeitig in den Hafen kommen.« Doch ich trieb über der Baumwolle einen Strang geteertes Werg in die Naht, wie ich es von Anfang an beabsichtigt hatte. Und Bruno wedelte wieder mit dem Schwanz. Die Baumwolle wurde nie »herausgedrückt«. Als das Kalfatern beendet war, klatschte ich zwei Schichten Kupferfarbe auf das Unterwasserschiff und zwei Schichten Bleiweiß auf das Überwasserschiff und das Schanzkleid. Dann hängte ich das Ruder ein, malte es, und am folgenden Tag lief die SPRAY vom Stapel. Als sie an ihrem alten, rostigen Anker schwoite, lag sie auf dem Wasser wie ein Schwan.

Die Abmessungen der SPRAY waren 36 Fuß 9 Zoll Länge über alles, 14 Fuß 2 Zoll Breite und 4 Fuß 2 Zoll Tiefgang; ihr Nettoraumgehalt betrug 9 tons und ihr Bruttoraum 12,7 tons.

Dann setzte ich den Mast aus kräftigem New-Hampshire-Spruce und brachte all die kleinen Dinge an, die für eine kurze Küstenfahrt nötig waren. Die Segel wurden angeschlagen, und die SPRAY flog mit Kapitän Pierce und mir an Bord auf ihrer Jungfernfahrt über die Buzzard's Bay. Das einzige, was meine Freunde entlang der Küste jetzt noch beunruhigte, war die Frage: »Wird sie sich auch bezahlt machen?« Die Kosten für mein neues Fahrzeug betrugen 553,62 Dollar für Materialien; hinzu kamen 13 Monate eigener Arbeit. Freilich blieb ich ein paar Monate länger in Fairhaven; denn ab und zu bekam ich unten im Hafen Gelegenheitsarbeit bei der Ausrüstung eines Walfängers.

ERSTE ERFAHRUNGEN ALS EINHAND-SEGLER

Mißerfolg als Fischer – Eine Reise um die Welt wird geplant – Von Boston nach Gloucester – Ausrüsten für den Ozean – Ein halbes Dory als Beiboot – Von Gloucester nach Neuschottland – Durchgeschüttelt in heimischen Gewässern – Unter alten Freunden

Eine Saison lang versuchte ich mich mit meinem neuen Boot in der Küstenfischerei – um herauszufinden, daß ich nicht geschickt genug war, einen Köder an den Haken zu bekommen. Doch schließlich war es an der Zeit, ankerauf und ernsthaft auf große Fahrt zu gehen. Ich hatte beschlossen, eine Reise um die Welt zu machen. Und als der Wind am Morgen des 24. April 1895 günstig war, lichtete ich um die Mittagszeit den Anker, setzte Segel und schlich mich von Boston fort, wo die SPRAY den ganzen Winter über sicher vermurt gelegen hatte. Die Zwölf-Uhr-Sirenen heulten gerade auf, als die Slup unter Vollzeug ihre Reise antrat. Auf Backbordbug machte ich einen kurzen Schlag quer über den Hafen, und nach der Wende hielt ich hinaus auf See, das Groß weit nach Backbord ausgebaumt, mit leichter Krängung vorbei an den Fähren. Ein Fotograf machte auf der Außenpier in East Boston ein Bild, als die SPRAY mit wehender Flagge an der Piek an ihm vorbeirauschte. Mein Herz schlug bis zum Hals. Leichtfüßig lief ich in der frischen Luft an Deck herum. Ich fühlte, daß es kein Zurück gab und daß ich mich auf ein Abenteuer eingelassen hatte, über dessen Bedeutung ich mir völlig im klaren war. Ich hatte jeden guten Rat in den Wind geschlagen, denn ich hatte ein Recht auf meine eigene Meinung in allem, was die See betraf. Daß die besten Seeleute mehr Pech haben konnten als ich als Einzelgänger, wurde mir kaum eine Meile vor den Bostoner Docks klar, wo ein großes Dampfschiff mit voller Mannschaft, Offizieren und Lotsen gestrandet war. Es war die VENETIAN. Über einem Riff war sie in zwei Teile auseinandergebrochen. So bekam ich in der ersten Stunde meiner einsamen Reise den Beweis, daß die SPRAY zumindest diesem vollbemannten Dampfschiff überlegen war; denn ich war ja immerhin schon etwas weiter gekommen. »Nimm die Warnung ernst, SPRAY, und gib acht«, rief ich meinem Schiff laut zu, als es feenhaft leise die Bucht hinuntersegelte.

Der Wind frischte auf, und die SPRAY rundete Deer Island problemlos mit sieben Knoten Fahrt.

Dann lief sie vor raumem Wind direkt auf Gloucester zu, wo ich mir noch ein paar Dinge für den Fischfang beschaffen wollte. Die Wellen tanzten lebhaft über die Massachusetts Bay und zerstoben in Myriaden glänzender Tropfen, wenn die Slup mit ihrem Bug in eine See schnitt. Der Tag war wunderbar, die Sonne schien klar und stark. Jeder Wassertropfen verwandelte sich in der Luft in einen Edelstein, und so fing sich die SPRAY immer wieder ein neues Geschmeide aus der See auf und warf es ebenso rasch wieder ab. Wir alle haben gelegentlich schon den Miniaturregenbogen am Bug eines Schiffes gesehen, doch an diesem Tag erschuf sich die SPRAY einen eigenen Regenbogen, der sie ganz einhüllte, wie ich ihn nie zuvor gesehen hatte. Ihr Schutzengel war mit auf die Reise gegangen; so las ich es aus der See.

Bold Nahant lag bald querab, dann ließen wir Marblehead achteraus. Andere Fahrzeuge gingen hinaus, aber keines überholte die SPRAY, die allein auf ihrem Kurs entlangflog. Ich hörte die Warnglocke von Norman's Woe, als wir vorbeizogen; und wir liefen dicht an dem Riff vorbei, auf dem der Schoner HESPERUS gestrandet war. Die ausgebleichten »Knochen« eines Wracks lagen dicht bei dicht auf dem Strand. Da der Wind noch weiter auffrischte, holte ich die Klau des Großsegels ein wenig nieder, um das Ruder zu entlasten; denn mit dem vollen Groß konnte ich die Slup kaum auf dem Ruder halten. Ein Schoner voraus barg alle Segel und lief vor Topp und Takel in den Hafen. Als die SPRAY an dem Fremden vorbeijagte, sah ich, daß er in einer Bö ein paar Segel verloren hatte und viel zerrissenes Zeug in seinem Rigg hing.

Ich lief in die Bucht von Gloucester ein, um die SPRAY ebenso wie die gesamte Reise und meine Gedanken und Gefühle noch einmal durchzumustern. Die Bucht war federweiß, als mein kleines Fahrzeug in einer Wolke von Schaum hineingeschossen kam. Es war das erstemal, daß ich allein auf einem Schiff einen Hafen anlief. Alte Fischer rannten herunter an den Kai, auf den die SPRAY zuhielt, vermutlich in der Annahme, daß sie sich den Schädel daran einstoßen würde. Ich weiß kaum, wie ein Unfall vermieden wurde. Das Herz schlug mir jedenfalls fast bis zum Hals, ich ließ das Ruder los, rannte rasch nach vorn und riß den Klüver herunter. Die Slup schoß natürlich in den Wind und legte sich nach kurzem Auslauf so sanft an einen Festmachpfahl an der Luvseite des Kais, daß sie nicht einmal ein Ei zerbrochen hätte. Sehr gemächlich schlang ich ein Ende um den Pfahl, und sie war vertäut. Darauf erscholl aus der kleinen Versammlung auf dem Kai ein Beifallsgeschrei. »Das hätten Sie nicht besser machen können«, rief ein alter Schiffer, »selbst wenn Sie eine ganze Tonne wiegen würden!« Nun, ich wog etwas weniger als den fünfzehnten Teil einer Tonne, doch ich sagte nichts, warf ihm nur einen sorglosen, nichtssagenden Blick zu, der ausdrükken sollte: »Oh, das ist noch gar nichts.« Denn einige der fähigsten Seeleute der Welt schauten mir zu, und ich wollte vor ihnen nicht grün aussehen, weil ich ein paar Tage in Gloucester bleiben wollte. Hätte ich ein Wort gesagt, ich hätte mich sicher verraten; denn ich war noch immer aufgeregt und außer Atem.

Ich blieb etwa zwei Wochen in Gloucester und rüstete mich mit den verschiedensten Dingen für die Reise aus, die dort leicht zu erhalten waren. Die Besitzer des Kais, an dem ich lag, die zugleich Eigner einer Fischereiflotte waren, brachten Stockfisch in Hülle und Fülle an Bord, auch ein Faß Öl, um damit im Sturm die See glätten zu können. Sie waren selber alte Schiffer und zeigten großes Interesse für die Reise. Sie machten der SPRAY auch eine spezielle Fischerlaterne zum Geschenk, die ein helles und weitreichendes Licht gab. Wer ein Schiff mit solchem Licht an Bord niederrannte, würde wohl ebensogut in ein Feuerschiff laufen. Eine Harpune, ein Handnetz und ein Eimer, die ein alter Fischer als unbedingt notwendig für die Reise erklärte, kamen ebenfalls an Bord. Dann schenkte man mir auch noch von der anderen Seite der Bucht eine Kiste mit Kupferfarbe, einem bekannten Antifouling, das mir später noch gut zustatten kam. Ich malte den Boden der SPRAY zweimal mit dieser Farbe, als sie bei Ebbe hoch und trocken auf dem festen Strand lag.

Als Beiboot schnitt ich ein ausgemustertes Dory in der Mitte auseinander und baute ein neues Heck ein. Dieses halbe Dory konnte ich leicht an Bord hieven und zu Wasser lassen, indem ich das Klaufall in ein eigens dafür vorgesehenes Auge einpiekte. Ein ganzes Dory wäre für einen Mann zu schwer und zu unhandlich gewesen. Außerdem war nur für das halbe Dory Platz auf Deck. Doch schließlich war es besser als gar kein Boot; für einen allein war es groß genug. Ich begriff bald, daß dieses neuartige Boot, mittschiffs quer aufgestellt, auch gut als Wasch- und Badezuber dienen konnte. In der Tat erlangte mein rasiertes Dory gerade für den ersten Zweck unterwegs ein solches Ansehen, daß meine Waschfrau auf Samoa darauf versessen war. Sie erkannte auf den ersten Blick, daß das eine neue Erfindung war, die alles in den Schatten stellte, was die Missionare aus dem Yankeeland auf die Inseln gebracht hatten. Und so mußte sie es einfach haben.

Jetzt brauchte ich nur noch einen Chronometer für die Reise. Nach unserer neumodischen Vorstellung von Navigation setzen wir voraus, daß ein Seemann ohne Chronometer seinen Weg nicht findet. Und auch ich hatte mich zu diesem Denken verstiegen. Mein guter alter Chronometer war lange nicht mehr in Gebrauch gewesen. Ihn zu reinigen und zu justieren, sollte 15 Dollar kosten. Fünfzehn Dollar! Aus begreiflichen Gründen ließ ich dieses Uhrwerk dort, wo der Fliegende Holländer seinen Anker gelassen hatte. Ich hatte ja die große Laterne! Und eine Lady aus Boston schickte mir außerdem das Geld für eine große Kajütlampe mit zwei Brennern, die bei Nacht die Kajüte erleuchtete und mit ein paar Handgriffen tagsüber in einen Ofen verwandelt werden konnte.

So ausgerüstet, war ich zum zweitenmal bereit, in See zu gehen, und am 7. Mai setzte ich denn auch wieder Segel. Der Raum zum Manövrieren war sehr eng, und so kratzte die SPRAY, als sie Fahrt aufnahm, einem alten Schönwettersegler im Fahrwasser, der gerade für eine Sommertour gespachtelt und gemalt wurde, ein wenig Farbe ab. »Wer bezahlt das?« knurrten die Maler. »Ich«, sagte ich. »Ja, mit der Großschot«, echote der Kapitän der dicht daneben liegenden BLUEBIRD, womit er sagen wollte, daß ich auf und davon war. Es ging wohl um höchstens 5 Cent Farbe, aber zwischen dem alten Pott und der BLUEBIRD, die nun für mich eintrat, entfachte sich solch ein Krach, daß der eigentliche Anlaß völlig vergessen wurde. Jedenfalls bekam ich keine Rechnung nachgeschickt.

Am Tage meiner Abfahrt aus Gloucester war das Wetter mild. Als die SPRAY aus der Bucht hinaussegelte, zeigte sich auf der Landspitze ein hübsches Bild: Die ganze Front einer großen Fabrik war ein einziges Gewinke mit Taschentüchern und Mützen. Freundliche Gesichter schauten aus allen Fenstern vom Dach bis zum Erdgeschoß, und alle lächelten mir *bon voyage* zu. Einige riefen mich an, wohin und warum allein. Warum? Als ich so tat, als ob ich auf sie zuhalten wollte, streckten sich mir hundert Arme entgegen: »Komm!« Aber das Ufer war zu gefährlich. Die Slup boxte sich gegen einen leichten Südwestwind aus der Bucht heraus und passierte um die Mittagszeit Eastern Point, wo sie noch einen herzlichen Salut empfing – die letzte von vielen freundlichen Gesten, die ihr Gloucester entgegenbrachte. Vor der Landzunge frischte der Wind auf, und mit gemächlicher Fahrt hatte die SPRAY bald das Feuer von Thatcher's Island achteraus. Dann legte ich sie auf Ostkurs und steuerte nach dem Kompaß, weil ich Cashes Ledge und die Amen Rocks nördlich passieren wollte. Ich setzte mich und dachte die ganze Sache noch einmal durch. Erneut fragte ich mich, ob es überhaupt sinnvoll war, über das Riff und die Felsen hinaus zu segeln. Ich hatte nur gesagt, daß ich auf der SPRAY um die Welt segeln wollte, »alle Gefahren der See ausgeschlossen«, wie es in der Versicherungssprache heißt; aber ich mußte es doch wohl mit großem Ernst gesagt haben. Die »Charterreise« mit mir selber als Chartergast schien mich zu binden, und so segelte ich weiter. Gegen Abend legte ich die Slup am Rande von Cashes Ledge in den Wind und warf auf 30 Faden eine Angel aus. Mit einigem Erfolg landete ich bis zum Abend drei Kabeljaus, zwei Schellfische, einen Hechtdorsch und, was das Beste war, einen kleinen Heilbutt auf Deck, alle rund und munter. Dies, dachte ich, wäre wohl der geeignete Ort, mich über das hinaus zu verproviantieren, was ich schon an Bord hatte. So brachte ich einen Seeanker aus, der das Schiff mit der Nase in den Wind hielt. Der Strom lief nach Südwest, gegen den Wind, und so war ich ziemlich sicher, daß ich die SPRAY auch am Morgen noch auf der Bank oder in ihrer Nähe finden würde. Dann gab ich dem Seeanker Leine, hängte meine große Laterne ins Rigg und legte mich hin, zum erstenmal allein auf See, nicht zum Schlafen, sondern zum Dösen und Träumen.

Irgendwo hatte ich schon von einem Fischschoner gelesen, der seinen Anker in einen Wal gepickt hatte und mit ziemlich viel Fahrt eine weite Strecke fortgezogen worden war. Eben dies passierte der SPRAY – in meinem Traum! Ich konnte ihn nicht ganz abschütteln, als ich aufwachte und merkte, daß der Wind und die inzwischen höher gehende See meine kurze Ruhe gestört hatten. Eine Windwolke flog vor dem Mond vorbei. Ein Sturm braute sich zusammen; eigentlich war es schon stürmisch. Ich reffte die Segel, holte meinen Seeanker ein und setzte alles Tuch, das die Slup tragen konnte. Dann nahm ich Kurs auf Mohegan-Feuer, das ich noch vor Tagesanbruch am Morgen des 8. Mai ausmachte. Vor raumem Wind lief ich weiter bis Round Pond, einem kleinen Hafen östlich von Pemaquid. Hier ruhte ich mich einen Tag aus, während der Wind durch die Kiefern am Ufer jaulte. Doch schon der folgende Tag war wieder schön genug, daß ich in See gehen konnte. Vorher jedoch trug ich mein Logbuch von Cape Ann an nach und vergaß auch nicht einen genauen Bericht über mein Abenteuer mit dem Wal.

Die SPRAY lief über eine ruhige See zwischen den vielen Inseln vor dieser Küste hindurch mit Kurs Ost. Am Abend desselben Tages, des 10. Mai, stand sie bei einer größeren Insel, an die ich immer nur als die Insel der Frösche denken werde; denn die SPRAY wurde von einem millionenfachen Froschgequake empfangen. Von der Insel der Frösche zogen wir zur Insel der Vögel, Gannet Island genannt und manchmal auch Gannet-Felsen. Auf ihr steht ein starkes, unterbrochenes Leuchtfeuer, das über das Deck der SPRAY hinwegwischte, als sie unter seiner Hell- und Dunkelphase an der Küste entlangzog. Von dort nahm ich Kurs auf Briar's Island und geriet am folgenden Nachmittag auf den westlichen Fischgründen mitten unter eine Anzahl von Fahrzeugen. Ein Fischer, der vor Anker lag, gab mir auf meine Frage einen falschen Kurs an, so daß die SPRAY im schlimmsten Tidenstrom der Bay of Fundy direkt über das Südwestriff segelte. Ich erreichte schließlich den Hafen von Westport in Neuschottland, wo ich als Junge acht Jahre meines Lebens zugebracht hatte.

Der Fischer mochte wohl Ostsüdost gesagt haben, und das war der Kurs, den ich steuerte, als ich ihn anrief. Doch ich glaubte Ostnordost verstanden zu haben, und dahin änderte ich natürlich meinen Kurs. Bevor er sich überhaupt zu antworten entschloß, nutzte er die Gelegenheit, seine eigene Neugier zu befriedigen und zu erfahren, woher ich kam und ob ich allein war und ob ich denn »keen Haund un keen Kat« an Bord hätte. Zum erstenmal in meinem ganzen Leben auf See wurde mir eine Bitte um Auskunft mit einer Frage beantwortet. Ich glaube, der Bursche kam von den Foreign Islands. Jedenfalls war ich mir sicher, daß er nicht nach Briar's Island gehörte, denn er wich einer überkommenden See aus. Und während er sich das Wasser aus dem Gesicht wischte, ließ er einen feinen Kabeljau sausen, den er gerade an Bord holen wollte. Meinen Inselfreunden wäre das nicht passiert. Einer von Briar's Island weicht einer See nie aus, gleich ob er einen Fisch am Haken hat oder nicht. Er hält seine Leinen fest und holt sie ein oder »versupt«. Habe ich nicht sogar mit eigenen Augen gesehen, wie mein alter Freund, der

Diakon W. D., ein echter Mann dieser Insel, während der Predigt in der kleinen Kirche auf dem Hügel die rechte Hand über seine Kirchenstuhltür hinausstreckte, als ob er Fischfutter im Seitenschiff ausstreuen wollte? Natürlich hatten die jungen Leute ihren Spaß daran, denn sie begriffen noch nicht, daß zu einem guten Fischfang auch ein guter Köder gehört – und das schien dem Diakon nun gerade das Wichtigste zu sein.

Ich freute mich, daß ich Westport erreicht hatte. Tatsächlich hätte ich mich über jeden beliebigen Hafen gefreut, nachdem ich auf dem Südwestriff so schlimm gebeutelt worden war. Doch das Beste war, daß ich mich jetzt unter alten Schulkameraden wiederfand. Es war der 13. des Monats, und die 13 ist meine Glückszahl – eine Tatsache, die schon lange feststand, bevor Fridtjof Nansen mit einer Crew von 13 Mann zum Nordpol lossegelte. Vielleicht hatte er davon gehört, daß ich mit ebensoviel Mann Besatzung ein ganz besonderes Schiff erfolgreich nach Brasilien gebracht hatte. Ich genoß sogar das Wiedersehen mit den Steinen auf Briar's Island, und ich kannte sie alle. Der kleine Laden an der Ecke, den ich 35 Jahre lang nicht gesehen hatte, war noch immer derselbe; er kam mir nur etwas kleiner vor. Er trug dieselben Dachschindeln – da war ich sicher; denn auf diesem Dach hatten wir als Jungen Nacht für Nacht eine schwarze Katze gejagt, der man in einer dunklen Nacht das Fell abziehen mußte, um damit einen armen lahmen Mann heilen zu können. Schneider Lowry hatte da gewohnt, als Jungen noch Jungen waren. Solange er lebte, war er stolz auf sein Gewehr. Das Pulver trug er immer lose in der hinteren Tasche seines Rocks. Gewöhnlich hatte er auch eine kurze Tonpfeife im Mund. Doch in einem bösen Augenblick steckte er die angezündete Pfeife in die Tasche zu dem Pulver. Mr. Lowry war ein wunderlicher Kauz.

Auf Briar's Island überholte ich die Spray noch einmal und untersuchte auch die Nähte zwischen den Plankengängen, fand jedoch, daß selbst die schwere See ihnen nichts hatte anhaben können. Da draußen schlechtes Wetter und viel Gegenwind vorherrschten, hatte ich keine Eile, Cape Sable schon jetzt zu runden. Mit ein paar Freunden machte ich einen kleinen Ausflug nach St. Mary's Bay, einem alten Segelrevier. Und als ich dann lossegelte, mußte ich gleich am nächsten Tag wieder vor Nebel und Gegenwind nach Yarmouth hinein flüchten. Dort verbrachte ich ein paar angenehme Tage, nahm für die Reise noch ein wenig Butter über, auch ein Faß Kartoffeln, füllte sechs Fässer mit Wasser und verstaute alles unter Deck. In Yarmouth erstand ich auch meinen berühmten Blechwecker, den einzigen Zeitmesser, den ich auf der ganzen Reise an Bord hatte. Er sollte eineinhalb Dollar kosten, doch da die Vorderseite beschädigt war, ließ ihn mir der Händler für einen Dollar.

ZU DEN AZOREN

Abschied von der amerikanischen Küste – Im Nebel vor Sable Island – Auf offener See – Der Mann im Mond nimmt an der Reise Anteil – Der erste Anfall von Einsamkeit – Die Spray *trifft* La Vaguisa *– Eine Flasche Wein vom Spanier – Ein Wortwechsel mit dem Kapitän der* Java *– Der Dampfer* Olympia *– Ankunft auf den Azoren*

Ich verstaute jetzt alle meine Sachen seefest, denn der wilde Atlantik lag vor mir, und ich fierte auch die Stenge, weil ich wußte, daß die SPRAY mit dem Toppmast an Deck handiger sein würde. Dann setzte ich die Taljereeps durch, überprüfte die Bugsprietzurring und die Halterungen für das Beiboot; denn selbst im Sommer muß man bei der Überfahrt mit schlechtem Wetter rechnen.

Tatsächlich hatte schon wochenlang Schlechtwetter vorgeherrscht. Als am 1. Juli nach einem bösen Sturm der Wind jedoch aus Nordwest kam und den Himmel klarfegte, nahm ich das als ein günstiges Vorzeichen für die Reise. Am nächsten Tag ließ auch der Seegang etwas nach, und so verließ ich Yarmouth und damit meinen letzten Hafen in Amerika. Vom ersten Tag der SPRAY auf dem Atlantik enthält das Logbuch nur eine knappe Eintragung: »9.30 Uhr von Yarmouth abgesegelt. 16.30 Uhr Cape Sable passiert; Abstand 3 Kabellängen. Die Slup macht 8 Knoten. Frische Brise aus NW.« Vor Sonnenuntergang nahm ich mein Abendessen ein: Erdbeeren und Tee; auf ruhigem Wasser segelte die SPRAY gemächlich in Lee der Ostküste.

Am Mittag des 3. Juli lag Ironbound Island querab. Die SPRAY zeigte sich in bester Form. Ein großer Schoner kam an diesem Morgen mit Kurs Ost aus Liverpool, Neuschottland, heraus. Nach fünf Stunden hatte die SPRAY ihn achteraus gelassen. Um 18.45 Uhr stand ich dicht unter dem Feuer von Chebucto Head in der Nähe von Halifax. Ich setzte meine Flagge und zog vorbei; noch vor Dunkelheit verabschiedete ich mich von George's Island und nahm Kurs östlich an Sable Island vorbei. An dieser Küste gibt es viele Leuchtfeuer. So steht zum Beispiel auf Sambro, dem »Felsen der Klagen«, ein starkes Feuer, das jedoch der Schnelldampfer ATLANTIC in der Nacht seines schrecklichen Schiffbruchs nicht sah. Feuer nach Feuer versank achteraus hinter der Kimm, als ich auf die grenzenlose See hinaussegelte, bis schließlich als letztes von allen auch Sambro verschwand. Dann war die SPRAY allein auf ihrem Kurs. 4. Juli, 6.00 Uhr. Ich band zwei Reffs ein und schüttelte sie um 8.30 Uhr wieder aus. Um 21.40 Uhr machte ich nur noch den Schein des Feuers auf der Westhuk von Sable Island aus, die man auch »Insel der Tragödien« nennen könnte. Der Nebel, der sich bis zu diesem Augenblick hoch in der Luft gehalten hatte, legte sich nun wie ein Leichentuch auf die See. Ich war in einer eigenen, nebelhaften Welt, ausgeschlossen vom übrigen Universum. Vom Leuchtfeuer sah ich nun gar nichts mehr. Nur weil ich oft das Lot auswarf, merkte ich, daß ich kurz nach Mitternacht die Osthuk passierte. Bald würde ich alle Gefahren, die vom Land und von den Untiefen ausgingen, hinter mir gelassen haben. Der Wind war weiter günstig, obwohl er aus der Nebelecke, aus Südsüdwest kam. Es heißt, daß Sable Island im Lauf von ein paar Jahren von 40 Meilen Länge auf 20 zusammengeschrumpft sei und daß von den drei seit 1880 gebauten Leuchttürmen zwei fortgewaschen wurden und der dritte auch bald von der See verschlungen würde.

Am Abend des 5. Juli setzte sich die SPRAY, nachdem ich sie einen ganzen Tag über unruhige See gesteuert hatte, in den Kopf, auf die Hilfe des Rudergängers zu verzichten. Ich hatte Südost zu Süd gesteuert, aber da der Wind jetzt etwas vorlicher einfiel, hielt sie ohne Schwierigkeiten Kurs Südost und machte dabei mit 8 Knoten ihre bestmögliche Fahrt. Ich setzte alle Segel, um den Dampfertrack möglichst schnell zu queren und in den freundlichen Golfstrom zu kommen. Vor Einbruch der Nacht verzog sich der Nebel, und so konnte ich eben noch die Sonne in die See eintauchen sehen. Ich schaute ihr zu, wie sie hinter der Kimm versank. Dann drehte ich mich nach Osten um, und dort stieg gerade vor der Nock des Bugspriets der lächelnde Mond aus der See. Wenn Neptun selbst über den Bug zu mir heraufgeklettert wäre, es hätte mich nicht mehr überraschen können. »Guten Abend, mein Herr«, rief ich, »nett, daß Sie da sind!« Viele lange Gespräche habe ich seitdem mit dem Mann im Mond geführt; er war auf dieser Reise mein Vertrauter.

Um Mitternacht kam der Nebel wieder herunter, dichter als zuvor. Man konnte fast auf ihm stehen. So ging es ein paar Tage, während sich der Wind zum Sturm auswuchs. Die See ging hoch, aber ich hatte ein gutes Schiff. Und doch hatte ich in dem Nebel ein Gefühl, als ob ich in eine unendliche Einsamkeit abtrieb, ein Insekt auf einem Strohhalm inmitten der Elemente. Ich laschte das Ruder fest, und während mein Fahrzeug allein weiter Kurs hielt, versank ich in Schlaf.

In diesen Tagen beschlich mich ein Gefühl irgendwo zwischen Furcht und Ehrfurcht. Meine Erinnerung arbeitete mit bewundernswerter Genauigkeit. Das Geheimnisvolle und Unbedeutende, das Große und Kleine, das Wunderbare und Alltägliche – alles lief wie in einer magischen Prozession vor meinem inneren Auge ab. Seiten meiner Lebensgeschichte wurden wieder aufgeblättert, die so lange vergessen waren, daß sie einer früheren Existenz anzugehören schienen. Ich hörte all die Stimmen der Vergangenheit lachen, weinen und erzählen, was sie mir in den verschiedensten Winkeln der Erde schon einmal erzählt hatten.

Das Gefühl der Einsamkeit fiel von mir ab, als der Sturm losbrach und es viel zu tun gab. Doch sobald das schöne Wetter wiederkam, stellte sich auch das Gefühl der Verlassenheit wieder ein; ich konnte es nicht ganz abschütteln. Ich gebrauchte meine Stimme oft, zunächst nur, um mir selbst Kommandos für die Ausführung der Manöver zu geben; denn man hatte mir weisgemacht, daß ich vom langen Schweigen meine Stimme verlieren würde. Wenn mittags die Sonne kulminierte, rief ich laut: »Acht Glasen«, wie es auf einem Schiff auf See üblich ist. Dann fragte ich aus der Kajüte heraus einen imaginären Rudergänger: »Wie liegt sie im Wind?« Und wieder: »Liegt sie auf Kurs?« Aber da ich keine Antwort bekam, wurde ich nur um so fühlbarer an meine Situation erinnert. Meine Stimme klang hohl in der leeren Luft, und so gab ich es auf. Bald jedoch fiel mir ein, daß ich ja als Junge immer gesungen hatte; warum sollte ich das nicht jetzt versuchen, wo es niemanden stören würde? Mein musikalisches Talent hatte noch nie Neid erweckt. Doch um das zu verstehen, müßten Sie mich schon draußen auf dem Atlantik singen gehört haben. Sie hätten die Tümmler springen sehen sollen, wenn ich meine Stimme gegen die Wogen und die See und alles, was in ihr ist, antönen ließ. Alte Schildkröten mit großen Augen reckten verwundert ihren Kopf aus der See, als ich »Johnny Boker« sang und: »We'll Pay Darby Doyl for his Boots«. Aber mehr Zustimmung als von den Schildkröten kam insgesamt doch von den Tümmlern; sie sprangen etwas höher. Als ich eines Tages eines meiner Lieblingslieder sang, ich glaube, es war »Babylon's a-Fallin«, sprang ein Tümmler höher als der Bugspriet. Mit etwas mehr Fahrt hätte die SPRAY ihn einschaufeln können.

Am 10. Juli, nach acht Tagen auf See, stand die SPRAY 1200 Meilen östlich von Cape Sable. Ein durchschnittliches Etmal von 150 Meilen kann wohl für ein so kleines Fahrzeug als gute Segelleistung bezeichnet werden. Eine größere Strecke machte die SPRAY weder vorher noch nachher wieder in so kurzer Zeit. Am Abend des 14. Juli, ich war in besserer Stimmung als je, riefen alle Mann: »Segel in Sicht!« Das Segel war eine Schonerbark, drei Strich in Luv voraus, den Rumpf noch unter der Kimm. Dann kam die Nacht. Ich ließ mein Schiff sich nun selbst steuern. Der Wind kam aus Süd; wir hatten Kurs Ost. Die Segel waren getrimmt wie die des Nautilus. Gleichmäßig zogen sie die ganze Nacht hindurch. Ich ging häufig an Deck, fand jedoch immer alles in Ordnung. Eine leichte Brise stand von Süden her durch. Früh am Morgen des 15. war die SPRAY dicht bei dem fremden Schiff, das sich als die LA VAGUSIA aus Vigo entpuppte, 23 Tage von Philadelphia her unterwegs mit Ziel Vigo. Ein Ausguck im Masttopp hatte die SPRAY am Abend vorher entdeckt. Als ich nahe genug heran war, warf mir der Kapitän ein Ende zu und sandte mir daran eine Flasche Wein herüber, einen sehr guten Tropfen. Er schickte auch seine Karte mit, die den Namen Juan Gantes trug. Wie die meisten Spanier war er ein freundlicher Mensch. Doch als ich ihn bat, mich als »wohlauf« zu melden (während die SPRAY gerade frisch an ihm vorbeirauschte), zog er die Schultern fast bis über den Kopf. Und als sein Maat, der offenbar von meiner Expedition gehört hatte, ihm erzählte, daß ich allein war, bekreuzigte er sich und verschwand in seiner Kajüte. Ich sah ihn nicht wieder. Bei Sonnenuntergang lag das Schiff so weit achteraus, wie es am Abend zuvor voraus gelegen hatte.

Es war nun immer weniger einsam. Am 16. Juli kam der Wind aus Nordwest, der Himmel war klar und die See ruhig; in Lee voraus tauchte an der Kimm eine große Bark auf. Um 14.30 Uhr konnte ich sie ansprechen. Es war die JAVA aus Glasgow, von Peru nach Queenstown unterwegs. Ihr alter Kapitän war wie ein Bär; doch ich traf einmal in Alaska auf einen Bären, der freundlicher aussah. Zumindest schien er sich zu freuen, daß er mir begegnete. Nicht so dieser alte Grizzly! Nun, vielleicht störte mein Anruf seine Siesta, und daß meine kleine Slup sein großes Schiff überholte, wirkte auf ihn wie ein rotes Tuch auf einen Stier. Trotz aller Unterschiede hatte ich in den leichten Winden dieses und der beiden vorangegangenen Tage einen gewissen Vorteil gegenüber den schweren Schiffen. Auch jetzt war der Wind leicht; sein Schiff war schwer und unbeweglich, es machte kaum Fahrt voraus, während die SPRAY, deren mächtiges Großsegel sich sogar bei leichten Winden bauschte, so behende dahinschipperte, wie ich es mir nur wünschen konnte. »Wie lange ist es hier schon so windstill?« brüllte der Kapitän der JAVA, als ich auf Rufnähe herankam. »Weiß nicht, Käpt'n«, rief ich zurück, so laut ich konnte. »Bin noch nicht lange hier!« Bei diesen Worten zeigte der Maat auf der Back ein breites Grinsen. »Ich bin vor 14 Tagen von Cape Sable fort«, fügte ich hinzu. (Ich war nun schon dicht bei den Azoren.) »Maat«, brüllte er seinen Ersten Offizier an, »Maat, komm her und hör dir das Garn von dem Yankee an. Hol’ die Flagge nieder, Maat, hol’ die Flagge nieder!« Endlich doch in bester Laune, ergab sich die JAVA der SPRAY.

Das quälende Gefühl der Einsamkeit, das ich anfangs erlebt hatte, kehrte nie wieder zurück. Ich war in das Geheimnis des Meeres eingedrungen – und nebenbei durch einen Nebel gesegelt. Ich hatte Neptun in seinem Zorn gesehen, doch da ich ihm nicht mit Mißachtung gegenübergetreten war, duldete er, daß ich weiterkam, neuen Zielen entgegen.

Das Logbuch enthält für den 18. Juli folgende Eintragung: »Schönes Wetter, Wind Südsüdwest. Überall spielen Tümmler herum. S. S. OLYMPIA überholte mich um 11.30 Uhr. Länge W34Þ50’.«

»Es fehlen noch genau drei Minuten an der halben Stunde«, rief der Kapitän, als er mir die Länge und die Zeit angab. Ich bewunderte die sachliche Art der OLYMPIA, aber ich habe noch immer das Gefühl, daß der Kapitän ein klein wenig zu pedantisch bei seiner Besteckrechnung war. Das ist alles ganz schön, wenn man genug Seeraum hat. Doch allzu großes Selbstvertrauen war vermutlich auch der Grund für den Schiffbruch der ATLANTIC und manches anderen Schiffs. Der Kapitän wußte zu genau, wo er war. Vor der OLYMPIA zogen auch keine Tümmler her. Die ziehen immer Segelschiffe vor. Der Kapitän war noch ein junger Mann, wie ich sehen konnte, und hatte hoffentlich noch eine gute Laufbahn vor sich.

Land in Sicht! Am Morgen des 19. Juli hing voraus wie ein Berg aus Silber ein mystischer Dom über der See. Das Land darunter war hinter dem weißen, glitzernden Morgennebel, der in der Sonne wie poliertes Silber schimmerte, völlig verborgen; aber ich war mir ziemlich sicher, daß es Flores sein mußte. Um 16.30 Uhr stand die Insel querab. Der Nebel war inzwischen verschwunden. Flores liegt nur 174 Meilen von Faial entfernt, und obwohl die Insel sehr hoch ist, blieb sie noch viele Jahre unentdeckt, als die Hauptgruppe der Azoren schon längst kolonisiert war.

Früh am Morgen des 20. Juli sah ich den Pico an Steuerbord

voraus verschwommen über den Wolken auftauchen. Das tiefer liegende Land brach hervor, als die Sonne den Morgennebel hinwegbrannte, und eine Insel nach der anderen kam in Sicht. Als ich näher herankam, konnte ich bebaute Felder erkennen – »oh, wie grün das Korn ist!« Nur wer die Azoren so vom Deck eines Schiffs aus gesehen hat, kann sich die überwältigende Schönheit dieses Anblicks mitten im Ozean vorstellen.

Um 16.30 Uhr ankerte ich vor Horta auf Faial, genau 18 Tage seit Cape Sable. Der amerikanische Konsul kam in einem schnittigen Boot längsseits, bevor die SPRAY noch den Wellenbrecher erreicht hatte, und ein junger Seeoffizier, der um die Sicherheit meines Fahrzeugs besorgt war, stieg an Bord und bot seine Lotsendienste an. Ich zweifle gar nicht, daß der Knabe wohl ein Kriegsschiff manövrieren konnte, doch die SPRAY war zu klein für seine großartig klimpernde Uniform. Nachdem wir mit allen Booten im Hafen kollidiert waren und einen Leichter versenkt hatten, lag die SPRAY schließlich, ohne daß sie selber viel Schaden genommen hätte, sicher vor Anker. Dieser wunderbare Lotse erwartete wohl eine Belohnung, doch ich konnte nie herausfinden, ob er sie verdient zu haben glaubte, weil seine Regierung und nicht ich die Kosten für das Heben des Leichters tragen mußte oder weil er die SPRAY nicht versenkt hatte. Aber ich verzeihe ihm.

Es war die Zeit der Obsternte, als ich auf den Azoren ankam, und so hatte ich bald mehr Früchte aller Art an Bord, als ich gebrauchen konnte. Inselbewohner sind immer besonders freundliche Menschen, doch nettere als hier traf ich nirgendwo. Die Leute auf den Azoren sind nicht reich. Sie haben kaum Rechte, die Steuern lasten schwer auf ihnen – ungefähr das einzige nicht Besteuerte ist die Luft, die sie atmen. Das Mutterland erlaubt ihnen nicht einmal einen eigenen Posthafen. Ein ausländisches Paketboot, das mit Post für Horta hier dicht vorbeikommt, muß sie erst in Lissabon abliefern, angeblich damit sie entseucht wird, in Wahrheit jedoch wegen der Gebühren für das Postschiff. Meine eigenen Briefe, die ich in Horta aufgab, kamen in den Vereinigten Staaten sechs Tage nach meinem Brief aus Gibraltar an, den ich dreizehn Tage später zur Post gegeben hatte.

Am Tag nach meiner Ankunft in Horta war das Fest eines großen Heiligen. Boote voll mit Menschen kamen von den anderen Inseln, um in Horta, der Hauptstadt oder dem Jerusalem der Azoren, zu feiern. Auch das Deck der SPRAY war von morgens bis abends voll mit Männern, Frauen und Kindern. Am Tag nach dem Fest schirrte ein gutherziger Einheimischer ein Gespann an und fuhr mich einen ganzen Tag lang über die schönen Straßen auf Faial. »Denn«, wie er in gebrochenem Englisch sagte, »als ich in Amerika war, konnte ich kein Wort Englisch; es war sehr hart für mich, bis ich jemanden fand, der sich meine Geschichte anhörte. Damals versprach ich meinem Heiligen, wenn jemals ein Fremder in mein Land kommen sollte, wollte ich ihm eine Freude bereiten.« Leider brachte dieser gute Mann einen Dolmetscher mit, damit ich »mehr vom Land kennenlernen« sollte. Der Bursche schaffte mich fast; er redete von Schiffen, Reisen und Booten, die er gesteuert hatte – und davon wollte ich weiß Gott nichts hören. Er war von New Bedford aus gesegelt, so sagte er, »für diesen Joe Wing, den sie ›John‹ nennen«. Mein Freund und Gastgeber hatte kaum Gelegenheit, ein Wort einzuwerfen. Bevor wir uns trennten, bewirtete er mich so gut, daß es das Herz eines Prinzen entzückt hätte, obwohl er ganz allein in seinem Haus wohnte. »Mein Frau und meine Kinder ruhen alle dort«, sagte er und zeigte auf den Friedhof jenseits des Weges. »Ich bin von weither in dieses Haus gezogen«, fügte er hinzu, »um dem Stückchen Erde nahe zu sein, auf dem ich jeden Morgen bete.«

Ich blieb vier Tage auf Faial, und das war zwei Tage länger, als ich vorgehabt hatte. Die Freundlichkeit der Inselbewohner und ihre rührende Einfachheit hielten mich fest. Ein junges Mädchen, unschuldig wie ein Engel, kam an einem der Tage längsseits und sagte, sie wolle sich auf der SPRAY einschiffen, wenn ich sie in Lissabon an Land setzen würde. Sie könne auch Fliegende Fische kochen, doch ihre Stärke sei die Zubereitung von *Bacalhao*. Ihr Bruder Antonio, der den Dolmetscher spielte, ließ durchblicken, daß auch er wohl gerne die Reise mitmachen würde. Antonios Herz hing an einem gewissen John Wilson, und er war bereit, um beide Kaps herum nach Amerika zu segeln, nur um seinen Freund wiederzusehen. »Kennen Sie John Wilson aus Boston?« rief er. »Ich kannte einen John Wilson«, sagte ich, »aber nicht aus Boston.« »Er hatte eine Tochter und einen Sohn«, sagte Antonio, um seinen Freund zu identifizieren. Wenn dies der richtige John Wilson lesen sollte, so soll ich ihm ausrichten, Antonio vom Pico habe ihn nicht vergessen.

DER STEUERMANN DER PINTA

Böiges Wetter auf den Azoren – Delirium nach Käse und Pflaumen – Wohlleben – In Gibraltar – Austausch von Komplimenten mit der britischen Navy – Ein Picknick vor der marokkanischen Küste

Früh am 24. Juli verließ ich Horta. Der Südwestwind war anfangs leicht, doch mit der Sonne kamen auch Böen auf, und so reffte ich, bevor ich noch eine Meile unterwegs war. Kaum hatte ich das zweimal gereffte Groß wieder gesetzt, als von den Bergen herab eine Bö so heftig über die Slup herfiel, daß ich schon dachte, der Mast würde über Bord gehen. Doch ein schneller Griff zum Steuerrad brachte sie in den Wind. Eines der Luv-Taljereeps war losgerissen, und das andere hatte sich aufgedreht. Meine Zinnbütte erfaßte der Wind, und sie segelte nach Lee quer über ein französisches Schulschiff hinweg. Es blieb den ganzen Tag mehr oder weniger böig, während ich an der Steilküste entlangsegelte. Aber als ich dicht unter eine Klippe ging, hatte ich Gelegenheit, die gebrochenen Taljereeps auszubessern. Kaum hatte ich meine Segel niedergeholt, als auch schon aus irgendeinem Loch in den Felsen ein Boot mit vier Ruderern und einem Zollbeamten an Bord hervorschoß, der dachte, er hätte einen Schmuggler erwischt. Es war nicht leicht, ihm den Sachverhalt klarzumachen. Doch einer aus seiner Mannschaft, anscheinend ein befahrener Bursche, hatte den Stand der Dinge begriffen. Während wir noch palaverten, sprang er an Bord, schor die bereits vorbereiteten neuen Taljereeps ein und half mir, »das Rigg aufzutakeln«. Das brachte die Wendung zu meinen Gunsten. Da war allen plötzlich meine Geschichte klar. So ist es überall auf der Welt: Wenn man keinen Freund findet, kommt man nicht weiter!

Als das Rigg wieder stand, ließ die SPRAY den Pico hinter sich und machte einen Schlag auf die Leeseite der Insel St. Michael, die sie bei steifem Wind früh morgens am 26. Juli erreichte.

Später begegnete ihr die schöne Dampfyacht des Prinzen von Monaco auf der Reise nach Faial, wo der Prinz auf einer früheren Reise schon einmal die Ankertrossen geschlippt hatte, um einem Empfang zu entgehen, den ihm die Padres der Insel zugedacht hatten. Weshalb er diese »Ovation« so fürchtete, konnte ich nicht ausmachen; in Horta wußte niemand Bescheid. Seit meiner Ankunft auf den Inseln hatte ich ziemlich luxuriös von frischem Brot, Butter, Gemüse und Früchten aller Art gelebt. Vor allem Pflaumen waren auf der SPRAY im Überfluß vorhanden, und die aß ich ohne Maß. Ich besaß auch einen Pico-Weißkäse, den General Manning, der amerikanische Generalkonsul, mir geschenkt hatte und der bestimmt zum Essen sein sollte. Ich aß ihn zusammen mit den Pflaumen. Da hatte ich's! Gegen Abend krümmte ich mich vor Schmerzen. Der Wind frischte weiter auf, und im Südwesten stand eine schwere Wolkenwand. Ich hatte die Reffs ausgeschüttelt und mußte sie jetzt wieder irgendwie neu einbinden. Zwischen den Krämpfen holte ich das Groß nieder, setzte die Refftalje durch und knotete Bändsel um Bändsel das doppelte Reff ein. Seeraum war genug vorhanden, und so hätte ich besser alles sorgfältig festzurren und in der Kajüte verschwinden sollen. Sonst bin ich vorsichtig auf See. Aber in dieser Nacht ließ ich trotz des aufkommenden Sturms die Segel oben und sicherte nur die Schoten; auch mit zwei Reffs war das für so schweres Wetter zuviel Zeug. Mit einem Wort: Ich hätte beidrehen sollen, tat es aber nicht. Statt dessen ließ ich das zweifach gereffte Großsegel und den ganzen Klüver stehen, und die Slup steuerte sich damit allein. Dann ging ich wirklich nach unten und warf mich mit großen Schmerzen auf den Kajütboden. Wie lange ich da gelegen habe, weiß ich nicht, denn ich fing an zu phantasieren. Als ich, wie es mir vorkam, aus meiner Ohnmacht erwachte, merkte ich, daß die Slup in einer schweren See stampfte. Und als ich aus dem Niedergang schaute, sah ich einen hochgewachsenen Mann am Ruder. Wie ein Schraubstock hielt seine Hand die Speichen des Steuerrads. Man kann sich mein Erstaunen vorstellen. Er war aufgeputzt wie ein fremder Seemann, seine große rote Mütze hing über das linke Ohr herunter, und sein ganzes Gesicht war von einem zotteligen schwarzen Bart bedeckt. Überall auf der Erde hätte man ihn für einen Piraten gehalten. Als ich auf diese furchterregende Erscheinung starrte, vergaß ich den Sturm und fragte mich, ob er mir wohl die Kehle durchschneiden würde. Diesen Gedanken schien er zu erahnen. »Señor«, sagte er und nahm seine Mütze ab, »ich will Ihnen nichts tun.« Und ein Lächeln, sehr schwach zwar, aber immerhin ein Lächeln, spielte auf seinem Gesicht, das beim Sprechen jetzt gar nicht mehr so unfreundlich aussah. »Ich werde Ihnen nichts tun. Ich habe zwar ›frei‹ gesegelt«, sagte er, »aber ich war nie etwas Schlimmeres als ein *contrabandista*. Ich bin einer aus der Mannschaft des Kolumbus. Ich bin der Steuermann der PINTA und gekommen, Ihnen zu helfen. Legen Sie sich ruhig hin, Señor Kapitän, ich werde Ihr Schiff heute Nacht führen. Sie haben eine *calentura*, aber morgen werden Sie wieder wohlauf sein.« Ich dachte, was für ein Teufelskerl er doch sein mußte, jetzt noch soviel Segel stehenzulassen. Und als ob er wieder meine Gedanken gelesen hätte, rief er aus: »Da voraus ist die PINTA, wir müssen sie überholen. Gib ihr Segel! Gib ihr Segel!« Und indem er ein großes Stück Kautabak abbiß, sagte er: »Das war falsch, Kapitän, Käse und Pflaumen durcheinander zu essen. Weißkäse ist nie geheuer, wenn Sie nicht wissen, woher er kommt. *Quien sabe*, vielleicht ist er von *leche de Capra* und kapriziös geworden . . .«

»Genug jetzt!« schrie ich. »Ich bin nicht in der Verfassung für Gardinenpredigten.«

Ich drehte mich um, schob mir eine Matratze zurecht und legte mich darauf statt auf den harten Boden; dabei ließ ich jedoch meinen seltsamen Gast nicht aus den Augen. Der beruhigte mich noch einmal, ich würde »nur Schmerzen und *calentura*« haben, kicherte und sang dann ein wildes Lied:

Hoch geht die See, wütet und schäumt,
Hoch klingt des Sturmes Rumoren!
Hoch der wilde Seevogel schreit!
Hoch die Azoren!

Ich glaube, ich war jetzt auf dem Wege der Besserung, denn ich wurde mürrisch und beschwerte mich: »Ich finde dein Gejaule abscheulich. Deine ›Azoren‹ sollten auf der Schlafstange hokken, wo alle anständigen Vögel hingehören!« Ich bat ihn, falls es noch mehr Strophen geben sollte, den Rest des Liedes mit einem Tampen abzuwürgen.

Immer noch war ich im Wahn. Riesige Seen brachen über der SPRAY, doch mein Fieberhirn machte aus ihnen Boote, die auf Deck fielen, weil unvorsichtige Fuhrleute sie von den Wagen auf die Pier fallen ließen, an der die SPRAY festgemacht war, allerdings ohne Fender. »Ihr werdet euer Boot zerschmeißen!« rief ich wieder und wieder, wenn die Seen auf das Kajütdach über meinem Kopf krachten. »Ihr werdet eure Boote zerschmeißen, aber der SPRAY könnt ihr nichts anhaben. Sie ist zu stark!«

Als Leibschmerzen und *calentura* vorüber waren, fand ich, daß das Deck nun von überkommenden Seen so weiß wie Haifischzähne war; alles, was nicht niet- und nagelfest war, hatten sie fortgeschwemmt. Am hellichten Tag sah ich nun zu meinem Erstaunen, daß die SPRAY noch immer den Kurs hielt, auf den ich sie gelegt hatte, und wie ein Rennpferd auf ihm voranjagte. Kolumbus selbst hätte sie nicht besser auf Kurs halten können. Durch die grobe See hatte die Slup in der Nacht 90 Meilen gutgemacht. Ich fühlte Dank gegenüber dem alten Steuermann, aber ich wunderte mich etwas, daß er nicht wenigstens den Klüver niedergeholt hatte. Der Sturm ließ ein wenig nach, und mittags schien die Sonne. Eine Mittagshöhe und die Distanz auf dem Patentlog, das ich immer nachschleppte, zeigten mir, daß die Slup die ganzen 24 Stunden Kurs gehalten hatte. Es ging mir jetzt viel besser, doch war ich noch sehr schwach und schüttelte weder an diesem Tag noch in der folgenden Nacht die Reffs aus, obwohl der Wind abflaute. Ich hängte nur meine nassen Kleider hinaus in die Sonne, legte mich auch dort nieder und schlief ein. Wer sollte mich denn sonst besuchen außer meinem alten Freund aus der vergangenen Nacht, diesmal allerdings im Traum. »Das war gut, daß

Sie letzte Nacht meinen Rat befolgt haben«, sagte er. »Und wenn Sie wollen, kann ich auf dieser Reise öfter mit Ihnen fahren – nur so aus Abenteuerlust.« Als er mit seinem Spruch zu Ende war, nahm er wieder seine Mütze ab und verschwand so geheimnisvoll, wie er gekommen war; wahrscheinlich kehrte er auf sein Geisterschiff PINTA zurück. Ich erwachte erfrischt und mit dem Gefühl, daß ein Freund und Seemann mit großer Erfahrung bei mir gewesen war. Dann sammelte ich meine Kleider ein, die inzwischen trocken geworden waren, und warf wie in einer Eingebung die restlichen Pflaumen über Bord.

Der 28. Juli war ein ungewöhnlich schöner Tag. Der Wind aus Nordwest war leicht und die Luft wie Balsam. Ich sah meine Kleidung durch und zog mir ein weißes Hemd an, weil sich ein Küstendampfer mit feinem Volk an Bord näherte. Ich machte sogar Wäsche, um das Salz aus meinen Kleidern zu bekommen. Nach all dem war ich hungrig, und so machte ich Feuer an und kochte mir vorsichtig ein Gericht aus Birnen, das ich allerdings erst einmal beiseite stellte, bis ich mir einen Topf herrlichen Kaffees zubereitet hatte; für beides opferte ich sogar etwas Zucker und Sahne. Aber die Krönung war ein Fisch-Haschee, das für zwei gereicht hätte. Ich war wieder bei guter Gesundheit und mein Appetit einfach wölfisch. Während ich aß, schmorte ich mir noch eine große Zwiebel über der Lampe, obwohl sie als Imbiß später am Tag gedacht war. Das war ein üppiges Leben!

Am Nachmittag überraschte die SPRAY eine Riesenschildkröte, die an der Meeresoberfläche schlief. Sie erwachte, als ihr meine Harpune durchs Genick fuhr, wenn sie überhaupt noch aufwachte. Ich hatte große Mühe, sie an Deck zu landen, bis ich schließlich das Klaufall um eine ihrer Flossen legte; sie war fast ebenso schwer wie mein Beiboot. Ich sah noch mehr Schildkröten und riggte einen Takel, eine schwere Talje, um sie damit an Bord zu hieven; denn wenn ich das Fall für solch einen Zweck benutzte, mußte ich immer das Groß niederholen, und dieses schwere Segel dann wieder zu setzen, machte nicht wenig Arbeit. Aber das Schildkrötensteak war gut. Ich hatte auch nichts am Koch auszusetzen, und es wurde die Regel, daß auf der ganzen Reise der Koch auch nichts an mir auszusetzen fand. Nie hat sich eine Mannschaft so gut miteinander vertragen. Die Speisekarte führte an diesem Abend auf: Schildkrötensteak, Tee und Toast, Bratkartoffeln, geschmorte Zwiebeln; als Nachspeise geschmorte Birnen mit Sahne.

Irgendwann am Nachmittag kam ich an einer abgetriebenen Faßtonne vorüber, die leicht auf dem Wasser schwamm. Sie war rot gestrichen und trug einen Signalstock von etwa 6 Fuß Höhe. Da sich ein Wetterumschwung anmeldete, fing ich keine Schildkröten und Fische mehr, bevor ich den nächsten Hafen erreichte. Am 31. Juli kam plötzlich aus Norden ein Sturm mit schwerer See auf, und ich kürzte die Segel. Die SPRAY machte an diesem Tag nur 51 Meilen. Am 1. August hielt der Sturm an, die See ging hoch. Die Nacht durch lief die Slup raumschots unter dicht gerefftem Groß und gerefftem Klüver. Um 15.00 Uhr wurde der Klüver vom Bugspriet fortgewaschen und vom Wind in Fetzen gerissen. Ich sicherte die Reste für die Nacht am Stag. Es war nicht schade um den Klüver; ich rettete ein paar Stücke, denn schließlich brauchte ich ja Putzlumpen.

Am 3. August legte sich der Sturm, und ich sah viele Anzeichen von Land. Da sich das schlechte Wetter sogar in der Kombüse bemerkbar gemacht hatte, wollte ich mich an einem Laib Brot versuchen; ich riggte an Deck einen Topf, in dem ich das Brot backte. Für die Schiffsküche ist es ein ganz wichtiger Punkt, daß man auf See immer Hunger hat – was ich schon beobachten konnte, als ich in meinen bereits erwähnten Jugendtagen die Besatzung eines Fischkutters bekochte. Nach der Mahlzeit las ich stundenlang in der Lebensbeschreibung von Kolumbus, und später am Tag beobachtete ich die Vögel, die alle in eine Richtung flogen und damit zu sagen schienen: »Dort liegt Land!«

Früh am nächsten Morgen, am 4. August, entdeckte ich Spanien. Ich sah Feuer am Ufer – die Gegend war also bewohnt. Die SPRAY behielt ihren Kurs bei bis dicht unter Land: Ich war in der Nähe von Trafalgar. Dann fiel ich einen Strich ab und segelte durch die Straße nach Gibraltar hinein, wo ich am gleichen Tag um 15.00 Uhr vor Anker ging. Ich hatte weniger als 29 Tage von Cape Sable gebraucht. Am Ende dieses ersten Reiseabschnitts war ich bei ausgezeichneter Gesundheit, weder überarbeitet noch verkrampft, sondern in so gutem Zustand wie nur je in meinem Leben, wenn auch so dünn wie ein Reffbändsel.

Zwei italienische Barken, die bei Tageslicht noch mit mir gleichauf gewesen waren, sah ich, lange nachdem ich geankert hatte, an der afrikanischen Seite der Straße vorbeisegeln. Die SPRAY hatte sie hinter sich gelassen, noch bevor sie Tarifa erreichte. Sie hatte also, soweit ich wußte, alles geschlagen, was über den Atlantik ging, außer den Dampfern.

Alles war in Ordnung, nur hatte ich vergessen, von Horta einen Gesundheitspaß mitzubringen. Und so gab es erst noch einen kleinen Krach, als der hitzige alte Hafenarzt zur Inspektion kam. Der Krach war nötig. Denn wenn man mit einem echten Briten gut zu Rande kommen will, muß man zuerst einmal einen teuflischen Krach mit ihm abziehen. Ich wußte das, und so feuerte ich Schuß auf Schuß ab, so gut ich konnte. »Ja, gut«, gab der Doktor schließlich nach, »Ihre Crew ist zweifellos gesund. Aber wer kennt die Krankheiten in Ihrem letzten Hafen?« Eine vernünftige Bemerkung. »Wir müßten Sie in die Festung setzen, Sir!« schnaubte er. »Na, egal! Zum Verkehr mit dem Land freigegeben, Sir! Stoß ab, Steuermann!« Und das war das letzte, was ich von dem Hafenarzt hörte.

Aber am nächsten Morgen kam eine Dampfbarkasse, viel länger als die SPRAY, längsseits – soviel von ihr längsseits kommen konnte –, mit einer Empfehlung vom dienstältesten Marineoffizier, Admiral Bruce. Er ließ mir ausrichten, beim Arsenal sei für die SPRAY ein Liegeplatz frei. Das war hinter der neuen Mole. Ich hatte zwischen den einheimischen Fahrzeugen bei der alten Mole geankert, wo es kabbelig und ungemütlich war. Natürlich freute ich mich über den besseren Ankerplatz und nahm ihn so schnell wie möglich ein. Ich dachte daran, in welch großartiger Gesellschaft sich die SPRAY mitten unter Kriegsschiffen wie der COLLINGWOOD, der BARFLEUR und der COR-

MORANT befinden würde, die dort stationiert waren und auf denen ich später königlich bewirtet wurde.

»*Put it thar!* Gern geschehen, wie die Amerikaner sagen«, war der Gruß, mit dem mich Admiral Bruce empfing, als ich in der Admiralität vorsprach, um mich bei ihm für den angenehmen Liegeplatz und für die Dampfbarkasse zu bedanken, die mich hinter die Mole geschleppt hatte. »Das mit dem Liegeplatz ist schon in Ordnung, wenn er Ihnen gefällt. Wir schleppen Sie auch wieder hinaus, wenn Sie abreisen. Aber sagen Sie, was brauchen Sie an Überholung? Hallo, HEBE! Können Sie Ihren Segelmacher freimachen? Die SPRAY braucht einen neuen Klüver. Konstruktions- und Reparaturabteilung – hallo! Wollen Sie sich einmal die SPRAY ansehen? Sagen Sie, alter Mann, Sie müssen sie ja angetrieben haben wie der Teufel, wenn Sie allein in 29 Tagen herübergekommen sind! Aber wir werden es Ihnen hier schon angenehm machen.« Nicht einmal Ihrer Majestät Schiff COLLINGWOOD wurde in Gibraltar besser betreut als die SPRAY.

Später am Tag kam ein Anruf: »Hallo SPRAY! Mrs. Bruce würde gern zur Begrüßung der SPRAY an Bord kommen. Paßt es heute?« »Ja, sehr!« rief ich freudig zurück. Am nächsten Tag erschien Sir F. Carrington, damals Gouverneur von Gibraltar, mit anderen hohen Offizieren der Garnison und allen Kommandeuren der Kriegsschiffe an Bord; alle trugen sich in das Logbuch der SPRAY ein. Wieder hörte ich einen Anruf: »SPRAY! Hallo! Commander Reynold läßt grüßen. Sie möchten sich an Bord von H.M.S. COLLINGWOOD wie zu Hause fühlen. 16.30 Uhr. Nicht später als 17.30.« Ich hatte schon auf meinen beschränkten Kleidervorrat hingewiesen und auch darauf, daß ich kaum erfolgreich als Stutzer auftreten konnte. »Sir, Sie werden in Zylinder und Schwalbenschwanz erwartet!« »Dann kann ich nicht kommen.« »Verdammt! Kommen Sie, wie Sie sind, so meinen wir es doch.« »Aye, aye, Sir!« Das Essen auf der COLLINGWOOD war gut, und hätte ich einen Zylinder so hoch wie der Mond getragen, ich hätte es nicht besser und gemütlicher antreffen können. Sogar auf einem großen Schlachtschiff entspannt sich ein Engländer, wenn ein Fremder über seine Gangway kommt, und wenn er sagt: »Fühlen Sie sich wie zu Hause«, dann meint er es auch so.

Daß mir Gibraltar gefiel, versteht sich von selbst. Wie sollte mir ein so gastfreundlicher Ort nicht gefallen? Zweimal in der Woche kam Gemüse und jeden Morgen Milch aus den »Weidegründen« im Admiralitätspalast. »Hallo, SPRAY!« rief der Admiral. »Morgen ist Ihr Gemüsetag, Sir.« »Aye, aye, Sir!«

Ich streifte viel durch die alte Stadt, und ein Kanonier führte mich durch die Felsstollen, soweit ein Fremder sie betreten durfte. Nirgendwo in der Welt gibt es unterirdische militärische Anlagen, die mit denen von Gibraltar vergleichbar sind. Als ich diese ungeheuren Befestigungsanlagen sah, konnte ich mir kaum vorstellen, daß dies nun das Gibraltar sein sollte, das ich aus dem Geographieunterricht kannte.

Bevor ich weitersegelte, wurde ich noch einmal vom Gouverneur, von den Offizieren der Garnison und von den Kommandeuren der hier stationierten Kriegsschiffe zu einem Picknick eingeladen, und es wurde eine königliche Angelegenheit. Das Torpedoboot Nr. 91, das 22 Knoten lief, brachte unsere Gesellschaft an die Küste von Marokko und wieder zurück. Der Tag war wunderschön – er war sogar zu sonnig, als daß man sich an Land wohlgefühlt hätte, und so fiel der Landgang in Marokko aus. Nr. 91 zitterte wie Espenlaub, als es mit voller Fahrt durch die See pflügte. Leutnant Boucher, der fast noch wie ein Kind aussah, hatte das Kommando und führte sein Schiff mit der Geschicklichkeit eines alten Seemanns. Am folgenden Tag aß ich bei Gouverneur Carrington im Line Wall House, das früher ein Franziskanerkloster gewesen war, zu Mittag. In diesem interessanten Gebäude werden Andenken an die vierzehn Belagerungen aufbewahrt, die Gibraltar erlebt hat. Das Abendessen des nächsten Tages nahm ich in der Residenz des Gouverneurs ein, im Palast, der auch früher ein Kloster war.

Überall fühlte ich hier den freundlichen Griff einer männlichen Hand, die mir für die kommenden langen Tage auf See Kraft gab. Das zweite Wunder war für mich die Disziplin, Ordnung und Fröhlichkeit in der ganzen großen Festung. Der umfangreiche Geschäftsbetrieb verursachte nicht mehr Aufregung als das ruhige Dahinsegeln eines gutgeführten Schiffs auf glatter See. Niemand sprach lauter als normal, höchstens ab und zu ein Bootsmannsmaat. Auch der ehrenwerte amerikanische Konsul, Horatio J. Sprague, beehrte die SPRAY am Sonntag, dem 24. August, mit seinem Besuch und war zufrieden, daß unsere britischen Vettern so nett zu ihr gewesen waren.

VON GIBRALTAR NACH PERNAMBUCO

Abfahrt von Gibraltar – Kursänderung: Die Spray *segelt nicht durch den Suezkanal, sondern nimmt Kurs auf Kap Horn – Von Piraten gejagt – Ein Vergleich mit Kolumbus – Vorbei an den Kanarischen und den Kapverdischen Inseln – Seeleben – Ankunft in Pernambuco – Eine Rechnung für die brasilianische Regierung – Vorbereitungen auf das schwere Wetter des Kaps*

Am Montag, dem 25. August, verließ die SPRAY Gibraltar. Sie war dort für die Abweichung vom direkten Kurs reich entschädigt worden. Ein Schlepper Ihrer Majestät zog die Slup frei vom Felsen. Draußen blähte der Wind ihre Segel und trieb sie bald wieder auf den Atlantik, wo sich die Brise zu einem leichten Sturm auswuchs. Ich wollte der afrikanischen Küste, an der es Piraten geben sollte, mit großem Abstand nach Süden folgen. Doch kaum hatte ich Kurs aufgenommen, als ich eine Felucke aus dem nächsten Haften kommen und ins Kielwasser der SPRAY eindrehen sah. Eigentlich hatte ich Gibraltar angelaufen, weil ich durch das Mittelmeer, den Suezkanal und das Rote Meer nach Osten segeln wollte. Die Route nach Westen schlug ich schließlich ein, weil Offiziere mit großer Erfahrung auf diesen Meeren mich zu der Änderung veranlaßt hatten. Sie hatten mich vor den zahlreichen Piraten in diesen Gewässern gewarnt, und das konnte ich nicht auf die leichte Schulter nehmen. Und jetzt war ich auch hier offensichtlich mitten unter Piraten und Diebe geraten! Ich änderte meinen Kurs; die Felucke machte dasselbe. Beide Fahrzeuge segelten sehr schnell, doch der Abstand wurde immer geringer. Die SPRAY hielt sich tapfer; doch was ich auch tat, sie legte sich ab und zu quer zu den Seen. Sie trug zuviel Tuch. Ich mußte reffen oder würde entmastet werden, mit oder ohne Piraten. Ich mußte reffen, auch wenn ich mit ihnen dann um mein Leben zu kämpfen hatte.

Ich brauchte nicht lange, um das Großsegel zu reffen und

wieder zu setzen – kaum mehr als fünfzehn Minuten. Doch in der Zwischenzeit hatte die Felucke den Abstand zwischen uns so verringert, daß ich auf den Köpfen der Crew die Haarbüschel erkennen konnte – an denen, wie es heißt, Mohammed die Schufte in den Himmel hinaufziehen wird. Sie kamen heran wie der Wind, und sie sahen aus wie die Nachkommen ganzer Pirategenerationen. An ihren Bewegungen erkannte ich, daß sie sich jetzt auf den Angriff vorbereiteten. Doch unversehens verwandelte sich die Siegesgewißheit auf ihren Gesichtern in einen Ausdruck von Furcht und Wut. Ihr Boot, das viel zuviel Segel trug, schlug auf dem Kamm einer großen See quer. Diese eine große See änderte die Lage so plötzlich wie das Aufblitzen einer Kanone. Drei Minuten später holte dieselbe See die SPRAY ein und schüttelte sie durch und durch. Im gleichen Moment riß sich die Großschot los, der Baum schlug herum und brach am Want. Instinktiv sprang ich zum Klüverfall und riß mit dem Niederholer das Vorsegel herunter. Dann legte ich hart Ruder, und mit einem Sprung drehte die Slup in den Wind. Das Großsegel stand nur einen Moment knatternd im Wind, doch ich konnte es niederholen und auch den gebrochenen Baum bergen. Wie ich ihn an Bord bekam, ohne daß das Segel in tausend Fetzen zerrissen war, weiß ich nicht, aber nicht ein Faden war gerissen. Als das Großsegel geborgen war, setzte ich den Klüver wieder, stapfte, ohne mich umzuschauen, schnell in die Kajüte und ergriff das geladene Gewehr samt Patronen. Mein Gedanke war, daß die Piraten bis dahin wieder auf Kurs und dicht aufgekommen sein mußten und daß es wohl besser für mich war, wenn ich sie gleich über einen Gewehrlauf hinweg anpeilen konnte. Ich hatte das Gewehr im Anschlag, als ich in den Dunst hineinstarrte, aber da war im Umkreis einer Meile kein Pirat. Die gleiche See, die mich zu der unfreiwilligen Halse brachte, hatte auch die Felucke entmastet. Ich sah zu, wie das Diebesgesindel, etwa ein Dutzend, das Rigg aus dem Wasser zu bergen versuchte. Allah möge ihre Gesichter schwärzen!

Gemütlich segelte ich weiter unter Klüver und Stagsegel, das ich jetzt auch gesetzt hatte. Den Baum laschte ich fest und richtete die Schoten für die Nacht. Dann fiel ich wegen des Stroms und der schweren Brecher unter Land zwei Strich weiter ab von der Küste. Damit hatte ich den Wind drei Strich achterlicher als querab an Steuerbord und einen gleichbleibenden Zug in den Vorsegeln. Bis ich dies alles in Ordnung gebracht hatte, war es dunkel, und ein Fliegender Fisch war auch schon an Deck gelandet. Ich nahm ihn mit nach unten zum Abendessen, war aber zu müde zum Kochen und sogar zum Essen. Ich kann mich nicht erinnern, daß ich in meinem ganzen Leben schon einmal so müde war wie am Ende dieses Tages. Vor Übermüdung konnte ich nicht schlafen und rollte mich bis kurz vor Mitternacht mit den Bewegungen des Schiffs in meiner Koje herum, bis ich schließlich aufstand und mir meinen Fisch und eine Tasse Tee zubereitete. Wenn ich es nicht schon vorher begriffen hatte, dann jetzt: Die vor mir liegende Reise würde von mir dauernde, harte Arbeit erfordern. Am 27. August waren von den Piraten und ihrem Land nur noch zwei Bergspitzen weit weg im Osten in der klaren Morgenluft zu sehen. Bald nach Sonnenaufgang wurden auch sie zu meiner vollen Zufriedenheit vom Dunst aufgesogen.

Noch ein paar Tage nach meiner Flucht vor den Piraten blies ein stetiger, nicht zu schwerer Sturm, und die See war auch nicht ungemütlich oder gefährlich, obwohl sich eine lange Dünung aufgebaut hatte. Während ich in meiner Kajüte saß, merkte ich diese Dünung kaum, so leicht war die langsam schwingende Bewegung der Slup auf den Wellen. Alle störende Unruhe und Aufregung war nun vorbei. Ich war wieder einmal allein mit mir selbst und dachte darüber nach, daß ich auf dem mächtigen Ozean und in der Hand der Elemente war. Doch ich war glücklich, und mein Spaß an der Reise wuchs immer mehr.

Kolumbus, der mehr als vierhundert Jahre zuvor mit der SANTA MARIA dieselbe Strecke gesegelt hatte, war nicht so glücklich wie ich gewesen, auch nicht so sicher über den Erfolg seines Unternehmens. Seine Schwierigkeiten hatten hier schon angefangen. Irgendwie hatte seine Mannschaft ihm einen Streich gespielt und einen Ruderbruch zustande gebracht, während er wahrscheinlich vor einem ähnlichen Sturm ablief, wie ihn die SPRAY gerade durchgestanden hatte. Außerdem gab es Meinungsverschiedenheiten auf der SANTA MARIA, was ja auf der SPRAY unbekannt war.

Nach drei Tagen mit böigen und umlaufenden Winden legte ich mich nieder, um mich auszuruhen und zu schlafen, und ließ die Slup mit festgesetztem Ruder ihren Kurs allein finden.

Am frühen Morgen des 1. September kündeten Wolken voraus die Kanarischen Inseln an. Der nächste Tag brachte einen Wettersturz: Sturmwolken streckten ihre Arme über den Himmel; aus Osten schien sich ein Harmattan anzumelden, ebenso konnte von Süden her ein Hurrikan aufkommen. Aus jeder Ecke der Kompaßrose drohte ein Sturm. Ich war vorsichtig und reffte die Segel. Und ich hatte es auch nicht zu früh getan, denn plötzlich war die See in Aufruhr. Ich ließ die Slup drei Strich weiter abfallen, damit sie die Seen besser ausreiten konnte. Mit viel Fahrt ging es jetzt auf die Meerenge zwischen Afrika und der Insel Fuerteventura zu, der östlichsten der Kanarischen Inseln. Ich hielt dauernd nach ihr Ausschau. Um 14.00 Uhr wurde die Sicht auf einmal gut, und ich sah die Inseln in weniger als sieben Meilen Entfernung an Steuerbord querab. Fuerteventura ist 2700 Fuß hoch und bei klarer Sicht schon viele Meilen entfernt auszumachen.

In der Nacht frischte der Wind wieder auf. Mit rascher Fahrt segelte die SPRAY durch die Meerenge und hatte bei Tagesanbruch am 3. September alle Inseln 25 Meilen achteraus gelassen, als eine Flaute einen neuen Sturm ankündigte. Als er kam, brachte er den Sandstaub von der afrikanischen Küste mit. Es war ein typischer Harmattan, der eigentlich nicht in diese Jahreszeit paßte. Sein Geheul war deprimierend, und der rotbraune Sand verfärbte innerhalb von einer Stunde die See. Den ganzen Nachmittag über war die Luft dick von Sand. Doch in der Nacht drehte der Wind auf Nordwest, blies den Sand zurück aufs Land und fegte den Himmel wieder klar. Der Mast der SPRAY bog sich nun unter einem starken, gleichmäßigen Druck, und die geblähten Segel wischten über die Wellenkämme, als die Slup vor dem

Wind rollte und sich abwechselnd auf beiden Seiten bis über die Speigatten vor den Seen verbeugte. Wenn sie unter dem Kiel durchgingen und mein Schiff auf ihren Rücken hochhoben, schlug mein Herz höher. Dies war großartiges Segeln. Am 4. September kam der Wind immer noch frisch aus Nordnordost, und die Slup lief direkt vor den Seen ab. Mittags kam ein Dampfer in Sicht, ein Viehtransporter vom La Plata; er steuerte Nordost und stampfte wie im dicksten Sturm. Ich gab Signale, bekam aber keine Antwort. Er klatschte mit dem Bug in die See und rollte auf die erstaunlichste Art, und so wie er gierte, hätte man denken können, daß ein wilder Stier am Ruder stand.

Am Morgen des 6. September fand ich drei Fliegende Fische an Deck und einen weiteren unten im Vorluk, dicht bei der Bratpfanne. Das war bis jetzt der beste Fischzug und brachte mir ein opulentes Frühstück und Mittagessen.

Die SPRAY lag nun im Passat. Später am Tag kam ein zweiter Frachter in Sicht, der ebenso schwer rollte wie sein Vorgänger. Diesem zeigte ich keine Flagge, bekam aber das Schlimmste zurück, als ich ihn auf seiner Leeseite passierte. Er stank wie der Teufel! Und das arme Vieh brüllte wie verrückt! Früher war es Sitte, daß Schiffe, die sich auf See begegneten, ihre Toppsegel braßten, einen »Spietsch« abhielten und beim Abschied einen Salut abfeuerten. Diese guten alten Zeiten sind vorbei. Heute haben die Menschen nicht einmal auf dem weiten Ozean Zeit für einen Austausch von Nachrichten, obwohl dort jede Nachricht immer noch eine Neuigkeit ist. Und für den Salut können sie sich nicht einmal das Pulver leisten. Um Frachter auf See ist heute nichts Poetisches mehr. Es ist ein prosaisches Leben, wenn wir nicht einmal Zeit haben, um einander guten Morgen zu sagen.

Mein Schiff lag nun voll im Passat und ließ mir tagelang Zeit zum Ausruhen und zum Erholen. Ich beschäftigte mich mit Lesen und Schreiben und mit kleineren Ausbesserungsarbeiten am Rigg und an den Segeln. Das Kochen war immer schnell getan und auch gar nicht umständlich, denn auf der Speisekarte stand meistens Fliegender Fisch, aufgebackener Zwieback mit Butter,

Kartoffeln, Kaffee und Sahne – alles Gerichte, die rasch zubereitet waren.

Am 10. September passierte die SPRAY dicht unter St. Antonio, der nordwestlichsten der Kapverdischen Inseln. In Anbetracht der Tatsache, daß ich keine Längenbestimmung gemacht hatte, war der Landfall wunderbar genau. Der Nordost war sehr böig, als die Slup an der Insel vorbeisegelte; doch ich band ein Reff ein und hielt gut Abstand von den Bergen des stürmischen St. Antonio. Dann versanken die Kapverdischen Inseln achteraus unter der Kimm, und ich befand mich wieder einmal in völliger Einsamkeit auf See. Ich träumte sogar davon, daß ich allein war. Dieses Gefühl verließ mich nie. Doch im Schlafen oder Wachen schien ich immer genau die Position der Slup zu erkennen, und ich sah sie langsam über die Karte kriechen – eine Vorstellung, die für mich zu einem festen Bild wurde.

Als ich eines Nachts mit diesem Zauberbild vor Augen in der Kajüte saß, wurde die tiefe Stille ringsum plötzlich von menschlichen Stimmen durchbrochen. Ich war unbeschreiblich erregt und sprang sofort an Deck. Wie eine Erscheinung zog dicht in Lee eine weiße Bark unter Vollzeug vorbei. Die Matrosen an Bord braßten die Rahen, die eben am Mast der Slup vorüberglitten. Niemand rief mich an, aber einen an Bord hörte ich sagen, er habe ein Licht auf der Slup gesehen und glaube, es sei ein Fischerboot. In dieser Nacht saß ich lange auf dem von Sternen erleuchteten Deck, dachte nach über die Schiffe und beobachtete das Aufsteigen und Versinken der Sternbilder.

Am folgenden Tag, dem 13. September, zog weit entfernt in Luv ein großer Viermaster mit Kurs Nord vorbei.

Die Slup lief nun schnell auf das Gebiet der Roßbreiten zu, und der Passat wurde schwächer. An den Wellen konnte ich erkennen, daß ein Gegenstrom eingesetzt hatte. Ich schätzte ihn auf 16 Meilen am Tag. Im Zentrum der Strömung war der Versatz nach Osten noch größer.

Am 14. September sah ich vom Masttopp aus einen stattlichen Dreimaster. Weder dieses noch das am Tag zuvor gesichtete Schiff kamen so nahe, daß ich ihnen Signale geben konnte, und doch tat es mir gut, sie einfach nur zu sehen. Am folgenden Tag zogen von Süden her schwere Regenwolken auf und verdunkelten die Sonne; das war das Vorzeichen der Roßbreiten. Am 16. trat die SPRAY in diese trübe Region ein, hatte abwechselnd mit Böen zu kämpfen oder mußte sich durch Windstillen quälen. Denn dies ist das Gebiet zwischen dem Nordost- und dem Südostpassat, wo die Winde sich darum streiten, wer die Oberhand behält, und dabei in alle Richtungen herumwirbeln. Noch mehr auf Nerven und Geduld gehen die konfuse Kreuzsee und die unberechenbaren Strömungen. Und als ob das noch nicht reichte, es dem Seemann hier möglichst ungemütlich zu machen, goß es Tag und Nacht in Strömen. Zehn Tage lang kämpfte sich die SPRAY stampfend auf ihrem Kurs voran; 300 Seemeilen waren die magere Ausbeute. Ich sagte überhaupt nichts!

Am 23. September kam der hübsche Schoner NANTASKET aus Bear River bei Boston von achtern auf; mit seiner Ladung Holz für den La Plata hatte er gerade die Roßbreiten hinter sich gelassen. Im Vorbeisegeln sprach der Kapitän mich kurz an. Das Unterwasserschiff der NANTASKET war dicht mit Muscheln bewachsen, und so lockte sie die Fische an, die bisher der SPRAY gefolgt waren; die hatte ihnen wenig Futter dieser Art zu bieten. Fische folgen gewöhnlich einem verkrauteten Schiff. Die gleiche Anziehungskraft hat ein mit Entenmuscheln bewachsenes Log. Einer aus dieser kleinen Gruppe von Deserteuren war ein Delphin, der der SPRAY schon etwa 1000 Meilen gefolgt und bisher mit meinen Essensresten zufrieden gewesen war; denn er war verwundet und konnte nicht in der See nach anderen Fischen jagen. Ich erkannte den Delphin an seinen Narben und hatte mich so an seinen Anblick gewöhnt, daß ich ihn jedesmal vermißte, wenn er einen Ausflug von der Slup weg machte. Nachdem er eines Tages ein paar Stunden fortgewesen war, kehrte er in Gesellschaft von drei Gelbschwänzen zurück, die mit dem Delphin entfernt verwandt sind. Diese kleine Herde blieb zusammen, außer wenn Gefahr drohte oder wenn sie in der See nach Futter suchten. Öfter wurden sie von hungrigen Haien bedroht und entkamen mehr als einmal nur recht knapp. Ich interessierte mich sehr dafür, wie sie entkamen, und so beobachtete ich sie stundenlang. Sie jagten davon, jeder in eine andere Richtung, so daß der Wolf des Meeres, der Hai, wenn er den einen verfolgte, von den anderen abgelenkt wurde. Nach einer Weile trafen sie sich dann alle wieder auf der einen oder anderen Seite der Slup. Zweimal wurden ihre Verfolger von einer Blechbüchse abgelenkt, die ich achteraus schleppte und die sie als einen glänzenden Fisch annahmen. Als sie sich herumwarfen, wie es Haie tun, wenn sie ihr Opfer anfallen, schoß ich sie durch den Kopf.

Die Gefahren schienen die Gelbschwänze wenig zu beunruhigen. Sicher fürchten alle Lebewesen den Tod. Doch ich sah auch einige Arten, die zusammenrückten und stillhielten, als ob sie wüßten, daß sie als Fraß für größere Fische geschaffen wurden, und ihren Jägern so wenig Mühe wie möglich bereiten wollten. Andererseits habe ich aber auch beobachtet, wie Wale um eine Schule Heringe im Kreis herumschwammen und sie mit ihren Schwanzflossen in einen Strudel zusammentrieben; und wenn die kleine Brut hübsch durcheinandergewirbelt war, schoß der eine oder andere Leviathan mitten durch das Zentrum hindurch und sackte eine Bootsladung voll ein. Vor dem Kap der Guten Hoffnung sah ich,wie ein Schwarm von Makrelen mit Sardinen oder anderen kleinen Fischen dasselbe machte. Die Sardinen hatten nicht die geringste Chance zu entkommen, während die Makrelen immer um sie herumschwammen und sich vom Rand der zappelnden Masse bedienten. Es war spannend zu beobachten, wie schnell die kleine Brut verschwand. Und obwohl sich immer wieder dasselbe vor meinen Augen abspielte, ging alles so flink, daß ich nie beobachten konnte, wie ein einzelner Fisch geschnappt wurde.

Am nördlichen Rand des Südostpassats war die Luft mit Elektrizität geladen; es donnerte und blitzte häufig. Ich erinnerte mich, daß ungefähr hier vor ein paar Jahren das amerikanische Schiff ALERT vom Blitzschlag zerstört worden war. Die Besatzung wurde durch einen glücklichen Zufall noch am gleichen Tag gerettet und nach Pernambuco gebracht, wo ich sie damals traf.

Am 25. September sprach ich auf 5 Þ nördlicher Breite und 26 Þ30’ westlicher Länge die North Star aus London. Das große Schiff war 48 Tage von Norfolk, Virginia, unterwegs mit Ziel Rio, wo wir uns etwa zwei Monate später wiedersahen. Die Spray war nun seit Gibraltar 30 Tage auf See.

Der nächste Begleiter der Spray war ein Schwertfisch. Mit seiner großen Rückenflosse schwamm er längsseits, bis ich ihn mit meiner Harpune aufstörte und er seine schwarze Flagge niederholte und verschwand. Am 30. September kreuzte die Spray um 11.30 Uhr den Äquator auf 29 Þ30’ westlicher Länge. Mittags stand sie zwei Meilen südlich der Linie. Etwa bei 4 ÞN hatte sie den noch ziemlich leichten Südostpassat erreicht; jetzt füllte er als steife Brise ihre Segel und jagte sie mit flotter Fahrt auf die brasilianische Küste zu. Am 5. Oktober machte sie ohne weitere besondere Ereignisse etwas nördlich von Olinda ihren Landfall, und schon mittags ging sie im Hafen von Pernambuco vor Anker: 40 Tage von Gibraltar, an Bord alles wohlauf. Hatte ich nun genug von der Reise? Nicht die Spur! In meinem ganzen Leben war ich nie besser im Trimm gewesen, und ich war begierig auf den gefährlicheren Teil der Reise, die Umrundung von Kap Horn.

Für einen Seemann ist es nichts Besonderes, daß er zweimal den Atlantik überquert, den halben Weg zwischen Boston und dem Horn zurückgelegt hat und sich immer noch unter Freunden befindet. Die Entscheidung, von Gibraltar aus nach Westen zu segeln, ließ mich nicht nur den Piraten des Roten Meeres entgehen, sondern brachte mich auch an altbekannte Ufer. Auf meinen früheren Reisen war ich oft in Pernambuco und anderen brasilianischen Häfen gewesen. 1893 hatte man mir als Kapitän den berühmten Ericsson-Bau Destroyer anvertraut, der zum Kampf gegen den Rebellen Mello und seine Partei von New York nach Brasilien gebracht werden sollte. Die Destroyer hatte übrigens eine Unterwasserkanone von enormer Größe an Bord.

In derselben Expedition fuhr auch die NICTHEROY mit, die die Regierung der Vereinigten Staaten während des Spanischen Krieges gekauft und in BUFFALO umgetauft hatte. Die DESTROYER war in vieler Hinsicht das bessere Schiff, doch in ihrem kuriosen Krieg versenkten sie die Brasilianer in Bahia selbst. Mit ihr sank meine Hoffnung auf meinen Lohn. Da das für mich allerhand bedeutete, konnte ich nur versuchen, ihn jetzt einzutreiben. Aber nach zwei Jahren hatte das Karussell die Mello-Partei an die Macht gebracht. Zwar hatte mich die legale Regierung angestellt, doch die sogenannten Rebellen fühlten sich mir jetzt weniger verpflichtet, als ich gewünscht hätte.

Bei meinen Besuchen in Brasilien hatte ich Dr. Perera kennengelernt, den Besitzer und Herausgeber von »El Commercio Journal«. Und bald nachdem die SPRAY in Upper Topsail Reach sicher vor Anker lag, besuchte mich der Doktor, ein begeisterter Yachtsegler, und nahm mich die Lagune hinauf zu seinem Landhaus mit. Auf der Wasserseite bewachte seine Armada die Zufahrt zum Haus, eine Flotte von Booten, zu denen auch ein chinesischer Sampan, ein Norwegerboot und ein Cape-Ann-Dory, das er von der DESTROYER erhalten hatte, gehörten. Der Doktor bewirtete mich mit guter brasilianischer Kost, damit ich, wie er sagte, *salle gordo* für die Reise sei; aber er fand – und damit erklärt sich das Wort –, daß ich auch bei bestem Futter nur langsam zunahm.

Ich übernahm Früchte, Gemüse und allen anderen notwendigen Proviant. Dann lichtete ich am 23. Oktober Anker und war klar zum Auslaufen. Doch bevor ich wegkam, stieß ich mit einem Zollbeamten aus der unversöhnlichen Mello-Partei zusammen, der von der SPRAY Tonnagegebühren erhob, obwohl sie mit einer Yachtlizenz fuhr und damit von Hafengebühren befreit sein sollte. Unser Konsul wies den Beamten darauf hin und erinnerte ihn auch – was ich für reichlich undiplomatisch hielt – daran, daß ich es war, der die DESTROYER nach Brasilien gebracht hatte. »O ja«, sagte der freundlicher Kassierer, »wir erinnern uns sehr gut daran«; denn jetzt saß er irgendwie am längeren Hebel.

Ein Kaufmann namens Lungrin wollte mir aus der Patsche helfen und der SPRAY eine Ladung Schießpulver nach Bahia anvertrauen, was mich mit Kapital versorgt hätte. Und als die Versicherungsgesellschaften das Risiko für den Transport auf einem Schiff, dessen Besatzung nur aus einem Mann bestand, nicht übernehmen wollten, bot er sogar an, das ganze Risiko selbst zu tragen und mich auch ohne Versicherung loszuschikken. Damit machte er mir vielleicht ein größeres Kompliment, als ich verdiente. Nur aus einem Grund ging ich auf dieses Geschäft nicht ein, weil nämlich damit meine Yachtlizenz ungültig geworden wäre und ich rund um die Welt mehr Hafengebühren zu zahlen gehabt hätte, als die ganze Fracht wert war. Statt dessen kam mir ein anderer befreundeter Kaufmann zu Hilfe, indem er die Gebühren bar vorstreckte.

In Pernambuco kürzte ich den Baum, der vor der Küste von Marokko gebrochen war; das gebrochene Stück schnitt ich ab, so daß er zum Mast hin etwa vier Fuß kürzer wurde. Auch die Klaubacken richtete ich neu. Am 24. Oktober 1895, einem selbst für Brasilien schönen Tag, segelte die SPRAY nach einem reichlichen, guten Essen ab. Sie lief mit Etmalen von etwa 100 Meilen die Küste hinunter und erreichte ohne ein erwähnenswertes Ereignis am 5. November Rio de Janeiro, wo sie mittags bei Villaganon vor Anker ging und auf den Besuch der Hafenbehörden wartete. Am folgenden Tag versuchte ich den Chef der Admiralität und die Minister zu sprechen, um nach meinem noch ausstehenden Lohn für die DESTROYER zu fragen. Der hohe Offizier, den ich antraf, sagte: »Was uns angeht, Kapitän, können Sie das Schiff haben. Wenn Sie das akzeptieren, schikken wir Ihnen einen Offizier mit, der Ihnen zeigt, wo es liegt.« Ich wußte nur zu gut, wo es in diesem Moment lag. Vor Bahia schwappte die See bis über den Topp seines Schornsteins, und so lag es wahrscheinlich wohl dort auf dem Meeresgrund. Ich dankte dem freundlichen Offizier, lehnte sein Angebot aber ab.

Am Tag vor der Abreise machte die SPRAY mit einer Ladung alter Schiffskapitäne ein paar Schläge im Hafen von Rio. Da ich mich entschlossen hatte, ihr für die stürmischen Gewässer Patagoniens ein Yawlrigg zu geben, brachte ich hier auf dem Heck einen halbkreisförmigen Stützbalken an, der einen Heckmast tragen sollte. Diese alten Kapitäne inspizierten das Rigg der SPRAY, und jeder steuerte noch etwas zu ihrer Ausrüstung bei. Kapitän Jones, der mir in Rio als Dolmetscher gedient hatte, schenkte ihr einen Anker, und ein Dampferkapitän gab eine Trosse dazu. Der Anker von Jones brach auf der ganzen Reise nicht einmal unbeabsichtigt aus, und die Trosse hielt nicht nur die Belastung an einer Leeküste aus, sondern ich schleppte sie auch vor Kap Horn in einer Bucht nach, um die auflaufenden Seen zu brechen, die an Bord zu steigen drohten.

STRANDUNG

Abreise von Rio de Janeiro – Gestrandet an der Sandküste von Uruguay – Fast ertrunken – Der Junge, der eine Slup fand – Die Spray *ist leicht beschädigt, doch sie schwimmt wieder – Gefälligkeiten des britischen Konsuls in Maldonado – Eine herzliche Begrüßung in Montevideo – Ausflug nach Buenos Aires – Mast und Bugspriet werden gekürzt*

Am 28. November lief die SPRAY aus Rio de Janeiro aus und geriet gleich in einen Sturm, der die ganze Küste entlangtobte und der Schiffahrt beträchtlichen Schaden zufügte; es war gut, daß sie genug Seeraum hatte. Einige der kleineren Fahrzeuge, denen ich an dieser Küste begegnete, segelten die SPRAY am Tage aus, fielen jedoch nachts klar achteraus. Für die SPRAY waren Tag und Nacht gleich, für die anderen bestand offensichtlich ein Unterschied. An einem dieser wirklich schönen Tage nach dem Verlassen von Rio preite mich der Dampfer SOUTH WALES an und gab mir unaufgefordert die nach dem Chronometer berechnete Länge: »48 ÞWest, so genau ich es bestimmen kann«, sagte der Kapitän. Mit ihrem Blechwecker hatte die SPRAY genau dasselbe Besteck. Ich fühlte mich in meiner primitiven Navigationsmethode zu Hause, und doch überraschte es mich nicht wenig, daß mein berechneter Schiffsort durch den Schiffschronometer voll bestätigt wurde.

Am 5. Dezember kam eine Schonerbark in Sicht, und beide Schiffe segelten mehrere Tage lang gemeinsam an der Küste entlang. Gerade hier setzte ein Strom nach Nord, so daß wir uns dicht unter der Küste halten mußten, mit der die SPRAY bald ziemlich vertraut war. Und hier muß ich nun einen Fehler gestehen: Ich ging zu dicht unter Land. Mit anderen Worten: Am 11. Dezember lief die SPRAY bei Tagesanbruch hart und fest auf den Sandstrand. Das war mehr als ärgerlich; aber ich merkte auch schon bald, daß die Slup nicht in großer Gefahr war. Der

Anblick der Sandhügel im hellen Mondlicht hatte mich getäuscht, und jetzt fluchte ich, daß ich überhaupt auf solchen Anschein vertraut hatte und nicht nach Kompaß und Karte gesegelt war. Die See selbst war ziemlich ruhig, doch auf dem Strand brach sich die Dünung mit großer Wucht. Ich ließ rasch mein kleines Dory zu Wasser und brachte einen Warpanker samt Trosse aus. Doch es war zu spät, um die Slup damit abzubergen; denn es war Ebbe, und das Wasser war schon um einen Fuß gefallen. Also machte ich mich daran, den großen Anker auszubringen. Das war kein leichtes Stück Arbeit. Denn mein Beiboot, das »rasierte« Dory, kam mit Anker und Trosse nicht einmal durch die Brandung; die Last war zu groß. So schnitt ich die Trosse durch und machte zwei Ladungen daraus, und nun gelang es mir, den Anker mit 40 Faden Trosse, deren Tampen ich mit einer Boje versorgt hatte, durch die Brandung zu bringen. Doch mein Dory leckte rasch, und bis ich weit genug hinausgerudert war, um den Anker fallenlassen zu können, war es voll bis zum Rand und sank. Wenn ich jetzt nicht schnell handelte und einen Fehler machte, war alles verloren. So sprang ich von der Ducht auf, riß den Anker bis über den Kopf und warf ihn fort – genau in dem Moment, als das Dory kenterte. Ich griff nach dem Dollbord und klammerte mich daran fest, als das Boot kieloben trieb; denn plötzlich fiel mir ein, daß ich nicht schwimmen konnte. Dann versuchte ich es aufzurichten, aber mit viel zuviel Kraft, und so rollte es glatt auf die andere Seite über, so saß ich mich nun wieder an ihm festklammern konnte und im Wasser hing. Einen Augenblick überlegte ich ruhig und merkte, daß zwar der Wind leicht aufs Land zu blies, die Strömung mich aber trotzdem hinaustrug und ich also irgend etwas tun mußte. Dreimal kam ich unter Wasser, als ich das Dory aufzurichten versuchte, und ich wollte schon fast aufgeben, als mich der Trotz packte; ich dachte an die Schwarzseher, die ich hinter mir gelassen hatte und die sich jetzt vielleicht bestätigt sehen konnten: »Das habe ich ja schon immer gesagt.« Ich weiß nicht, wie groß die Gefahr wirklich war, aber für mich war dies der ernsteste Augenblick in meinem Leben.

Beim vierten Versuch gelang es mir endlich mit großer Vorsicht, das Dory auch aufrecht zu halten, während ich selbst hineinkroch. Dann paddelte ich mit einem der Riemen, den ich aufgefischt hatte, ans Ufer zurück. Meine Kleidung war sehr mitgenommen, und ich selbst hatte auch allerhand Salzwasser geschluckt. Mein Fahrzeug, das jetzt hoch und trocken lag, machte mir Sorge. Ich dachte nur daran, wie ich es wieder flott kriegen konnte. Das zweite Stück der Ankertrosse auszubringen und mit dem ersten zu verbinden, machte keine Schwierigkeiten mehr; denn an der ersten Part hatte ich ja eine Boje festgemacht, bevor ich sie ins Boot nahm. Leicht war es auch noch, den Tampen zurück zur Slup zu bringen. Jetzt lachte ich sogar ein wenig über meine Besorgnis, denn trotz der prekären Lage hatte mich mein klarer Kopf – oder mein Schutzengel – nicht verlassen. Die Ankertrosse reichte eben vom Anker im tiefen Wasser bis zum Spill auf der Slup, gerade mit soviel Spiel, daß ich noch einen Törn herumlegen konnte. Also lag der Anker genau in richtiger Entfernung vom Boot. Ich setzte alles steif, und dann konnte ich nur noch auf die kommende Flut warten.

Die ganze Arbeit hätte auch einen Stärkeren müde gemacht. So warf ich mich oberhalb der Flutmarken auf den Strand und ruhte mich aus; die Sonne stand jetzt schon hoch und vergoß ihre großzügige Wärme über das Land. Zwar hätte meine Lage noch schlimmer sein können; doch ich war an einer wilden Küste eines fremden Landes meines Eigentums nicht völlig sicher, wie ich bald schon merkte. Ich lag da noch nicht lange, als ich das Getrappel von Pferdehufen auf dem harten Sandstrand hörte. Sie kamen näher und hielten genau vor der Sanddüne, hinter der ich mich vor dem Wind geschützt hatte. Vorsichtig schaute ich auf und erblickte auf einem Klepper den wohl erstauntesten Jungen an der ganzen Küste. Er hatte eine Slup gefunden! »Die gehört mir«, dachte er wohl, »denn habe ich sie nicht als erster hier auf dem Strand gesehen?« Sicher, da lag sie, hoch und trocken und ganz weiß gestrichen. Er trabte mit seinem Pferd um sie herum, und da er keinen Besitzer finden konnte, schirrte er seinen Klepper vor das Wasserstag und zog an, als wollte er sie nach Hause schleppen. Natürlich war sie zu schwer für ein Pferd. Anders war es jedoch mit meinem kleinen Kahn; den schleppte er ein Stück weit weg und versteckte ihn hinter einer Düne im hohen Gras. Er hatte sich entschlossen, so muß ich wohl vermuten, mehr Pferde zu holen und auch seine größere Prise egal wie abzuschleppen, und er wollte sich wohl gerade aufmachen, aus der Siedlung, die etwa eine Meile entfernt lag, Verstärkung zu holen, als ich hervortrat. Das schien ihn zu enttäuschen und zu ärgern. *»Buenos dias, muchacho«*, sagte ich. Er murmelte eine Antwort und musterte mich kühn von Kopf bis Fuß. Dann brach ein ganzer Schwall von Fragen aus ihm heraus – mehr, als sechs Yankees fragen konnten. Zuerst wollte er wissen, woher mein Schiff kam und wie viele Tage es unterwegs gewesen war; dann fragte er, was ich denn so früh am Morgen hier am Strand machte. »Deine Fragen sind schnell beantwortet«, gab ich zurück, »mein Schiff kommt vom Mond, es hat einen Monat für die Überfahrt gebraucht und soll hier eine Ladung kleiner Jungen an Bord nehmen!« Aber für diese Andeutung eines zweifelhaften Abenteuers hätte ich beinahe teuer bezahlt, wenn ich nicht auf der Hut gewesen wäre. Denn während ich sprach, rollte dieses Kind des Campo seinen Lasso fertig zum Wurf auf, und statt sich selbst zum Mond verschleppen zu lassen, hatte es offensichtlich vor, mich hinter seinem wilden Cayuse am Hals über die Felder von Uruguay nach Hause zu ziehen.

Ich war genau bei den Castillo Chicos gestrandet, etwa sieben Meilen südlich der Grenze zwischen Brasilien und Uruguay, und natürlich sprach man hier Spanisch. Um meinen frühen Besucher zu versöhnen, erzählte ich ihm, daß ich Zwieback an Bord hätte und daß ich ihn gegen Butter und Milch eintauschen wollte. Als er das hörte, leuchtete ein breites Grinsen über sein Gesicht und zeigte an, daß er sehr interessiert war und daß sogar in Uruguay ein Schiffszwieback das Herz eines Jungen gewinnen und ihn zum Freund machen kann. Das Bürschchen flog fast nach Hause und kam bald mit Butter, Milch und Eiern zurück. Augenscheinlich war ich in einem Land des Überflusses.

Mit ihm kamen ältere und jüngere Leute aus den benachbarten Ranchos, darunter auch ein deutscher Siedler, der mir in jeder Weise behilflich war.

Dann kam auch einer von der Küstenwache aus dem ein paar Meilen entfernten Fort Teresa, »um Ihr Eigentum vor den Präriebewohnern zu schützen«, wie er sich ausdrückte. Ich sagte ihm, er solle lieber auf die Leute aus seinem eigenen Dorf aufpassen; mit denen von der Prärie würde ich schon selber fertig werden. Und dabei zeigte ich auf einen schwer klassifizierbaren »Handelsmann«, der schon meinen Revolver und verschiedene andere Kleinigkeiten aus der Kajüte gestohlen hatte, die ich nur durch einen kühnen Handstreich wiedergewonnen hatte. Der Bursche war kein gebürtiger Uruguayer. Wie in anderen Gegenden, die ich besuchte, waren es auch hier nicht die Einheimischen selbst, die ihr Land in Verruf brachten.

Noch am Vormittag kam ein Eilbote vom Hafenkapitän in Montevideo mit dem Befehl an die Küstenwache, der SPRAY jede Hilfe zu gewähren. Das war jedoch nicht nötig, denn eine Wache war schon in Alarmbereitschaft und machte soviel Lärm, als hätte ein Dampfer mit tausend Einwanderern an Bord Schiffbruch erlitten. Derselbe Bote brachte auch das Versprechen des Hafenkapitäns, daß er bald einen Schlepper schicken würde, der die SPRAY nach Montevideo einschleppen sollte. Der Beamte hielt Wort. Am nächsten Tag traf ein Hochseeschlepper ein. Doch um die Geschichte kurz zu machen: Mit Hilfe des Deutschen, eines Soldaten und eines Italieners, der »Engel von Mailand« genannt wurde, hatte ich die Slup schon wieder flottgemacht und segelte, den Baum weit außenbords, vor raumem Wind auf den Hafen zu. Das Abenteuer auf dem harten Sandstrand kostete die SPRAY nicht wenig: Sie verlor ihren Kielschuh und einen Teil des Loskiels und bekam noch ein paar andere Beulen ab, die aber alle später im Dock rasch beseitigt wurden.

Am folgenden Tag ankerte ich in Maldonado. Mit seiner Tochter und einer anderen jungen Dame kam der britische Konsul an Bord und brachte einen Korb mit frischen Eiern, Erdbeeren, Milch und einem großen Laib Weißbrot mit. Das war ein guter Landfall und besseres Essen, als ich früher in Maldonado bekam, als ich mit einer meuternden Crew an Bord meiner Bark AQUIDNECK den Hafen angelaufen hatte.

In der Bucht von Maldonado wimmelt es nur so von Fischen, und zur Paarungszeit bevölkern Robben die Insel, die ihr vorgelagert ist. Die Strömungen an dieser Küste werden stark von den vorherrschenden Winden beeinflußt. Vor einem Südweststurm läuft die ganze Küste von Uruguay eine Flutwelle entlang, die den normalen Tidenhub beträchtlich höher steigen läßt, während umgekehrt bei Nordostwind der Wasserstand sehr viel niedriger ist als normal. Eine dieser Flutwellen war gerade von dem Nordost, mit dem die SPRAY eingelaufen war, zurückgedrängt worden, und nun legte die folgende Ebbe die Austernfelsen vor der Küste frei. Auch andere Muschelsorten, die zwar sehr klein, aber sehr schmackhaft waren, traten in Massen zutage. Ich sammelte eine Back voll Austern und Muscheln ein, während ein Einheimischer mit Leine und Haken und mit Muscheln als Köder von einem alleinstehenden Stein aus auf Brassen angelte und auch ein paar schöne fette Exemplare aus dem Wasser zog.

Der Neffe des Anglers, ein Knirps von etwa sieben Jahren, muß besonders erwähnt werden: Er war der größte Flucher, den ich auf der ganzen Reise traf. Seinem alten Onkel warf er die schlimmsten Schimpfworte unter der Sonne an den Kopf, nur weil der ihm nicht über die Wasserrinne hinweghelfen wollte. Während er also kräftig in allen Modi und Tempi der spanischen Sprache fluchte, ließ sich der Onkel nicht beim Fischen stören und gratulierte seinem hoffnungsvollen Nachkömmling nur hin und wieder zu seinem Talent. Als der Balg am Ende seines reichen Wortschatzes angelangt war, schlenderte er ab in die Felder und kehrte nach kurzer Zeit mit einem Strauß Blumen zurück; er überreichte sie mir und lächelte dabei wie ein unschuldiger Engel. Ich erinnerte mich, daß ich die gleichen Blumen einige Jahre zuvor weiter oben am Flußufer gesehen hatte. Den kleinen Seeräuber fragte ich, warum er sie mir gebracht habe. »Ich weiß nicht«, antwortete er, »nur eben so.«

Was immer diesem wilden Pampasjungen den Gedanken eingab, dachte ich bei mir, es muß mächtig sein und weit reichen, weit über die Seen und Meere.

Wenig später segelte die SPRAY nach Montevideo, wo sie einen Tag später eintraf. Ein Sirenengeheul von den Dampfern empfing sie, so daß ich ganz verlegen wurde und wünschte, ich wäre unbeobachtet angekommen. Daß ich eine so weite Reise allein unternommen hatte, erschien den Leuten in Uruguay als etwas Besonderes; aber ich hatte ja noch soviel vor mir und besonders den mühsamsten und gefährlichsten Teil der Reise, daß mir diese überschwengliche Ehrung hier wie voreilige Prahlerei erschien.

Die SPRAY hatte kaum in Montevideo ihren Anker ausgebracht, als auch schon die Agenten der Royal Mail Steamship Company, der Königlichen Dampfschiffahrts-Postgesellschaft, die Herren Humphreys und Co., das Versprechen überbringen ließen, daß die Gesellschaft das Schiff kostenlos eindocken und überholen würde; außerdem wollte sie mir noch 20 Pfund Sterling schenken. Sie erfüllte alle ihre Versprechen und noch mehr. Die Werftarbeiter in Montevideo gaben sich mit dem Kalfatern große Mühe, um die Slup dicht zu bekommen. Zimmerleute besserten den Kiel aus und auch das Rettungsboot; sie malten es an, bis ich es kaum noch von einem Schmetterling unterscheiden konnte.

Weihnachten 1895 war die SPRAY vollständig überholt und hatte sogar noch einen wunderbaren Ersatzofen, der aus einer großen eisernen Trommel bestand, in die eine Menge Löcher für den nötigen Zug hineingeschlagen waren; der Schornstein ragte direkt zum Vorschiff hinaus. Nun, dies war nicht einfach nur ein normaler Ofen. Er war immer hungrig und fraß sogar grünes Holz; und auch an den kalten, feuchten Tagen vor der Küste von Feuerland leistete er mir gute Dienste. Seine Tür drehte sich in Angeln aus Kupfer, die einer der Lehrlinge auf der Werft mit lobenswertem Eifer so lange polierte, bis das ganze Ding wie das Messing-Kompaßhäuschen eines P & O-Dampfers funkelte.

Die SPRAY war jetzt seeklar. Aber statt ihre Reise sofort anzutreten, machte sie am 29. Dezember erst noch einen Ausflug den Fluß hinauf. Ein alter Freund, Kapitän Howard aus Cape Cod, überall am La Plata bekannt, reiste mit nach Buenos Aires. Hier kam die SPRAY mit Starkwind und der Strömung im Rücken früh am folgenden Tag an, so daß sie sich wieder einmal selbst übertraf. Ich war froh, einen Seemann von Howards Erfahrung an Bord zu haben, der bezeugen konnte, wie sie sich selbst ohne Rudergänger vor dem Wind steuerte und dabei Kurs hielt. Howard saß dicht beim Kompaßhäuschen und beobachtete die Kompaßnadel, während die Slup so gerade auf ihrem Kurs dahinsegelte, als ob die Kompaßrose festgenagelt wäre. Nicht einen viertel Strich wich sie ab! Mein alter Freund hatte viele Jahre lang eine Lotsenslup besessen und damit auf dem La Plata gesegelt, aber dieses Kunststück nahm ihm schließlich den Wind aus den Segeln, und er rief: »Ich will auf der Chico-Bank stranden, wenn ich je so etwas gesehen habe!« Vielleicht hatte er seiner Slup nur nie eine Chance gegeben zu zeigen, was sie konnte. Der SPRAY halte ich dabei vor allem zugute, daß sie in Küstengewässern, in einem starken Tidenstrom und unter anderen schwierigen und ungewöhnlichen Bedingungen segelte. Auch Kapitän Howard brachte das alles mit in Anschlag.

In all den Jahren in der Fremde hatte Howard doch nicht vergessen, wie man Chowder, die vorzügliche amerikanische Fischsuppe, zubereitet. Um es zu beweisen, brachte er ein paar schöne Barsche mit und tischte mir ein königliches Essen auf. Als das pikante Chowder angerichtet war, verkeilten wir den Topf sicher zwischen zwei Kisten am Boden, so daß er nicht umfallen konnte, langten zu und spannen ein Garn darüber, während die SPRAY sich selber ihren Weg durch die Dunkelheit über den Fluß suchte. Howard erzählte mir Schauermärchen von den Kannibalen in der Tierra del Fuego, und ich revanchierte mich mit dem Bericht, wie der Steuermann der PINTA vor den Azoren mein Schiff durch den Sturm gesteuert hatte und daß ich ihn bei einem Wetter wie diesem hier auch wieder am Ruder zu sehen erwartete. Ich halte Howard nicht für abergläubisch – nein, das sind wir beide nicht –, doch als ich erwähnte, daß er wohl auf der SPRAY wieder mit nach Montevideo zurückfahren würde, schüttelte er den Kopf und nahm dann später doch lieber einen Dampfer.

Ich war jahrelang nicht mehr in Buenos Aires gewesen. Wo ich früher von einem Dampfer mit einem Karren an Land gebracht worden war, standen nun die herrlichsten Kais. Man hatte Unmengen an Geld in den Umbau des Hafens gesteckt – die Londoner Bankiers konnten davon erzählen. Der Hafenkapitän ließ der SPRAY einen Gruß überbringen und einen sicheren Liegeplatz zuweisen; er bot sich an, für alles zu sorgen, was ich im Hafen brauchte, und ich war sicher, daß diese freundliche Geste ernst gemeint war. Die Slup wurde in Buenos Aires gut versorgt; sie brauchte weder Liege- noch Tonnagegebühren zu zahlen, und auch die Bruderschaft der Yachtsegler hieß sie willkommen. Die Stadt selbst fand ich nicht so sehr verändert wie die Kais, und so fühlte ich mich bald mehr zu Hause.

Aus Montevideo hatte ich ein Empfehlungsschreiben von Sir Edward Hairby an den Besitzer des »Standard«, Mr. Mulhall, und das brachte mir einen warmen Empfang durch das heißeste Herz außerhalb von Irland ein. Sobald die SPRAY an ihrem Liegeplatz war, kam Mr. Mulhall mit einem stolzen Gespann zu den Kais herunter und wollte mich sogleich mit in sein Haus nehmen, wo schon ein Zimmer auf mich wartete. Es war Neujahr 1896. Der »Standard« hatte den Kurs der SPRAY in seinen Spalten verfolgt.

Mr. Mulhall zeigte mir zuerst alles, was neu in der Stadt war, und dann gingen wir auf die Suche nach einigen der alten Landmarken. Der Mann, der »Limonade« auf der Plaza verkaufte, als ich diese wunderbare Stadt zum erstenmal besuchte, verkaufte immer noch seine Limonade für zwei Cents das Glas; er war damit reich geworden. Sein »Geschäft« bestand aus einem Waschzuber und einem benachbarten Hydranten, einem kleinen Lager braunen Zuckers und etwa sechs Zitronen, die auf dem gesüßten Wasser schwammen. Das

Wasser wurde von Zeit zu Zeit aus der freigebigen öffentlichen Pumpe erneuert, aber die Zitronen blieben immer dieselben – und all das für zwei Cents das Glas.

Vergebens hielten wir allerdings Ausschau nach dem Mann, der früher in Buenos Aires Whisky und Särge verkaufte; der Vormarsch der Zivilisation hatte ihn überfahren – nur in der Erinnerung existierte er noch. Er war ein erfinderischer Geist, und so hätte ich ihn gerne aufgetrieben. Ich erinnere mich an die Stapel von Whiskyfässern, die auf der einen Seite des Ladens fast bis unter die Decke reichten, während auf der anderen Seite, nur durch eine dünne Zwischenwand abgetrennt, eine große Zahl Särge auf gleiche Weise aufgestapelt waren. Das einzigartige Arrangement schien seine Ordnung zu haben; denn wenn ein Faß leer war, war vielleicht ein Sarg voll. Außer billigem Whisky und vielen anderen Schnäpsen verkaufte er »Cider«, den er aus Malagarosinen herstellte, die woanders als Abfall angefallen waren. Auch der Verkauf von Mineralwasser, das durchaus nicht unbedingt frei von krankheitserregenden Keimen war, gehörte zu seinem Geschäft. Es war also ein Mann, der alle Geschmäcker, Wünsche und auch »Lagen« seines Publikums bedienen konnte.

Ein anderer weiter oben in der Stadt hatte jedoch überlebt. Damit nachdenkliche Menschen es vielleicht lasen, hatte er auf seine Ladenwand gepinselt: »Diese verdorbene Welt wird bald von einem Kometen zerstört! Der Besitzer dieses Ladens verpflichtet sich deshalb, zu jedem Preis zu verkaufen, damit die Katastrophe vermieden wird!« Mr. Mulhall fuhr mich auch dort vorbei, damit ich den fürchterlichen Kometen sehen konnte, dessen strahlender Schweif riesengroß über die ganze Fassade des Ladens gemalt war.

In Buenos Aires legte ich den Mast der Slup und kürzte ihn um sieben Fuß. Auch der Bugspriet wurde etwa fünf Fuß kürzer; und auch dann noch reichte er ziemlich weit hinaus. Wenn ich an seiner Nock hing, um den Klüver zu reffen, bedauerte ich mehr als einmal, daß ich ihn nicht noch um einen Fuß kürzer gemacht hatte.

EINFAHRT IN DIE MAGELLANSTRASSE

Ankerauf in Buenos Aires – Emotionen an der Mündung des La Plata – Von einer See überrollt – Kapitän Samblichs Geschenk – Vor Cape Froward – Von Indianern gejagt in der Fortescue Bay – Ein Fehlschuß auf »Black Pedro« – Übernahme von Holz und Wasser in Three Island Cove – Tierleben

Die SPRAY war in jeder Beziehung gut überholt und ausgerüstet, und so lief sie am 26. Januar 1896 aus Buenos Aires aus. Beim Start gab es nur wenig Wind. Die Oberfläche des großen Flusses war glatt wie ein Silberteller, und ich war froh, daß mich ein Hafenschlepper aus der Hafeneinfahrt hinauszog. Aber schon wenig später kam ein Sturm auf und brachte eine häßliche See mit sich, und die silbern glänzende Oberfläche des Flusses wurde trübe und schmuddelig. Am La Plata ist das Wetter meist trügerisch. Man muß dort immer auf der Hut vor plötzlichen Böen und Stürmen sein. Vor der Dunkelheit warf ich an der besten Stelle, die ich finden konnte, in Lee des Landes Anker, wurde aber die ganze Nacht von einer kabbeligen See elend herumgestoßen. Am folgenden Morgen arbeitete ich die Slup genau gegen den Wind mit gerefften Segeln den Fluß hinunter. Abends verabschiedete ich mich von dem Ort, an dem mein Lotse Howard für den Abstecher flußaufwärts zugestiegen war, und setzte von hier aus zwischen Punta Indio und der Englischen Bank hindurch meinen Kurs ins freie Wasser ab.

Seit vielen Jahren war ich nicht mehr südlich von dieser Gegend gewesen. Ich erwartete durchaus nicht nur angenehmes Segeln auf der Fahrt nach Kap Horn, aber während ich Segel und Rigg trimmte, dachte ich doch nur eines: Vorwärts, vorwärts! Dennoch beschlich mich an meinen einsamen Ankerplätzen ein Gefühl des Grauens. Und bevor ich zum letztenmal auf dem eintönigen, schlammigen Fluß den Anker lichtete, gab ich – was vielleicht als Schwäche erscheinen mag – meinen Gefühlen nach. Ich beschloß dann, bis zur Magellanstraße nicht mehr zu ankern.

Am 28. Januar hatte die Spray Punta Indio, die Englische Bank und alle anderen Gefahren des La Plata hinter sich gelassen. Vor leichtem Wind zog sie unter Vollzeug auf die Magellanstraße zu, immer weiter in das Wunderland des Südens, bis ich die Segnungen unseres milderen Nordens vergessen hatte.

Mit sicherem Abstand passierte mein Schiff Bahia Blanca, den Golfo San Matias und den Golfo San Jorge. Um nicht in die starken Tidenströme zu geraten, die hier große wie kleine Schiffe gefährden, rundete ich alle Kaps mit einem Abstand von etwa 50 Meilen; denn die Gefahrenzone reicht hier weit auf See hinaus. Aber wo die Slup die eine Gefahr vermied, stieß sie auf eine andere. Denn als sie eines Tages gut frei von der patagonischen Küste unter gerefften Segeln vor raumem Wind lief, brach unter großem Getöse plötzlich eine riesige See, offenbar der Gipfel vieler anderer Seen, über sie herein. Ich hatte nur einen Moment Zeit, um alle Segel zu bergen und mich selbst am Piekfall außer Gefahr hochzuziehen, als ich auch schon den mächtigen Kamm sich masthoch über mir auftürmen sah. Das Gebirge aus Wasser begrub mein Fahrzeug vollständig unter sich. Es zitterte bis in jeden Verband und taumelte unter dem Gewicht des Wassers, schüttelte es aber schnell wieder ab und ritt großartig über die nachfolgenden Brecher hinweg. Etwa eine Minute lang konnte ich von meinem Halt im Rigg kein Stück vom Rumpf der Spray mehr sehen. Vielleicht dauerte es sogar noch weniger lange; aber in solchen aufregenden Augenblicken scheint man alles intensiver zu erleben, und in Sekundenschnelle zieht das halbe Leben an einem vorüber. Doch nicht nur die Vergangenheit spulte sich mit der Geschwindigkeit eines elektrischen Funkens vor meinem inneren Auge ab, ich hatte auch in meiner gefährlichen Lage noch Zeit, Entschlüsse für die Zukunft zu fassen. Sie durchzuführen, würde allerdings etwas mehr Zeit brauchen. Der erste Entschluß, an den ich mich erinnere, war, nach den Rissen der Spray, wenn sie heil aus dieser Gefahr herauskam, ein größeres Schiff zu bauen; das tun zu können, hoffe ich noch heute. Weitere Versprechungen, die weniger leicht zu halten waren, dürfte ich wohl nur unter Vorbehalt gemacht haben. Das Ereignis, das mich das Fürchten gelehrt hatte, war aber schließlich doch nur ein zusätzlicher Test für die Seetüchtigkeit der SPRAY. Es gab mir eine gewisse Sicherheit, daß ich auch mit den am Kap Horn zu erwartenden Bedingungen fertigwerden würde.

Von dem Augenblick, als die Monstersee über die SPRAY hinweggeschwemmt war, bis zu dem Zeitpunkt, als ich Cabo Virgenes erreichte, geschah nichts, was meinen Puls schneller schlagen lassen konnte. Im Gegenteil, das Wetter wurde schön, die See sanft, und das Leben verlief ruhig. Häufiger konnte ich Luftspiegelungen beobachten. Ein Albatros, der eines Tages auf dem Wasser saß, erschien mir als großes Schiff; zwei Robben, die auf der See schliefen, sah ich als große Wale; und ich hätte schwören mögen, daß eine Nebelbank eine Steilküste war. Dann drehte sich das Kaleidoskop um, und am folgenden Tag segelte ich durch eine Welt von Zwergen.

Am 11. Februar rundete die SPRAY Cabo Virgenes und lief in die Magellanstraße ein. Die Szene war wieder realistisch und düster. Der Nordost wuchs zum Sturm an und warf die Küste entlang federweißen Gischt auf; ein weniger gutes Schiff wäre in dieser See in Schwierigkeiten geraten. Als ich mich der Einfahrt in die Straße näherte, merkte ich, daß zwei starke Tidenströme genau gegenan liefen, einer dicht unter der Landspitze, der andere weiter draußen. Mit dicht gerefften Segeln lief die SPRAY über eine steile, brechende See in einer Art Kanal zwischen ihnen hindurch. Eine hochgehende See folgte ihr noch weit hinein, und ein starker Strom schoß ihr um das Kap herum entgegen. Aber sie kämpfte sich durch beide hindurch und kam mit jeder Minute in Lee von Cabo Virgenes auf ruhigeres Wasser. Langarmiger Seetang von den Unterwasserfelsen trieb wie eine böse Vorahnung unter ihrem Kiel, und das Wrack eines großen Dampfers auf der Küste nahebei gab der Szene einen düsteren Anstrich.

Ich bekam keine Ruhe. Die »Virgenes« wollten auch von der

SPRAY ihren Tribut kassieren, als sie das Vorgebirge rundete. Launische Regenböen aus Nordwest folgten dem Nordoststurm. Ich reffte die Segel und setzte mich in die Kajüte, um meine Augen auszuruhen. Als ich da so vor mich hin döste, war ich so sehr durchdrungen von allem, was mich in dieser gewaltigen Naturlandschaft erwartete, daß mich sogar die Luft, die ich atmete, vor drohender Gefahr zu warnen schien. Meine Sinne waren so angespannt, daß ich plötzlich den warnenden Ruf »SPRAY ahoi!« zu hören glaubte. Ich sprang an Deck und fragte mich, wer die SPRAY hier so gut kennen konnte, daß er sie mit Namen anrief. Denn es war jetzt schwärzeste Nacht, außer fern im Südwesten, wo sich der altbekannte weiße Bogen aufspannte, der Schrecken von Kap Horn, von dem rasch ein Südweststurm heraufzog. Ich hatte noch eben Zeit, die Segel zu bergen und alles zu belegen, als er auch schon wie ein Kanonenschuß über mich hereinbrach. In der ersten halben Stunde blies ein Sturm, den man sein Leben lang nicht vergißt; die nächsten 30 Stunden war er immer noch hart. Die Slup konnte nur das dreifach gereffte Groß und das Stagsegel tragen; damit hielt sie wacker aus und ließ sich nicht aus der Straße hinausblasen. In den stärksten Böen mußte ich alle Segel bergen, und das geschah oft genug.

Nach diesem Sturm folgte nur eine leichte Brise, und am 14. Februar ging die SPRAY bei Sandy Point vor Anker, nachdem sie ohne Schaden alle Engen passiert hatte.

Sandy Point (Punta Arenas) ist eine chilenische Kohlenstation, mächtig stolz auf seine 2000 Einwohner aus aller Herren Länder, von denen die meisten freilich Chilenen sind. Mit ihren Schaffarmen, Goldminen und der Jagd schien es den Siedlern in diesem öden Land gar nicht so schlecht zu gehen. Doch die Eingeborenen aus Patagonien und Feuerland waren dafür so verkommen, wie es nur die Begegnung mit skurpellosen Händlern zustande bringen konnte. Ein großer Teil des Handels bestand im Verkauf von »Feuerwasser«. Wenn es ein Gesetz gegen den Verkauf dieses Gifts an die Eingeborenen gab, so wurde es nicht durchgesetzt. Nette Vertreter dieser patagonischen Rasse kamen morgens ordentlich aussehend in die Stadt und bereuten noch vor dem Abend, je einen weißen Mann gesehen zu haben, so viehisch betrunken waren sie, ganz zu schweigen von den Pelzen, die man ihnen abgegaunert hatte.

Der Hafen war damals frei; aber sobald das Zollhaus, das gerade im Bau war, fertig wird, müssen auch Hafengebühren und Zoll entrichtet werden. Polizeisoldaten bewachten den Ort, und eine Art »Volksgericht« brachte ab und zu seine Gewehre in Anschlag. Aber nach meiner Meinung trafen sie gewöhnlich bei ihren Exekutionen den Falschen. Gerade vor meiner Ankunft hatte der sich sonst so jovial gebende Gouverneur eine Gruppe junger Leute ausgeschickt, um eine Siedlung der Feuerländer zu plündern und alles zu zerstören, dessen sie habhaft werden konnten, weil kurz zuvor an ganz anderer Stelle die Crew eines Schoners massakriert worden war. Insgesamt war der Ort ziemlich begierig auf Neuigkeiten und unterhielt zwei, ich glaube, täglich erscheinende Blätter. Der Hafenkapitän, ein chilenischer Marineoffizier, wies mich an, Leute zum Kampf gegen die Indianer weiter westlich von der Straße anzumustern, sonst müsse ich liegenbleiben, bis ein Kanonenboot abginge, das mich in Schlepp nehmen könne. Als ich den Ort durchgesiebt hatte, fand ich jedoch nur einen Mann zur Mitreise bereit und dies noch unter der Bedingung, daß ich noch »einen zweiten Mann und einen Köter« mitnehmen sollte. Da jedoch niemand sonst mitkommen und ich mit Hunden nichts zu tun haben wollte, sagte ich nichts weiter dazu, sondern lud nur meine Gewehre. Als meine Lage sich so zugespitzt hatte, kam Kapitän Pedro Samblich, ein netter Österreicher mit großer Erfahrung, vorbei und gab mir einen Beutel voll Reißzwecken, die mehr wert waren als all die tapferen Männer und Hunde der Tierra del Fuego. Ich protestierte; was sollte ich mit Reißzwecken an Bord! Samblich lächelte über meinen Mangel an Erfahrung und behauptete steif und fest, daß ich sie schon brauchen würde. »Sie müssen sie aber mit Vorsicht benutzen«, sagte er, »passen Sie auf, daß Sie nicht selbst darauf treten.« Dieser vage Hinweis über den Nutzen der Reißzwecken reichte mir aus, und ich begriff, wie ich nachts mein Deck klarhalten konnte, ohne Wache gehen zu müssen.

Samblich nahm großen Anteil an meiner Reise, und außer den Reißzwecken brachte er mir noch Säcke voll Schiffszwieback und ein großes Stück geräuchertes Wild. Er erklärte, mein Brot, normaler Schiffszwieback, der sich leicht brechen ließ, sei lange nicht so nahrhaft wie seines, das allerdings so hart war, daß ich es nur mit einem Hammer kleinkriegen konnte. Dann gab er mir einen Kompaß aus seiner eigenen Slup, der sicher besser als meiner war, und wollte auch noch sein Großsegel für mich abschlagen, wenn ich es annahm. Schließlich zauberte dieser großherzige Mann auch noch eine Flasche mit Goldstaub aus Feuerland aus einem Versteck hervor und forderte mich auf, mir etwas davon für meine weitere Reise zu nehmen. Aber auch ohne diesen »Zug« aus der Flasche eines Freundes fühlte ich mich meiner Sache sicher, und das Gefühl stellte sich als richtig heraus. Samblichs Reißzwecken waren mehr wert als Gold.

Als der Hafenkapitän merkte, daß ich auch allein abreisen würde, machte er keine weiteren Einwendungen, riet mir aber, wenn die Wilden mich mit ihren Kanus zu umringen versuchten, rechtzeitig zu schießen und dabei genau zu zielen, aber sie nach Möglichkeit nicht zu töten; das versprach ich gern. Mit diesen einfachen Anweisungen klarierte mich der Offizier gebührenfrei aus, und noch am gleichen Tag, dem 19. Februar 1896, lief ich aus. Ich dachte an die Abenteuer, die seltsamer und aufregender sein mußten als alles, was ich bisher erlebt hatte, als ich nun mitten in das Gebiet der wilden Feuerland-Indianer hineinsegelte.

Ein leichter Wind brachte mich am ersten Tag von Sandy Point in die St. Nicholas Bay, wo ich, wie man mir erzählt hatte, die ersten Wilden zu erwarten hatte. Aber da ich kein Anzeichen von Leben erblickte, ankerte ich auf 8 Faden Wasser und lag dort die ganze Nacht im Schutze eines hohen Berges. Hier machte ich meine erste Erfahrung mit den Williwaws, den Sturmböen, die es hier überall in der Straße bis zum Pazifik hin gibt. Es sind komprimierte Fallwinde, die Boreas brockenweise über die Bergkuppen hinabschleudert. Ein ausgewachsener Williwaw kann ein Schiff, auch wenn es keine Segel oben hat, flach aufs Wasser drücken. Aber wie jeder Sturm machen auch sie dann und wann eine Pause.

Der 20. Februar war mein Geburtstag, und ich war völlig allein – kaum ein Vogel war zu sehen – vor Cabo Froward, dem südlichsten Punkt des amerikanischen Festlands. Bei Tagesanbruch brachte ich mein Schiff wieder auf Kurs, dem zu erwartenden Kampf entgegen.

Vor leichtem, raumem Wind schaffte die Slup 30 Meilen; damit kam sie bis in die Fortescue Bay und zugleich mitten unter die Signalfeuer der Eingeborenen, die plötzlich von allen Seiten her aufloderten. Wolken flogen am ganzen Tag von Westen her über das Gebirge, und in der Nacht wurde mein günstiger Ostwind von einem Sturm aus West abgelöst. Um Mitternacht ankerte ich in Lee einer kleinen Insel und machte mir eine Tasse Kaffee, die ich auch sehr nötig hatte. Um die Wahrheit zu sagen: Das harte Kreuzen in den schweren Böen und gegen den Strom hatte an meinen Kräften gezehrt. Als ich merkte, daß der Anker hielt, goß ich mein Getränk in mich hinein und nannte den Ort Coffee Island. Die Insel liegt südlich von Charles Island, nur durch einen schmalen Kanal von ihr getrennt.

Bei Tagesanbruch war die SPRAY schon wieder unterwegs. Das Kreuzen war hart, und so kam sie nur zweieinhalb Meilen weiter und ankerte wieder in einer Bucht von Charles Island. Hier blieb sie, beide Anker in einem Bett aus Seegras, zwei Tage lang ungestört liegen. Sie hätte hier so lange ungestört liegen können, bis der Wind leichter wurde; denn in diesen beiden Tagen blies er so hart, daß sich kein Boot hinaus in die Straße wagen konnte und die Eingeborenen sich auf andere Jagdgründe verzogen hatten. Als das Wetter wieder schön wurde, holte ich meine Anker auf und segelte weiter.

Jetzt kamen auch Kanus mit Wilden aus Fortescue und verfolgten mich. Da der Wind leichter wurde, kamen sie rasch bis auf Rufnähe heran, hörten mit dem Paddeln auf, und ein säbelbeiniger Wilder stand auf und rief mich an: »Jammerschoner! Jammerschoner!« Das ist ihr Bettelruf. Ich sagte: »Nein!« Nun, ich wollte sie nicht merken lassen, daß ich allein war, und so ging ich in die Kajüte, zog mir rasch etwas anderes an und kam am vorderen Niedergang wieder hervor. Das machte zwei! Dann nahm ich das Stück vom Bugspriet, das ich in Buenos Aires abgesägt, aber immer noch an Bord hatte, verkleidete es als Seemann, stellte es ins Vorluk und brachte auch noch eine Leine daran an, mit der ich es bewegen konnte. Damit waren wir zu dritt, und wir wollten nichts von »Jammerschoner« wissen. Trotzdem kamen die Wilden schneller heran als vorher. Ich sah, daß in dem Kanu, das mir am nächsten war, außer den vier Mann an den Paddeln noch andere auf dem Boden lagen und daß sie sich beim Paddeln oft ablösten. Als sie auf 80 Yards heran waren, feuerte ich dem nächsten Kanu vor den Bug; alle hielten an, doch nur für einen Augenblick. Als ich merkte, daß sie unbedingt näherkommen wollten, feuerte ich an dem Burschen, der es mit seinem »Jammerschoner« so eilig hatte, den zweiten Schuß dicht vorbei, so daß er schnell seine Meinung änderte und voll Furcht heulte: *»Bueno jo via Isla«* (Ich gut Weg zur Insel). Er setzte sich hin und rieb eine Zeitlang seinen Steuerbord-Kranbalken. Ich dachte an den Rat des Hafenkapitäns, als ich den Finger krumm machte, und muß wohl ziemlich genau gezielt haben. Doch verfehlt war verspielt für »Black Pedro« – denn er und kein anderer war es, Anführer bei verschiedenen blutigen Massakern. An seinem spanischen Kauderwelsch und seinem Vollbart erkannte ich ihn, einen abtrünnigen Mischling, den schlimmsten Mörder in der Tierra del Fuego; die Feuerländer tragen keinen Bart. Seit zwei Jahren waren die Behörden hinter ihm her.

Soviel vom ersten Tag unter den Wilden. Um Mitternacht ankerte ich in Three Islands Cove, etwa 20 Meilen von Fortescue Bay. An der gegenüberliegenden Seite der Straße sah ich Signalfeuer und hörte Hundegebell; aber da, wo ich lag, waren keine Eingeborenen. Ich habe mich immer darauf verlassen, daß dort keine Wilden anzutreffen waren, wo Vögel oder Robben auf den Steinen am Ufer saßen. Robben sind in diesen Gewässern nicht häufig, aber in Three Islands Cove sah ich eine auf den Felsen; auch andere Zeichen deuteten auf die Abwesenheit der Wilden hin.

Am nächsten Tag blies der Wind wieder mit Sturmstärke, und obwohl ich in Lee vom Land lag, fing die Slup an, vor Anker zu treiben, so daß ich Segel setzen und weiter in die Bucht kreuzen mußte, wo ich einen vom Land umschlossenen Naturhafen fand. Zu anderer Zeit und an anderem Ort wäre das unbesonnen gewesen, und ich war auch jetzt nur so lange in diesem Schlupfloch sicher, wie der Sturm die Indianer auf der anderen Seite der Straße festhielt. So konnte ich auch mit Gewehr und Axt bewaffnet auf einer kleinen Insel an Land gehen, wo ich auf keinen Fall der Gefahr ausgesetzt war, überrascht zu werden. Ich fällte ein paar Bäume und spaltete etwa einen Klafter Feuerholz, mit dem ich mein kleines Beiboot mehrmals beladen mußte.

Ich war sicher, daß keine Wilden in der Nähe waren, nahm aber doch auf jedem Gang mein Gewehr mit; ich hatte ringsherum über 80 Yards freie Sicht.

Die verstreut stehenden Bäumchen auf dieser Insel waren eine Art Buchen und verkrüppelte Zedern; beide gaben guten Brennstoff ab. Sogar die grünen Zweige der Buche, die besonders harzig zu sein schienen, brannten in meinem Faßofen schnell weg. Ich habe die Art, wie ich Holz machte, so genau beschrieben, damit der Leser, der mir bisher freundlich und nachsichtig auf meiner Reise gefolgt ist, daran erkennen mag, daß ich mich sorgfältig auf alle Überraschungen vorbereitete, ob sie von Lebewesen oder von den Elementen ausgingen. In der Magellanstraße war die größte Wachsamkeit nötig. Es war mir völlig klar, daß hier überall um mich herum die größte Gefahr der ganzen Reise lauerte – betrügerische, listige Wilde, vor denen ich mich ganz besonders hüten mußte.

Nachdem sich der Sturm gelegt hatte, segelte die SPRAY am Morgen von Three Islands Cove ab, mußte aber bald schon vor dem nächsten, plötzlich aufkommenden Sturm in den Schutzhafen zurückkehren. Einen Tag später segelte ich wieder los und erreichte ein paar Meilen weiter Borgia Bay; hier hatten von Zeit zu Zeit Schiffe geankert und kleine Brettchen an die Bäume am Ufer genagelt, auf denen Name und Datum eingeschnitzt oder aufgemalt waren. Nichts sonst wies darauf hin, daß zivilisierte Menschen je hier gewesen waren. Ich hatte den finsteren Ort mit meinem Fernglas abgesucht und war gerade dabei, mein Beiboot klarzumachen, als das chilenische Kanonenboot HUEMEL einlief. Seine Offiziere kamen an Bord und rieten mir, den Ort sofort zu verlassen, wozu sie mich nicht lange zu überreden brauchten. Ich nahm das freundliche Angebot des Kapitäns an, mich acht Meilen weiter bis zum nächsten Ankerplatz, Notch Cove, zu schleppen, wo ich vor den Fuego-Indianern sicher sein sollte.

Bei Anbruch der Dunkelheit ankerten wir in der Bucht, während die Williwaws sich wieder von den Bergen herabstürzten. Vom Wetter in der Magellanstraße macht man sich vielleicht eine Vorstellung, wenn man erfährt, daß die HUEMEL, ein gut ausgerüstetes Kanonenboot mit starker Maschine, am nächsten Tag allein vom Sturm zur Umkehr gezwungen wurde, wieder an der gleichen Stelle ankerte und dort blieb, bis der Sturm sich legte; und sie war noch froh, daß sie überhaupt heil zurückgekommen war!

Das Zusammentreffen mit diesem Boot war für mich eine kleine Gottesgabe. Es war mit erstklassigen Seeleuten und guterzogenen Gentlemen bemannt. Der vergnügte Abend, den sie in Notch Cove improvisierten, wäre kaum irgendwo anders zu übertreffen gewesen. Einer der jungen Offiziere sang Volkslieder auf französisch, deutsch und spanisch und eines (wie er sagte) auf russisch. Wenn die Zuhörer auch das eine Kauderwelsch vom anderen nicht unterscheiden konnten, so tat das der Fröhlichkeit doch keinen Abbruch.

Am nächsten Tag blieb ich allein zurück, denn die HUEMEL setzte ihre Reise fort, da der Sturm sich gelegt hatte. Ich verbrachte einen Tag damit, Holz und Wasser zu übernehmen; dann war das Wetter schöner geworden, und ich verließ die verlassene Bucht.

Über den ersten Versuch der SPRAY, die Magellanstraße zu durchfahren, gibt es kaum noch etwas zu erzählen, das sich vom bisher Berichteten unterscheidet. Sie ankerte häufig, kreuzte viele Tage gegen den Strom, bekam ab und zu einen »Schubs«, bis sie endlich für die Nacht in Port Tamar Schutz und Ankerplatz fand, von wo aus man im Westen schon Cabo Pilar liegen sehen konnte. Hier fühlte ich auch schon den Pulsschlag des Großen Ozeans, der jetzt vor mir lag. Ich wußte, daß ich nun eine Welt verließ und daß sich mir voraus eine neue Welt eröffnete. Ich hatte die Schlupfwinkel der Wilden hinter mir gelassen. Große Gebirge, Granithaufen, die öde und leblos aussahen, lagen achteraus; auf einigen war noch nicht einmal ein Fleckchen Moos zu sehen. Das ganze Land wirkte irgendwie unfertig. Eine kleine, rasch aufgeworfene Bake auf dem Hügel hinter Port Tamar zeigte, daß hier schon mal ein Mensch gewesen war. Aber mußte man nicht von ihm berichten, daß er vor Einsamkeit und Kummer gestorben war? In einem so öden Land kann man die Einsamkeit wohl kaum genießen.

In der ganzen Straße westlich von Cabo Froward sah ich kaum Tiere außer den Hunden der Wilden. Die sah ich oft genug und hörte sie Tag und Nacht kläffen. Vögel waren selten. Der Schrei eines Wildhuhns, das ich für einen Haubentaucher hielt, erschreckte mich gelegentlich, weil er so durchdringend klang. Die »Dampfschiffente«, die so heißt, weil sie sich mit Flügelschlägen über das Wasser vorwärtsbewegt und dabei einem Miniatur-Raddampfer gleicht, sah ich manchmal, wenn sie aus dem Gefahrenbereich flüchtete. Sie fliegt nie, sondern schlägt statt der Luft das Wasser mit ihren Flügeln und kommt damit schneller als ein Ruderboot oder Kanu voran. Die paar Robben, die ich sah, waren sehr scheu; und Fische beobachtete ich so gut wie gar nicht. Ich fing nicht einen; allerdings machte ich auch auf der ganzen Reise kaum einen Versuch. Jedoch fand ich Mengen von Muscheln mit ausgezeichneter Qualität in der Straße; ich aß sie gerne und häufig. Es gab auch eine Art Schwan, kleiner als eine Ente. Ich hätte ihn leicht schießen können, doch in diesem traurigen, einsamen Land war ich nicht in der Stimmung, auch nur ein Lebewesen zu vernichten, außer wenn ich mich selbst verteidigen mußte.

STURM BEI KAP HORN

Von Cabo Pilar in den Pazifik – Abgetrieben in Richtung Kap Horn – Das härteste Abenteuer auf See – Durch den Cockburn-Kanal wieder in die Magellanstraße – Die Wilden finden die Reißzwecken – Gefährliche Brandfackeln – Überfall der Williwaws – Wieder auf dem Weg nach Westen

Am 3. März segelte die SPRAY von Port Tamar direkt auf Cabo Pilar zu. Der Wind kam aus Nordost, und ich hoffte sehr, er würde so lange durchstehen, bis ich mich vom Land freigesegelt hatte. Aber soviel Glück war nicht auf Lager. Bald begann es zu regnen, und im Nordwesten braute sich etwas zusammen, das nichts Gutes verhieß. Die SPRAY näherte sich rasch Cabo Pilar. In dem aufkommenden Sturm nahm sie sogleich ihr erstes Bad im Pazifischen Ozean. Selbst wenn ich gewollt hätte, gab es kein Zurück, denn die Dunkelheit der Nacht hatte jetzt das Land verschlungen. Der Wind frischte weiter auf, und ich band ein drittes Reff ein. Die Seen liefen auf unberechenbare Weise durcheinander. In solchem Augenblick beteten die alten Fischer: »Gedenke, Herr, mein Schiff ist so klein, und die See ist so weit!« Ich konnte jetzt nur noch die leuchtenden Kämme der Wellen erkennen. Sie bleckten die Zähne, wenn die Slup über sie hinwegtanzte. »Ich biete alles für genug Seeraum!« rief ich, und ließ soviel Segel stehen, wie sie eben tragen konnte. Sie lief die ganze Nacht mit raumen Schoten; aber am Morgen des 4. März drehte der Wind auf Südwest, sprang dann plötzlich auf Nordwest und wehte mit furchtbarer Gewalt. Die Segel flogen in Fetzen davon und die SPRAY lief vor Topp und Takel ab. Kein Schiff auf der Welt hätte gegen einen so heftigen Sturm anboxen können. Ich wußte, daß dieser Sturm tagelang dauern konnte und daß ich mich unmöglich vor der Küste von Tierra del Fuego wieder nach Westen arbeiten konnte. So blieb mir schließlich nichts anderes übrig, als mich nach Osten zurücktreiben zu lassen. Für den Augenblick war ich jedenfalls nur in Sicherheit, wenn ich die Slup vor dem Wind hielt. Und so trieb sie nach Südosten, während die Wellen stiegen und fielen und ihre niemals endende Geschichte von der See herausbrüllten; doch die Hand, die sie hielt, hielt auch die Spray. Sie lief jetzt unter gerefftem, flach mittschiffs geschotetem Stagsegel. Ich brachte zwei lange Trossen aus, um die von achtern auflaufenden Seen zu brechen, und band das Ruder mittschiffs fest. Bei diesem Trimm lief sie vor den Seen ab und ließ keine einzige an Bord steigen. Selbst als der Sturm am schlimmsten wütete, verhielt sich mein Schiff folgsam und nobel. Ich hatte grenzenloses Vertrauen in seine Seetüchtigkeit.

Nachdem ich alles getan hatte, was ich für die Sicherheit des Schiffs tun konnte, hangelte ich mich zwischen zwei Seen zum vorderen Niedergang und bereitete mir über einem Holzfeuer einen Topf Kaffee und ein gutes Irish Stew. Denn wie zuvor und auch später bestand ich auf warmem Essen auf der Spray. Nur im Tidenstrom von Cabo Pilar, wo die Seen irrsinnig hoch und unregelmäßig anliefen, war mein Appetit gering gewesen, und ich hatte das Kochen verschoben. (Im Vertrauen gesagt, ich war seekrank!)

Am ersten Sturmtag bestand die Spray ihre härteste Probe – in der schlimmsten See, die die Region von Kap Horn aufzubieten hatte. Nirgendwo auf der Welt gibt es eine rauhere See als gerade hier vor Cabo Pilar, dem grimmigen Wachtposten des Horns.

Weiter draußen war die See zwar noch gewaltig, aber die Gefahr war geringer. Dort ritt die Spray wie ein Vogel auf dem Kamm einer See und dann wieder wie ein Stück Treibgut tief unten im Tal zwischen zwei Wellenbergen. Und so jagte sie weiter. Tage vergingen wie andere normale Tage, doch immer mit dem Gefühl der Aufregung – ja der Freude.

Am vierten Tag des Sturms, ich näherte mich rasch der Höhe von Kap Horn, schaute ich in die Karte und griff Kurs und Distanz ab nach Port Stanley auf den Falklandinseln, wo ich mich wieder fangen und das Schiff überholen wollte. Da sah ich plötzlich durch einen Riß in den Wolken etwa sieben Meilen an Backbord voraus einen hohen Berg. Zu diesem Zeitpunkt war der schlimmste Sturm vorüber, und ich hatte schon anstelle des völlig zerfetzten Großsegels ein quadratisches Segel an den Baum angeschlagen. Ich holte die Trossen ein, setzte, da das Stagsegel schon stand, das schlecht stehende, gereffte quadratische Groß, brachte das Schiff mit diesen Segeln an den Wind und hielt auf das Land zu, das wie eine Insel aussah. Eine Insel war es denn auch, wenn auch nicht jene, die ich vermutet hatte.

Ich zersprang natürlich fast vor Freude über die Aussicht, noch einmal durch die Magellanstraße in den Pazifik kreuzen zu müssen; aber hier vor der Küste von Feuerland war es mehr als rauh. Tatsächlich ging die See hier draußen hoch wie ein Gebirge. In den stärksten Böen hatte die Slup nur das gereffte Stagsegel gesetzt, und das Killen dieses Segels erschütterte sie vom Kielschwein bis zum Flaggenknopf. An ihrer Sicherheit hätte ich höchstens andeutungsweise zweifeln können, weil vielleicht der Mastfuß durch die Kielplanke hindurchbrechen konnte; aber ich mußte nicht einmal an die Pumpe. Unter der kleinsten Segelfläche, die ich setzen konnte, lief sie auf das Land zu wie ein Rennpferd, und es fiel nicht schwer, sie so über die Wellenkämme zu steuern, daß sie nicht aus dem Kurs lief. Ich stand jetzt am Ruder und hatte meinen Spaß daran.

Die Nacht brach herein, bevor die Slup das Land erreicht hatte. Ich überließ es ihr, sich durch das Stockdunkel hindurchzutasten. Weit voraus sah ich Brecher. Ich brachte das Schiff auf einen anderen Kurs, hatte aber sofort wieder das laute Getöse von Brechern voraus in Lee. Das überraschte mich, denn wo ich mich zu befinden glaubte, durften keine Brecher sein. Ich hielt ein wenig ab, veränderte den Kurs, fand aber auch dort wieder Zeichen von Brandung voraus und brachte den Bug wieder von Land ab. Auf diese Weise verbrachte ich, von Gefahren umlauert, den Rest der Nacht. Hagel und Graupeln schnitten mir in den wilden Böen ins Fleisch, bis das Blut über mein Gesicht tröpfelte. Doch was machte das! Es wurde Tag, und die Slup stand mitten im Milky Way nordwestlich von Kap Horn. Die weißen Brecher einer riesigen See über flach unter Wasser liegenden Felsen hatten mir die ganze Nacht über Angst eingejagt. Die Insel, die ich gesichtet und angesteuert hatte, war Fury – ein ungeheures Panorama, das sich jetzt vor mir und überall um mich herum auftat! Ich hatte keine Zeit, mich über meine aufgerissene Haut zu beklagen. Was konnte ich anderes tun, als mich durch diese Brecher hindurchzustehlen und zwischen ihnen eine Durchfahrt zu suchen, als es nun Tag war? Da sie nachts den Felsen entkommen war, würde die SPRAY auch sicher im Tageslicht ihren Weg finden. Dies war das größte Seeabenteuer meines Lebens. Gott weiß, wie ich entkam!

Die Slup segelte schließlich raumschots hinter eine kleine Insel, wo sie auf ruhigem Wasser Schutz fand. Dann kletterte ich in den Mast, um die wilde Szenerie hinter mir zu überschauen. Der große Naturforscher Darwin sah vom Deck der BEAGLE auf diese Seelandschaft herab und schrieb in sein Tagebuch: »Jede Landratte, die den Milky Way sieht, hätte eine Woche lang Alpträume.« Er hätte ebensogut hinzufügen können: ». . . und jeder Seemann auch!«

Bald folge der SPRAY wieder das Glück. Nachdem sie durch ein Labyrinth von Inseln hindurchgesegelt war, entdeckte ich, daß wir uns im Cockburn-Kanal befanden, der etwa gegenüber von Cabo Froward wieder in die Magellanstraße hineinführt. Sie hatte schon Thieves' Bay, die Bucht der Diebe, wie sie bezeichnenderweise heißt, passiert. Und am Abend des 8. März – siehe da! – lag sie in einer behaglichen Bucht nahe der Einfahrt. Jeder Herzschlag auf der SPRAY strömte jetzt Dankbarkeit aus.

Hier dachte ich über die Erlebnisse der letzten Tage nach, und seltsam genug, statt mich vom Sitzen oder Liegen ausgeruht zu fühlen, war ich völlig zerschlagen und ermattet. Eine warme Mahlzeit von geschmortem Wildbret brachte aber bald meine Lebensgeister wieder zurück, so daß ich schlafen konnte. Ehe mich die Müdigkeit übermannte, streute ich Reißzwecken auf das Deck und dachte an den Rat meines alten Freundes Samblich, nicht selber daraufzutreten. Ich paßte auf, daß alle mit der Spitze nach oben lagen; denn als die SPRAY Thieves' Bay passierte, waren ihr zwei Kanus gefolgt. Ich konnte nicht länger verheimlichen, daß ich allein war.

Nun weiß man ja, daß man nicht auf eine Reißzwecke treten kann, ohne seinen Gefühlen Luft zu machen. Ein guter Christenmensch pfeift vielleicht, wenn er auf das spitze Ende einer Reißzwecke tritt; ein Wilder heult wahrscheinlich und springt in die Luft. Genau das geschah in dieser Nacht etwa um 24.00 Uhr, während ich in der Kajüte schlief und die Wilden mich, die Slup und alles andere schon zu haben glaubten. Doch sie änderten ihre Meinung rasch, als sie an Deck kamen; denn da dachten sie, daß ich oder ein anderer sie hätte. Ich brauchte keinen Hund. Sie selber heulten wie ein ganzes Rudel. Hals über Kopf sprangen sie in ihre Kanus, einige auch in die See, um sich abzukühlen, wie ich vermutete, und warfen dabei mit allerhand Kraftausdrücken um sich. Als ich an Deck kam, gab ich ein paar Schüsse ab, damit die Schurken wußten, daß ich zu Hause war. Dann legte ich mich wieder in die Koje im sicheren Gefühl, daß ich von einer Bande, die so sehr in Eile war, nicht wieder gestört würde.

Die Feuerländer sind zwar grausam, aber von Natur aus feige; sie betrachten ein Gewehr mit abergläubischer Furcht. Wirklich gefährlich werden sie nur dann, wenn man sich von ihnen auf Bogenschußweite umbringen läßt oder wenn man irgendwo ankert, wo sie sich in einen Hinterhalt legen können. Auch ohne die Reißzwecken hätte ich sie sicher in der Nacht mit Schüssen aus meiner Kajüte und aus dem Schiffsraum vertreiben können. In der Kajüte, im Schiffsraum und in der Vorpiek hatte ich immer Munition in Reichweite, so daß ich von jedem dieser Zufluchtsorte aus »die Festung halten« konnte, indem ich einfach durch das Deck schoß.

Die größte Gefahr rührte vielleicht vom Feuer her. Denn jedes Kanu führt ein Feuer mit sich. Damit ist nichts Böses beabsichtigt; denn die Feuerländer brauchen es einfach für ihre gewöhnliche Kommunikation durch Rauchsignale. Der harmlose Brand, der glimmend auf dem Boden eines ihrer Kanus liegt, könnte aber leicht die Kajüte eines Schiffs in Flammen aufgehen lassen, wenn man nicht auf dem Posten ist. Der Hafenkapitän von Punta Arenas warnte mich besonders vor dieser Gefahr. Nur kurz zuvor hatten sie ein chilenisches Kanonenboot in Brand gesteckt, indem sie Brandfackeln durch die Heckfenster der Kajüte geworfen hatten. Die SPRAY hatte keine Öffnungen im Kajütaufbau oder an Deck; es gab nur zwei Lukendeckel, die fest verschlossen waren und nicht geöffnet werden konnten, ohne daß ich erwachte, wenn ich gerade schlief.

Nach einer guten Nachtruhe und einem warmen Frühstück fegte ich am Morgen des 9. März die Reißzwecken an Deck zusammen. Dann suchte ich alles restliche Segeltuch hervor und begann die Teile zu einem Piekstück für mein quadratisches Ersatzgroß, das eigentlich eine Persenning war, zusammenzunähen. Der Tag versprach schönes Wetter und leichte Winde, aber in Tierra del Fuego zählt solch ein Versprechen nicht viel. Während ich mich noch wunderte, warum am Abhang gegenüber dem Ankerplatz überhaupt keine Bäume wuchsen, und schon halb entschlossen war, das Segelnähen liegenzulassen und mit meinem Gewehr zur Jagd an Land zu gehen und dabei gleich einen weißen Felsblock am Strand nahe bei einem Bach zu untersuchen, stürzte sich plötzlich ein Williwaw von so schrecklicher Stärke herab, daß er die SPRAY mit beiden Ankern wie eine Feder aus der Bucht hinaus und in tiefes Wasser trieb. Kein Wunder, daß an der Flanke dieses Berges keine Bäume wuchsen! Großer Boreas! Ein Baum mußte schon ganz aus Wurzeln bestehen, wenn er solchem furiosen Wind standhalten sollte!

Von der Bucht bis zum nächsten Land in Lee war jedoch viel Raum, und so hatte ich reichlich Zeit, beide Anker aufzunehmen, bevor die Slup in Gefahr geriet. Ich sah an diesem und den nächsten Tagen keine Wilden mehr; wahrscheinlich kannten sie die Vorzeichen für die Überfälle der Williwas. Wenigstens waren sie klug genug, sich auch am nächsten Tag nicht aufs Wasser zu wagen; denn kaum hatte ich mich wieder ans Segelmachen gesetzt, als auch schon der Wind wie am Tag zuvor die Slup erfaßte und wie zur Strafe mit Anker und allem anderen seewärts trieb. Dieser grimmige Wind, der im Lande des Magellan normal ist, blies den ganzen Tag und verschleppte die Slup mehrere Meilen an jähen Klippen und Felsnasen entlang, die über einer steilen Küste von wildem, abstoßendem Aussehen herabhingen. Es tat mir nicht leid, dort fortzukommen, obwohl mein Kurs mich auch nicht gerade auf eine paradiesische Küste zuführte. So segelte ich hoffnungsvoll weiter, da ich keine andere Wahl hatte, und kreuzte auf die St. Nicholas Bay zu, wo ich am 19. Februar schon einmal geankert hatte. Jetzt war der 10. März! Als ich das zweitemal in die Bucht einlief, hatte ich den wildesten Teil des trostlosen Feuerlandes umrundet. Doch noch war die SPRAY nicht in St. Nicholas, und nur durch reinen Zufall wurden ihre Knochen davor bewahrt, dort unten auszubleichen. In einem der Williwaws brach die Stagsegelschot; die See ging hoch, und die Slup steckte ihre Nase mitten in einen Sturm hinein. Das brachte mich nach vorne, wobei ich sofort eine dunkle Klippe voraus und Brecher so dicht unter dem Bug erblickte, daß ich mich mit Sicherheit verloren glaubte. In Gedanken schrie ich pathetisch: »Ist die Hand des Schicksals denn doch gegen mich? Soll ich schließlich an diesem finsteren Ort zugrunde gehen?« Ich sprang wieder nach achtern, achtete nicht mehr auf das schlagende Segel und warf das Steuerrad herum, während ich darauf wartete, daß die Spanten der Slup unter mir im Wellental auf den Felsen zerschmettert wurden. Doch sie sprach auf das Ruder an, schwang herum und war außer Gefahr. Im nächsten Moment war sie in Lee vom Land.

Die Slup war tatsächlich auf die kleine Insel mitten in der Bucht zugesteuert; sie hatte sie so unbeirrt anvisiert, daß sie sie fast niedergerannt hätte. Ich wollte schließlich etwas tiefer in der Bucht ankern; doch bevor ich den Anker ausbringen konnte, wurde die Slup von einer neuen Bö erfaßt, wie ein Kreisel herumgewirbelt und rasch auf die Leeseite der Bucht abgetrieben. Noch weiter in Lee lag ein hohes Vorgebirge, das ich nun ansteuerte. Dieser Kurs brachte mich in Richtung Punta Arenas zurück, denn der Sturm kam aus Südwest.

Ich hatte jedoch die Slup bald wieder unter Kontrolle und segelte auf die Leeseite des Gebirges. Dort war das Wasser ruhig wie auf einem Mühlteich, und die Segel flappten und hingen schlaff herab, als ich dichter unter Land ging. Ich wollte hier ankern und mich bis zum Morgen ausruhen; das Wasser war bis dicht ans Ufer acht Faden tief. Doch es war schon fast wie ein spannendes Spiel: Der Anker hatte noch nicht den Grund erreicht, als ein neuer Williwaw vom Gebirge herab zuschlug und die Slup schneller, als ich die Trosse ausgeben konnte, davontrieb. Statt mich auszuruhen, mußte ich also ans Spill und den Anker mit 50 Faden Trosse aufhieven, die im tiefen Wasser hingen. Das geschah in dem Teil der Straße, der Famine Reach, Hungerstrecke, heißt. Eine wahre Hungerstrecke! Den Rest der Nacht arbeitete ich an der Ankerwinsch und dachte daran, wieviel leichter es für mich war, als ich noch sagen konnte: »Tu dies oder das!« Jetzt mußte ich alles selber tun. Aber ich hievte weiter und sang dabei die alten Shanties, die ich gesungen hatte, als ich noch Matrose war. In den letzten paar Tagen hatte ich viel durchgemacht und war jetzt dankbar, daß mein Zustand nicht schlimmer war.

Bei Tagesanbruch hing der Anker endlich vor der Klüse. Zu diesem Zeitpunkt hatte sich der Wind gelegt, und Katzenpfoten traten an die Stelle der Williwaws, während die Slup langsam auf Punta Arenas zutrieb. Sie kam so nahe heran, daß ich Schiffe in der Straße ankern sehen konnte, und ich war auch schon halb entschlossen, einzulaufen, um mich mit neuen Segeln zu versorgen. Doch dann kam Wind aus Nordost auf, der für den anderen Kurs günstig war. So drehte ich den Bug der SPRAY wieder in Richtung West dem Pazifik zu und begann zum zweitenmal die zweite Hälfte meines ersten Törns durch die Magellanstraße.

ZUM ZWEITENMAL DURCH DIE MAGELLAN-STRASSE

Ein neues Großsegel entsteht – Die Wilden und ein widerspenstiger Anker – Ein Spinnenkampf – Begegnung mit Black Pedro – Besuch auf dem Dampfer Colombia – *Eine Flotte von Kanus greift an – Seltsame Gedenktafeln – Eine Ladung Talg*

Ich war entschlossen, mich auf meine eigenen geringen Hilfsmittel zu verlassen, um die Schäden aus dem Sturm auszubessern, der mich fast bis zum Kap Horn nach Süden getrieben hatte, nachdem ich schon aus der Magellanstraße in den Pazifik gelangt war. Als ich durch den Cockburn-Kanal in die Straße zurückgekehrt war, wandte ich mich also nicht nach Osten, um in Punta Arenas Hilfe zu holen, sondern segelte wieder in den nordwestlichen Teil der Straße. Bei jeder Gelegenheit, gleich ob vor Anker oder unter Segeln, machte ich mich mit Nadel und Segelhandschuh an die Arbeit. Es war eine langwierige Arbeit; aber Stückchen für Stückchen nahm das quadratische Segel auf dem Großbaum die Form eines brauchbaren Großsegels mit ordentlicher Piek und ordentlichem Achterliek an. Es war nicht das schönste Segel, aber wenigstens war es sehr stark und würde wohl einer harten Bö standhalten. Ein Schiff, das die SPRAY viel später traf, meldete, sie besäße ein Großsegel von irgendwie verbessertem Schnitt und mit Patentreff – aber das war reine Phantasie.

Nach dem Sturm konnte die SPRAY ein paar Tage lang schönes Wetter genießen; sie machte etwa 20 Meilen pro Tag, was angesichts der vielen Widerstände für mich schon ein gutes Etmal war. Zwar war das Wetter schön, aber es brachte mir wenig Ruhe. Die Sorgen um die Sicherheit meines Schiffs wie auch die um mein eigenes Leben wurden keineswegs geringer, weil es einmal nicht schlechtes Wetter war. Tatsächlich war die Gefahr sogar größer, da sich die Wilden an verhältnismäßig schönen Tagen auf ihren Raubzügen weiter vorwagten; bei schlechtem Wetter blieben sie außer Sicht, denn ihre Kanus waren zerbrechlich und verdienten kaum die Bezeichnung Fahrzeug. So hatte ich eine beinahe gute Beziehung zu den Stürmen, und schließlich war die SPRAY auf ihren Fahrten um Kap Horn ja auch nie lange ohne sie. Irgendwie gewöhnte ich mich an dieses Leben; wenn die Slup noch einmal abgetrieben werden sollte, so dachte ich schon, würde eine erneute Durchquerung der Straße aus mir den Angreifer machen und die Fuego-Indianer völlig in die Defensive drängen. Besonders in Snug Bay war dieses überhebliche Gefühl sehr stark; ich ankerte dort an dem grauen Morgen, nachdem ich an Cabo Froward vorbei war, und bemerkte in der Morgendämmerung zwei Kanus. Die Nacht über mußte ich ihnen wohl davongesegelt sein, doch jetzt stahlen sie sich im Schatten des hohen Vorgebirges in dieselbe Bucht hinein. Sie waren gut bemannt und auch mit Speeren und Bögen ausreichend bewaffnet. Nach einem Schuß vor den Bug drehten beide in einen schmalen Flußlauf ab, wo sie außer Reichweite waren. Ich lief jetzt Gefahr, daß die Wilden sich durch das Gebüsch am Ufer von der Seite heranmachen konnten; also mußte ich die Segel, die ich eben geborgen hatte, wieder setzen. Ich wollte mich etwa sechs Meilen auf die andere Seite der Straße verholen. Doch da war ich mit meiner Weisheit am Ende, denn ich wußte nicht, wie ich den Anker lichten sollte. Die Ankerwinsch hatte eine Panne und wollte sich gerade hier nicht bewegen. Doch ich setzte alle Segel und ließ mich treiben, indem ich die Ankertrosse erst einmal von Hand dichtholte. Die Slup schleppte ihren Anker nach, als ob er immer so unter ihr hing, und am Anker zog sie noch eine Tonne oder mehr Seetang hinterher. Es blies eine anständige Mütze voll Wind.

Inzwischen arbeitete ich, bis mir das Blut aus den Fingern trat. Hin und wieder warf ich einen Blick über die Schulter, und wo ich einen Ast oder Zweig sich bewegen sah, dahin sandte ich eine Kugel. Das Gewehr hatte ich immer griffbereit, und wenn ein Indianer sich in Schußweite zeigte, so faßte ich das als

Kriegserklärung auf. Doch nur mein eigenes Blut wurde vergossen und auch das nur, weil ich mir in der Eile an einer Klampe oder einem Belegnagel unbedeutsame Schrammen zugezogen hatte. Von der harten Arbeit hatte ich rissige Hände, und so schnitt das nasse Tauwerk manchmal schmerzhaft in die Haut ein und brachte sie zum Bluten; doch die Risse heilten, als ich endlich aus der Magellanstraße in schönes Wetter hinauskam.

Als ich aus Snug Bay heraus war, brachte ich die Slup in den Wind, reparierte die Winsch, hievte den Anker vor die Klüse und kattete ihn. Ich nahm Kurs auf einen Fluchthafen, der etwa sechs Meilen entfernt unter einem hohen Berg lag. Dicht unter einem senkrecht abfallenden Felsen ankerte ich wieder auf neun Faden Tiefe. Hier antwortete mir meine eigene Stimme, und deshalb nannte ich den Ort »Echoberg«. Etwas weiter am Ufer sah ich ein paar abgestorbene Bäume, und so ging ich mit Axt und Gewehr, das ich in diesen Tagen nie außer Reichweite ließ, an Land, um mich mit Brennholz zu versorgen. Dort sah ich kein Lebewesen außer einer kleinen Spinne, die sich in einem trockenen Stamm eingenistet hatte, den ich zur Slup herüberruderte. Das Verhalten dieses Insekts interessierte mich nun mehr als alles, was sonst an diesem wilden Ort zu sehen war. Denn in meiner Kajüte wartete auf sie eine Spinne gleicher Größe und gleicher Art, die den ganzen Weg von Boston mitgesegelt war – ein sehr angenehmer, aber mächtig flinker Hausgenosse. Nun, die Fuego-Spinne stellte ihre Fühler auf zum Kampf; aber meine kleine Boston-Spinne duckte sie sofort, brach ihr die Beine und riß eines nach dem anderen so gewandt aus, daß sich die Fuego-Spinne in weniger als drei Minuten für eine Fliege halten mußte.

Nach einer durchwachten Nacht an der unheimlichen Küste machte ich mich am folgenden Morgen hastig auf den Weg. Vor dem Ankerlichten bereitete ich mir nur eine Tasse heißen Kaffees über einem knisternden Holzfeuer in meinem Montevideo-Ofen. Im selben Feuer wurde die Spinne aus Feuerland eingeäschert, die am Tag zuvor von dem kleinen Krieger aus Boston ermordet worden war. Den nannte eine schottische Dame viel später in Kapstadt »Brutus«, als sie von seiner Tapferkeit am Echoberg hörte. Die Spray segelte nun raumschots auf die »Kaffeeinsel« zu, die ich an meinem Geburtstag, dem 20. Februar 1896, zum erstenmal gesichtet hatte.

Hier überfiel mich der nächste Sturm, vor dem ich in Lee des großen Charles Island Schutz suchte. Auf einer vorspringenden Klippe von Charles Island sah ich Signalfeuer. Ein Stamm von Wilden hatte sich hier seit meiner ersten Durchfahrt durch die Straße zusammengefunden; sie stiegen in ihre Kanus und hielten auf die Slup zu. Hier ankern zu wollen, war nicht besonders klug; der Ankerplatz lag in Bogenschußweite vom Ufer, und das Ufer war dicht bewaldet. Doch ich machte Zeichen, daß ein Kanu längsseits kommen sollte, während die Slup sich unter Segeln in Lee des Landes schob. Den anderen machte ich Zeichen, sich abzuhalten, und legte wie zufällig, aber doch so, daß sie es sehen konnten, auf dem Kajütdach meinen hübschen Martin-Henry-Stutzen zurecht. Eines ihrer Kanus kam längsseits, und ich hörte den nie endenden Bettelruf »Jammerschoner«; zwei Squaws und ein Indianer, die jämmerlichsten Menschenbilder, die ich auf allen meinen Reisen erblickte, saßen darin. »Jammerschoner« war ihr Klageruf, als sie vom Ufer abstießen, und mit »Jammerschoner« kamen sie längsseits. Die Squaws bettelten um Essen, während der Indianer, ein dunkelhäutiger Wilder, verdrießlich dastand, als sei er an der ganzen Sache nicht interessiert. Aber als ich mich nach etwas Schiffszwieback und getrocknetem Fleisch für die Squaws umdrehte, sprang der »Geck« an Deck, stellte sich vor mich hin und sagte in spanischem Kauderwelsch, daß wir uns schon einmal gesehen hätten. Ich erkannte wohl den Ton seines »Jammerschoner«, doch erst sein Vollbart identifizierte ihn als Black Pedro, den ich tatsächlich schon vorher getroffen hatte. »Wo ist der Rest der Crew?« fragte er und schaute sich unbehaglich um, als erwarte er, daß vielleicht jemand aus dem Vorluk hervorkam und ihm seinen Lohn für die vielen Morde gab. »Als Sie hier vor etwa drei Wochen vorbeikamen«, sagte er, »sah ich drei Mann an Bord. Wo sind die beiden anderen?« Ich antwortete ihm kurz, daß immer noch die gleiche Crew an Bord war. »Aber ich sehe doch, daß Sie alle Arbeit allein machen«, sagte er und fügte mit einem Seitenblick auf das Großsegel hinzu: *»Hombre valiente.«* Ich erklärte ihm, daß ich tagsüber alle Arbeit tat, während der Rest der Crew schlief, so daß sie nachts frisch sei, um auf die Indianer achtzugeben. Ich beobachtete die hinterlistige Schlauheit dieses Wilden und kannte ihn wohl besser, als er glaubte. Auch wenn ich nicht in Punta Arenas vor ihm gewarnt worden wäre, hätte ich ihn für einen Erzschurken gehalten. Außerdem warnte mich eine der Squaws in einer Anwandlung von Menschlichkeit, die selbst in der Brust des armseligsten Wilden zu finden ist, ich solle mich vor Black Pedro hüten. Aber diese Warnung war überflüssig; ich war von Anfang an auf der Hut und hatte noch im gleichen Augenblick einen schußbereiten Revolver in der Hand.

»Als Sie das erstemal hier durchsegelten«, sagte er, »haben Sie einen Schuß auf mich abgefeuert.« Und mit einigem Hohn fügte er hinzu: *»Muy malo!«* (Sehr schlecht!) Ich tat so, als habe ich ihn nicht verstanden, und fragte ihn: »Du warst in Punta Arenas, nicht wahr?« Er antwortete offen »ja« und tat so, als freue er sich, jemanden aus diesem alten Ort zu treffen. »In der Mission?« wollte ich wissen. »Warum? Ja«, erwiderte er und schritt vorwärts, als wolle er einen alten Freund umarmen. Ich zwang ihn zurück, denn ich teilte nicht seine humoristische Schmeichelei. »Und du kennst Kapitän Pedro Samblich?« fuhr ich fort. »Ja«, sagte der Schuft, der einen Verwandten von Samblich getötet hatte, »ja, tatsächlich; er ist ein guter Freund von mir.« »Ich weiß«, sagte ich. Samblich hatte mir empfohlen, ihn beim ersten Anblick niederzuschießen. Er zeigte nun auf meine Büchse auf dem Kajütdach und wollte wissen, wie oft man damit feuern könne. *»Cuantos?«* sagte er. Als ich ihm erklärte, daß dieses Gewehr ununterbrochen schießen könnte, fiel ihm die Kinnlade herunter, und er wollte fort. Ich hinderte ihn nicht daran. Den Squaws gab ich Zwieback und Fleisch, und eine von ihnen gab mir mehrere Klumpen Talg dafür. Ich erwähne es deshalb, weil sie mir nicht die kleinsten Stücke anbot, sondern mit einiger Mühe die größten im ganzen Kanu hervorkramte. Kein Christenmensch hätte mehr tun können. Bevor sie von der Slup abstießen, bat der listige Wilde um Streichhölzer und tat so, als wolle er die Schachtel, die ich ihm reichte, mit der Spitze seines Speers annehmen; doch ich hielt sie ihm auf der Mündung meines Stutzens, der »unaufhörlich schießen« konnte, entgegen. Der Bursche faßte die Schachtel zaghaft genug an, doch er sprang hoch, als ich *»Quedao!«* (Paß auf!) sagte. Dabei lachten die Squaws, und es schien ihnen durchaus nicht zu mißfallen. Vielleicht hatte der Elende sie am Morgen noch verprügelt, weil sie ihm nicht genug Muscheln zum Frühstück gebracht hatten. Jedenfalls verstanden wir uns alle ganz gut.

Von Charles Island kreuzte ich hinüber zur Fortescue Bay. Dort ankerte ich und verbrachte eine ruhige Nacht in Lee des hohen Landes, während draußen der Wind heulte. Die Bucht war jetzt verlassen. Es waren die Fortescue-Indianer, die ich auf der Insel getroffen hatte, und ich war sicher, daß sie der SPRAY in dem Sturm nicht folgen konnten. Um keine Vorsicht außer acht zu lassen, streute ich jedoch wieder Reißzwecken auf Deck aus, bevor ich mich niederlegte.

Am folgenden Tag wurde die Stille der Gegend durch das Erscheinen eines großen Dampfers unterbrochen, der in stolzer Haltung auf den Ankerplatz zuhielt. Ich kannte die Form, den Typ. So hißte ich meine Flagge, und sofort flogen am Flaggenstock des großen Schiffes die »Stars and Stripes« in die Höhe.

Der Wind flaute ab, und gegen Abend erschienen die Wilden von der Insel und hielten sogleich mit ihren »Jammerschoner«-Rufen auf den Dampfer zu. Dann kamen sie zur SPRAY, um noch mehr zu erbetteln oder alles zu stehlen, und erklärten, sie hätten vom Dampfer nichts bekommen. Black Pedro kam wieder längsseits. Mein eigener Bruder hätte nicht erfreuter sein können, mich zu sehen. Black Pedro bat mich, ihm meinen Stutzen zu leihen, er wolle im Morgengrauen für mich ein Guanako schießen. Ich versicherte ihm, daß ich ihm den Stutzen leihen würde, wenn ich noch einen weiteren Tag bleiben würde, woran ich aber nicht im Ernst dachte. Ich schenkte ihm ein Zimmermannsmesser und andere kleine Werkzeuge, die man beim Kanubau gebrauchen konnte, und bat ihn zu verschwinden.

Im Schutz der Dunkelheit ruderte ich zum Dampfer hinüber; es war die COLOMBIA mit Kapitän Henderson, auf der Reise von New York nach San Franzisko. Für den Fall, daß ich mir den Rückweg erkämpfen mußte, nahm ich alle meine Waffen mit. Im Ersten Offizier der COLOMBIA, Mr. Hannibal, traf ich einen alten Freund wieder; er erinnerte sich an die Tage in Manila, wo wir zusammen gewesen waren, er auf der SOUTHERN CROSS und ich auf der NORTHERN LIGHT, beides Schiffe, die ebenso schön wie ihre Namen waren.

Die COLOMBIA hatte frische Nahrungsmittel im Überfluß an Bord. Der Kapitän gab seinem Steward Order, und ich erinnere mich, daß der naive junge Mann mich fragte, ob ich nicht vielleicht ein paar Dosen Milch und Käse gebrauchen konnte. Als ich mein Gold aus Montevideo für die Vorräte anbot, brüllte der Kapitän wie ein Löwe und riet mir, mein Geld lieber aufzubewahren. Ich wurde mit Lebensmitteln aller Art großartig versorgt.

Ich kehrte zur SPRAY zurück, fand alles in Ordnung und bereitete mich auf einen frühen Aufbruch am nächsten Morgen vor. Es war verabredet, daß der Dampfer pfeifen sollte, wenn er sich zuerst auf den Weg machte. Ich beobachtete ihn ab und zu in der Nacht – aus bloßer Freude, sein elektrisches Licht zu sehen. Im Kontrast zu dem offenen Feuer in einem Fuego-Kanu war das ein angenehmer Anblick. Die Slup war zuerst unterwegs, aber die COLOMBIA folgte bald, überholte sie und grüßte dabei. Hätte der Kapitän mir seinen Dampfer überlassen, so wäre seine Gesellschaft nicht schlechter dran gewesen, als sie es ohnehin zwei oder drei Monate danach war. Später las ich nämlich in einer alten kalifornischen Zeitung die Schlagzeile: »Die COLUMBIA gilt als Totalverlust.« Auf ihrer zweiten Reise nach Kanada war sie auf die Felsen vor der kalifornischen Küste gelaufen.

Bald mußte die SPRAY wie gewöhnlich hier in der Straße gegen Wind und Strömung ankämpfen. An dieser Stelle treffen sich die Tidenströme aus Atlantik und Pazifik, und wie draußen vor der Küste bringt auch ihr Zusammentreffen in der Straße Strudel und Brecher mit sich, die für Kanus und andere zerbrechliche Fahrzeuge im Sturm gefährlich sind.

Ein paar Meilen weiter lag ein großer Dampfer kieloben auf dem Strand. Als die Slup diese Stelle passierte, lief sie in leichte Winde hinein, und dann – bemerkenswert für das Wetter in der Straße – trat völlige Windstille ein. Überall um mich herum sah ich sofort Signalfeuer, und dann hielten mehr als zwanzig Kanus auf die SPRAY zu. Als sie auf Rufnähe heran waren, schrie die wilde Besatung: »Amigo Jammerschoner!« *»Anclas aqui.« »Bueno puerto aqui!«* Es kamen noch mehr spanische Brocken, mit ihrer eigenen Sprache durchsetzt. Ich dachte nicht daran, in ihrem »guten Hafen« zu ankern. Ich hißte die Flagge und feuerte einen Schuß ab, was sie als freundschaftlichen Salut oder als Einladung auslegen konnten. Sie bildeten einen Halbkreis, blieben aber weiter als 80 Yards entfernt, was für mich bei Notwehr die Todeslinie bedeutete.

In ihrer Flotte befand sich auch ein Rettungsboot, das sie vermutlich von einer ermordeten Crew gestohlen hatten. Sechs Wilde paddelten es ziemlich linkisch nur mit den Blättern, deren Holme abgebrochen waren. Zwei der Wilden standen aufrecht und trugen Seestiefel, was die Vermutung noch bestärkte, daß sie eine glücklose Mannschaft überfallen hatten, und außerdem auch einen Hinweis darauf gab, daß sie wohl schon einmal das Deck der SPRAY besucht hatten und es jetzt, wenn sie könnten, wieder versuchen würden. Die Seestiefel hätten ihre Füße sicher vor den Reißzwecken geschützt. Ungeschickt paddelnd fuhren sie etwa 100 Yards hinter der Slup her und taten dabei sehr harmlos, als wollten sie in die Fortescue Bay. Ich hielt das für eine List und achtete genau auf eine kleine Insel, die bald schon zwischen sie und die Slup kam und sie völlig verbarg. Die SPRAY wurde hilflos darauf zugetrieben und hatte die beste Aussicht, auf den Felsen zu stranden; denn es gab keinen Ankergrund, zumindest keinen, den meine Trossen erreichen konnten. Deutlich sah ich auch schon bald eine Bewegung im Gras auf dem Gipfel der Insel, die Bonet heißt und etwa 130 Fuß hoch ist.

Ich feuerte ein paarmal darüber hinweg, sah aber nichts weiter von den Wilden. Sie hatten tatsächlich die Bewegung im Gras verursacht. Denn als die Slup durch den Neerstrom der Tide eben klar an der Insel vorbeigetrieben wurde, lag auf der anderen Seite das Boot und machte ihre List und Betrügerei offenbar. Plötzlich kam eine steife Brise auf, trieb die Kanus auseinander und befreite sogleich die Slup aus einer gefährlichen Lage. Der Wind kam allerdings immer noch von direkt voraus.

Die SPRAY kämpfte gegen Strömung und Wind, erreichte Borgia Bay am folgenden Nachmittag und warf dort zum zweitenmal Anker. Ich wünschte, ich könnte beschreiben, wie die Landschaft aussah, als um Mitternacht das Mondlicht über die Magellanstraße schien. Eine dicke Wolkenbank war langsam fortgetrieben, und plötzlich wurde die Nacht fast so hell wie der Tag. Ein hoher Berg spiegelte sich im Kanal voraus, und die SPRAY segelte neben ihrem eigenen Schatten dahin, als ob es zwei einzelne Boote wären.

Als die Slup vor Anker lag, brachte ich mein Beiboot aus und ging mit Axt und Gewehr am Kopf der Bucht an Land, um an einem Flüßchen ein kleines Faß mit Wasser zu füllen. Denn wie beim erstenmal gab es keine Anzeichen für Indianer. Ich fand das Land ziemlich wüst und stöberte etwa eine Stunde am Strand herum. Das gute Wetter schien irgendwie die Verlassenheit des Ortes noch zu steigern, und als ich schließlich ein Grab fand, kehrte ich um. Zurück am Kopf der Bucht, entdeckte ich eine Art Kalvarienberg, wie es mir schien, wo Seeleute, die ihr Kreuz trugen, es als eine Art Bake für die, die später hier vorbeikamen, aufgestellt hatten. Alle hatten hier geankert und waren weitergefahren, außer dem einen unter dem kleinen Erdhügel. Eines der einfachen Zeichen stammte seltsamerweise von dem Dampfer COLOMBIA, dem Schwesterschiff der COLOMBIA, die noch am Morgen mein Nachbar gewesen war.

Ich las die Namen vieler anderer Schiffe; einige übertrug ich in mein Tagebuch, andere waren unleserlich. Viele der Kreuze waren verfault und umgefallen, und manche von denen, die hier eines aufgestellt hatten, hatte ich gekannt, manche kannte ich noch immer. Ein Gefühl der Niedergeschlagenheit verbreitete sich um den Ort, und so eilte ich zurück an Bord, um auf der Fahrt mein Gleichgewicht wiederzufinden.

Früh am nächsten Morgen war ich von Borgia Bay fort, und vor Cabo Quod, wo der Wind abflaute, verankerte ich die Slup in einem Bett aus Seetang auf 20 Faden Wassertiefe; ich hielt sie dort ein paar Stunden lang gegen einen Strom von drei Knoten. In der nächsten Nacht ankerte ich in Langara Cove ein paar Meilen weiter. Am folgenden Tag sah ich dort Schiffstrümmer und Waren, die von der See angespült waren. Ich arbeitete einen ganzen Tag, um die Ladung zu bergen und zur Slup hinüberzurudern. Der Hauptteil der Waren bestand aus Talg in Kisten und Klumpen, von denen die Kistenhölzer weggebrochen waren. Eingebettet im Seetang lag ein Faß Wein, das ich ebenfalls längsseits holte. Mit dem Klaufall, das ich über die Ankerwinsch laufen ließ, hievte ich alles an Bord. Einige der Kisten wogen mehr als 800 englische Pfund.

Um Langara herum gab es keine Indianer. Offensichtlich waren seit dem großen Sturm, der die Schiffstrümmer an Land gespült hatte, auch keine hier gewesen. Wahrscheinlich war es derselbe Sturm, der zwischen dem 3. und 8. März die SPRAY fast bis zum Horn getrieben hatte. Hunderte Tonnen von Seetang waren aus ihrem Bett in tiefem Wasser losgerissen und in dikken Haufen auf den Strand gerollt worden. Ein Musterbeispiel, das ich mit Wurzeln und allen Verästelungen heil vorfand, maß 131 Fuß in der Länge. Abends füllte ich noch ein Faß mit Wasser, und am nächsten Morgen segelte ich endlich einmal mit günstigem Wind ab.

Ich war jedoch noch nicht weit gekommen, als ich vor mir in einer kleinen Bucht noch mehr Talg sah. Ich ankerte und setzte wie zuvor mein Beiboot aus. Es regnete und schneite den ganzen Tag über, und so war es nicht leicht, den Talg auf den Armen über die Felsblöcke am Strand zu tragen. Aber ich arbeitete weiter, bis die SPRAY eine volle Ladung hatte. Die Aussicht, auf der weiteren Reise ein gutes Geschäft machen zu können, stimmte mich froh; die Gewohnheiten eines alten Handelsmannes kamen jetzt wieder an die Oberfläche. Um Mittag segelte ich weiter – ich war von Kopf bis Fuß mit Talg beschmiert, und auch mein Schiff war vom Kielschwein bis zum Flaggenknopf gut eingefettet.

AUF DEN PAZIFIK HINAUS

Im Schneesturm nach Port Angosto – Gefahr durch eine defekte Schot – Die Spray *wird Zielscheibe von Indianerpfeilen – Die Insel des Alan Erric – Fahrt nach Juan Fernandez – Ein »König« aus Höflichkeit – Auf Robinson Crusoes Ankerplatz*

Ein neuer Sturm war aufgekommen, doch der kam noch aus dem richtigen Quadranten; ich hatte nur noch 36 Meilen bis Port Angosto, einen ziemlich öden Ort, an dem ich jedoch einen sicheren Hafen zum Überholen des Schiffs und zum Verstauen der Ladung vorfinden würde. So ließ ich alle Segel stehen, um den Hafen noch vor Einbruch der Dunkelheit zu erreichen. Das Schiff flog dahin, über und über mit Schnee bedeckt, der in dichten Flocken herabfiel, bis es schließlich wie ein weißer Wintervogel aussah. Zwischen den einzelnen Stößen des Sturms sah ich das Vorgebirge meines Hafens auftauchen und hielt darauf zu, als eine plötzliche Bö das Großsegel in Lee faßte und herumschlug. Junge, Junge! Diesmal war es beinahe schiefgegangen; denn die Schot brach, und der Baum riß sich los. Und das alles kurz vor Einbruch der Nacht! Ich arbeitete, bis mir der Schweiß am Körper herablief, um noch vor Dunkelheit alles wieder in Ordnung zu bekommen und vor allem, bis die Slup in Lee des Schutzhafens abgetrieben war. Doch erst direkt an der Einfahrt war es mir gelungen, den Baum wieder am Mast zu befestigen. Ich mußte jetzt hoch an den Wind gehen und würde den Hafen verpassen. Doch auch unter diesen Bedingungen schaffte sie den Hafen – wie ein Vogel mit gebrochener Schwinge. Schuld an dem Zwischenfall, der Fahrzeug und Ladung in Gefahr brachte, war eine defekte Sisalschot, eine heimtückische Faser, die schon manchen Seemann zum Fluchen gebracht hat.

Ich lief mit der SPRAY nicht an den Innenhafen von Port Angosto ein, sondern ankerte gleich vorn an der Backbordseite der

Einfahrt unter einer schroffen Klippe auf einem Bett von Seetang. Es war ein behaglicher und gut geschützter Ankerplatz; und um die Slup doppelt gegen die Williwaws abzusichern, vermurte ich sie mit zwei Ankern und brachte außerdem noch Trossen zu den Bäumen am Ufer aus. Doch außer ein wenig Abwind von den Bergen an der anderen Seite des Hafens kam überhaupt kein Wind hierhin. Wie überall an der Straße bestand das Land nur aus Bergen und Schluchten. Hier wollte ich die SPRAY überholen, und von hier aus wollte ich einen erneuten Start nach Cabo Pilar und auf den Pazifik hinaus wagen.

Ich blieb ein paar Tage in Port Angosto und arbeitete an der Slup. Den auf Deck verstauten Talg brachte ich in den Laderaum; auch in meiner Kajüte schaffte ich Ordnung, und außerdem versorgte ich mich ausreichend mit Wasser und Holz. Ich sah auch die Segel und das Rigg durch und setzte einen Besanmast, so daß ich jetzt ein Yawlrigg hatte, obwohl ich das Boot nach wie vor als Slup bezeichnete, da der Besan oder Treiber nur eine vorübergehende Angelegenheit sein sollte.

Nicht einmal wenn ich sehr beschäftigt war, vergaß ich mein Gewehr schußbereit zu halten; denn ich war innerhalb der Reichweite der Wilden. Bei meiner ersten Durchfahrt durch die Straße hatte ich etwas weiter unten Fuego-Kanus gesehen. Ich glaube, es war am zweiten Tag, als ich emsig an Deck arbeitete; da hörte ich dicht an meinem Ohr vorbei etwas durch die Luft sausen und mit einem »Zip«-Laut im Wasser verschwinden. Doch gesehen hatte ich nichts. Ich vermutete jedoch sofort, daß es ein Pfeil gewesen sein mußte – und da sauste auch schon ein zweiter vorbei und blieb vibrierend im Großmast stecken: das Autogramm eines Fuego-Indianers. Ein Wilder war irgendwo in der Nähe, daran zweifelte ich nicht. Und er schoß auf mich, wahrscheinlich um meine Slup und ihre Ladung zu bekommen. So riß ich meinen alten Martin-Henry-Stutzen hoch, den Stutzen, der so unaufhörlich schießen konnte. Schon beim ersten Schuß tauchten drei Wilde auf; sie strampelten aus einem Gebüsch hervor, in dem sie sich verborgen hatten, und rannten den Hügel hinauf. Ich verfeuerte noch ein paar Schuß unter ihre

Füße, um sie bei ihrer Kletterei zu ermutigen. Meine liebe, alte Kanone weckte die Hügel auf, und bei jedem Knall sprangen alle drei Wilden in die Luft, als seien sie getroffen. Aber sie liefen weiter und brachten, so schnell sie ihre Beine tragen konnten, die halben Fuego-Liegenschaften zwischen sich und die SPRAY. Danach paßte ich noch mehr auf als zuvor, daß alle meine Feuerwaffen in Ordnung waren und daß ich jederzeit genügend Munition zur Hand hatte. Aber die Wilden kehrten nicht zurück, und obwohl ich jede Nacht Reißzwecken auf Deck verstreute, bemerkte ich keinen weiteren Besucher und mußte nur jeden Morgen das Deck sorgfältig von Reißzwecken freifegen.

Wie die Tage verstrichen, wurde die Jahreszeit günstiger und die Chance größer, guten Wind für die Ausfahrt aus der Straße zu bekommen. Und so entschloß ich mich dann nach sechs Versuchen, bei denen ich jedesmal zurückgetrieben worden war, die Abfahrt nicht zu übereilen. Das schlechte Wetter bei meiner letzten Rückkehr nach Port Angosto trieb auch das chilenische Kanonenboot CONDOR und den argentinischen Kreuzer AZOPARDO in den Schutzhafen. Kaum war der letztere vor Anker gegangen, als der Kommandant, Kapitän Mascarella, ein Boot zur SPRAY schickte und mir mitteilen ließ, er würde mich nach Punta Arenas zurückschleppen, wenn ich die Reise aufgeben und zurückkehren wolle. Das war mir nie in den Sinn gekommen. Die Offiziere der AZOPARDO sagten, sie hätten Black Pedro gesehen und von seinem Besuch bei mir erfahren. Die AZOPARDO war ein fremdes Schiff und hatte kein Recht, den Verbrecher festzunehmen, aber mich tadelte der Kapitän, daß ich den Schurken nicht erschossen hatte, als er bei mir längsseits kam.

Ich erhielt von diesen Schiffen etwas Tauwerk und andere kleine Ausrüstungsgegenstände, und die Offiziere musterten auch ein paar warme Flanellstücke aus, die ich dringend brauchte. Mit dieser zusätzlichen Ausrüstung und mit einem Fahrzeug, das gut im Trimm, wenn auch etwas tief beladen war, konnte ich einen neuen Gang mit dem südlichen Ozean wagen, der so völlig falsch der »Stille« genannt wird.

In der ersten Aprilwoche kamen Winde aus Südost auf, wie sie um Kap Horn gewöhnlich im Herbst und Winter auftreten. Sie brachten auch besseres Wetter, als ich es im Sommer erlebt hatte; schon bald begannen sie, die oberen Wolkenschichten auseinanderzutreiben. Noch etwas Geduld, und ich würde mit günstigem Wind absegeln können!

In Port Angosto traf ich Professor Dusen von einer schwedischen Wissenschaftsexpedition nach Südamerika und den Pazifischen Inseln. Der Professor zeltete neben einem Bach am Kopf des Hafens, wo es viele Moosarten gab, an denen er interessiert war, und wo das Wasser, wie sich sein argentinischer Koch ausdrückte, *muy rico* war. Der Professor hatte drei gut bewaffnete Argentinier in seinem Zeltlager, um die Wilden abzuhalten. Sie waren etwas enttäuscht, als ich mich aus einem kleinen Bach in der Nähe des Schiffs mit Wasser versorgte und ihren Rat, weiter hinauf an den größeren Bach zu gehen, wo das wasser *muy rico* war, nicht beachtete. Aber alle waren gute Kerle, obwohl ich mich wunderte, daß sie nicht an Rheuma litten, weil sie auf nassem Grund schliefen.

Ich habe nicht die Absicht, von all den kleinen Zwischenfällen und Unglücksfällen zu erzählen, die der SPRAY in Port Angosto zustießen, von den vielen Versuchen, abzusegeln, und von dem jeweils folgenden Rückzug in den Schutz der Bucht. Jedenfalls gab es genug Hindernisse, um die SPRAY festzuhalten; doch am 13. April ging sie schließlich zum siebten und letztenmal ankerauf. Zwar war der Wind auf See günstig, doch die Schwierigkeiten vervielfältigten sich auf so merkwürdige Weise, daß ich, wenn ich abergläubisch gewesen wäre, bestimmt nicht an einem 13. losgesegelt wäre. Manches war geradezu lustig. Als ich zum Beispiel den Mast der Slup aus den Zweigen eines Baumes befreite, nachdem sie dreimal gegen meinen Willen um eine kleine Insel herumgetrieben war, konnte ich meine Nerven nicht mehr im Zaum halten. Ich mußte mir Luft machen, oder ich wäre an einem Kinnbackenkrampf gestorben. So brüllte ich die SPRAY an wie ein ungeduldiger Bauer sein Pferd oder seinen Ochsen: »Weißt du nicht, daß du nicht auf einen Baum klettern kannst!« Doch die arme alte SPRAY hatte in der Magellanstraße schon so ziemlich alles – und dazu noch erfolgreich – versucht. Und so schlug mein Herz auch bald wieder für sie, als ich daran dachte, was sie alles durchgemacht hatte. Sie hatte sogar eine Insel entdeckt. Denn auf der Karte war die, um die sie herumgetrieben war, als Landzunge eingezeichnet. Ich nannte sie Alan-Erric-Insel nach einem ehrenwerten literarischen Freund, den ich an den verrücktesten Orten der Welt getroffen hatte, und stellte ein Schild mit der Aufschrift »Rasen nicht betreten« auf, was mir als Entdecker schließlich auch zustand.

Jetzt endlich trug mich die SPRAY von Feuerland fort. Aber es war ein knappes Entkommen; denn der Großbaum streifte noch den Felsen in Lee, auf dem die Bake für die Ausfahrt aus der Straße stand. Das geschah am 13. April 1896. Doch schließlich war für die SPRAY ein knappes Entkommen nichts Neues mehr.

An diesem Tag nahmen die Wellen in der Straße freundlich grüßend ihre weißen Kappen vor ihr ab. Der Südostwind war die erste echte Winterbrise aus diesem Quadranten; beim ersten Windstoß war die SPRAY draußen, diesmal mit guter Aussicht, Cabo Pilar zu runden, bevor das Wetter umschlug. Das gelang auch. Der Wind war hart wie immer in der Gegend von Kap Horn, doch sie schaffte den starken Tidenstrom vor Cabo Pilar und den Evangelistas, den am weitesten vorgelagerten Felsen, bevor der Wind drehte. Ich blieb am Ruder, um meinem Schiff in den Kreuzseen Hilfe zu geben; denn es war rauh, und ich traute mich nicht, es sich selbst zu überlassen. Zwischen den hohen Brechern mußte ich den Kurs dauernd ändern, um sie so gut wie möglich zu treffen, wenn sie von vorn angerollt kamen, oder um ihnen auszuweichen, wenn sie von der Seite anliefen.

Am folgenden Morgen, dem 14. April, waren nur noch die höchsten Bergspitzen in Sicht. Die SPRAY machte auf Nordwestkurs gute Fahrt und brachte auch die Gipfel bald außer Sicht. »Hurra für die SPRAY!« rief ich den Robben, Möwen und Pinguinen zu; denn andere Lebewesen gab es ringsum nicht. Schließlich hatte sie alle Gefahren von Kap Horn abgewettert.

Sie hatte sogar auf ihrer Reise am Horn noch eine Ladung geborgen, von der sie nicht ein Pfund wieder über Bord geworfen hatte. Und warum sollte ich mich nicht auch darüber freuen, daß ich so unvermutet Glück gehabt hatte?

Ich schüttelte ein Reff aus und setzte den ganzen Klüver; denn ich hatte jetzt Seeraum genug und konnte zwei Strich abfallen. Damit kam die See nicht mehr von achtern, und unter dem Druck auf die Segel lag die Slup um so besser. Gelegentlich brach sich noch eine alte Südwestdünung hinter ihr, tat aber keinen Schaden. Als die Sonne etwa auf halbe Masthöhe gestiegen war, frischte der Wind auf; die Luft, die morgens noch ein wenig frostig gewesen war, wurde im Laufe des Tages milder. Aber an so etwas verschwendete ich keinen Gedanken.

Am Abend brach eine See, größer als alle anderen, die uns den ganzen Tag über erschrecken wollten – eine »Schönwettersee«, wie die Seeleute sagen –, über Bug und Heck der Slup. Ich saß am Ruder, und sie wusch über mich hinweg – die letzte, die die SPRAY vor Kap Horn überschwemmte. Sie schien allen alten Kummer mit wegzuwaschen. Alle meine Sorgen lagen achteraus; voraus lag wieder die ganze Welt. Sogar der Wind wurde angenehm. Meine Ruderwache war jetzt zu Ende. Es war 17.00 Uhr, seit 11.00 Uhr des vergangenen Vormittags hatte ich am Ruder gestanden, ganze 30 Stunden.

Dann war es Zeit, meinen Kopf zu entblößen; denn ich segelte allein mit Gott. Der weite Ozean war wieder um mich, die Kimm wurde von keinem Land unterbrochen. Ein paar Tage später konnte die SPRAY alle Segel setzen; zum erstenmal sah ich sie mit einem Hecksegel dahinziehen. Das war zwar nur ein unbedeutendes Ereignis, allerdings eines, das einem Triumph folgte. Der Wind kam aus Südwest, aber er war abgeflaut, und die brüllenden Seen verwandelten sich in plätschernde Wellen, die sich kräuselnd an der Bordwand brachen. Die Slup rollte auf ihnen hin und her und schien ihrem Geplapper freundlich zu lauschen. Alles veränderte sich in diesen Tagen schnell, während ich auf die Tropen zuhielt. Neue Vogelarten kamen in Sicht; die Albatrosse wurden immer seltener und verschwanden. Kleinere Möwen erschienen an ihrer Stelle und pickten die Krümel aus dem Kielwasser der Slup.

Am zehnten Tag nach Cabo Pilar kam ein Hai längsseits, der erste seiner Art auf diesem Teil der Reise. Es bekam ihm schlecht. Ich harpunierte ihn und schnitt sein scheußliches Gebiß heraus. Bis dahin hatte ich noch keine Lust gehabt, irgendeinem lebenden Geschöpf das Leben zu nehmen; doch als »John Shark«, der Hai, in Sicht kam, flog meine Sympathie mit dem Wind davon. In der Magellanstraße hatte ich sogar manche Ente entkommen lassen, die einen guten Braten abgegeben hätte, weil ich in der großen Einsamkeit dort kein Lebewesen töten mochte.

Von Cabo Pilar steuerte ich nach Juan Fernandez, und nach fünfzehn Tagen, am 28. April, hatte ich diese historische Insel direkt voraus.

Die blauen Berge von Juan Fernandez konnte ich aus 30 Meilen Entfernung hoch über den Wolken ausmachen. Tausende Gefühle erregten mich, als ich die Insel sah, und ich verneigte mich bis aufs Deck. Wir mögen uns über den orientalischen Gruß mockieren, doch ich für meinen Teil fand keinen anderen Ausdruck.

Den ganzen Tag über war der Wind leicht, und so erreichte die Spray die Insel erst gegen Abend. Es war noch eben soviel Wind, daß die Segel voll standen, und damit kam sie an der Nordostküste dicht unter Land, wo sie in einer Flaute die ganze Nacht liegenblieb. Etwas weiter in der Bucht sah ich ein kleines Licht blinken und gab einen Schuß ab, bekam aber keine Antwort, und bald verschwand das Licht gänzlich. Die ganze Nacht über hörte ich, wie die See auf die Klippen brandete; die Dünung des Ozeans, die vom Deck meines kleinen Schiffs aus kaum zu bemerken war, mußte doch beträchtlich sein. Aus den über Nacht schwächer und schwächer werdenden Rufen von Tieren in den Bergen schloß ich, daß ein leichter Strom die Slup von Land abtrieb, obwohl sie den Klippen doch gefährlich nahe zu sein schien; das Land war sehr hoch, und so mochte der Schein trügen.

Bald nach Tagesanbruch sah ich ein Boot zu mir herauskommen. Als es näher kam, nahm ich zufällig mein Gewehr auf, das an Deck lag, nur weil ich es nach unten bringen wollte; doch die Leute an Bord drehten schnell ab, als sie die Waffe in meinen Händen sahen, und ruderten zum Ufer zurück, das etwa vier Meilen entfernt lag. Es waren sechs Ruderer, und ich beobachtete, daß sie nach Art gelernter Seeleute mit Riemen in Dollen pullten, und damit wußte ich, daß sie zu einer zivilisierten Rasse gehörten; aber ihre Meinung von mir mußte alles andere als schmeichelhaft sein, da sie meine Absicht mit dem Gewehr mißverstanden und mit aller Kraft wegruderten. Nicht ohne Schwierigkeiten machte ich ihnen durch Zeichen verständlich, daß ich nicht zu schießen beabsichtigte, sondern nur das Gewehr in die Kajüte bringen wollte, und daß ich sie umzukehren bat. Als sie meine Zeichensprache begriffen hatten, kamen sie zurück und waren bald an Bord.

Einer von ihnen, den die übrigen »König« nannten, sprach englisch, die anderen spanisch. Sie alle hatten durch Zeitungen aus Valparaiso von der Reiese der SPRAY erfahren und waren auf weitere Neuigkeiten begierig. Sie erzählten mir etwas von einem Krieg zwischen Chile und Argentinien, von dem ich nichts gehört hatte, als ich da war. Ich hatte gerade beide Länder besucht, und so konnte ich ihnen berichten, daß nach den jüngsten Nachrichten aus Chile ihre eigene Insel im Meer versunken sein sollte. (Das Gerücht, Juan Fernandez sei versunken, wurde dann auch gerade in Australien herumgereicht, als ich dort drei Monate später ankam.)

Ich hatte schon einen Pott Kaffee gekocht und eine Pfanne Schmalzkuchen gebacken, und nach ein paar Höflichkeitsfloskeln ließen es sich die Insulaner gut schmecken. Dann nahmen sie die SPRAY in Schlepp und ruderten mit gut drei Knoten Fahrt auf die Insel zu. Der Mann, den sie König nannten, nahm das Ruderrad, und wirbelte es hin und her, daß die SPRAY so durchgeschüttelt wurde, daß ich schon glaubte, sie würde nie wieder geraden Kurs halten. Die anderen pullten lustig mit ihren Riemen drauflos. Der König, so erfuhr ich bald, wurde nur aus Höflichkeit so genannt. Er hatte nur länger als alle anderen auf der

Insel gelebt – dreißig Jahre –, und so wurde er eben zum König geschlagen. Juan Fernandez, erzählte er mir, stand damals unter der Verwaltung eines adligen schwedischen Gouverneurs. Er erzählte auch, daß seine Tochter die wildeste Ziege auf der Insel reiten konnte. Der Gouverneur war zum Zeitpunkt meines Besuchs mit seiner Familie in Valparaiso, um seine Kinder zur Schule zu bringen. Der »König« war nur einmal für ein oder zwei Jahre fort gewesen und hatte in Rio de Janeiro eine brasilianische Frau geheiratet, die ihm auf die abgelegene Insel gefolgt war. Er selbst war Portugiese und auf den Azoren geboren. Er hatte auf Walfängern aus New Bedford gesegelt und es bis zum Steuermann gebracht. All dies und mehr erfuhr ich, bevor wir den Ankerplatz erreichten. Schließlich füllte auch die Seebrise die Segel der SPRAY, und der erfahrene portugiesische Seemann lotste sie zu einem sicheren Liegeplatz in der Bucht, wo sie an einer Boje gegenüber der Siedlung festgemacht wurde.

ROBINSONS INSEL

Yankee-Schmalzkuchen für die Einwohner von Juan Fernandez – Die Schönheiten in Robinson Crusoes Reich – Erinnerungen an Alexander Selkirk – Robinson Crusoes Höhle – Herumtollen mit den Inselkindern – Kurs West – Ein Monat auf See – Das Kreuz des Südens und die Sonne sind der Wegweiser – Die Marquesas kommen in Sicht – Erfahrungen mit der Besteckrechnung

Als die SPRAY festgemacht war, kamen die Inselbewohner noch einmal zu Kaffee und Pfannkuchen an Bord zurück, und ich empfand es als schmeichelhaft, daß sie auch meine Brötchen nicht mißachteten wie der Professor in der Magellanstraße. Der Unterschied zwischen meinen Brötchen und Pfannkuchen bestand eigentlich nur im Namen. Beides wurde in Talg gebacken, und das verschaffte ihnen erst die richtige Beachtung. Denn auf der Insel gab es nichts Fetteres als eine Ziege, und das ist bekanntlich ein ziemlich mageres Vieh. Kein Zollbeamter konnte sich einmischen, und so hängte ich mit geschäftstüchtiger Miene gleich meine Waage an den Baum, um Talg abzuwiegen, und noch vor Sonnenuntergang hatten die Leute auf der Insel gelernt, wie man damit Brötchen und Pfannkuchen machte. Ich nahm keinen hohen Preis, doch die seltsamen altertümlichen Münzen, die ich erhielt und die wohl zum größten Teil aus dem Wrack einer alten Galeaß stammten, die irgendwann in der Bucht gesunken war, verkaufte ich später für mehr als den Nennwert an Antiquitätenhändler. Auf diese Weise machte ich ein nettes Geschäft. Ich brachte Geld in allen Währungen von der Insel mit, und, soweit ich es feststellen konnte, fast alles, was es dort gab.

Juan Fernandez ist ein angenehmer Zwischenhafen. Die Berge sind bewaldet, die Täler fruchtbar, und durch viele Schluchten ergießen sich Bäche mit klarem Wasser. Es gibt keine Schlangen und andere wilden Tiere auf der Insel, nur

Schweine und Ziegen, von denen ich einige sah, außerdem vielleicht noch ein oder zwei Hunde. Die Menschen kamen ohne Rum und Bier aus. Es gab keinen Polizisten und keinen Rechtsanwalt. Das Wirtschaftssystem war die Einfachheit selbst. Auch die Pariser Mode hatte hier keinen Einfluß; jeder zog sich so an, wie er mochte. Es gab keinen Arzt, doch die Menschen waren kerngesund, und die Kinder waren hübsch. Insgesamt gab es etwa 45 Seelen auf der Insel. Die Erwachsenen kamen hauptsächlich vom südamerikanischen Festland. Eine Dame aus Chile zum Beispiel, die für die SPRAY einen Flieger nähte und dafür Talg als Bezahlung nahm, wäre in Newport als Schönheit bezeichnet worden. Gesegnetes Juan Fernandez! Warum Alexander Selkirk es verließ, konnte ich nicht verstehen.

Vor einiger Zeit war ein großes Schiff brennend hier angekommen; man hatte es an der Huk der Bucht auf Strand gesetzt, doch die See hatte es auseinandergebrochen. Die Inselbewohner verwendeten sein Holz für den Bau ihrer Häuser, die naturgemäß ein schiffsähnliches Aussehen angenommen hatten. Das Haus des »Königs«, der Manuel Carroza hieß, etwa glich der Arche; es hatte einen polierten Messingklopfer an der einzigen Tür, die grün gestrichen war. Vor diesem »prachtvollen« Eingang stand ein vollständig aufgeriggter Flaggenmast, und daneben lag ein hübsches, rot und blau gemaltes Walboot, die Freude seiner alten Tage.

Ich pilgerte natürlich auch zu dem alten Ausguck auf der Spitze des Berges, wo Alexander Selkirk viele Tage zugebracht und in die Ferne nach dem Schiff Ausschau gehalten hatte, das dann schließlich auch kam. Von einer Tafel, die im Felsen eingelassen war, schrieb ich diese Worte ab, die da in großen Buchstaben eingraviert waren:

IN ERINNERUNG AN
ALEXANDER SELKIRK, SEEMANN,
geboren in Largo in der Grafschaft Fife, Schottland,
der auf dieser Insel in völliger Einsamkeit vier Jahre
und vier Monate lebte. Er wurde hier von der Galiot

Cinque Ports, 96 tons, 18 Kanonen, A.D. 1704 ausgesetzt und von dem Kaperschiff Duke am 12. Februar 1709 fortgebracht. Er starb als Leutnant auf H.M.S. Weymouth A.D. 1723* im Alter von 47 Jahren. Diese Tafel wurde in der Nähe von Selkirks Ausguck von Kommandant Powell und den Offizieren H.M.S. Topaze A.D. 1868 errichtet.

Die Höhle, in der Selkirk während seines Aufenthalts auf der Insel hauste, liegt im Scheitelpunkt der nach Robinson Crusoe benannten Bucht, an einer steilen Landspitze westlich des heutigen Anker- und Landeplatzes. Zwar haben auch dort schon einige Schiffe geankert, aber der Platz bietet wenig Schutz. Beide Ankerplätze sind dem Nordwind ausgesetzt, der hier jedoch nicht mehr mit voller Kraft hineinwehen kann. Der Grund an der Ostseite der zuerst genannten Bucht ist gut, und so kann dieser Ankerplatz als sicher gelten, obwohl man hier wegen der Unterströmung gelegentlich unruhig liegt.

Ich besuchte die Robinson-Crusoe-Bucht in einem Boot und landete nicht ohne Schwierigkeiten wegen der Brandung in der Nähe der Höhle, die ich auch betrat. Sie war trocken und bewohnbar. Sie liegt in einem hübschen Winkel, von einem hohen Berg vor allen schweren Stürmen geschützt, die gar nicht so selten über die Insel hinweggehen, denn sie befindet sich fast an der Grenze der Passatregion auf 35× Þsüdlicher Breite. Die Insel ist von Ost nach West etwa 14 Meilen lang und 8 Meilen breit; ihre Höhe beträgt über 3000 Fuß. Die Entfernung von Chile, zu dem sie gehört, beträgt etwa 340 Meilen.

Juan Fernandez war früher Strafkolonie. Die feuchten und ungesunden engen Höhlen, in denen die Gefangenen festgehalten wurden, sind nicht mehr in Gebrauch; Gefangene werden nicht mehr auf die Insel geschickt.

Der schönste Tag auf der Insel, wenn nicht der schönste der

* J. Cuthbert Hadden schreibt im »Century Magazine« vom Juli 1899, daß die Tafel hinsichtlich des Todesjahres von Selkirk einen Fehler enthält. Es müßte 1721 heißen.

ganzen Reise, war der letzte Tag an Land. Nicht etwa, weil es der letzte war, sondern weil alle Kinder der kleinen Gemeinschaft mit mir loszogen, um wilde Früchte für die Reise zu sammeln. Wir fanden Quitten, Pfirsiche und Feigen, und von jeder Sorte pflückten sie einen Korb voll. Man braucht nicht viel, um Kindern eine Freude zu machen. Und diese Kleinen, die nie in ihrem Leben etwas anderes als Spanisch gehört hatten, ließen die Berge ringsum von ihrem lustigen Geschrei widerhallen, als sie meine englischen Ausdrücke hörten. Sie fragten mich nach allem möglichen, das es auf der Insel gab. Wir kamen zum Beispiel zu einem mit Frucht überladenen wilden Feigenbaum, dessen englischen Namen ich ihnen verriet. *»Figgies, figgies!«*- riefen sie, »Feigen, Feigen!« Und während sie so jubelten, pflückten sie ihren Korb voll. Aber als ich ihnen sagte, daß die *cabra,* die sie mir zeigten, nur eine Ziege war, die im Englischen »goat« heißt, wollten sie sich totlachen und wälzten sich ausgelassen im Gras herum. Sie konnten gar nicht fassen, daß auf ihre Insel ein Mensch gekommen war, der zu einer *cabra* »goat« sagte.

Das erste auf Juan Fernandez geborene Kind, erzählte man mir, war inzwischen eine schöne Frau geworden und jetzt selber Mutter. Manuel Carroza und die gute Seele, die ihm hierher aus Brasilien gefolgt war, hatten ihr einziges Kind, ein Mädchen, im Alter von sieben Jahren auf dem kleinen Friedhof auf der Landspitze begraben. Auf demselben Gottesacker gab es noch andere Erdhügel zwischen den rohen Lavabrocken; einige bezeichneten die Gräber hier geborener Kinder, andere die letzte Ruhestätte von Seeleuten, die hier von vorbeifahrenden Schiffen an Land gebracht worden waren, um ihr Krankenbett schließlich mit dem Seemannshimmel zu vertauschen.

Die größte Rückständigkeit auf der Insel war meines Erachtens das Fehlen einer Schule. Sie würde notwendigerweise nur klein sein, aber eine freundliche Seele, die gern unterrichtete und das ruhige Leben auf Juan Fernandez mochte, könnte sich hier gewiß eine Zeitlang recht wohl fühlen.

Am Morgen des 5. Mai 1896 segelte ich von Juan Fernandez

ab. Ich hatte hier viel Freude erlebt. Vor allem aber hatte ich das Abenteuer genossen, die echte Insel und die Höhle des Robinson Crusoe zu besuchen. Von der Insel aus hielt die SPRAY zunächst nach Norden und segelte an der Insel San Felix vorbei, bevor sie den Passat erreichte, der in dieser Jahreszeit eigentlich schon weiter südlich zu erwarten war.

Wenn der Passat auch ziemlich lang auf sich warten ließ, so kam er schließlich doch mit Macht und brachte die verlorene Zeit wieder ein. Viele Tage lang flog die SPRAY mit Schaum vor dem Mund, manchmal mit einem, manchmal mit zwei Reffs vor dem Wind auf die Marquesas im Westen zu, die sie am 43. Tag sichtete und an denen sie doch vorbeisegelte. Ich hatte in dieser Zeit den ganzen Tag über zu tun – nicht am Ruder; niemand, glaube ich, könnte stehend oder sitzend ein Schiff um die Welt steuern. Ich hatte Besseres zu tun; denn ich saß und las meine Bücher, besserte meine Kleider aus oder kochte meine Mahlzeiten und aß sie in Frieden. Ich hatte schon herausgefunden, daß das Alleinsein nicht gut war, und so nahm ich mir zur Gesellschaft, was um mich herum war, manchmal das ganze Universum und manchmal mein eigenes unbedeutendes Selbst; und wenn alles andere versagte, hatte ich noch meine Freunde, die Bücher. Die Reise im Passat verlief geruhsam und ohne Schwierigkeiten.

Tag auf Tag segelte ich mit raumem Wind und trug die Positionen meines Schiffes mit großer Genauigkeit in die Karte ein; aber es geschah wohl eher nach Intuition als nach sklavischer Rechnerei. Denn einen ganzen Monat lang hielt mein Schiff seinen Kurs von allein. Ich hatte in dieser Zeit nicht einmal ein Licht im Kompaßhäuschen brennen. Querab sah ich jede Nacht das Kreuz des Südens, Achtern ging jeden Morgen die Sonne auf; und voraus ging sie jeden Abend unter. Ich brauchte keinen anderen Kompaß, denn dieser war der genaueste. Wenn ich nach langer Zeit auf See an meinem Besteck zweifelte, überprüfte ich es, indem ich die Uhr hoch oben ablas, die der große Architekt gemacht hat, und es stimmte.

Ich kann nicht leugnen, daß dieses seltsame Leben nicht auch manchmal eine komische Seite hatte. Gelegentlich erwachte ich, wenn die Sonne schon in meine Kajüte schien. Ich hörte Wasser vorbeirauschen; nur eine dünne Planke war zwischen mir und der Tiefe; ich fuhr auf: Was ist los? Aber alles war in Ordnung; mein Schiff lag auf seinem Kurs, und wie kein anderes Schiff auf der Welt segelte es dahin. Das Geräusch des vorbeiziehenden Wassers bestätigte, daß es mit voller Fahrt segelte. Ich wußte, daß keine menschliche Hand am Ruder lag, und ich wußte auch, daß mit der »Mannschaft« vorne alles in Ordnung war und daß es keine Meuterei an Bord gab.

Auch hier im Passat waren die Wettererscheinungen auf dem Ozean interessante Studienobjekte. Ich beobachtete, daß etwa alle sieben Tage der Wind auffrischte und ein paar Strich mehr aus Richtung des Pols einfiel als gewöhnlich; das heißt, er drehte von Ostsüdost auf Südsüdost, während zur gleichen Zeit eine schwere Dünung aus Südwest aufkam. All das zeigte an, daß im Gegenpassat schwere Stürme tobten. Der Wind drehte dann Tag für Tag wieder etwas zurück und flaute zugleich ab, bis er wieder aus der normalen Richtung kam, aus Ostsüdost. Das ist die mehr oder weniger konstante Richtung des Winterpassats auf 12 Þ südlicher Breite, wo ich wochenlang »die Länge« ablief. Wie wir alle wissen, erzeugt die Sonne die Passatwinde und alle anderen Windsysteme auf der Erde. Die Ozeanwetterkunde ist aber, glaube ich, das Faszinierendste von allem. Zwischen Juan Fernandez und den Marquesas beobachtete ich sechsmal diese Veränderung, diesen Pulsschlag der Seewinde und der See selbst, der von weit entfernten Stürmen hervorgerufen wird. Das Wissen um die Gesetze, die die Winde regieren, und das Gefühl, daß man sie kennt, ist eine große Beruhigung auf einer Reise um die Welt; sonst zittert man womöglich bei jeder einzelnen Wolke. Mehr als für den Passat gilt dies natürlich für die Gebiete mit veränderlichen Winden, wo die Wetterumschwünge ja viel extremer sind.

Selbst wenn man den Pazifik unter den günstigsten Umständen überquert, kommt man doch für viele Tage der Natur sehr nahe und erkennt die Unermeßlichkeit der See. Langsam, aber sicher langte meine Kurslinie auf der Karte hinaus auf den Ozean und über ihn hinweg. Mein kleines Fahrzeug pflügte die See mit der größten Fahrt, zu der es fähig war, und doch überwand es die gewaltige Entfernung nur langsam. Am 43. Tag – eine lange Zeit allein auf See –, als der Himmmel wunderbar klar war und der Mond »in Distanz« zur Sonne stand, machte ich Beobachtungen mit meinem Sextanten. Nach langem Ringkampf mit den Mondtabellen erhielt ich als Resultat von drei Beobachtungen, daß die errechnete Länge bis auf fünf Meilen mit meinem Koppelbesteck übereinstimmte.

Das war wunderbar. Beides jedoch konnte falsch sein. Und doch hatte ich das sichere Gefühl, daß beide Rechnungen irgendwie richtig waren und daß ich in ein paar Stunden Land sehen mußte. Und so geschah es denn auch. Und da hatte ich klar und hoch Nukahiva in der Kimm, die südlichste Insel der Marquesas-Gruppe. Als ich sie querab hatte, ergab sich, daß die wahre Länge irgendwo zwischen beiden Bestecken lag. Auch das war erstaunlich. Alle Navigatoren können bestätigen, daß ein Schiff gegenüber der Koppelrechnung an einem Tag mehr als fünf Meilen gewinnen oder verlieren kann und daß andererseits bei Mondhöhen sogar Experten gute Arbeit geleistet haben, wenn ihr Besteck nicht mehr als acht Meilen vom wahren Ort abweicht.

Ich hoffe, ich drücke mich klar aus, daß ich für meine Besteckrechnungen keine besondere Geschicklichkeit oder Rechenkunst beanspruche. Ich habe auch schon erklärt, daß ich zumindest meine Länge hauptsächlich gefühlsmäßig erhielt. Ein Schlepplog, das ständig achteraus nachgeschleppt wird, nimmt auch Strömungen und Abdrift auf, zeigt sie aber nicht als solche an, so daß seine Werte schließlich nur annähernd richtig sind und durch die eigene Erfahrung aus tausend Fahrten berichtigt werden müssen; selbst dann ruft ein Schiffsführer, wenn er weise ist, nach Lotgast und Ausguck.

Einzigartig war meine Erfahrung mit der astronomischen Navigation vom Deck der SPRAY aus – und zwar so, daß ich mich berechtigt fühle, hier kurz davon zu berichten.

Nach der ersten Serie von Beobachtungen, von der ich eben erzählt habe, hätte die SPRAY mehrere hundert Meilen westlich von meinem Koppelort sein müssen. Ich wußte, daß das nicht richtig sein konnte. Nach etwa einer Stunde machte ich mit größter Sorgfalt eine zweite Serie von Beobachtungen; das mittlere Ergebnis glich etwa dem der ersten Serie. Ich fragte mich, wieso ich bei all meinem Stolz auf meine Unabhängigkeit nichts Besseres geleistet hatte. Dann suchte ich in den Tafeln nach der Diskrepanz und fand sie. Ich entdeckte, daß eine Zahlenreihe in den Tafeln, aus der ich einen wichtigen Logarithmus entnommen hatte, falsch war. Ich konnte das zweifelsfrei beweisen, und genau dies machte, wie schon gesagt, den Unterschied aus. Nachdem ich die Tafeln korrigiert hatte, segelte ich mit ungebrochenem Selbstvertrauen und mit meinem Blechwecker weiter und legte mich schlafen. Das Ergebnis dieser Beobachtungen schmeichelte natürlich meiner Eitelkeit eingedenk dessen, daß es schon etwas bedeutete, vom Deck eines großen Schiffs aus mit Hilfe zweier Assistenten eine Mondbeobachtung zu machen.

Ich war jetzt »in Kontakt« mit meiner Umgebung. Ich fühlte mich von dem unermeßlichen Strom getragen, den die Hand dessen lenkte, der alle Welten gemacht hat. Mir wurde die mathematische Genauigkeit ihrer Bewegungen gegenwärtig, die den Astronomen so gut bekannt ist, daß sie aus ihnen Tabellen zusammenstellen, aus denen der Ort jedes Himmelskörpers durch die Jahre, Tage und Minuten mit solcher Genauigkeit hervorgeht, daß jemand, der noch fünf Jahre später über die See segelt, mit ihrer Hilfe die Standardzeit jedes beliebigen gegebenen Meridians auf der Erde finden kann.

Die Ortszeit zu finden ist einfacher. Der Unterschied zwischen Ortszeit und Standardzeit ist Länge ausgedrückt in Zeit – wobei vier Minuten, wie wir alle wissen, einem Grad entsprechen. Das ist, kurz gesagt, das Prinzip, nach dem man die Länge unabhängig vom Chronometer finden kann. Heute, in der Zeit des Chronometers, wird zwar kaum noch mit Mondhöhen gearbeitet, aber dieses Verfahren ist doch so großartig, fast erbaulich, daß kaum etwas anderes einen Navigator mehr mit Bewunderung erfüllen kann.

AUF SAMOA

Zweiundsiebzig Tage ohne Hafen – Wale und Vögel – Ein Blick in die Kombüse der Spray *– Fliegender Fisch zum Frühstück – Willkommensgruß auf Apia – Besuch von Robert Louis Stevensons Frau – In Vailima – Samoanische Gastfreundschaft – In Haft wegen schnellen Reitens – Ein amüsantes Karussell – Lehrer und Schüler der Papauta-Schule – In der Gewalt von Meerjungfrauen*

Dreiundvierzig Tage Alleinsein, das scheint sehr lange zu sein; doch in Wahrheit verging die Zeit wie im Fluge. Und statt nach Nukahiva einzulaufen, was ich leicht gekonnt hätte, segelte ich weiter nach Samoa, wo ich meinen nächsten Landfall machen wollte. Das bedeutete weitere neunundzwanzig Tage, so daß ich insgesamt auf zweiundsiebzig Tage kam. In der ganzen Zeit hatte ich nicht einmal schlechte Laune. Ich fühlte mich auch nie allein; sogar Korallenriffe boten mir Gesellschaft oder ließen mir doch wenigstens keine Zeit, mich einsam zu fühlen, was schließlich dasselbe ist, und sie waren nun zahlreich auf meinem Kurs nach Samoa.

Es gab nur wenige Zwischenfälle auf der Reise von Juan Fernandez nach Samoa. Der wesentlichste war ein Beinahe-Zusammenstoß mit einem riesigen Wal, der geistesabwesend auf mich zugeschwommen kam, als ich nachts unten war. Das Geräusch eines überraschten Blasens und die Turbulenz, die er in der See verursachte, als er vor meinem Fahrzeug abdrehte, brachten mich noch rechtzeitig an Deck, um eine Dusche von dem Wasser mitzubekommen, das er mit seiner Schwanzflosse aufwarf. Das Monster hatte sich offenbar erschreckt. Es zog schnell nach Osten ab; ich hielt weiter Kurs West. Bald kam ein weiterer Wal vorbei, offensichtlich ein Gefährte des ersten, und folgte ihm in seinem Kielwasser. Mehr sah ich nicht auf diesem Teil der Reise und wünschte es auch gar nicht.

Hungrige Haie zogen oft um das Schiff, wenn es sich Inseln

oder Korallenriffen näherte. Ich finde Genugtuung daran, sie abzuschießen, wie man es mit einem Tiger tun würde. Haie sind schließlich die Tiger der See. Nichts in der Vorstellung eines Seemanns ist schrecklicher, denke ich, als ein Zusammentreffen mit einem hungrigen Hai.

Vögel waren immer um mich herum. Gelegentlich setzte sich einer auf den Masttopp, um sich die SPRAY von oben anzuschauen, und wunderte sich vielleicht über ihre seltsamen Flügel; denn sie trug nun ihr Fuego-Großsegel, das wie Josefs Mantel aus vielen Teilen zusammengeflickt war. Auf den südlichen Meeren sind Schiffe weniger häufig als früher. Ich sah nicht eines in den vielen Tagen meiner Überquerung des Pazifiks.

Meine Nahrung auf diesen langen Reisen bestand gewöhnlich aus Kartoffeln, gesalzenem Stockfisch und Schiffszwieback, den ich mir zwei- bis dreimal in der Woche zubereitete. Ich hatte immer genug Kaffee, Tee, Zucker und Mehl. Gewöhnlich hatte ich einen reichlichen Vorrat an Kartoffeln an Bord. Aber bevor ich Samoa erreichte, brachte mich eine Panne um diesen von Seeleuten so hochgelobten Luxus. Der Yankee-Portugiese Manuel Carroza hatte mich auf Juan Fernandez so angeschmiert, daß mir mitten im Ozean die Kartoffeln ausgingen, worüber ich sehr unglücklich war. Ich hatte mir immer etwas auf meinen Händlergeist eingebildet; aber dieser Portugiese von den Azoren, der in New Bedford gelernt hatte, verstand es, mir meine guten Kartoffeln von der COLOMBIA gegen einen Sack von seinen eigenen neuen Kartoffeln abzuschwatzen. Ich war glatt geleimt. Er wollte meine, sagte er, »um die Saat zu verbessern«. Als ich einige Tage auf See war, merkte ich, daß seine Knollen ausgewachsen und ungenießbar waren. Ich band den Sack zu und hielt mich an die wenigen, die von meinem alten Vorrat noch übriggeblieben waren. Wenn ich erst hungrig wäre, so dachte ich, würde ich mir die Kartoffeln von der Insel mit Mehl schon genießbar machen. Drei Wochen später öffnete ich den Sack wieder, und heraus flogen Millionen beflügelter Insekten! Manuels Kartoffeln hatten sich in Motten verwandelt. Ich band den Sack schnell wieder zu und warf alles in die See.

Manuels Kartoffelernte ist groß; und so bat er mich denn, Walfänger, die immer hinter Frischgemüse her sind, darauf hinzuweisen, daß es vor Juan Fernandez Wale gebe. Nun, auf zwei Exemplare habe ich ja bereits hingewiesen; nur waren sie sehr weit von der Insel.

Ich kam schließlich auch so mit meinem Proviant über den Pazifik. Irgend etwas fand ich immer, um die Speisekarte anzureichern. Was mir an frischem Fleisch fehlte, wurde durch frischen Fisch wettgemacht, wenigstens im Passat, wo Fliegende Fische nachts gegen die Segel schlugen und auf Deck fielen, manchmal zu zweit oder zu dritt, manchmal auch gleich im Dutzend. Außer bei Vollmond bekam ich jeden Morgen reichlich Nachschub, den ich nur aus den Speigatten in Lee aufzulesen brauchte.

Am 16. Juli ging die SPRAY nach vorsichtiger Ansteuerung, die Geschick verlangte und mit ein wenig harter Arbeit verbunden war, etwa um Mittag vor Apia im Königreich von Samoa vor Anker. Als das Schiff vermurt war, spannte ich ein Sonnensegel aus, und statt gleich an Land zu gehen, setzte ich mich bis zum späten Abend darunter und lauschte mit Entzücken den musikalischen Stimmen der samoanischen Frauen und Männer.

Ein Kanu mit drei jungen Frauen kam über den Hafen, und neben der SPRAY hielten sie ihre Paddel an. Eine aus der hübschen Crew rief mich mit dem naiven Gruß »Talofa lee« (Liebe sei mit dir, Häuptling) an und fragte:

»Ich kommen auf Schoner?«

»Liebe sei mit euch«, antwortete ich und fügte hinzu: »Ja.«

»Du Mann kommst allein?«

Wieder antwortete ich: »Ja.«

»Ich das nicht glauben. Du hattest andere Männer und du hast sie gegessen.«

Bei diesem Witz lachten die anderen. »Warum du kommst weiten Weg?« fragten sie.

»Um euch junge Damen singen zu hören«, gab ich zurück.

»Oh, talofa lee!« jubelten sie jetzt alle und sangen weiter. Ihre Stimmen füllten die Luft mit Musik, die bis zum hohen Palmenhain auf der anderen Seite des Hafens und wieder zurück klang. Bald danach erschienen sechs junge Männer im Boot des amerikanischen Generalkonsuls; auch sie sangen im Wechselgesang und schlugen mit ihren Riemen den Takt dazu. Im Interview kam ich bei ihnen besser davon als bei den jungen Mädchen im Kanu. Sie brachten eine Einladung von General Churchill, mit ihm im Konsulat zu Mittag zu essen. Im Konsulat auf Samoa war die Hand einer Dame mit im Spiel. Mrs. Churchill suchte die Besatzung für das Boot des Generals aus und sorgte auch dafür, daß alle eine schmucke Uniform trugen und das samoanische Bootslied sangen, das Mrs. Churchill selbst schon in der ersten Woche wie ein Eingeborenenmädchen beherrschte.

Am nächsten Morgen kam in aller Herrgottsfrühe Mrs. Robert Louis Stevenson zu mir auf die SPRAY und lud mich für den folgenden Tag nach Vailima ein. Ich war natürlich aufgeregt, als ich nach so vielen abenteuerlichen Tagen dieser klugen Frau Angesicht zu Angesicht gegenüberstand, die bis vor kurzem noch Lebensgefährtin des Autors war, der mich auf der Reise so gut unterhalten hatte. Die freundlichen Augen, die durch mich hindurchzusehen schienen, funkelten, als wir uns gegenseitig unsere Abenteuer erzählten. Ich staunte über ihre gefährlichen Erlebnisse. Sie erzählte mir, daß sie zusammen mit ihrem Mann auf allen möglichen gebrechlichen Fahrzeugen zwischen den Pazifischen Inseln herumgereist war, und fügte nachdenklich hinzu: »Wir hatten den gleichen Geschmack!«

Als die Rede auf meine Weiterreise kam, schenkte sie mir vier prächtige Bände mit Segelanweisungen für das Mittelmeer und schrieb auf das Vorsatzblatt des ersten:

> *»Für Kapitän Slocum. Diese Bände hat mein Mann wieder und wieder gelesen, und ich bin ganz sicher, er würde sich freuen, daß sie in die Hände eines Seemanns jenes Schlages kommen, den er vor allen anderen schätzte.«*
>
> *Fanny V. de G. Stevenson.*

Mrs. Stevenson schenkte mir auch noch einen dicken Band mit

Segelanweisungen für den Indischen Ozean. Nicht ohne ein Gefühl ehrfurchtsvoller Scheu nahm ich die Bücher aus der Hand der Frau entgegen, die Tusitala, »der im Walde schläft« so nahegestanden hatte. Aolele, die SPRAY wird deine Gabe in Ehren halten.

Der Stiefsohn des Romanciers, Lloyd Osbourne, führte mich durch das ganze herrschaftliche Vailima-Haus und bat mich, meine Briefe an dem alten Schreibtisch zu schreiben. Ich hielt das für vermessen; für mich war es genug, die Halle zu betreten, in der der Geschichtenerzähler nach samoanischer Sitte zu sitzen pflegte.

Als ich eines Tages mit meinen Gastgebern die Hauptstraße von Apia zur SPRAY hinunterging, Mrs. Stevenson auf einem Pferd, ich daneben zu Fuß und Mr. und Mrs. Osbourne dicht in unserem Kielwasser auf Fahrrädern, fanden wir uns an einer plötzlichen Straßenabbiegung mitten in einer bemerkenswerten Eingeborenenprozession – vor uns eine Art primitives Orchester, hinter uns ein Fest- oder Begräbniszug, genau konnten wir es nicht ausmachen. Mehrere der stämmigen Männer trugen auf Stangen Ballen und Bündel; einige davon waren offensichtlich Stoffballen aus Tapa. Eine Stangenlast, schwerer als die anderen, war jedoch nicht leicht zu bestimmen. Ich war neugierig, ob es sich um ein geröstetes Schwein oder irgend etwas Schauerliches handelte, und fragte danach. »Ich weiß nicht«, sagte Mrs. Stevenson, »ob es eine Hochzeit oder ein Begräbnis ist. Aber was es auch ist, Kapitän, unser Platz scheint am Kopf des Zuges zu sein.«

Da die SPRAY draußen lag, stiegen wir am nächstgelegenen Ufer in das kleine »rasierte« Gloucester-Dory, das schön grün gestrichen war, und ruderten an Bord. Unser gemeinsames Gewicht drückte es bis zum Dollbord ins Wasser, und ich mußte sehr vorsichtig steuern, damit es nicht vollief. Das Abenteuer gefiel Mrs. Stevenson sehr, und während wir dahinpaddelten, sang sie: »Sie fuhren zur See in einem erbsengrünen Boot.« Ich verstand ihren Spruch, ihr Mann und sie hätten »den gleichen Geschmack« gehabt.

Je weiter ich mich von den Zentren der Zivilisation entfernte, um so weniger hörte ich, was sich und was sich wohl nicht bezahlt machen würde. Wenn Mrs. Stevenson von meiner Reise sprach, fragte sie mich nicht einmal, was ich wohl daraus machen würde. Und als ich in ein samoanisches Dorf kam, fragte mich der Häuptling nicht nach dem Preis für Gin oder ein geröstetes Schwein, sondern er sagte: »Dollar, Dollar! Der weiße Mann kennt nur Dollar.«

»Denk nicht an Dollar. Die *Tapo* hat Ava zubereitet, laß uns trinken und Spaß haben.« Die *Tapo* ist die jungfräuliche Gastgeberin des Dorfes; in diesem Fall war es Taloa, die Tochter des Häuptlings. »Unser Taro ist gut, laß uns essen. Auf dem Baum dort sind Früchte. Laß den Tag vergehen; warum sollten wir darüber trauern? Es kommen noch Millionen Tage. Die Brotfrucht glänzt gelb in der Sonne, und vom Kleiderbaum stammt Taloas Kleid. Unser Haus ist gut und kostet uns nur die Arbeit, es zu bauen, und an der Tür gibt es kein Schloß.«

Während die Tage so auf den Südseeinseln dahinfließen, müssen wir im Norden um die bloßen Notwendigkeiten des Lebens kämpfen.

Wenn sie essen wollen, brauchen die Insulaner nur die Hand auszustrecken und zu ernten, was die Natur für sie gesät hat. Wenn sie eine Bananenstaude pflanzen, müssen sie hinterher nur achtgeben, daß nicht zu viele Stauden nachwachsen. Sie haben Grund, ihr Land zu lieben und das Joch des weißen Mannes zu fürchten, denn wenn sie erst einmal vor den Pflug gespannt sind, wird ihr Leben nicht länger wie ein Gedicht sein.

Dem Häuptling des Dorfes Caini, einem großen und würdigen Tongamann, konnte ich nur durch einen Dometscher näherkommen. Für ihn war es völlig natürlich, daß er mich nach dem Zweck meines Besuches fragte. Und ich war auch so aufrichtig, ihm zu erklären, daß ich in Samoa vor Anker gegangen sei, um die hübschen Männer und Frauen hier zu sehen. Nach einer längeren Pause sagte der Häuptling: »Der Kapitän ist einen weiten Weg gekommen, um so wenig zu sehen. Aber«, fügte er hinzu, »die Tapo soll näher beim Kapitän sitzen.« »Yack«, sagte

Taloa, die fast schon das englische »yes« auszusprechen gelernt hatte, und ließ dem Wort die Tat folgen, indem sie ein wenig näherrückte. Alle saßen auf Matten im Kreis. Ich war von der Beredsamkeit und Einfachheit des Häuptlings entzückt. Nichts Pompöses war um ihn; er hätte auch ein großer Gelehrter oder Staatsmann sein können, jedenfalls war er der schlichteste und bescheidenste Mann, den ich unterwegs traf. Taloa war eine Art Maienkönigin. Was sie und die anderen Tapomädchen anging – ja, man täte gut daran, so schnell wie möglich die Sitten und Gebräuche dieses freundlichen Volkes zu erlernen, damit man nicht für übergroße Vertraulichkeit hält, was nur als Ehre für den Gast gedacht ist. Ich hatte Glück mit meinem Besuch auf den Inseln; denn ich sah nichts, was meinen Glauben an die angeborene Tugend dieser Menschen erschütterte.

Einem unkonventionellen Geist mag die peinlich genaue Etikette auf Samoa vielleicht ein wenig lästig sein. So lernte ich zum Beispiel, als ich an der gemeinschaftlichen Avabowle teilnahm, daß ich erst ein wenig von dem Getränk über die Schulter schütten oder doch wenigstens so tun mußte; dazu kam ein Trinkspruch, »Laßt die Götter trinken«, und dann mußte ich alles auf einen Zug austrinken. Und wenn der Becher, unweigerlich eine Kokosnußschale, leer war, durfte ich ihn nicht wie bei uns höflich zum Nachfüllen hinüberreichen, sondern mußte ihn wirbelnd, aber ebenso höflich, über die Matten hinweg der Tapo zuwerfen.

Meinen ärgsten Fehler auf den Inseln beging ich, als ein Pony, auf dem ich saß, von einem Stückchen guter Straße inspiriert, munter durch ein Dorf zu traben begann. Sofort brachte mich der Stellvertreter des Häuptlings mit zorniger Stimme zum Halten. Als ich merkte, daß ich Ärger bekam, machte ich Zeichen der Entschuldigung – das Beste, was ich tun konnte, obwohl ich ja nicht wußte, welches Vergehens ich mich schuldig gemacht hatte. Als mein Dolmetscher kam, brachte er schließlich die Sache in Ordnung, allerdings erst nach einem langen Palaver. Der Anruf des Stellvertreters lautete in freier Übersetzung etwa so: »Ahoi, du auf dem rasenden Roß! Weißt du nicht, daß es gegen das Gesetz ist, so durch das Dorf unserer Väter zu reiten?« Ich entschuldigte mich, so gut ich konnte, und bot an, abzusteigen und wie ein Diener meinen Klepper am Zügel zu führen, Das, berichtete mir mein Dolmetscher, sei ebenso verkehrt, und so bat ich wieder um Entschuldigung. Ich wurde vor einen Häuptling zitiert. Mein Dolmetscher, der ein Weiser und ein Schelm zugleich war, erklärte, daß ich selbst eine Art Häuptling sei und nicht in Haft genommen werden könnte, da ich doch auf einer sehr wichtigen Mission sei. Ich selbst konnte zu meiner Verteidigung nur sagen, daß ich ein Fremder sei, aber dennoch wußte, daß ich geröstet zu werden verdiente. Das schien dem Häuptling zu gefallen; er entblößte seine ebenmäßigen Zähne, ließ mich aber doch weitergehen.

Der Häuptling der Tonga und seine Familie in Caini erwiderten meinen Besuch und schenkten mir Tapatuch und Früchte. Taloa, die Prinzessin, brachte eine Flasche Kokosnußöl für mein Haar mit; ein solches Geschenk kam freilich etwas zu spät.

Ich konnte meine Besucher auf der SPRAY nicht ebenso königlich empfangen, wie mich der Häuptling bewirtet hatte. Sein Gastmahl hatte alles umfaßt, was das Land hervorbrachte: Früchte, Geflügel, Fisch und Fleisch, ein ganzes geröstetes Schwein. Ich setzte ihnen gekochtes Pökelfleisch vom Schwein und vom Rind vor, wovon ich genug hatte, und lud sie am Abend alle zu einer Unterhaltung in der Stadt ein, zu einem Karussell mit Schaukelpferden, das sie *Kee-kee* nannten, was soviel wie Theater bedeutet. Leider muß ich gestehen, daß die Besitzer dieses »Theaters« zwei geizige Landsleute von mir waren. Ganz unfeierlich trieben sie meine Gäste schon nach der ersten Umdrehung wieder von den Schaukelpferden herunter, weil sie neu kassieren wollten. Dafür rissen dann die Tongaleute in ihrem Gefühl für Gerechtigkeit den Pferden die Schwänze aus. Ich war nicht wenig stolz auf meine Tongafreunde; der Häuptling, der freundlichste von allen, trug eine furchtbare Keule. Das »Theater« wurde wegen der Habgier seiner Besitzer bald unpopulär; und so übernahmen die Repräsentanten der drei Gewalten statt rechtsgültiger Gesetze eine nachdrückliche fremde Politik und besteuerten das Eintrittsgeld mit 25 Prozent. Das galt als große Gesetzesreform!

Wenn meine eingeborenen Besucher an Bord der SPRAY kommen wollten, griffen sie gewöhnlich das Wasserstag und kletterten über den Bug herauf. Für den Rückweg sprangen sie übers Heck und schwammen ans Ufer; nichts konnte netter und einfacher sein. Die bescheidenen Eingeborenen trugen »Badeanzüge« aus Lava-Lava, einem Tuch aus der Rinde des Maulbeerbaums. Der SPRAY taten sie nichts. Im Sommerland Samoa war ihr Kommen und Gehen nur eine fröhliche, alltägliche Szene.

Eines Tages kamen die Leiterinnen des Papauta-College, Fräulein Schultze und Miss Moore, mit ihren 97 Schülerinnen an Bord. Alle waren weiß gekleidet, jede trug eine rote Rose, und natürlich kamen sie in Booten oder Kanus nach Sitte unserer nördlichen Breiten. Man kann sich schwer eine lustigere Mädchengesellschaft vorstellen. Sobald sie an Deck waren, sangen sie auf die Bitte einer der Leiterinnen die »Wacht am Rhein«, die ich noch nie gehört hatte. »Und nun« riefen sie alle, »ankerauf und fort!« Aber ich wollte so rasch noch nicht von Samoa absegeln. Als sie die SPRAY verlassen hatten, griff sich jede der jungen Schönen ein Palmblatt oder ein Paddel oder was sonst dem Zweck diente, und so paddelten sie ihre Kanus zurück. Alle hätten ebenso schnell schwimmen können und es wohl auch getan, hätten sie nicht ihren Feiertagskattun angehabt.

Es war in Apia nicht ungewöhnlich, eine junge Frau neben einem kleinen Kanu mit einem Besucher der SPRAY herschwimmen zu sehen. Mr. Trood, ein alter Eton-Knabe, kam mich auf diese Art besuchen. »Wurde je ein König so übergesetzt?« rief er mir zu. Dann setzte er sein Gefühl in die Tat um und gab dem Mädchen Silbergeld, bis die Eingeborenen am Ufer vor Neid aufschrien. Als ich eines Tages mit meinem eigenen Kanu, einem schmalen Einbaum, kenterte, packte mich eine Gesellschaft reizender Badenixen; ehe ich noch wieder zu Atem kommen konnte, setzten sie mich ins Kanu und schleppten mich rund um die SPRAY. Ich saß untendrin und fragte mich, was sie wohl noch mit mir anstellen würden. Aber in diesem Fall waren es sechs, drei auf jeder Seite, und so war ich vollkommen machtlos. Eine von den übermütigen Dingern war, wie ich mich erinnere, eine junge englische Lady, und die hatte noch mehr Spaß daran als die anderen.

NACH AUSTRALIEN

Eine samoanische Hoheit – König Malietoa – Abschied von Vailima – Von Fidschi nach Süden – Ankunft in Australien – Die Yachten von Sydney – Eine »Taufe« auf der Spray *– Ein neues Stell Segel von Commodore Foy – Weiter nach Melbourne – Ein Hai, der sich als wertvoll erweist – Kursänderung – Der »Blutregen« – In Tasmanien*

Auf Apia traf ich auch Mr. A. Young, den Vater der verstorbenen Queen Margaret, die von 1891 bis 1895 Königin von Manua gewesen war. Ihr Großvater war ein englischer Matrose, der eine Prinzessin geheiratet hatte. Mr. Young war der Letzte seiner Familie; ein paar Monate zuvor hatte er seine letzten beiden Kinder auf einem Südseeschoner verloren. Mr. Young war ein christlicher Gentleman, und seine Tochter Margaret muß von solcher Anmut und Würde gewesen sein, wie es jeder Lady gestanden hätte. Betrübt las ich in den Zeitungen einen Bericht über ihr Leben und ihren Tod, der offensichtlich aus der Schrift einer Wohlfahrtsorganisation entnommen war, aber den Tatsachen nicht im geringsten gerecht wurde. Die reißerische Schlagzeile »Königin Margaret von Manua ist tot« hatte wohl auch 1898 kaum noch Neuigkeitswert; denn zu diesem Zeitpunkt lag ihr Tod schon drei Jahre zurück.

Da ich nun einmal bei den Hoheiten eingeführt war, besuchte ich auch König Malietoa selbst. König Malietoa war ein großer Herrscher; er bekam nie weniger als 45 Dollar im Monat für den Job, wie er mir selbst erzählte, und diese Summe war kürzlich sogar noch erhöht worden, so daß er aus dem Vollen leben konnte und sich nicht mehr von frechen Strandguträubern als »Konservenlachs-Malietoa« beschimpfen zu lassen brauchte.

Als mein Dolmetscher und ich durch die Vordertür des Palastes eintraten, kroch der Bruder des Königs, der Vizekönig, durch die mit Taro-Lappen verhängte Hintertür herein und kauerte sich dort nieder, während ich dem König meine Geschichte erzählte. Ein Mr. W. aus New York, Herausgeber einer Missionszeitschrift, hatte mich beauftragt, den König der Kannibaleninseln zu grüßen, womit natürlich ganz andere Inseln gemeint waren; doch der gute König Malietoa nahm die Botschaft selbst an, obwohl seine Leute seit hundert Jahren keinen Missionar mehr verspeist hatten, und schien sich auch noch zu freuen, so direkt vom Verleger der »Missionary Review« zu hören. So bat er mich, ihm auch seine Grüße zu überbringen. Dann entschuldigte sich Seine Majestät für kurze Zeit, während ich mich mit seiner Tochter, der schönen Faamu-Sami unterhielt (ein Name, der etwa »Die See brennen machen« bedeutet). Bald erschien er wieder in der Galauniform des deutschen Oberbefehlshabers Kaiser Wilhelm; denn ich hatte dummerweise nicht meine Karte – oder mein Akkreditierungsschreiben – vorausgesandt, so daß mich der König nicht in vollem Ornat, mit allen Orden und Ehrenzeichen, empfangen konnte. Als ich einige Tage später wiederkam, um Faamu-Sami Lebewohl zu sagen, sah ich König Malietoa zum letztenmal.

Von allen Landmarken der schönen Stadt Apia ist mir am stärksten die kleine Schule gleich hinter dem Kaffeehaus und den Leseräumen der London Missionary Society in Erinnerung geblieben, wo Mrs. Bell etwa hundert Jungen und Mädchen Englisch beizubringen versuchte. Gescheitere Kinder wird man so leicht auch nicht woanders finden.

»Nun, Kinder«, sagte Mrs. Bell, als ich eines Tages hineinschaute, »laßt uns dem Kapitän zeigen, daß wir etwas über das Kap Horn wissen, das er in seiner SPRAY umschifft hat!« Ein Bürschchen von neun oder zehn Jahren stapfte hurtig nach vorn und las Basil Halls hübsche Beschreibung des großen Kaps vor; er las sehr gut. Später schrieb er in seiner klaren Handschrift die Stelle für mich ab.

Als ich mich in Vailima von meinen Freunden verabschieden wollte, traf ich Mrs. Stevenson mit ihrem Panamahut und ging mit ihr über die Besitzung. Männer waren dabei, das Land zu roden. Einem von ihnen gab sie den Auftrag, für die SPRAY

Bambus aus einer Anpflanzung zu schlagen, die sie selbst vier Jahre zuvor angelegt hatte und die jetzt 60 Fuß hoch gewachsen war. Ich benutzte es als Ersatzspieren, und der untere Stamm eines der Bambusrohre diente mir auf der Heimreise als Verlängerung des Klüverbaums. Nun mußte ich noch mit der Familie Ava trinken, und dann war ich fertig für die Reise. Diese Zeremonie, die die Leute von Samoa sehr wichtig nehmen, wurde nach ortsüblicher Sitte durchgeführt. Jemand blies auf einem Tritonhorn, das war das Zeichen, daß das Getränk fertig war, und als Antwort klatschten wir alle in die Hände. Da das Mahl zu Ehren der SPRAY gegeben wurde, mußte ich als erster anfangen und nach Sitte des Landes etwas über meine Schulter verschütten. Aber da ich den samoanischen Ausdruck für »Laßt die Götter trinken« vergessen hatte, sagte ich dasselbe auf Russisch und Chinook (einem indianischen Dialekt); von beiden Sprachen konnte ich noch ein oder zwei Worte. Mr. Osbourne nannte mich daraufhin einen überzeugten Samoaner. Dann sagte ich meinen guten Freunden auf Samoa: »Tofah!«, und alle wünschten der SPRAY gute Reise. Am 20. August 1896 lief sie aus dem Hafen aus und setzte ihre Reise fort. Als die Inseln achteraus im Meer verschwanden, ergriff mich ein Gefühl der Einsamkeit. Als Gegenmittel setzte ich sämtliche Segel und nahm Kurs auf das freundliche Australien, das für mich kein fremdes Land war. Aber noch viele Tage sah ich in meinen Träumen Vailima vor dem Bug auftauchen.

Die SPRAY hatte kaum die Inseln hinter sich gelassen, als der Passat plötzlich in Sturmböen blies und mich zwang, die Segel dicht zu reffen. Am ersten Tag spulte sie 184 Meilen ab, wovon ich 40 Meilen dem günstigen Strom zurechnete. Ich fand eine rauhe See vor, und so hielt ich mich frei von den Inseln, segelte nördlich an den Horn-Inseln und auch nördlich an Fidschi vorbei, statt südlich, wie ich ursprünglich vorgehabt hatte; an der Westseite des Fidschi-Archipels lief ich dann nach Süden. Von dort segelte ich südlich an Neukaledonien vorbei direkt nach Neusüdwales, und nach 42 Tagen Überfahrt, meist mit Stürmen und Regen, kam ich in Newcastle an.

In einem besonders schweren Sturm, der mich in der Nähe von Neukaledonien erwischte, sank weiter südlich der amerikanische Klipper PATRICIAN. Etwas näher an der australischen Küste merkte ich schließlich gar nichts von einem anscheinend außerordentlich starken Sturm, der einen französischen Postdampfer auf der Fahrt von Neukaledonien nach Sydney beträchtlich aus seinem Kurs herausgeblasen hatte. Bei seiner Ankunft wurde jedenfalls von einem schrecklichen Sturm berichtet und auf Nachfrage von Freunden hinzugefügt: »Mein Gott, was aus der kleinen Slup geworden ist, wissen wir nicht. Wir sahen sie mitten im dicksten Sturm!« Mit der SPRAY war alles in Ordnung; beigedreht lag sie wie eine Ente auf dem Wasser. Sie hatte nur einen »Gänseflügel« als Groß, und ihr Deck war trocken, während die Passagiere des Dampfers im Salon bis zu den Knien im Wasser standen. Als ihr Schiff in Sydney ankam, schenkten sie dem Kapitän eine Börse voll Gold für seine Geschicklichkeit und Seemannschaft, mit der er sie sicher in den Hafen gebracht hatte. Der Kapitän der SPRAY bekam nichts Vergleichbares. Mitten in diesem Sturm machte ich etwa bei Seal Rocks meinen Landfall, wo kurz zuvor das Dampfschiff CATHERTON mit vielen Menschen an Bord verlorengegangen war. Ich lag viele Stunden vor den Felsen, kreuzte hin und zurück, bekam sie aber schließlich doch in Luv.

Noch in den Klauen eines Sturms erreichte ich Newcastle. Es war eine stürmische Saison. Der Regierungslotse, Kapitän Cumming, kam mir bis zur Hafenbarre entgegen und schleppte mein Fahrzeug mit Hilfe eines Dampfers an einen sicheren Liegeplatz. Viele Besucher kamen an Bord; der erste war der Konsul der Vereinigten Staaten, Mr. Brown. Nichts war hier zu gut für die SPRAY. Alle Abgaben wurden erlassen, und nachdem ich mich ein paar Tage ausgeruht hatte, zog mich ein Hafenlotse mit einem Schlepper wieder hinaus auf See. Die Küste hinunter segelte ich zum Hafen von Sydney, wo ich am folgenden Tag, am 10. Oktober 1896, eintraf.

Für die Nacht lief ich in eine geschützte Bucht nahe Manly ein; das Boot der Hafenpolizei von Sydney zog mich zum Ankerplatz, während die Besatzung in einem meiner alten Notizbücher, das sie zu interessieren schien, herumschnüffelte. Nichts entgeht der Aufmerksamkeit der Polizei von Neusüdwales; ihr Ruf ist auf der ganzen Welt bekannt. Scharfsinnig, wie sie sind, glaubten sie, ich könnte ihnen nützliche Informationen geben, schließlich trafen sie mich als erste. Jemand sagte, sie wollten mich verhaften – nun, lassen wir das!

Der Sommer kam näher, und der Hafen von Sydney war voll von Yachten. Einige besuchten die mitgenommene SPRAY in Shelcote, wo sie ein paar Tage lag, und segelten um sie herum. In Sydney war ich wieder einmal unter Freunden. Die SPRAY blieb ein paar Wochen auf verschiedenen Liegeplätzen in dem großen Hafen. Eine Menge netter Leute kamen zu Besuch, besonders häufig die Offiziere von H.M.S. ORLANDO und ihre Freunde. Auch Kapitän Fisher, der Kommandant, erschien eines Tages mit seinen Offizieren und ein paar jungen Damen aus der Stadt mitten in einem Regenguß. Selbst in Australien erlebte ich keinen schlimmeren Regen. Aber sie waren auf Spaß aus, und Regen, wie stark er auch goß, konnte ihr Temperament nicht dämpfen. Doch wie es das Unglück nun einmal wollte, war auch noch ein junger Mann in voller Galamontur eines sehr feinen Yachtklubs an Bord; er schleppte genug Messingknöpfe mit sich herum, daß ihr Gewicht ihn sicher hätte ersaufen lassen. Als er sich schnell aus dem Regenguß ins Trockene retten wollte, stolperte er Hals über Kopf in ein Wasserfaß, das ich mir zusammengeböttchert hatte, und da er nur klein von Statur war, war er bald außer Sicht und fast ertrunken, ehe wir ihn retteten. Soviel ich mich erinnern kann, war dies das einzige Ereignis auf der ganzen Reise, wo es an Bord der SPRAY beinahe einen Todesfall gegeben hätte. Da der junge Mann mit besonderen Grüßen an Bord gekommen war, war mir sein Mißgeschick erst recht peinlich. Sein Klub hatte entschieden, daß die SPRAY nicht offiziell zur Kenntnis genommen werden könne, da sie keine Papiere von einem amerikanischen Yachtklub besaß. Und nun sah es so aus, als habe ich eines der Klubmitglieder in meinem Wasserfaß gefangen – wo ich doch gar nicht auf Yachtleute Jagd gemacht hatte.

Das typische Sydney-Boot ist eine handliche Slup von großer Breite, das enorm viel Segel tragen kann; trotz der großen Breite kentern sie nicht selten, denn sie tragen Segel wie die Wikinger. In Sydney sah ich alle Arten von Fahrzeugen, von der eleganten Dampfbarkasse und dem Segelkutter bis zur kleineren Slup und zum Kanu, das in der Bucht herumsegelte. Jeder hatte ein Boot. Wenn ein Junge in Australien nicht genug Geld für den Kauf eines Bootes hat, dann baut er sich eines, und meistens braucht er sich damit auch nicht zu verstecken. Die SPRAY warf in Sydney ihren Josefsmantel, das Fuego-Großsegel, ab, und mit einem neuen Anzug, einem hübschen Geschenk des Commodore Foy, war sie Flaggschiff der Johnstone's Bay Flying Squadron, als die »Weltumsegler« Sydneys, die zumindest einmal um den Hafen herumgekommen waren, ihre jährliche Regatta austrugen. Sie nahmen die SPRAY »zur Kenntnis« und bestimmten, daß sie »ein Klub für sich selbst« sei; den nicht vorhandenen Schein übersahen sie mit australischer Großzügigkeit.

Die Zeit verflog schnell in Australien, und so war es bereits der 6. Dezember 1896, als die SPRAY Sydney verließ. Ich wollte von hier aus an Kap Leeuwin vorbei direkt nach Mauritius segeln, und so ging ich die Küste hinunter zur Bass-Straße.

Über diesen Teil der Reise gibt es wenig zu berichten; es gab veränderliche Winde, Sturmböen und rauhe See. Der 12. Dezember war jedoch ein außergewöhnlicher Tag mit einem schönen Landwind aus Nordost. Früh am Morgen passierte die SPRAY Twofold Bay und später Kap Bundooro auf kaum bewegter See dicht unter Land. Der Leuchtturm auf dem Kap dippte eine Flagge als Antwort auf die Flagge der SPRAY, und Kinder auf dem Balkon eines Bauernhofes nahe am Ufer ließen ihre Taschentücher flattern, als ich vorbeizog. Am Strand waren nur ein paar Leute, aber es war ein hübsches Bild. Ich sah Girlanden aus Immergrün, die das bevorstehende Weihnachtsfest ankündigten. Ich grüßte die lustige Gesellschaft, wünschte ihnen »fröhliche Weihnachten« und konnte sie antworten hören: »Ich wünsche Ihnen dasselbe.«

Nach Kap Bundooro segelte ich an Cliff Island in der Bass-

Straße vorbei und wechselte Signale mit den Leuchtturmwärtern, während die SPRAY sich unter der Insel voranarbeitete. An diesem Tag heulte der Wind, und die See brach sich über ihrem felsigen Heim.

Ein paar Tage später, am 17. Dezember, mußte die SPRAY unter Wilson's Promontory Schutz suchen. Der Leuchtturmwärter dieser Station, Mr. J. Clark, kam an Bord und riet mir, die Waterloo Bay etwa drei Meilen in Lee anzulaufen; ich brach sofort auf und fand in einer Sandbucht einen guten Ankerplatz, der vor allen westlichen und nördlichen Winden geschützt war.

Hier lag bereits die Ketsch SECRET vor Anker, ein Fischerboot, ebenso die MARY aus Sydney, eine Dampffähre, die für den Walfang ausgerüstet war. Der Kapitän der MARY war ein Genie, ein australisches Genie, und außerdem noch ganz witzig. Keiner aus seiner Crew, die aus einer kleinen Sägemühle an der Küste stammte, hatte je einen Wal gesehen, als sie losschipperten; aber sie waren Bootsleute nach dem Herzen eines Australiers, und der Kapitän hatte ihnen erzählt, einen Wal zu töten sei nicht schwerer, als ein Kaninchen zur Strecke zu bringen. Sie glaubten ihm, und damit war alles erledigt. Wie es der Zufall wollte, erlegten sie den ersten Wal, den sie auf ihrem Jagdzug sahen, einen häßlichen Buckelwal, im Handumdrehen. Kapitän Young, der Schiffsführer der MARY, tötete das Monster mit einem einzigen Wurf seiner Harpune. Sie schleppten ihn nach Sydney und stellten ihn dort aus. Nichts als Wale interessierte die Crew der stattlichen MARY. Die Leute verbrachten ihre meiste Zeit damit, Brennholz für einen Jagdzug in der Tasmansee zusammmenzutragen. Sobald das Wort »Wal« in Hörweite dieser Leute ausgesprochen wurde, funkelten ihre Augen vor Erregung.

Wir lagen drei Tage in der ruhigen Bucht und hörten den Sturm draußen toben. Inzwischen sahen Kapitän Young und ich uns an der Küste um, besuchten aufgegebene Stollen und suchten selber nach Gold.

Eines Morgens liefen unsere Schiffe gemeinsam aus, flogen aber wie Seevögel auf ihrem jeweiligen Kurs voneinander fort.

Der Wind blieb ein paar Tage lang mäßig, und bei ungewöhnlich schönem Wetter rundete die SPRAY am 22. Dezember Melbourne Heads und wurde vom Dampfschlepper RACER in den Hafen gezogen.

Weihnachten verbrachte ich an einem Liegeplatz im Yarra-Fluß, verlegte die SPRAY aber bald nach St. Kilda, wo ich fast einen Monat blieb.

Die SPRAY brauchte in Australien wie auch sonst auf der ganzen Reise – mit der Ausnahme Pernambuco – keine Hafengebühren zu bezahlen, bis ich meine Nase ins Zollhaus von Melbourne steckte, wo ich Tonnagegeld berappen sollte, 6 Pence je Bruttoregistertonne. Der Beamte errechnete sechseinhalb Shilling; das heißt, sie sollte volle 13 Tonnen bezahlen, obwohl ihr Bruttoraumgehalt ja nur 12,7 tons betrug. Ich schaffte mir einen Ausgleich, indem ich von jedem, der an Bord kam, Sixpence kassierte, und als dieses Geschäft flau wurde, fing ich einen Hai, für dessen Besichtigung ich ebenfalls Sixpence forderte. Der Hai war 12 Fuß 6 Zoll lang; er trug eine Brut von 26 jungen Haien aus, keiner unter 2 Fuß. Ein Schnitt mit dem Messer, und die Brut schwamm in einem Kanu voll Wasser, das ständig erneuert wurde und in dem sie einen Tag am Leben blieb. Als die Kunde von der häßlichen Brut, die an Deck der SPRAY ausgestellt wurde, herum war, nahm ich in kaum weniger als einer Stunde mehr ein, als ich an Tonnagegebühren bezahlt hatte. Dann stellte ich einen guten Iren namens Tom Howard an, der alles über Haie an Land und im Wasser wußte und darüber Wunderdinge erzählen konnte; er sollte Rede und Antwort stehen. Als ich merkte, daß ich den Fragereien nicht mehr gewachsen war, übergab ich ihm die Verantwortung.

Als ich von der Bank zurückkam, zu der ich früh morgens mein Geld gebracht hatte, fand ich Howard mitten in einer aufgebrachten Menge, der er ein unglaubliches Garn über die Eigenarten dieses Fisches vorspann. Die Leute wollten den Hai sehen – und es war in meinem Sinne, daß sie es wollten. Aber Howard hatte zu dick aufgetragen, und so mußte ich ihn von der Aufgabe entbinden. Mit den Einnahmen aus der Ausstellung und vom Verkauf des Talgs, den ich in der Magellanstraße eingesammelt und an eine Seifensiederei auf Samoa verkauft hatte, war ich jetzt ein kleiner Kapitalist.

Am 24. Januar 1897 hing die SPRAY wieder an der Schlepptrosse der RACER; nach einer angenehmen Zeit in Melbourne und St. Kilda verließ sie jetzt Hobson's Bay; der Aufenthalt hatte sich in die Länge gezogen, weil die schweren Südwestwinde über lange Zeit kaum aufzuhören schienen.

In den Sommermonaten – Dezember, Januar, Februar und manchmal noch März – herrschen in der Bass-Straße und bei Kap Leeuwin Ostwinde vor; aber eine starke Eisdrift aus der Antarktis hatte den ganzen Wetterplan durcheinandergebracht. Es gab viel schlechtes Wetter, soviel, daß ich es nicht für ratsam hielt, den vorgesehenen Kurs beizubehalten. Statt mich um das kalte und stürmische Kap Leeuwin herumzuquälen, entschloß ich mich also, meine Zeit angenehmer und gewinnbringender in Tasmanien zu verbringen und dort die Jahreszeit abzuwarten, die im Großen Barriere-Riff und in der Torresstraße günstige Winde bringen mußte. Das war die Route, für die ich mich schließlich entschieden hatte. Auf diesem Kurs würde ich von den Antizyklonen, den Hochdruckgebieten, die hier nie ausbleiben, profitieren. Außerdem gab mir das die Möglichkeit, Tasmanien kennenzulernen, um das ich viele Jahre zuvor einmal herumgesegelt war.

Ich sollte noch erwähnen, daß ich in Melbourne einen jener außergewöhnlichen Stürme erlebte, die auch als »Blutregen« bezeichnet werden; es war der erste dieser Art seit vielen Jahren in Australien. Das »Blut« rührt von einem feinen ziegelroten Staub her, der aus der Wüste stammt. Ein bald einsetzender Sturmregen brachte diesen Staub als roten Schlamm herunter; er fiel in solchen Mengen, daß das Sonnensegel der Slup, das ich aufgespannt hatte, eine ganze Pütz voll auffing. Als der Wind stärker wurde und ich das Sonnensegel aufrollen mußte, wurden die Segel, die ungeschützt an den Bäumen angeschlagen waren, bis in den letzten Faden hinein von dem roten Schlamm durchtränkt.

Die Wissenschaftler kennen solche Staubstürme genau. An der afrikanischen Küste sind sie nicht selten. Sie wehen oft genug ein ganzes Stück auf See hinaus bis auf die Schiffahrtslinien; die SPRAY hatte ja auf dem ersten Teil ihrer Reise ein entsprechendes Erlebnis.

Die Kabbelung vor Port Phillip Heads war ziemlich übel, als die SPRAY von See aus in die Hobson's Bay einlief, und noch übler, als sie wieder hinaussegelte. Aber als sie daran vorbei war, hatte sie bald genug Seeraum und gelangte in schönes Wetter. Es waren nur ein paar Segelstunden über die Straße nach Tasmanien, der steife Wind kam aus einer günstigen Richtung. Den St.-Kilda-Hai, den ich mit Heu ausgestopft hatte, schleppte ich mit und vermachte ihn nun Professor Porter, dem Kurator des Victoria-Museums in Launceston. Dort wird der Hai aus St. Kilda noch manchen Tag zu besichtigen sein. Als die illustrierten Zeitungen mit Abbildungen meines Hais in die Kioske von St. Kilda gekommen waren, wurden die guten Leute dort wütend und warfen alle Blätter, die den Fisch auch nur erwähnten, ins Feuer; denn St. Kilda war ein Badeort – und ausgerechnet dort wollte ich einen Hai gefangen haben! Aber meine Show ging weiter.

Die SPRAY lag in Launceston an einer kleinen Brücke vor dem Strand, während die Tide, die vom Sturm den Fluß hinaufgetrieben worden war, gerade sehr hoch stand – und als das Wasser ablief, lag sie dort hoch und trocken fest, so daß ich um sie herumwandern konnte, ohne mir die Füße naß zu machen.

Ich ließ sie an diesem gemütlichen Ort in der Obhut von drei Kindern, während ich durch die Hügel streifte und auf den moosbedeckten Felsen einer Schlucht und in dem Farn, der hier überall wuchs, meine Knochen für die bevorstehende Reise ausruhte. Mein Fahrzeug wurde gut bewacht. Jedesmal, wenn ich zurückkehrte, war das Deck gewaschen, und eines der Kinder, das kleine Mädchen meines nächsten Nachbarn auf der anderen Straßenseite, empfing an der Gangway Besucher, während die anderen, Bruder und Schwester, »auf Schiffsrechnung« Kuriositäten aus dem Meer verkauften, die sie in der Last gefunden hatten. Das war eine gescheite, lustige Crew. Und die Leute kamen von weither, um sie die Geschichte der Reise erzählen zu hören – und von den Ungeheuern der Tiefsee, »die der Kapitän erschlagen hat«. Ich brauchte mich nur fernzuhalten, um ein erstklassiger Seeheld zu werden.

IM GROSSEN BARRIERE-RIFF

Ehrengabe einer Dame – Rund Tasmanien – Der Kapitän hält seinen ersten Vortrag – Proviant im Überfluß – In Devonport wird die Spray *überholt – Wieder in Sydney – Kurs Nord zur Torresstraße – Schiffbruch eines Amateurs – Freunde an der australischen Küste – Gefahren des Korallenmeers*

Als ich am 1. Februar 1897 auf mein Schiff zurückkehrte, fand ich folgenden freundlichen Brief vor:

»Eine Dame sendet Mr. Slocum die beiliegende Fünf-Pfund-Note als Zeichen ihrer Hochachtung vor seinem Mut, daß er die weiten Meere ganz allein überquerte, ohne jede freundschaftliche Hilfe, wenn ihn Gefahren umgaben. Sie wünscht Ihnen allen Erfolg!«

Bis heute weiß ich nicht, wer es schrieb oder wem ich das großzügige Geschenk verdanke. Ich konnte nicht zurückweisen, was so gut gemeint war, versprach mir aber selbst, es bei erster Gelegenheit mit Zinsen weiterzugeben, und das tat ich auch, bevor ich Australien verließ.

Die Schönwettersaison im Norden Australiens ließ noch lange auf sich warten, und so segelte ich andere Häfen auf Tasmanien an, wo es das ganze Jahr über schön ist. Der erste war Beauty Point nahe bei Beaconsfield und der großen tasmanischen Goldmine, die ich auch besuchte. Ich sah viel graues, uninteressantes Gestein, das aus der Mine herausgebracht wurde und zu Pulver zerstampft wurde. Die Leute behaupteten, da sei Gold drin, und ich mußte es glauben.

Ich erinnere mich an Beauty Point wegen des schatttigen Waldes und der Straße unter den mächtigen Gummibäumen. Während ich dort war, kam der Gouverneur von Neusüdwales, Lord Hampden, mit seiner Familie auf einer Dampfyacht zu Besuch. Die Spray, die nahe der Pier vor Anker lag, warf sich natürlich in Flaggengala; wahrscheinlich hatte man hier noch nie ein so unbedeutendes Fahrzeug mit den »Stars and Stripes« gesehen. Doch die Gesellschaft des Gouverneurs schien alles über die SPRAY zu wissen. So hörte ich Seine Exzellenz sagen: »Stellen Sie mich dem Kapitän vor« oder: »Stellen Sie mir den Kapitän vor« – was es auch war –, und bald sah ich mich einem Gentleman und Freund gegenüber, der an meiner Reise sehr interessiert war. Nur einer aus seiner Gesellschaft begeisterte sich noch mehr dafür, seine Tochter Margaret. Beim Abschied verabredeten Lord und Lady Hampden mit mir ein Wiedersehen an Bord der SPRAY auf der Pariser Weltausstellung im Jahre 1900. »Wenn wir dann noch leben«, sagten sie, und ich fügte von mir aus hinzu: »Wenn die See es so will.«

Nach Beauty Point besuchte die SPRAY Georgetown nahe der Mündung des Tamar. Diese kleine Siedlung liegt wohl an dem Ort, wo die ersten Weißen ihre Fußstapfen auf Tasmanien hinterließen; aber sie blieb immer nur ein kleines Dörfchen.

Ich hatte ja nun einiges von der Welt gesehen und fand hier Leute, die sich für meine Abenteuer interessierten; so hielt ich in einem kleinen Saal an der Landstraße den ersten öffentlichen Vortrag über meine Reise. Ein Nachbar hatte ein altes Klavier herbeigeschleppt, und sein schwerfälliges Geklimper belebte meinen Vortrag; ein wandernder Komödiant sang dazu einen »Tommy-Atkins«-Song. Die Leute kamen von weither, und am Schluß kamen etwa drei Pfund Sterling als Einnahmen heraus. Die Besitzerin des Saales, eine freundliche Dame aus Schottland, wollte nichts für den Saal haben, und so war mein Vortrag ein voller Erfolg.

Von diesem gemütlichen kleinen Ort aus segelte ich nach Devonport ein paar Meilen westwärts an der Küste entlang. Devonport, ein blühender Ort am Mersey, entwickelt sich allmählich zum bedeutendsten Hafen Tasmaniens. Große Dampfer laufen jetzt dort ein und laden vor allem landwirtschaftliche Güter; aber wie mir Hafenkapitän Murray erzählte – und so steht es jetzt auch in den Hafenakten –, war die SPRAY das erste Schiff, das die »Stars and Stripes« in den Hafen brachte. So kam es wohl auch, daß der SPRAY hier soviel Freundlichkeit entgegengebracht wurde, während sie unter ihrer Hafenpersenning, die sie wie ein Staubmantel von Bug bis Heck einhüllte, behaglich vor Anker schwoite.

Vom auf der Landspitze gelegenen Haus des höchsten Regierungsbeamten, »Malunnah«, grüßte sie bei der Einfahrt wie bei der Ausfahrt der Union Jack. Und die gute Mrs. Aikenhead, die Herrin von Malunnah, versorgte die SPRAY so reichlich mit Marmeladen und Gelees aller Art aus den Früchten ihres eigenen reichen Gartens, daß es für den ganzen Heimweg und noch darüber hinaus reichte. Mrs. Wood weiter oben am Hafen füllte für mich Himbeerwein auf Flaschen. Ich war wieder einmal in einem Land, wo man das gute Essen liebt. Mrs. Powell schickte Chutney, ein scharfes Gewürz aus Früchten, »wie wir es in Indien zubereiten.« Auch Fisch und Wild gab es reichlich; ich konnte die Truthähne schreien hören. Und aus Pardo, einem Ort weiter im Landesinnern, kam ein enormer Käse. Dann fragten die Leute auch noch: »Wovon haben Sie eigentlich gelebt? Was haben Sie gegessen?«

Die Schönheit der Landschaft packte mich. Die natürlichen Farnbestände gingen allmählich über in die turmhohen Wälder an den Abhängen der Berge. Zu meiner Freude lernte ich auch einen Mann kennen, der die Schönheit seines Landes mit den Mitteln der Kunst festhalten wollte. Er schenkte mir Kopien aus seiner Bildersammlung, auch einige Originale, damit ich sie unter meinen Freunden herumzeigte.

Ein anderer wollte mich verpflichten, in jedem Land und bei jeder Gelegenheit von Tasmanien zu berichten. Das war Dr. McCall. Er gab mir auch nützliche Hinweise für meine Vorträge. Ich hatte doch diesen neuen Kurs nicht ohne Herzklopfen eingeschlagen, und ich denke, daß wohl auch nur die Freundlichkeit meiner Zuhörer mein Rednerschiff auf ebenem Kiel hielt. Kurz nach meinem ersten Vortrag suchte mich der freundliche Doktor mit Worten der Anerkennung auf. Wie schon so oft war ich ohne weiteres Nachdenken mitten in diese Unternehmung hineingestolpert. »Mann, Mann«, sagte er, »Nervosität ist nur ein Zeichen von Verstand, und je mehr Verstand ein Mensch hat, um so länger braucht er, um diese Hemmung zu überwinden. Aber«, fügte er nachdenklich hinzu, »Sie werden schon darüber hinwegkommen.« Doch ich muß wohl bekennen, daß ich bis heute noch nicht völlig kuriert bin.

In Devonport wurde die SPRAY beim Marineslip an Land geholt und von allen Seiten sorgfältig untersucht; aber sie war in jeder Hinsicht gesund und absolut frei von Teredowürmern. Zum Schutz vor diesen zerstörerischen Insekten wurde der Rumpf noch einmal mit Kupferfarbe bemalt, denn sie sollte ja durch das Korallenmeer und die Arafurasee segeln, bevor sie wieder überholt werden konnte. Es wurde alles getan, um sie vor den bekannten Gefahren zu sichern. Doch nicht ohne Bedauern sah ich den Tag meines Absegelns näherkommen, an dem ich das Land verlassen sollte, mit dem mich jetzt soviel verband. Wenn es einen Augenblick auf meiner Reise gab, an dem ich hätte aufgeben mögen, dann war es hier. Aber da keine bessere Stelle für mich frei war, ging ich am 16. April 1897 ankerauf und wieder auf See.

Der Sommer war vorüber; von Süden rollte der Winter mit günstigen Winden für einen Nordkurs heran. Mit einem Vorgeschmack auf die Winterstürme jagte die SPRAY um Kap Howe herum und weiter bis Kap Bundooro, das sie am folgenden Tag, diesmal mit Kurs Nord, passierte. Das war eine schöne Fahrt und ließ Gutes ahnen für die Heimreise von den Antipoden. Meine alten Freunde von Weihnachten auf Bundooro schienen auf zu sein und zeigten sich, und wieder tauschten wir Signale aus, als die SPRAY auf ruhiger See dicht unter Land vorbeisegelte.

Das Wetter war schön und der Himmel klar für den Rest der Überfahrt nach Port Jackson bei Sydney; die Slup kam am 22. April 1897 dort an und ankerte in Watson's Bay nahe der Landspitze auf acht Faden Wasser. Von der Landspitze bis Parramatta oben am Fluß war der Hafen mit Booten und Yachten jeder Größe voller als je zuvor. Es war eine ungeheuer lebendige

Szenerie, wie man sie kaum in einem anderen Teil der Welt wiederfindet.

Ein paar Tage später war die Bucht mit Sturmwellen gesprenkelt, und nur dicke Schiffe konnten sich unter Segel wagen. Ich war in einem Hotel in der Nachbarschaft und kurierte eine Neuralgie aus, die ich mir an Land geholt hatte. Nur für einen Moment hatte ich das Heck eines großen, schwerfällig manövrierenden Dampfers an meinem Fenster vorbeiziehen sehen, während er um die Landzunge hereinrauschte, als auch schon der Hotelboy in mein Zimmer platzte und schrie, die SPRAY habe »einen Bums« abbekommen. Wie der Blitz stolperte ich hinaus und erfuhr, was »Bums« bedeutete. Der große Dampfer, dessen Heck ich gesehen hatte, war zur gleichen Zeit mit seinem Bug in die SPRAY hineingerannt. Doch der Schaden war nicht groß. Nur ein Anker und eine Kette waren verloren; die Kette war bei der Kollision an der Klüse gebrochen. Am Ende hatte ich mich jedoch über nichts zu beklagen. Als der Kapitän sein Schiff wieder in der Gewalt hatte, schleppte er die SPRAY in den Hafen und schickte sie später mit einem Offizier und drei Mann an Bord zu ihrem Ankerplatz in der Bucht zurück. Er sandte auch einen höflichen kurzen Brief mit, in dem er erklärte, er wolle alle Schäden ersetzen. Aber wie sie hin und her gierte, als sie mit einem Fremden am Ruder zurückkam! Ihr alter Freund, der Steuermann der Pinta, hätte sich nie solch elender Segelei schuldig gemacht. Aber zu meiner großen Erleichterung brachten sie sie an einen sicheren Liegeplatz, und dann verließ mich auch die Neuralgie oder war vergessen. Der Kapitän des Dampfers hielt sein Wort wie ein echter Seemann, und sein Agent, Mr. Collishaw, übergab mir schon am nächsten Tag das Geld für den verlorenen Anker und die Kette; es blieb sogar ein kleiner Rest Schmerzensgeld für die ausgestandene Angst. Ich erinnere mich, daß er mir 12 Pfund anbot; doch da meine Glückszahl 13 ist, einigten wir uns auf 13 Pfund, womit alle Forderungen beglichen waren.

Am 9. Mai segelte ich vor einem starken Südwestwind weiter, der die SPRAY in flotter Fahrt bis vor Port Stevens brachte, wo mich zuerst eine Flaute überfiel und dann Gegenwind aufkam. Aber das Wetter war schön und blieb viele Tage lang so, sehr zum Unterschied zu dem Wetter, das ich hier einige Monate zuvor mitgemacht hatte.

Ich besaß einen ganzen Satz Admiralitätskarten von der Küste und dem Großen Barriere-Riff, und so war ich ohne Sorgen. Kapitän Fisher von der Royal Navy, der auf H.M.S. ORLANDO die Passagen des Barriere-Riffs befahren hatte, hatte mir von Anfang an diese Route vorgeschlagen, und ich bedauerte nicht, daß ich jetzt seinem Rat gefolgt war.

Als ich an Port Stevens, Seal Rocks und Kap Hawk vorbei war, hatte ich ein paar Tage lang leichten Gegenwind. Doch diese Kaps sind mit fotografischer Genauigkeit in meinem Gedächtnis festgehalten, seit ich ein paar Monate zuvor auf dem entgegengesetzten Weg um sie herumkreuzen mußte. Diesmal hatte ich ein gut gefülltes Bücherbord und las Tag und Nacht; diese angenehme Beschäftigung unterbrach ich nur, um die Segel zu trimmen, um eine Wende zu fahren oder um mich hinzulegen und auszuruhen, während die SPRAY an den Meilen knabberte. Ich versuchte meinen Zustand mit dem der alten Weltumsegler zu vergleichen, die von den Kapverdischen Inseln oder noch weiter zurück auf dem gleichen Kurs auch bis hierher gekommen waren; aber bisher stimmte nichts an dem Vergleich. Ihre Mühsal und romantischen Abenteuer – und Abenteuer waren es ja nur, wenn sie Tod und Schlimmerem entgingen – hatte ich bis jetzt noch nicht erlebt, obwohl ich doch ganz allein rund um die Welt segelte. Mir bleibt nur der Bericht von angenehmen Erlebnissen, meine Abenteuer sind prosaisch und harmlos.

Ich hatte gerade ein Buch über Unglücksreisen in alten Windjammern zu Ende gelesen und war auf meiner eigenen Reise schon bis in die Nähe von Port Macquarie vorgedrungen, als ich am 13. Mai eine piekfeine moderne Yacht ausmachte, die in Seenot geraten war und vor der Küste vor Anker lag. Ich ging dicht heran und sah, daß es die Kutteryacht AKBAR war, die drei Tage vor der SPRAY aus Watson's Bay abgesegelt war (AKBAR war nicht ihr richtiger Name, der braucht nicht genannt zu werden). Sie hatte schon kurz danach eine Havarie gehabt. Kein Wunder! Es war, wie wenn kleine Kinder sich im Wald oder Schmetterlinge sich auf See verirren. Der Eigner hatte auf der Jungfernfahrt die Hosen gestrichen voll. Der Kapitän, ausgewiesen durch seine enorme Yachtmütze, war ein Walfänger vom Murrumbidgee (nur daß in diesem kleinen Fluß in den australischen Bergen keine Wale vorkommen), bevor er das Kommando der AKBAR übernahm. Und der Navigator, der arme Tropf, war so taub wie ein Pfahl und fast ebenso steif und unbeweglich. Aus diesen drei lustigen Teerjacken bestand die Crew. Keiner von ihnen wußte mehr von der See oder einem Schiff als ein neugeborenes Kind von einer anderen Welt. Sie wollten nach Neuguinea, sagte sie; vielleicht war es auch gut, daß diese drei Greenhorns ihr Ziel nie erreichten.

Bevor er lossegelte, hatte ich den Eigner getroffen; er wollte mit der armen SPRAY bis zur Thursday-Insel um die Wette segeln. Ich lehnte die Herausforderung natürlich ab, weil es unfair war, daß drei junge Yachtleute in einem Klipper gegen einen alten Seemann auf einem Schiff von grober Bauart segeln sollten; außerdem wollte ich auf keinen Fall im Korallenmeer eine Regatta mitmachen.

»SPRAY ahoi!« schrien sie jetzt alle zusammen. »Wie wird das Wetter? Gibt es Starkwind? Und glauben Sie nicht, wir gingen besser zur Überholung zurück?«

Ich dachte: »Wenn ihr je zurückkommt, laßt das Segeln sein!« Aber ich sagte: »Werfen Sie mir einen Tampen zu, ich schleppe Sie in den nächsten Hafen. Und bei Ihrem Leben«, drängte ich sie, »gehen Sie ja nicht zurück um Kap Hawk. Südlich davon ist Winter.«

Sie gaben an, daß sie unter Notsegel nach Newcastle wollten; denn ihr Groß war zerrissen, sogar das Hecksegel war weggeweht, und ihr Rigg flog in losen Enden herum. Mit einem Wort, die AKBAR war ein Wrack.

»Ankerauf!« rief ich. »Ankerauf! Ich schleppe Sie nach Port Macquarie ein, 12 Meilen nördlich von hier!«

»Nein«, rief der Eigner, »wir wollen zurück nach Newcastle. Wir haben Newcastle auf dem Herweg nicht gefunden; wir konnten das Feuer nicht ausmachen, obwohl es gar nicht neblig war!« Das schrie er sehr laut herüber, offenbar für meine Ohren bestimmt, doch näher als nötig, dachte ich bei mir, am Ohr des Navigators. Noch einmal versuchte ich sie zu überreden, sich in einen nahegelegenen Fluchthafen schleppen zu lassen. Sie hätten nur ankerauf gehen und mir die Trosse herübergeben müssen; doch sie begriffen nicht, daß es der einzig vernünftige Kurs war.

»Wieviel Wasser haben Sie unter dem Kiel?« fragte ich.

»Keine Ahnung! Wir haben unser Lot verloren. Alle Kette ist draußen. Wir haben mit dem Anker gelotet.«

»Schicken Sie Ihr Beiboot rüber, ich geben Ihnen ein Lot.«

»Wir haben auch unser Beiboot verloren«, schrien sie.

»Gott ist gütig, sonst hätten Sie sich selbst verloren.« Und »Farewell« war alles, was ich sagen konnte.

Mit ein wenig Hilfe, die die SPRAY anbot, hätte ihr Schiff gerettet werden können.

Als ich die Segel dichtholte, schrien sie mir nach: »Berichten Sie, daß unsere Segel weggeweht sind, daß uns das völlig schnuppe ist und daß wir keine Bange haben.«

»Dann gibt es keine Hoffnung für Sie!« rief ich und noch einmal: »Farewell.«

Ich versprach, daß ich von ihnen berichten würde, und tat es bei erster Gelegenheit. Am folgenden Tag sprach ich den Dampfer SHERMAN, der die Küste hinunterlief, und berichtete, daß die Yacht in Seenot sei und daß es ein Akt der Humanität sei, sie von ihrer exponierten Situation vor einer offenen Leeküste abzuschleppen. Daß sie von dem Dampfer nicht in Schlepp genommen wurden, lag nicht daran, daß sie die Rechnung nicht bezahlen konnten; der Eigner hatte eben erst ein paar hundert Pfund Sterling geerbt, und er hatte das Geld bei sich. Er hatte die Reise nach Neuguinea unternommen, um dort die Handelsmöglichkeiten zu untersuchen. Etwa nach 18 Tagen hörte ich wieder von der AKBAR; das war am 31. Mai, als ich Cooktown am Endeavour River erreichte und dort diese Nachricht fand:

»31. Mai. Die Yacht AKBAR, unterwegs von Sydney nach Neuguinea, drei Mann an Bord, ging bei Crescent Head verloren; die Crew wurde gerettet.«

So hatten sie schließlich doch noch ein paar Tage gebraucht, um die Yacht zu verlieren.

Nachdem ich die AKBAR und die SHERMAN gesprochen hatte, blieb die Reise für viele Tage ereignislos. Ausnahme war eine freundliche Begebenheit am 16. Mai, eine Unterhaltung mit Hilfe von Signalflaggen mit den Leuten auf South Solitary Island, einem öden Steinhaufen vor der Küste Neusüdwales auf 30Þ12'S.

»Was für ein Schiff ist das?« fragten sie, als die Slup an ihrer Insel vorbeilief. Als Antwort zeigte ich ihnen die »Stars and Stripes« an der Piek. Sofort kamen ihre Signalflaggen herunter, und statt dessen flog das britische Hoheitszeichen nach oben, das sie herzlich dippten. Ich merkte, daß sie mein Fahrzeug ausgemacht hatten und alles darüber wußten, denn sie fragten nicht weiter. Sie fragten nicht einmal, »ob sich die Reise bezahlt machen würde«, sondern sie setzten das Signal für »glückliche Reise«, die ich ja in diesem Augenblick auch hatte.

Am 19. Mai passierte die SPRAY den Tweed River und empfing von Danger Point ein Signal, nach dem man sich dort am Ufer über meinen Gesundheitszustand zu sorgen schien; sie fragten, ob »alle Mann« wohlauf seien, und ich konnte nur mir »ja« antworten.

Am folgenden Tag rundete die SPRAY Great Sandy Cape und – was auf jeder Reise ein bemerkenswertes Ereignis ist – schnappte den Passat auf; dieser Wind folgte ihr nun viele tausend Meilen, er hörte nie auf, schwankte nur zwischen Starkwind und milder Sommerbrise; nur selten wurde diese Regel durchbrochen.

Von der Höhe des Kaps schien nachts ein Feuer 27 Meilen weit. Von diesem lief ich zum Lady-Elliott-Feuer, das auf einer Insel steht, eine Art Schildwache an der Einfahrt zum Barriere-Riff. Die SPRAY war bald im Fahrwasser, das nach Norden führt. Dichter haben Feuer und Leuchttürme beschrieben, aber sah je ein Dichter in dunkler Nacht ein starkes Feuer mitten im Korallenmeer vor sich aufblitzen? Wenn es so war, dann kannte er die Bedeutung seines Liedes.

Die SPRAY war schon stundenlang im Ungewissen offenbar gegen eine Strömung angesegelt. Fast verrückt vor Zweifeln, ergriff ich schließlich das Steuerrad, um sie vom Land abzudrehen, als voraus aus der See das Licht aufflammte. »Excalibur!« riefen »alle Mann« erfreut und segelten weiter. Die SPRAY lag nun in geschützter See und auf ruhigem Wasser – zum erstenmal tauchte ihre Kiel in ruhiges Wasser, seit sie Gibraltar verlassen hatte. Nach der Dünung des so falsch als »Pazifik« bezeichneten Ozeans war das eine angenehme Veränderung.

Der Pazifik ist vielleicht im ganzen nicht stürmischer als andere Ozeane, aber »still« ist er wahrscheinlich nur dem Namen nach. In der einen oder andern Ecke ist er manchmal ganz schön stürmisch. Ich kannte einmal einen Schriftsteller, der schöne Dinge über die See geschrieben hatte und dann im Pazifik in einen Wirbelsturm geriet – er war wie verwandelt. Doch wo wäre schließlich der Zauber der See, wenn es auf ihr keine wilden Wogen gäbe? Hier nun war die SPRAY mitten im Korallenmeer. Die See selbst war tatsächlich ruhig, doch Korallenfelsen sind immer ungemütlich, scharf und gefährlich. Ich vertraute jetzt der Gnade dessen, der alle Riffe gemacht hat, und hielt zugleich nach allen Seiten guten Ausguck.

Wahrschau! Im Barriere-Riff und seinen vielfarbigen Gewässern gab es überall bezaubernde Inseln! Ich sah unter ihnen so manchen sicheren Hafen, wenn meine Augen mich nicht täuschten. Am 24. Mai fuhr die Slup, die seit Danger Point 110 Meilen am Tag zurückgelegt hatte, in die Whitsunday-Passage ein und segelte die Nacht über zwischen den Inseln hindurch. Als die Sonne am nächsten Morgen aufging, schaute ich zurück und bedauerte, daß ich dort in der Dunkelheit hindurchgesegelt war; die Szenerie achteraus sah bunt und bezaubernd aus.

DURCH DIE TORRESSTRASSE

Port Denison in Queensland – Ein Vortrag – Erinnerungen an Kapitän Cook – Eine Wohltätigkeitsveranstaltung in Cooktown – Knappes Entkommen von einem Korallenriff – Home Island, Sunday Island, Bird Island – Ein amerikanischer Perlenfischer – Jubiläum auf Thursday Island – Eine neue Flagge für die Spray *– Booby Island – Über den Indischen Ozean – Christmas Island*

Am Morgen des 26. lag Gloucester Island dicht querab, und am Abend ankerte die SPRAY in Port Denison, wo auf einem Hügel die nette kleine Stadt Bowen liegt, der zukünftige Bade- und Kurort von Queensland. Das Land sah hier überall recht fruchtbar aus.

Der Hafen war leicht zugänglich, geräumig und sicher und besaß einen ausgezeichneten Ankergrund. Es war ruhig in Bowen, als die SPRAY einlief. Doch am zweiten Abend nahmen sich die guten Leute ein oder zwei Stunden Zeit, um in der Kunstakademie einen Vortrag über meine Reise anzuhören. Das Ereignis wurde in den beiden kleinen Zeitungen »Boomerang« und »Nully, Nully«, ordnungsgemäß angezeigt, in der einen am Tag vorher und in der anderen am Tag danach, was für den Herausgeber keinen Unterschied machte – und für mich auch nicht.

Man hatte marktschreierische Handzettel verteilt und den besten »Glockenmann« Australiens angeheuert. Aber ich hätte den Wicht samt seiner Glocke kielholen können, als er am Eingang des kleinen Hotels, wo ich mit meinem gesamten Auditorium zu Mittag aß, mit seiner scheppernden Glocke und seinem teuflischen Geschrei einen Krach machte, der Tote erwecken konnte, und alles über die Reise der SPRAY erzählte, »von Boston nach Bowen, den beiden Naben an den Wagenrädern der Schöpfung«, wie der »Boomerang« später schrieb.

Mr. Myles, Bürgermeister, Hafenmeister, Landrat, Goldwart

usw., hatte den Vorsitz und führte mich ein, warum, wußte ich nicht, nur vielleicht, um mich mit eitler Übertreibung in Verlegenheit zu bringen und mir das Leben zu verbittern; denn, der Himmel sei mein Zeuge, ich hatte ja schon in der ersten Stunde an Land jeden einzelnen Einwohner des Städtchens kennengelernt. Ich kannte jetzt alle mit Namen, und alle kannten mich. Doch Mr. Myles war ein guter Erzähler. Und so versuchte ich ihn denn auch dazu zu bringen, meine ganze Geschichte bis zu Ende zu erzählen, während ich nur die Bilder zeigte; aber er wollte nicht. Ich muß dazu erklären, daß mein Vortrag durch Lichtbilder, durch ein »Stereoptikon« illustriert wurde. Die Bilder waren gut, aber der Apparat, ein billiges Ding, war nur mit einer Ölfunzel ausgestattet.

Ich hielt es für besser, früh am nächsten Morgen loszusegeln, bevor die Zeitungen erschienen. Doch wie ich später erfuhr, brachten beide einen lobenden Artikel über, wie sie es nannten, eine Vorlesung; und beide hatten auch ein freundliches Wort für den »Glockenmann« übrig.

Von Port Denison lief die Slup vor dem beständigen Passat unentwegt Tag und Nacht bis nach Cooktown am Endeavour River. Hier kam sie am Montag, dem 31. Mai 1897, an. Ein wütender Sturm hatte sie gejagt, der an diesem Tag die gesamte Küste auf 50 Meilen beherrschte. Auf diesem Breitengrad liegt das Rückgrat des Passats, der sich um Cooktown herum oft zum Sturm auswächst.

Man hatte mir geraten, auf dieser Route besonders vorsichtig zu navigieren und mir meinen Weg über Grund zu »erfühlen«. Der erfahrene Offizier der Royal Navy, der mir die Passage durch das Barriere-Riff empfohlen hatte, schrieb, er sei zwar mit H.M.S. Orlando tags- und nachtsüber dort hindurchgedampft, warnte mich aber davor, unter Segel dasselbe zu tun, da ich damit mein Fahrzeug an den Korallenriffen aufs Spiel setzen würde.

Im Vertrauen gesagt, es wäre gar nicht so leicht gewesen, jede Nacht einen Ankerplatz zu finden. Und dann sollte ja auch die harte Arbeit, die Slup jeden Morgen unter Segel zu bringen, endlich vorbei sein, nachdem sie die Magellanstraße hinter sich gelassen hatte. Die Admiralitätskarten ermöglichten mir auch, Tag und Nacht weiterzusegeln. Tatsächlich war auch bei dem günstigen Wind und der klaren Sicht in jener Jahreszeit die Durchfahrt durch die Engen des Barriere-Riffs ungefährlicher und leichter als durch die Hauptstraße einer geschäftigen Stadt. Und doch möchte ich jedem, der diese Reise im Sinn hat, sagen: Wahrschau Tag und Nacht vor den Riffen!

»Die SPRAY kam wie ein Vogel in den Hafen geflogen«, berichteten die Tageszeitungen von Cooktown am Morgen nach ihrer Ankunft, »und es schien merkwürdig«, fügten sie hinzu, »daß nur ein Mann an Bord zu sehen war, der das Fahrzeug bediente.« Sicher gab die SPRAY ihr Bestes, denn es war fast Nacht, und sie hatte Eile, einen Liegeplatz zu finden, bevor die Dunkelheit hereinbrach.

Ich kreuzte also an allen im Hafen liegenden Fahrzeugen vorbei und verankerte sie direkt neben dem Denkmal Kapitän Cooks. Am nächsten Morgen ging ich an Land, um mir dieselben Steine anzuschauen, die schon der große Entdecker und Navigator gesehen hatte; denn dies war für Seeleute ein heiliger Boden. Aber die Bürger von Cooktown schienen sich nicht darüber einig zu sein, wo genau er sein Schiff, die ENDEAVOUR, auf ihrer denkwürdigen Reise um die Welt zur Überholung kielgeholt hatte. Einige meinten, es sei nicht an der Stelle, wo jetzt das Denkmal stand. Eines Morgens geriet ich zufällig in eine Diskussion darüber. Eine junge Dame, die mich als Autorität in nautischen Angelegenheiten ansprach, fragte mich sehr schmeichlerisch nach meiner Meinung. Nun, ich sah keinen Grund, warum Kapitän Cook, wenn er schon sein Schiff an Land reparieren wollte, nicht einen Kanal bis zu dem Ort gegraben haben sollte, an dem jetzt das Denkmal stand – vorausgesetzt, er hatte einen Bagger mit und ließ hinterher den Kanal wieder auffüllen. Schließlich konnte Kapitän Cook fast alles, und nie hatte jemand behauptet, er habe keinen Bagger bei sich gehabt. Die junge Dame schien sich meinen Überlegungen anzuschließen. Sie fragte mich, ob ich schon die Landzunge weiter innen im Hafen besichtigt hätte, wo der große Weltumsegler ermordet worden sei. Das verschlug mir den Atem. Doch ein heller Schuljunge, der gerade vorbeikam, befreite mich aus meiner Verlegenheit. Wie die meisten Jungen wollte er sein Wissen an den Mann bringen. Er sagte: »Kapitän Cook wurde hier ja gar nicht ermordet. Er wurde in Afrika getötet; ein Löwe fraß ihn auf.«

Der Ort erinnerte mich an lang vergangene, elende Tage. Ich glaube, es war 1866, als der alte Dampfer SOUSHAY auf der Fahrt von Batavia nach Sydney Cooktown anlief, um, wie ich immer gedacht hatte, Löffelkraut, ein Mittel gegen Skorbut, zu übernehmen und nebenbei Post anzulanden. Auf der Krankenliste stand ich selbst; ich hatte Fieber. Und so sah ich den Ort erst, bis ich ihn 31 Jahre später mit der SPRAY anlief. Jetzt beobachtete ich, wie Minenarbeiter aus Neuguinea in den Hafen kamen, menschliche Wracks, hilflos und sterbend. Viele waren schon unterwegs gestorben und auf See begraben worden. Nur ein hartherziger Schurke könnte dieses Elend mit ansehen und nicht versuchen, es ein wenig zu lindern.

Zwar schlug diesen armen Wesen allgemeines Mitgefühl entgegen; doch die kleine Stadt war in Bedrängnis, weil ihre Wohlfahrt schon lange stark überbeansprucht war. Ich dachte an die Gabe der Dame aus Tasmanien, die ich vor mir selbst nur als Leihgabe anzunehmen versprochen hatte, doch ich stellte nun zu meiner Verlegenheit fest, daß das Geld schon ausgegeben war. Aber die guten Leute von Cooktown wollten ja unbedingt eine Geschichte von der See hören und wie die Besatzung der SPRAY mit Krankheiten an Bord zurechtgekommen sei. Also wurde die kleine Presbyterianer-Kirche auf dem Hügel für einen Vortrag zur Verfügung gestellt. Jeder mußte mitreden, und die Stimmung war – laut. Richter Chester, der Bürgermeister, war der Kopf des Spiels, und so mußte es ein Erfolg werden. Er schlug einfach die Insel Neuguinea Großbritannien zu. »Als ich da war«, sagte er, »habe ich den verdammten größten Teil der Insel annektiert.« Sein direkter Ton konnte einem alten Fahrensmann wohl gefallen. Doch die Deutschen machten über Richter Chesters Manöver solchen Lärm, daß sie auch ein Stück von dem Einsatz abbekamen.

Nun, ich war jedenfalls dankbar, daß ich etwas für eine gute Sache tun konnte; und Richter Chester verdankte jeder in der Stadt zumindest einen unterhaltsamen Abend. So segelte ich getrost am 6. Juni 1897 weiter nach Norden.

Am 7. ging ich bei Sonnenuntergang an einem einladenden Ort nahe beim Claremont-Feuerschiff vor Anker. Außer in Port Denison und am Endeavour River hatte die SPRAY sonst nirgendwo im Barriere-Riff geankert. In der folgenden Nacht, am 8., bedauerte ich jedoch sehr, daß ich nicht vor Dunkelheit geankert hatte; in Lee eines Korallenriffs hatte ich einen guten Ankerplatz gesehen. Die SPRAY hatte gerade das M-Riff-Feuerschiff passiert, und sein Feuer verschwand achteraus, als sie raumschots in voller Fahrt auf das Nordende des M-Riffs selbst auflief, wo ich eine Bake zu sehen erwartet hatte.

Sie schwang jedoch schnell wieder auf ihrer Kielhacke herunter und rutschte nach einem weiteren Aufprall in einem Wellental so rasch über die Riffzunge hinweg, daß ich kaum begriff, was geschehen war. Die Bake war nicht da; zumindest sah ich sie nicht. Nach dem Auflaufen hatte ich auch keine Zeit, nach ihr Ausschau zu halten – und es war dann ja auch gleichgültig, ob ich sie sah oder nicht.

Doch dies ermöglichte der SPRAY eine freie Durchfahrt nach Kap Greenville, der nächsten Landspitze voraus. Ich sah die scheußlichen Felsen unter dem Kiel der Slup, als sie schnell über sie hinwegglitt, und rechnete mir kurz im Geiste aus, daß der Buchstabe M, nach dem das Riff benannt war, in unserem Alphabet der dreizehnte ist – und die Dreizehn war ja schon viele Jahre lang meine Glückszahl. Die Eingeborenen von Kap Greenville sind als gefährlich bekannt, und man hatte mir geraten, ihnen aus dem Weg zu gehen. So steuerte ich vom M-Riff außerhalb der vorgelagerten Inseln am Kap vorbei. Bald nach Mitternacht passierte die SPRAY Home Island und machte gute Fahrt auf westlichem Kurs. Kurze Zeit später traf sie einen

Dampfer, der sich nach Süden durch die Dunkelheit vorantastete und sie mit seinem schwarzen Rauch noch dunkler machte.

Von Home Island segelte ich nach Sunday Island, und als ich das querab hatte, kürzte ich die Segel, weil ich Bird Island erst bei Tageslicht erreichen wollte; der Wind war noch frisch, und die Inseln mit ihren gefährlichen Klippen ringsherum sind sehr flach. Bei Tagesanbruch am Mittwoch, dem 9. Juni 1897, lag Bird Island im Abstand von 2,5 Meilen direkt voraus; das war nahe genug. Ein starker Strom trieb die Slup weiter. Ich hatte nachts nicht zu früh gerefft. Das erste und einzige australische Kanu sah ich hier vom Festland auf die Insel zuhalten; es trug einen zerfetzten Lumpen als Segel.

An diesem Morgen fand ich einen langen, schlanken Fisch an Deck, der nachts an Bord gehüpft war. Ich aß ihn gleich zum Frühstück. Der flinke Knabe war nicht dicker als ein Hering und glich ihm auch sonst; nur war er dreimal so lang. Das war mir nur recht, denn ich esse frischen Hering für mein Leben gern. Ich beobachtete an diesem Tag eine große Zahl von Eisvögeln, die zu den schönsten Vögeln auf Gottes Erde gehören. Die SPRAY tanzte über die Wellen, als sie in die Albany-Straße einlief und die Sonne hinter den australischen Hügeln im Westen versank.

Um 19.30 Uhr hatte die SPRAY die Durchfahrt hinter sich und ankerte in einer Bucht am Festland nahe bei einem Perlenfischer namens TARAWA, der hier auch vor Anker lag und dessen Kapitän mich von Deck seines Schiffes aus an einen Liegeplatz einwies. Danach kam er sofort an Bord. Die TARAWA stammte aus Kalifornien, und Kapitän Jones, der sie führte, war Amerikaner.

Am folgenden Morgen brachte Kapitän Jones zwei außerordentlich schöne Perlmuscheln an Bord, die schönsten, die ich je gesehen habe. Es waren wahrscheinlich die besten, die er hatte, denn Jones war eine Seele von Seemann. Wenn ich nur noch ein paar Stunden bleiben wollte, versicherte er mir, würden ein paar Freunde aus dem nahe gelegenen Somerset zu Besuch kommen. Ein Matrose, der an Deck Muscheln sortierte, »wettete«, daß sie bestimmt kämen. Der Steuermann »wettete«

auch. Und als sogar der zweite Steuermann und Koch »gewettet« hatte, kamen sie denn auch. Es waren Mr. Jardine, im ganzen Land bekannter Viehzüchter, und seine Familie. Mrs. Jardine war die Nichte von König Malietoa und die Kusine der schönen Faamu-Sami (»die die See brennen läßt«), welche die SPRAY in Apia besucht hatten. Mr. Jardine war ein echter Schotte. Mit seiner kleinen Familie lebte er zufrieden an diesem entlegenen Ort und wurde dabei allmählich reich.

Die TARAWA war in Amerika gebaut worden, und das erklärte, warum die Crew bis zum Schiffsjungen Jim herab aus so ausgezeichneten »Wettern« bestand. Doch den einzigen Amerikaner an Bord, Kapitän Jones, hörte man eigenartigerweise nie »wetten«.

Nach einem netten Schwatz verabschiedete ich mich von der TARAWA und der Familie Jardine, lichtete wieder Anker und nahm Kurs auf Thursday Island, das jetzt mitten in der Torresstraße voll in Sicht kam. Kurz nach Mittag traf ich dort ein. Hier blieb die SPRAY bis zum 24. Juni. Ich war der einzige Repräsentant Amerikas im Hafen, und so mußte ich bleiben, denn am 22. war das diamantene Jubiläum der Queen. Die zwei Tage danach waren »zum Abgewöhnen«.

Ich verbrachte auf dieser Insel herrliche Tage. Der Bürgermeister, Mr. Douglas, lud mich zu einer Kreuzfahrt durch die Inselwelt der Torresstraße auf seinem Dampfer ein. Es war sozusagen eine wissenschaftliche Expedition, geleitet von dem Botaniker Professor Mason Bailey, und so bekam ich ein wenig von Botanik mit, als wir auf den Friday und Saturday Islands herumstreiften. Miss Bailey, die Tochter des Professors, begleitete die Expedition und betete mir viele lange Namen von einheimischen Pflanzen vor.

Am 22. war der große Tag auf Thursday Island; wir feierten nicht einfach nur ein Jubiläum, sondern ein Jubiläum mit einem großartigen »Corroboree«. Mr. Douglas hatte etwa 400 eingeborene Krieger mit ihren Frauen und Kindern vom Festland herübergeholt, um der Feier die Note eines echten Eingeborenenfestes zu geben. Denn wenn auf Thursday Island gefeiert wird, dann auch gleich ordentlich. Das »Corroboree«, der Kriegstanz, war jedenfalls ein lauter Erfolg. Es fand nachts statt, und die mit phantastischen Farben bemalten Darsteller tanzten oder sprangen vor einem flackernden Feuer herum. Einige waren wie Vögel oder wilde Tiere aufgeriggt und angemalt, wobei Emu und Känguruh am besten abschnitten. Einer hüpfte wie ein Frosch. Mehrere hatten ein menschliches Skelett auf ihren Körper gemalt; mit dem Speer in der Hand sprangen sie furchterregend herum und stachen einen imaginären Feind nieder. Das Känguruh hoppelte und tanzte mit natürlicher Leichtigkeit und Grazie und machte überhaupt eine gute Figur. Alle bewegten sich im Rhythmus der Gesänge und Instrumente. Die »Instrumente« bestanden aus Holzstücken, die sie gegeneinander klopften, und aus tassenähnlichen Knochen, die sie in den Handflächen hielten und zusammenschlugen, wobei ein dumpfer Laut entstand. Es war eine spektakuläre Vorstellung, ebenso gräßlich wie amüsant.

Die eingeborenen Krieger, die ich in Queensland sah, waren zumeist gelenkig und gut gewachsen, aber sie hatten häßliche Gesichter.

Ich stellte fest, daß am Tage des Jubiläums auf den öffentlichen Plätzen als einzige ausländische Flagge nur die »Stars and Stripes« flatterten. Zusammen mit dem »Union Jack« bewachten sie die Einfahrt und schmückten alle möglichen Gebäude. Als ich mit Mr. Douglas sprach, wagte ich eine Bemerkung über dieses Kompliment gegenüber meinem Heimatland. »Ach«, sagte er, »das ist eine Familienangelegenheit; die ›Stars and Stripes‹ betrachten wir nicht als ausländische Flagge.« Die SPRAY hatte natürlich Flaggengala angelegt und den »Jack« ebenso hoch gesetzt wie ihre eigene Flagge.

Am 24. Juni machte sich die SPRAY, in jeder Hinsicht gut ausgerüstet, auf ihre lange Reise über den Indischen Ozean. Mr. Douglas schenkte ihr eine Flagge, als sie die Insel verließ. Die SPRAY hatte nun so ziemlich alle Gefahren des Korallenmeers und der Torresstraße hinter sich gebracht, die gewiß nicht gering gewesen waren; voraus lagen freie Fahrt und gerader Kurs.

Der Passat war noch immer frisch, und ich konnte damit rechnen, daß er mich bis zur Küste von Madagaskar tragen würde, wenn nicht noch weiter; denn es war noch früh in der Jahreszeit.

Ich wollte das Kap der Guten Hoffnung nicht vor Mitte des Sommers erreichen, und nun war es erst Anfang Winter. Schon einmal hatte ich im Juli vor diesem Kap gelegen, und Juli ist dort natürlich Mitte Winter. Das schwere Schiff, das ich damals führte, hatte sich mit Stürmen von Hurrikanstärke herumzuschlagen und hielt ihnen kaum stand. Diesmal wollte ich den Winterstürmen aus dem Weg gehen. Ich hatte keine größere Furcht, weil ich jetzt auf der SPRAY statt auf einem großen Schiff war, aber ich zog auf jeden Fall besseres Wetter vor. Zwar kann man vor dem Kap der Guten Hoffnung zu jeder Jahreszeit auf schwere Stürme treffen, doch im Sommer sind sie weniger häufig und dauern nicht so lange. Ich hatte also Zeit genug, um mir die Inseln unterwegs anzuschauen; so setzte ich jetzt Kurs auf das Atoll Keeling Cocos ab, das etwa 2700 Meilen entfernt lag. Früh am Tag passierte die Slup Booby Island; von dort setzte ich meinen Kurs ab. Unterwegs wollte ich Timor anpeilen, eine Insel mit hohen Bergen.

Booby Island hatte ich bisher nur einmal gesehen, als ich fieberkrank auf dem Dampfer SOUSHAY hier vorbeikam. Es ging mir damals schon gut genug, so daß ich an Deck krabbeln konnte, um einen Blick auf Booby zu werfen. Und wenn ich gestorben wäre, diese Insel mußte ich sehen. Damals landeten vorüberfahrende Schiffe Waren für Schiffbrüchige und andere Reisende in Not in einer Höhle der Insel an. Kapitän Airy von der SOUSHAY, eine gute Seele, schickte ein Boot mit seinem Beitrag zur Höhle. Die Waren wurden problemlos angelandet, und das Boot brachte von dem improvisierten »Postbüro« dort ein Dutzend oder mehr Briefe mit zurück; die meisten waren von Walfängern niedergelegt mit der Bitte, daß das erste heimfahrende Schiff sie mitnehmen und auf die Post bringen sollte. Dieser eigenartige Postdienst war über viele Jahre so gehandhabt worden. Einige der Briefe, die unser Boot zurückbrachte, waren nach New Bedford gerichtet, andere nach Fairhaven in Massachusetts.

Heute steht auf Booby Island ein Feuer, und es gibt regelmäßigen Postverkehr mit dem Rest der Welt; die schöne Ungewißheit über das Schicksal der Briefe, die man dort ließ, ist Vergangenheit. Ich lief die kleine Insel nicht an, ging aber dicht unter Land und tauschte mit dem Leuchtturmwärter Signale aus. Schon bald danach gelangte die Slup in die Arafurasee, wo sie tagelang auf milchig-weißem, grünem und purpurrotem Wasser segelte. Ich hatte Glück, daß ich in diese See kam, als der Mond im letzten Viertel stand; dadurch erlebte ich nachts das phosphoreszierende Meeresleuchten in seiner größten Pracht. Wo die Slup in die See einschnitt, leuchtete sie so hell auf, daß ich den kleinsten Gegenstand an Deck erkennen konnte, und ihr Kielwasser sah wie ein Pfad von Feuer aus.

Am 25. Juni war die Slup schon klar von allen Untiefen und Gefahren und segelte auf einer ruhigen See so stetig wie zuvor, doch mit etwas weniger Fahrt. Ich kramte den Flieger aus Juan Fernandez hervor und setzte ihn an dem stärksten Bambusstamm, den mir Mrs. Stevenson auf Samoa geschenkt hatte, als Spinnaker. Der Spinnaker zog wie der Teufel, der Bambus hielt gut, und die SPRAY machte wieder mehr Fahrt.

Ein paar Tauben, die von Australien zu den Inseln hinüberflogen, nahmen ihren Kurs über die SPRAY. Kleinere Vögel flogen in entgegengesetzter Richtung. In dem flachen Teil der Arafurasee, in den ich zuerst kam, zuckten Seeschlangen an der Oberfläche herum und überschlugen sich in den Wellen. Als die Slup auf tieferes Wasser kam, verschwanden sie. Im Ozean, wo das Wasser blau ist, war keine mehr zu sehen.

*

In diesen Tagen mit ihrem heiteren Wetter las ich viel und ruhte mich aus, um mich so gut wie möglich von den Strapazen Kap Horns zu erholen, die noch nicht vergessen waren, und um neue Kräfte für das Kap der Guten Hoffnung zu sammeln. Meine Eintragungen im Logbuch glichen sich nun Tag für Tag – etwa wie diese vom 26. und 27. Juni:

26. Juni, morgens etwas stürmisch; später am Tag weht eine stete Brise.

Stand des Logs zu Mittag	130 Seemeilen
Abzug für Abdrift	10 Seemeilen
	120 Seemeilen
zuzüglich Strom	10 Seemeilen
	130 Seemeilen

Breite nach Mittagsbeobachtung: 10Þ23’S.
Länge wie auf der Karte vermerkt.

Bei solchem Log gab es bestimmt nicht viel Gehirnakrobatik. Der 27. Juni zeigt das noch besser:

Das erste war heute ein Fliegender Fisch an Deck; briet ihn in Butter.
133 Meilen auf dem Log.
Schätzwerte für Abdrift und Strom gleichen sich etwa aus – lassen wir es also dabei.
Breite nach Mittagsbeobachtung: 10Þ25’S.

Mehrere Tage segelte die Spray jetzt haargenau auf 10Þ25’S nach Westen. Wenn sie tags oder nachts überhaupt davon abwich – das mag schon vorgekommen sein –, dann lag sie seltsamerweise doch mittags immer wieder auf derselben Breite. Mein Blechwecker, die einzige Uhr, hatte zu diesem Zeitpunkt seinen Minutenzeiger verloren. Doch nachdem ich ihn gekocht hatte, zeigte er wenigstens die Stunden an, und das reichte für eine so lange Strecke.

Am 2. Juli kam die große Insel Timor im Norden in Sicht. Am folgenden Tag sah ich Dana Island nicht weit entfernt, und nachts kam eine Landbrise auf, die den Duft von Gewürzen und was weiß ich sonst noch herüberwehte.

Am 11., die Spray hatte alle Segel samt Spinnaker oben, kam etwa mittags, ein Strich an Steuerbord voraus, Christmas Island in Sicht. Noch vor dem Abend lag es 2,5 Meilen querab. Die Insel stieg aus der See gleichmäßig und rund bis zu beträchtlicher Höhe in der Mitte an. Im Umriß sah sie so glatt aus wie ein Fisch; an ihren Seiten brach sich eine von weither über den Ozean anrollende Dünung, und so lag sie da bewegungslos auf der See wie ein schlafendes Monster. Es schien, als habe sie die Proportionen eines Wals, und als die Slup an ihr entlangsegelte bis zu der Stelle, wo der Kopf sein mußte, gab es da tatsächlich eine Art Spritzloch, eine durchbrochene Felsnase, durch die jede Welle einen Wasserstrahl hochwarf, als sei die Insel wirklich ein Tier und lebendig.

Es war lange her, seit ich diese Insel zuletzt gesehen hatte. Ich erinnerte mich vor allem an meine schnell nachlassende Bewunderung für den Kapitän des Schiffes, die TANJORE, auf der ich damals war. Eines Morgens sang er vom Quarterdeck herab aus: »In den Ausguck nach oben, wer gute Augen hat! Seht euch Christmas Island an!« Tatsächlich war die Insel von der Royalrah aus zu sehen. Kapitän M. hatte also einen Volltreffer gelandet, und er kam nie darüber hinweg. Der erste Steuermann, der Schrecken von uns Matrosen auf dem Schiff, der sich nie in Luv des Kapitäns zu gehen traute, war jetzt sogar in Lee sehr demütig. Als wir in Hongkong ankamen, befand sich in der Schiffspost ein Brief für mich. Ich war mit dem Kapitän ein paar Stunden lang zusammen im Boot, während er den Brief hatte. Doch glauben Sie, er konnte einem einfachen Seemann einen Brief aushändigen? Nein, wirklich nicht, nicht einmal einem befahrenen Matrosen. Als wir zum Schiff kamen, gab er ihn dem ersten Steuermann; der erste Steuermann gab ihn dem zweiten Steuermann, und der legte ihn verstohlen auf das Gangspill, wo ich ihn mir endlich nehmen konnte!

KEELING COCOS UND RODRIGUEZ

Sorgfältige Navigation – Drei Stunden am Ruder in 23 Tagen – Ankunft auf den Keeling Cocos Islands – Ein kurioses Kapitel Sozialgeschichte – Empfang durch die Kinder der Insel – Die Spray *wird auf dem Strand überholt und gemalt – Ein mohammedanischer Segen für einen Topf Marmelade – Keeling: ein Paradies – Riskantes Abenteuer in einem kleinen Boot – Auf nach Rodriguez – Slocum als Antichrist – Der Gouverneur beruhigt die Leute – Eine Lesung – Ein Kloster in den Bergen*

Bis zu den Keeling Cocos Islands waren es jetzt nur noch 550 Meilen. Doch sogar auf diesem kurzen Schlag mußte ich besonders sorgfältig Kurs halten, da ich sonst das Atoll verfehlen konnte.

Am 12. sah ich einige hundert Meilen südwestlich von Christmas Island die Wolken des Gegenpassats aus Südwest heranziehen – hoch über dem normalen Nordostpassat, der nun für ein paar Tage schwächer wurde, während zugleich aus Südwest eine Dünung einsetzte, die etwas stärker als gewöhnlich war. Ein Wintersturm tobte in der Gegend des Kaps der Guten Hoffnung. Also ging ich höher an den Wind und rechnete während dieser Zeit 20 Meilen am Tag für Stromversetzung ein. Das war nicht zuviel; denn auf diesem Kurs bekam ich die Keeling Islands recht voraus. Das erste unmißverständliche Anzeichen von Land war eines Morgens der Besuch einer weißen Seeschwalbe, die sehr verständig um das Schiff herumflatterte und dann mit einem geradezu geschäftsmäßigen Ausdruck in ihren Flügeln nach Westen abzog. Die Inselbewohner nennen die Seeschwalben die »Lotsen von Keeling Cocos«. Später traf ich ganze Schwärme von Vögeln, die Fische fingen und sich um ihre Beute stritten.

Nach meinem Besteck mußte man die Inseln sehen können, und als ich nach oben in den Mast kletterte, sah ich auch aus halber Höhe Wipfel von Kokospalmen über der Kimm voraus. Ich hatte den Anblick erwartet, und doch durchfuhr es mich wie ein elektrischer Schlag. Zitternd glitt ich den Mast hinunter, setzte mich auf Deck und ließ meinen Gefühlen freien Lauf. Menschen, die an Land in ihrem Wohnzimmer sitzen, mag dies tatsächlich als Schwäche erscheinen, doch ich erzähle hier die Geschichte einer Weltumseglung ganz allein.

Ich brauchte nicht ans Ruder, denn durch Strom und Dünung fand die Slup am Ende der Reise ganz von selbst ihren Weg genau in das Fahrwasser des Kanals. Auch bei der Marine hätte man das nicht besser machen können! Dann holte ich die Segel dicht, ging an den Wind, nahm das Steuerrad und kreuzte die paar Meilen bis querab zum Landeplatz, wo ich am 17. Juli 1897 um 15.30 Uhr vor Anker ging, 23 Tage nach Thursday Island. Die Distanz war 2700 Meilen schnurgeradeaus. Das entsprach einer guten Atlantiküberquerung. Es war eine Lust zu segeln! In diesen 23 Tagen habe ich insgesamt nicht mehr als drei Stunden am Ruder gesessen, wobei die Kreuz in den Hafen von Keeling mitgerechnet ist. Ich band einfach das Steuerrad fest und ließ die Slup laufen. Gleich, ob sie halben Wind hatte oder platt vor dem Wind lag, immer blieb sie auf Kurs. Kein Teil der ganzen Reise war bisher so glatt verlaufen wie dieser letzte*.

* Andrew J. Leach berichtete am 21. Juli 1897 durch Gouverneur Kynnersley aus Singapur an Joseph Chamberlain, Kolonialsekretär, über den Besuch der IPHIGENIA auf dem Atoll: »Als wir den tiefblauen Ozean verließen und in den Kreis der Korallenriffe einliefen, war der Kontrast höchst bemerkenswert. Das brilliantklare Wasser, durchsichtig bis zu einer Tiefe von über 30 Fuß, leuchtete bald purpurrot, bald im blausten Himmelblau und dann wieder grün. Die weißen Kämme der Wogen blitzten in der strahlenden Sonne. Die palmbestandenen Inseln im Kreis, zwischen denen man die Lücken im Süden gar nicht ausmachen konnte, die weißen Sandstrände, dazwischen die noch weißeren Brecher in den Durchfahrten und schließlich die Lagune selbst, sieben oder acht Meilen lang von Nord nach Süd und fünf bis sechs von Ost nach West, boten einen unvergeßlichen Anblick.

Als wir den Landesteg erreichten, fanden wir, zum Säubern und Überholen auf Land gezogen, die SPRAY aus Boston, eine Yawl von 12,70 tons, im Besitz von Kapitän Joshua Slocum. Nach einer Reise von 23 Tagen von Thursday Island war er am 17. Juli auf der Insel eingetroffen. Dieser außergewöhnliche Seeman verließ Boston vor etwa zwei Jahren einhand, kreuzte nach Gibraltar, segelte zum Kap Horn hinunter, passierte die Magellanstraße und fuhr bis zu den Gesellschaftsinseln, von dort nach Australien und durch die Torresstraße bis nach Thursday Island.«

Die Keeling Cocos Islands liegen nach Admiral Fitzroy von der Royal Navy zwischen 11Þ50’ und 12Þ12’ südlicher Breite und zwischen 96Þ51’ und 96Þ58’ östlicher Länge. Sie wurden 1608 von Kapitän William Keeling entdeckt, der damals im Dienst der Ostindien-Gesellschaft stand. Die südliche Gruppe besteht aus sieben oder acht Inseln und Inselchen auf dem Atollring, dem Skelett, das eines Tages, wenn die Geschichte der Korallenriffe stimmt, eine durchgehende Insel sein wird. Nordkeeling hat keinen Hafen, wird selten besucht und ist ohne Bedeutung. Die südlichen Keeling-Inseln sind eine seltsame kleine Welt mit einer ganz eigenen romantischen Geschichte. Gelegentlich wurde hier eine Spiere eines vom Hurrikan überfallenen Schiffs oder auch ein Baumstamm angeschwemmt, der den weiten Weg von Australien herübergetrieben war, manchmal landete ein aufgegebenes Schiffswrack, und schließlich kamen auch Menschen. Sogar ein Felsbrocken trieb einmal auf Keeling an; er hatte sich in den Wurzeln eines Baums festgeklammert.

Nach der Entdeckung der Inseln durch Kapitän Keeling war ihr erster bemerkenswerter Besucher Kapitän John Clunis-Ross, der 1814 auf der Reise nach Indien mit seinem Schiff BORNEO vorbeikam. Kapitän Ross kehrte zwei Jahre später mit seiner Frau, seiner Familie und seiner Schwiegermutter, Mrs. Dymoke, sowie mit acht Seeleuten, die zugleich Handwerker waren, zurück, um die Inseln in Besitz zu nehmen. Doch er fand dort schon einen gewissen Alexander Hare vor, der inzwischen das kleine Atoll zu einer Art Eden für einen Harem malaiischer Frauen gemacht hatte, die er von der afrikanischen Küste herübergebracht hatte. Seltsamerweise hatte Ross’ eigener Bruder Hare und seine Frauenherde auf die Inseln verfrachtet, da er Kapitän Johns Plan, die kleine Welt in Besitz zu nehmen, nicht kannte. Und so hatte sich Hare hier mit seinem Serail wie für die Ewigkeit niedergelassen.

Bei seinem ersten Besuch hatte Ross jedoch auf Horsburg Island, einer der Inseln des Atolls, den englischen »Jack« an einen Mast genagelt. Nach zwei Jahren flatterten immer noch ein paar

Fetzen im Wind, und seine Seeleute begannen gar nicht unlustig sofort mit der Invasion des neuen Königreichs, um es samt der Frauen in Besitz zu nehmen. Die Schlagkraft von 40 Frauen, die nur von einem Mann kommandiert wurden, reichte jedenfalls nicht aus, um acht handfeste Seeleute zurück in die See zu treiben.*

Von jetzt an hatte Hare ein schweres Leben. Er und Ross kamen als Nachbarn nicht gut aus. Die Inseln waren zu klein und zu nahe beieinander für so unterschiedliche Charaktere. Hare schwamm im Geld und hätte ebensogut in London leben können; doch er war Gouverneur einer wilden Kolonie auf Borneo gewesen und konnte sich nicht wieder auf das zahme Leben einstellen, das die prosaische Zivilisation ihm bot. So klammerte er sich mit seinen 40 Frauen an dieses Atoll und zog sich Stück um Stück vor Ross und seiner derben Mannschaft zurück, bis er sich schließlich mit seinem Harem auf der kleinen Insel fand, die bis heute als »Prison Island«, Gefängnisinsel, bekannt ist, wo er wie Blaubart seine Weiber in einer Festung einsperrte. Der Kanal zwischen den Inseln war schmal, das Wasser nicht tief, und die acht schottischen Seeleute trugen hohe Seestiefel. Hare hatte nun Angst. Mit Rum und anderen Luxusgütern versuchte er einen Kompromiß zu schließen, doch das machte alles nur noch schlimmer. Am Tag nach dem ersten St.-Andrews-Fest auf der Insel, dem Fest des schottischen Nationalheiligen, kochte Hare vor Wut. Da er mit Kapitän Ross nicht mehr sprach, schickte er ihm folgende Notiz: »Lieber Ross, ich hoffte, daß Ihre Seeleute, nachdem ich ihnen Rum und Schweinebraten schickte, endlich meinen Blumengarten in Ruhe lassen würden.« Als Antwort brüllte der Kapitän wutschnaubend von der Mitte der Insel, auf der er stand: »Ahoi da auf Prison Island! Wissen Sie nicht, Hare, daß Rum und Schweinebraten nicht den Seemannshimmel ausmachen?« Hare sagte später, man hätte das Gebrüll des Kapitäns bis hinüber nach Java hören müssen.

* Die Berichte in Findlays »Sailing Directory« über die Ereignisse haben einen chronologischen Fehler. Ich folge den Berichten der Enkel des alten Kapitäns und den Überlieferungen am Ort.

Die gesetzlose Ansiedlung fand bald danach ein unvermitteltes Ende, als die Frauen selbst von Prison Island desertierten und sich unter Ross' Schutz stellten. Hare ging dann nach Batavia, wo er starb.

Mein erster Eindruck an Land war, daß das Verbrechen des Kindesmordes die Inseln von Keeling Cocos nicht erreicht hatte. »Die Kinder wollen Sie alle begrüßen«, erklärte Mr. Ross, als sich Hunderte von ihnen in jeder Größe und in jedem Alter am Landesteg versammelt hatten. Die Menschen hier waren alle ziemlich scheu, aber ob jung oder alt, nie gingen sie vorüber oder sahen jemanden an ihrer Tür vorbeigehen, ohne zu grüßen. Mit ihren musikalischen Stimmen fragten sie: »Jalan, jalan?« (Gehen Sie spazieren?) »Willst du mitkommen?« war die Antwort.

Noch längere Zeit nach meiner Ankunft betrachteten die Kinder das »Ein-Mann-Schiff« mit Argwohn und Furcht. Jahre zuvor war ein Eingeborener auf das Meer hinausgeweht worden, und nun machten sie sich gegenseitig weis, daß er vielleicht von Schwarz in Weiß verwandelt worden und mit der Slup zurückgekehrt war. Eine Zeitlang wurden alle meine Bewegungen genau beobachtet. Besonders waren sie daran interessiert, was ich aß. Eines Tages hatte ich den Boden der Slup mit einer Mischung aus Kohlenteer und anderem Zeug gestrichen. Gleich danach aß ich zu Mittag und leistete mir als Nachspeise Brombeermarmelade. Da nahm ich eine Bewegung wahr, dann hörte ich einen Schrei und ein Getrappel, als die Kinder davonliefen und riefen: »Der Kapitän ißt Teer! Der Kapitän ißt Teer!« Doch schon bald fanden sie heraus, daß dieser Teer sehr gut schmeckte und daß ich eine ganze Menge davon mitgebracht hatte. Als ich einmal einem aufgeweckten Bürschchen einen Schiffszwieback dick damit bestrich, hörte ich sie flüstern: »*Chut-chut*!« Das sollte heißen, ein Hai habe in meine Hand gebissen, die ja, wie sie richtig bemerkt hatten, verkrüppelt war. Von da an betrachteten sie mich als Helden. Ich hatte nicht Finger genug für all die kleinen glanzäugigen Kobolde, die sich daran festhielten und mit mir herumspazieren wollten. Wenn ich vor dieser Begebenheit meine Hand ausgestreckt und »Komm!« gerufen hatte, dann hatten sie sich scheu ins nächste Haus zurückgezogen und gesagt: »*Dingin*« (Es ist kalt) oder »*Ujan*« (Es wird regnen). Doch jetzt war akzeptiert, daß ich nicht der heimgekehrte Geist des verlorengegangenen Schwarzen war, und bei Regen und Sonne hatte ich eine Menge Freunde auf der Insel.

Etwas später versuchte ich die Slup wieder in tieferes Wasser zu ziehen, merkte aber, daß sie im Sand festsaß. Die Kinder klatschten in die Hände und schrien, ein *kpeting* (eine Krabbe) hielte sie am Kiel fest. Die zehn oder zwölf Jahre alte Ophelia schrieb in das Logbuch der SPRAY:

Hundert Männer stark und groß
An der Winsch, joho, aha!
Es brach die schwere Trosse bloß,
Das Schiff blieb einfach da.
Denn, Kind, das war das tollste Ding,
Der Kiel wurd' gehalten von einem großen Kpeting.

Ob es nun stimmte oder nicht, es wurde beschlossen, daß der mohammedanische Priester, der Emim Sama, für einen Topf Marmelade Mohammed bitten sollte, die Reise zu segnen und der Krabbe zu befehlen, den Kiel der Slup loszulassen – was sie denn auch tat. Mit der nächsten Flut schwamm sie auf.

Am 22. Juli kam H. M. S. IPHIGENIA mit Richter Andrew J. Leach und Gerichtsbeamten an Bord an; sie waren auf einer Rundreise durch die englischen Niederlassungen, zu denen auch Keeling Cocos gehörte, um Klagen anzuhören und Rechtsfälle öffentlich zu verhandeln, wenn es denn welche gab. Sie fanden die SPRAY am Strand an eine Kokospalme angebunden vor. Auf den Keeling-Inseln hatte es indessen seit der Zeit, als Hare ausgewandert war, keinen Streit mehr gegeben; denn die Familie Ross hat die Insulaner immer wie ihre eigene Familie behandelt.

Wenn es auf dieser Erde ein Paradies gibt, dann ist es Keeling. Für einen Richter gab es keine Arbeit, aber etwas mußte getan werden. Schließlich lagen zwei Schiffe im Hafen, ein großes Kriegsschiff und die SPRAY. Statt einer Gerichtsverhandlung gab es also eine Tanzveranstaltung, und alle Offiziere, die ihr Schiff verlassen konnten, kamen an Land. Alles auf der Insel versammelte sich, jung und alt; der große Saal des Gouverneurs war mit Menschen überfüllt. Jeder, der auf eigenen Füßen stehen konnte, tanzte, während die kleinen Kinder haufenweise in den Ecken lagen, zufrieden, zuschauen zu können. Meine kleine Freundin Ophelia tanzte mit dem Richter. Die Musik machten zwei alte Fiedeln. Immer wieder kratzten sie die gute alte Weise herunter: »Nach Hause, nach Hause, nach Hause gehn wir nicht!« Und das taten wir auch nicht.

Anders als an anderen Orten, die ich auf meiner Reise besuchte, haben auf den Keeling-Inseln nicht die Frauen die ganze Plackerei. Das Herz einer Feuerland-Squaw würde vor Freude hüpfen, wenn sie sehen könnte, wie auf Keeling der Herr der Schöpfung auf eine Kokospalme klettert. Aber die Männer waren nicht nur geschickte Kletterer, sie bauten auch ausgezeichnet geformte Kanus. Hier sah ich die beste Bootsbauarbeit auf der Reise. Viele geschickte Handwerker hausten unter den Palmen von Keeling, und das Summen der Bandsäge und das Geläut des Ambosses waren vom Morgen bis in den Abend hinein zu hören. Die ersten schottischen Siedler hinterließen hier die Kraft ihres nordischen Blutes und das Erbe fester Gewohnheiten. Keine Wohltätigkeitsorganisation hat je für irgendwelche Insulaner soviel getan wie der ehrenwerte Kapitän Ross und seine Söhne, die seinen Fleiß und seine Sparsamkeit weitervererbt haben.

Admiral Fitzroy, der hier, wo alles so anders ist, mit der BEAGLE zu Besuch war, sprach von diesen »einzigartigen, obgleich kleinen Inseln, wo Krabben Kokosnüsse essen, Fische Korallen knabbern, Hunde Fische fangen, Männer auf Schildkröten reiten und Muscheln gefährliche Menschenfallen sind«. Und er fügte hinzu, daß der größte Teil der Seevögel auf Zweigen nistet und viele Ratten ihre Nester in den Wipfeln der Palmen bauen.

Als mein Schiff überholt war, entschloß ich mich, eine Ladung der berühmten Mammutmuscheln, der Tridacna, an Bord zu nehmen; sie wurden in einem nahegelegenen Haff gefunden. Und gerade hier, in Sicht des Dorfes, hätte die »Mannschaft« der SPRAY beinahe ihr Leben verloren – nicht etwa, weil ich meinen Fuß in eine geöffnete Riesenmuschel gehalten hätte, sondern weil ich bei einer kurzen Bootsfahrt quer über den Hafen die Regeln der Sicherheit außer acht gelassen hatte. Ich war über Ozeane gesegelt, ich hatte seitdem alle überquert und bin um die Welt gefahren, und war doch nie so nahe an einem tödlichen Unfall wie bei dieser Fahrt über eine Lagune, bei der ich völlig einem anderen vertraute, der, ein schwacher Sterblicher, sich womöglich ebenso ganz auf mich verließ. Mit einem gedankenlosen Afrikaner saß ich in einem baufälligen Bötchen, dessen verrottetes Segel mitten im Kanal von einer Bö fortgeweht wurde, die uns hilflos auf die See hinaustrieb, wo wir rasch verloren gewesen wären. Vor uns in Lee lag der ganze Ozean, und ich merkte zu meinem Entsetzen, daß im Boot weder ein Paddel noch ein Riemen war, während wir immer weiter abtrieben! Einen Anker gab es wohl, doch nicht genug Tauwerk, um eine Katze anzubinden, und wir befanden uns schon auf tiefem Wasser. Zum Glück gab es wenigstens ein Stück Holz, einen Bootshaken. Ich paddelte mit ihm mit aller Kraft, aber nur weil uns zufällig ein plötzlicher Windstoß zu Hilfe kam, gelang es uns, diese Falle von einem Boot in seichtes Wasser zurückzuarbeiten, wo wir Grund bekamen und es aufs Land ziehen konnten. Afrika wäre in Lee die nächste Küste gewesen, 3000 Meilen entfernt; nicht ein Tropfen Wasser war im Boot, dazu ein magerer und hungriger Neger – nun, das Los mochte fallen, wie es wollte, die Mannschaft der SPRAY wäre sicher nach kurzer Zeit kaum wiederzufinden gewesen. Ich brauche wohl nicht zu sagen, daß ich in Zukunft auf solche »Gelegenheiten« verzichtete. Die Riesenmuscheln wurden später in einem sicheren Boot herbeigebracht; 30 von ihnen nahmen den Platz von drei Tonnen Zementballast ein, den ich über Bord warf, um Raum und mehr Auftrieb zu gewinnen.

Am 22. August ließ der Kpeting oder was sonst die Slup auf

der Insel festgehalten hatte, seine Beute los, und sie glitt unter vollen Segeln auf die See hinaus. Kurs Heimat. Sie kletterte über eine oder zwei heftige Grundseen am Rande des Atolls und kam von den blitzenden Riffen klar. Lange vor Dunkelheit fiel Keeling Cocos mit seinen 1000 Seelen, so frei von Sünden, wie es Sterbliche nur sein können, achteraus außer Sicht. Außer Sicht, sage ich, doch nicht aus meiner Erinnerung!

Die See war rauh, und die SPRAY nahm einiges Spritzwasser über, als ich sie auf den Kurs nach Rodriguez an den Wind legte; die See lief nun quer. Der wahre Kurs zu dieser Insel war West zu Süd, dreiviertel West, und die Distanz betrug 1900 Meilen. Aber wegen der Dünung, der Abdrift usw. hielt ich beträchtlich mehr nach Luv. Auf diesem Kurs lief meine Slup tagelang unter gerefften Segeln. Ich ermüdete natürlich durch die nie endende Bewegung der See und auch, weil ich jedesmal, wenn ich mich an Deck sehen ließ, einen Guß abbekam. Unter diesen schwierigen Wetterverhältnissen schien die SPRAY langsamer als sonst auf ihrem Kurs voranzukommen; zumindest führte ich darauf eine Diskrepanz im Log zurück. 15 Tage, nachdem ich Keeling verlassen hatte, betrug der Unterschied zwischen dem Schlepplog und meinen Berechnungen 150 Seemeilen! Ich kümmerte mich aber nicht um das Log, sondern rechnete mit der gewohnten Leistung der Slup und hielt deshalb Ausschau nach Land. Und richtig, noch am gleichen Tag konnte ich recht voraus bei Sonnenuntergang eine Wolkenbank sehen, die auf der Stelle blieb, während die anderen Wolken weiterzogen. Das hatte etwas zu bedeuten. Ich segelte weiter und entdeckte gegen Mitternacht etwas Schwarzes an der Stelle, wo ich am Abend die Wolkenbank gesehen hatte. Es war noch weit entfernt, doch es konnte kein Mißverständnis geben: Das war die hoch aufragende Insel Rodriguez. Ich holte das Patentlog ein, das ich jetzt mehr aus Gewohnheit als aus Notwendigkeit nachschleppte; denn ich kannte mich mit der SPRAY ja schon lange genug aus. Ich hatte begriffen, daß ich ihr, was Kurs und Distanz anging, unbedingt vertrauen konnte; und mit meinen Zweifeln gab ich ihr auch immer wieder Gelegenheit, sich zu beweisen. Die

Die SPRAY in australischen Gewässern.

Eine Muck Kaffee im Niedergang der SPRAY (1902).

Schaulustige kommen an Bord. Vineyard Haven, Massachusetts (etwa 1905).

◀ *Slocum und seine Frau auf der SPRAY.*

Ein Altersportr
Washington,
D. C. (1905).

Ein gestelltes F
Vor Anke
Hyannis P
Massachuse
entfaltet
SPRAY ihre S
(19

Die SPRAY
verläßt Martha
Vineyard.

▶ *Der alte Sloc*
auf dem Poto
(19

Die SPRAY auf dem Slip in Miami, Florida (1908).

Blick in die Kajüte der SPRAY.

Joshua Slocum landfein, irgendwo in Südamerika (1895).

In südamerikanischen Gewässern (1895).

Die LIBERDADE am Ende ihrer Reise: Joshua Slocum, Hettie, Garfield und Victor.

Eine Auseinandersetzung mit den Feuerland-Indianern (gezeichnet von Fogarty).

Schiffsführer, die ihrer Sache so ungeheuer sicher sind und immer alles »wie aus dem Buche« wissen, sind meiner Beobachtung nach die, bei denen die meisten Menschenleben verlorengehen. Die Ursache für die Unstimmigkeit des Logs war etwas, das immer wieder vorkommt, wenn nämlich ein großer Fisch nach dem Schlepplog schnappt. Zwei von den vier Flügeln des Rotationslogs waren verbogen, wahrscheinlich das Werk eines Hais. Da ich mir über meine Position jetzt sicher war, legte ich mich zum Ausruhen und Nachdenken nieder und fühlte mich bald besser. Bei Tagesanbruch lag die Insel etwa drei Meilen querab. Sie hatte ein hartes, abgewettertes Aussehen, wie treibendes Land weit draußen im Indischen Ozean. Die Luvseite war alles andere als einladend, aber an der Leeseite befand sich ein guter Hafen, und um diesen anzulaufen, ging ich jetzt hart an den Wind. Ein Lotse kam heraus und führte mich in den Innenhafen, den man durch einen engen Kanal zwischen Korallenriffen ansteuern mußte.

Es ist merkwürdig, daß auf all diesen Inseln die Wirklichkeit immer irgendwie als unwirklich erscheint, während das Unwahrscheinliche sich als hartes Faktum kleidet. So geschah es hier, daß der gute Abbé seinen Leutchen ein paar Tage zuvor von der Ankunft des Antichrist erzählt hatte; und als nun die SPRAY weiß von Schaum vor einem stürmischen Wind in den Hafen segelte, standen sie alle am Strand und sahen nur einen einzigen Mann an Bord. Da schrien sie: »Der Herr möge uns helfen, er ist es, und er kommt in einem Boot!« Was, wie ich meine, allerdings die unwahrscheinlichste Art seiner Ankunft gewesen wäre. Dennoch flog die Neuigkeit durch den Ort. Der Gouverneur der Insel, Mr. Roberts, kam sofort herunter, um nachzuschauen; denn die kleine Stadt war in großer Aufregung. Eine ältere Frau lief nach Hause und schloß sich ein, als sie von meiner Ankunft hörte. Und als man ihr sagte, daß ich leibhaftig die Straße hinaufkam, verbarrikadierte sie ihre Türen und kam nicht heraus, solange ich auf der Insel war, immerhin acht Tage. Gouverneur Roberts und seine Familie teilten nicht die Furcht ihrer Leute, sondern kamen an der Pier, an der die SPRAY lag, an

Bord, und ihr Beispiel brachte auch andere dazu. Die Söhne des Gouverneurs belegten das Beiboot sofort mit Beschlag, und so kostete ihn sein Besuch außer großer Gastfreundschaft mir gegenüber den Bau eines Bootes, das dem der SPRAY genau gleichen mußte.

Mein erster Tag in diesem Land der Verheißung war für mich wie ein Märchen. Viele Tage lang hatte ich mich in die Seekarten vertieft und die Zeit meiner Ankunft ausgerechnet, wie man vielleicht die Ankunft auf der Insel der Seligen erwartet. Sie war für mich der Endpunkt des letzten langen Törns, auf dem ich viele Dinge entbehren mußte, die mir von jetzt an wieder in Hülle und Fülle zur Verfügung standen. Aber die Slup lag ja nun sicher festgemacht an einer Pier in Rodriguez. Am ersten Abend an Land, in der Welt der Servietten und geschliffenen Gläser, sah ich vor mir im Geiste noch die Handtücher aus Hanf und die Tassen mit abgebrochenen Henkeln. Statt auf See herumgeworfen zu werden, saß ich hier in einer hell erleuchteten Halle, von geistreichen Köpfen umgeben, und speiste beim Gouverneur der Insel! »Aladin«, rief ich aus, »wo bleibt nun deine Lampe? Meine Fischerlaterne aus Gloucester hat mir Besseres gezeigt, als deine alte Räucherlantüchte je entdeckte!«

Den zweiten Tag im Hafen verbrachte ich damit, Besucher zu empfangen. Mrs. Roberts und ihre Kinder kamen als erste, »um«, wie sie sagten, »der SPRAY guten Tag zu sagen«. Niemand fürchtete sich jetzt mehr, an Bord zu kommen, mit Ausnahme der armen, alten Frau, die immer noch dabei blieb, daß die SPRAY den Antichrist beherberge, wenn er nicht tatsächlich schon an Land gekommen sei. Der Gouverneur veranstaltete einen Abend, zu dem er freundlich den »Zerstörer der Welt« einlud, um von sich selbst zu sprechen. Das tat er auch, indem er sich sehr überschwenglich über die Gefahren der See ausließ (die er wie die meisten schwachen Sterblichen wohl sanfter gemacht hätte, wenn er es tatsächlich gewesen wäre); und mit Hilfe von Licht und Dunkelheit stellte er an der Wand Bilder dar, die die Orte und Länder zeigten, die er besucht hatte (nicht vergleichbar freilich mit den Ländern, die er selber gemacht hätte), auch von den Menschen, die er sah, von Wilden und anderen, und er seufzte dabei verschiedentlich: »Gottlose Welt! Gottlose Welt!« Als das beendet war, dankte der Gouverneur und verteilte Goldstücke. (Ein Märchen, wie gesagt.)

Am folgenden Tag begleitete ich den Gouverneur und seine Familie bei einem Besuch des Klosters San Gabriel im Oberland in den Bergen. Der gute Abbé von San Gabriel beköstigte uns alle königlich im Kloster, und wir blieben seine Gäste bis zum folgenden Tag. Als ich ihn verließ, sagte er: »Kapitän, ich segne Sie, welcher Religion Sie auch angehören. Ich wünsche, daß Sie Ihre Reise glücklich beenden und daß unser Retter Christus immer bei Ihnen ist!« Ich konnte auf so gut gemeinte Worte nur antworten: »Mein lieber Abbé, wenn alle Religionskämpfer so liberal gewesen wären, hätte es wohl weniger Blutvergießen in der Welt gegeben.«

Auf Rodriguez gibt es jetzt eine bequeme Einrichtung zum Nachfüllen von frischem und gesundem Wasser. Denn Gouverneur Roberts hatte über dem Dorf in den Bergen ein Reservoir bauen lassen, von dem aus Rohre bis zur Pier führen, an der die Wassertiefe zur Zeit meines Besuchs bei Flut 5½ Fuß betrug. Früher wurde Brunnenwasser benutzt, das hin und wieder Krankheiten verursacht hatte. Fleisch gibt es auf der Insel in jeder Menge und zu mäßigem Preis. Kartoffeln waren reichlich und billig zu haben; der große Sack davon, den ich dort für vier Shilling kaufte, hielt sich ungewöhnlich gut. Ich verstaute sie einfach in dem trockenen Laderaum der Slup. An Früchten gab es vor allen Dingen viel Granatäpfel; für zwei Shilling bekam ich einen großen Sack voll – soviel, wie ein Esel tragen konnte. Der Obstgarten war übrigens von der Natur selbst gepflanzt worden.

VON MAURITIUS NACH SÜDAFRIKA

Ein sauberer Gesundheitspaß auf Mauritius – Im Opernhaus wird die Reise noch einmal abgesegelt – Eine frisch entdeckte Pflanze wird nach dem Skipper der Spray *benannt – Eine Gesellschaft junger Damen segelt – Ein Biwak an Deck – Herzlicher Empfang in Durban – Kreuzverhör durch Henry M. Stanley – Drei weise Buren suchen den Beweis, daß die Erde flach ist – Abreise von Südafrika*

Am 16. September, nach acht Ruhetagen auf Rodriguez, dem Land des Überflusses mitten im Ozean, setzte ich die Segel und ankerte am 19. mittags auf der Quarantänereede vor Mauritius. Noch am gleichen Tag wurde die Slup von der Barkasse des Arztes in den Hafen geschleppt, nachdem er damit zufrieden gewesen war, daß ich die ganze Crew zur Inspektion bereitgestellt hatte. Er schien seine Zweifel über die Zahl der Mannschaftsmitglieder zu haben, bis er die Papiere durchgesehen hatte, die auf der ganzen Reise von Hafen zu Hafen nur von einem Mann Besatzung zu berichten wußten. Dann meinte er, ich müsse gesund genug sein, da ich allein so weit gekommen war, und gab mir ohne weiteres Erlaubnis zum Verkehr mit dem Land.

Im Hafen erwartete die SPRAY noch ein anderer offizieller Besuch. Der Gouverneur von Rodriguez hatte mir neben der normalen Post noch private Empfehlungsschreiben an Freunde mitgegeben, und er hatte mir geraten, zuallererst Mr. Jenkins, den Postmeister, eine gute Seele, zu besuchen. »Guten Tag, Mr. Jenkins«, rief ich, als sein Boot längsseits kam. »Sie kennen mich doch gar nicht«, sagte er. »Warum nicht?« antwortete ich. »Woher kommt die Slup?« »Von der anderen Seite der Erde«, gab ich ganz ernst zurück. »Und allein?« »Ja, warum nicht?« »Und Sie kennen mich?« »Seit dreitausend Jahren«, rief ich, »als Sie und ich einen heißeren Job als heute hatten.« (Obgleich es jetzt auch ganz schön heiß war.) »Damals hießen Sie Jenkinson, doch ich will Sie nicht tadeln, daß Sie Ihren Namen geändert haben.« Mr. Jenkins machte den Scherz mit, und das kam der SPRAY zugute. Denn als diese Geschichte herum war, war klar, daß jeder, der nach Einbruch der Dunkelheit an Bord kam, sofort vom Teufel geholt wurde. So konnte ich die SPRAY ohne Angst vor Räubern und Einbrechern nachts allein lassen. Zwar wurde dennoch in die Kajüte eingebrochen, doch bei Tageslicht, und die Diebe fanden nur ein Fäßchen mit Räucherheringen, bevor Tom Ledson von der Hafenmeisterei sie auf frischer Tat ertappte und ins Gefängnis warf. Das entmutigte andere Räuber, denn Ledson fürchteten sie noch mehr als den Satan selbst. Sogar Mamode Hajee Ayoob, der am Tag an Bord Wache hielt – bis eine leere Dose in der Kajüte umfiel und ihn zu Tode erschreckte –, konnte nicht dazu gebracht werden, nachts oder auch nur bis Sonnenuntergang an Bord zu bleiben. »Sahib«, rief er, »das ist nicht nötig«, und das war vollkommen richtig.

Auf Mauritius holte ich tief Atem, und die Slup ruhte ihre Schwingen aus. Es war die Zeit des schönen Wetters. Nach Schätzung von erfahrenen Offizieren waren die Härten der Reise, wenn es denn überhaupt welche gegeben hatte, jetzt zu neun Zehnteln überwunden. Dennoch konnte ich nicht vergessen, daß die Vereinigten Staaten noch weit entfernt waren.

Die freundlichen Menschen auf Mauritius wollten mich reicher und glücklicher machen, und sie riggten ihr Opernhaus auf, das sie »Schiff Pantai« genannt hatten (wobei »Pantai« eine Bezeichnung für das Perlhuhn ist). Dieses Schiff bestand nur aus Decks und hatte keinen Boden, war aber so steif wie eine Kirche. Ich hatte es zur freien Verfügung, um über die Abenteuer der SPRAY zu sprechen. Von der Poop der »Pantai« aus stellte mich der ehrenwerte Bürgermeister Seiner Exzellenz, dem Gouverneur, vor und dann auch unserem guten Konsul, General John P. Campbell, der mich seinerseits schon Seiner Exzellenz vorgestellt hatte. So wurde ich herumgereicht, bis ich dann an der Reihe war, die Reisestrecke noch einmal abzusegeln. Wie ich die Geschichte zu Ende bekam, weiß ich kaum. Es war eine heiße Nacht, und ich hätte den Schneider erwürgen können, der die Jacke gemacht hatte, die ich bei dieser Gelegenheit trug. Der liebenswerte Gouverneur sah, daß ich versucht hatte, mich wie ein Landmensch aufzuriggen, und er lud mich zu sich nach Reduit ein, wo ich mich unter Freunden befand.

Am stürmischen Kap der Guten Hoffnung war es noch Winter, doch die Stürme sollten dort ruhig pfeifen. Ich beschloß, auf dem milderen Mauritius abzuwarten und dort Rose Hill, Curipepe und andere Orte zu besichtigen. Einen Tag verbrachte ich bei dem älteren Mr. Roberts, dem Vater von Gouverneur Roberts auf Rodriguez, zusammen mit seinen Freunden, den Reverends O'Loughlin und McCarthy. Bevor ich auf die SPRAY zurückkehrte, besuchte ich das große botanische Institut bei Moka, dessen Leiter gerade an diesem Morgen eine neue, unempfindliche Pflanze entdeckt hatte, die er zu meiner großen Ehre »Slocum« taufte. Das, so sagte er, gebe ihrem Namen zugleich den Anschein des Lateinischen und erspare ihm die Mühe, ein Wort zu erfinden. So schien der gute Botaniker sich darüber zu freuen, daß ich vorbeigekommen war. Wie unterschiedlich doch dieselben Dinge in verschiedenen Ländern sind! Wie man mir erzählte, zahlte in Boston zur gleichen Zeit ein Mann 30 000 Dollar, damit eine Blume nach seiner Frau benannt wurde, und es war nicht einmal eine große Blume, während die »Slocum«, die ohne Nachhilfe so genannt wurde, immerhin größer als Mangold war!

Ich wurde in Moka königlich bewirtet, ebenso in Reduit und an anderen Orten – einmal von sieben jungen Damen, denen ich sagte, es sei mir unmöglich, ihre Gastfreundschaft zu erwidern, es sei denn, ich könne sie auf eine Segeltour auf die Slup einladen. »Das ist es! Gerade das möchten wir ja so gern!« jubelten sie alle zusammen. »Dann nennen Sie mir bitte die Zeit«, sagte ich so demütig wie Moses. »Morgen!« riefen sie wieder alle gemeinsam. »Und, Tantchen, wir dürfen doch, nicht wahr? Wir benehmen uns auch wirklich gut die ganze nächste Woche, Tantchen. Sag' ja, liebe Tante!« Sie sagten natürlich »morgen«;

denn Mädchen auf Mauritius sind schließlich nicht anders als unsere Mädchen in Amerika. Und ihre liebe Tante sagte: »Ich aber auch«, wie eben jede gute Tante auch in meiner eigenen Heimat sagen würde.

Da war ich in Verlegenheit, denn gerade »morgen« hatte ich schon eine Einladung zum Essen beim Hafenmeister, Kapitän Wilson. Ich sagte mir aber: »Die SPRAY wird schnell draußen auf rauhe See kommen; die jungen Damen werden *mal de mer* und sonst noch Spaß haben, und so komme ich schließlich früh genug zum Essen zurück.« Doch nichts davon! Wir segelten fast außer Sicht von Mauritius, und sie standen gerade eben noch aufrecht und lachten nur über die Seen, die an Bord stiegen, während ich am Ruder das Wetter so schlimm machte, wie ich konnte, und der Tante ein Garn über Seeschlangen und Wale vorspann. Doch als ich meine Geschichte von den Monstern der Tiefsee zu Ende gebracht hatte, wies diese liebe Dame nur auf einen Korb mit Proviant, den sie mitgebracht hatten und der für eine ganze Woche gereicht hätte, denn ich hatte ihnen von meinem erbärmlichen Steward erzählt.

Je mehr die SPRAY diese jungen Damen seekrank zu machen versuchte, um so mehr klatschten sie in die Hände und riefen: »Ach, wie entzückend!« und: »Wie herrlich sie über die See schäumt!« und: »Wie schön unsere Insel aus der Entfernung aussieht!« Alle zusammen schrien mir immer wieder zu: »Weiter, weiter!« Wir waren 15 Meilen oder noch weiter draußen, bis sie endlich genug hatten. Dann drehte die Slup um, und ich hoffte immer noch, pünktlich zu meiner Verabredung in Port Louis zurück zu sein. Die SPRAY erreichte die Insel schnell und flog an der Küste entlang; doch es stellte sich bald als Fehler heraus, daß ich diesen Heimweg genommen hatte; denn kaum war Tombo Bay querab, als meine Besatzung begeistert rief: »Oh, lassen Sie uns hier ankern!« Kein Seemann auf der Welt hätte dazu nein sagen können. Wie sie es gewünscht hatten, ging die Slup zehn Minuten später vor Anker. Ein junger Mann, der auf der Klippe stand, schwenkte seinen Hut und rief: »*Vive la Spray*!« Meine Passagiere sagten: »Tantchen, dürfen wir nicht in der Brandung am Ufer schwimmen?« In diesem Augenblick kam die Barkasse des Hafenmeisters in Sicht, die uns gesucht hatte; doch es war zu spät, die Slup noch am gleichen Abend nach Port Louis zu schleppen. Die Barkasse kam aber gerade pünktlich, um die schöne Crew zum Schwimmen an Land zu bringen; doch sie war entschlossen, nicht vom Schiff zu desertieren. Inzwischen bereitete ich an Deck mit den Segeln ein Dach für die Nacht, und der Diener, ein Mann aus Bengalen, sorgte für das Abendbrot. In jener Nacht ritt die SPRAY in der Tombo Bay mit ihrer kostbaren Fracht vor Anker. Der nächste Morgen war klar, und früh, schon bevor die Sterne untergegangen waren, erwachte ich und hörte an Deck Beten.

Die Barkasse des Hafenmeisters erschien am späteren Vormittag; diesmal mit Kapitän Wilson selbst an Bord, der sein Glück versuchen wollte, die SPRAY in den Hafen zu schleppen; denn er hatte von meiner mißlichen Lage gehört. Ein Freund erzählte mir später, wie ernst der gute Hafenmeister von Mauritius es gemeint hatte, als er sagte: »Ich finde die SPRAY schon und bringe sie in den Hafen.« Er fand eine lustige Besatzung vor. Die Mädchen konnten Segel setzen wie alte Teerjacken und verstanden sie auch zu bedienen. Sie konnten alles über die »Hauben« des Schiffs erzählen, und man muß es schon gesehen haben, um es zu glauben, wie sie in ihren Jungmädchenhüten den Klüver anschlugen. Wie der älteste Blauwassersegler konnten sie das Lot werfen, und – so wahr ich Mauritius wiedersehen möchte! – jede von ihnen hätte die Slup selbständig vor Anker legen können. Kein Schiff hatte je eine hübschere Crew.

Dieser Törn war das Ereignis in Port Louis. Vorher wäre es schon unerhört gewesen, wenn junge Mädchen auch nur im Hafen herumgeschippert wären.

Während ihres Aufenthalts auf Mauritius wurde der SPRAY das Marinedock zur freien Benutzung angeboten; dort wurde sie von der Hafenbehörde vollkommen überholt. Danken muß ich auch anderen Freunden, die viele nützliche Dinge für die Reise an Bord brachten, unter anderem einige Säcke mit Zucker aus einer der berühmten alten Plantagen.

Jetzt begann die günstige Jahreszeit, und die SPRAY war bestens ausgerüstet. So ging sie am 26. Oktober in See. Ich segelte vor leichtem Wind, und so verschwand die Insel nur langsam; am folgenden Tag konnte ich noch immer den Puce-Berg bei Moka sehen. Einen Tag später kam die SPRAY vor Galets auf Réunion an. Ein Lotse lief aus und rief mich an. Ich übergab ihm eine Zeitung aus Mauritius und setzte meine Reise fort. Denn zu diesem Zeitpunkt stand eine schwere Brandung auf der Küste, und es schien nicht ratsam, dort an Land zu gehen. Von Réunion aus setzte ich den Kurs direkt auf Kap St. Mary auf Madagaskar ab.

Die Slup kam nun an die Grenze des Passats. Die kräftige Brise, die sie viele tausend Meilen von Sandy Cape in Australien bis hierher gebracht hatte, schlief Tag für Tag mehr ein, bis am 30. Oktober eine völlige Flaute eintrat und sie wie in einer schweigenden Welt festhielt. Am Abend barg ich die Segel, setzte mich auf Deck und freute mich an der unendlichen Stille der Nacht.

Am 31. Oktober kam ein leichter Wind aus Ostnordost auf, und um Mittag passierte die Slup Kap St. Mary. Am 6., 7., 8. und 9. November erlebte sie in der Moçambiquestraße einen schweren Sturm aus Südwest. Die gute SPRAY wurde hier ärger als je mitgenommen; schlimmer war es nur bei Kap Horn gewesen. Es war ein Sturm, dem Donner und Blitz vorausgingen. Bis die Slup die Küste Afrikas erreichte, balgte sie sich mit einer ganzen Folge von Stürmen herum, die sie in verschiedene Richtungen abtrieben. Aber am 17. November lief sie dennoch in Port Natal ein.

Dieser entzückende Ort ist das Handelszentrum der »Gartenkolonie« Durban, denn die Stadt besteht aus aneinandergereihten Gärten. Von einer Signalstation auf einer vorgelagerten Klippe wurde die SPRAY schon gemeldet, als sie noch 15 Meilen entfernt war. Der Wind frischte auf, und als sie auf acht Meilen heran war, stellte der Signalgast fest: »Die SPRAY kürzt Segel; das Groß wurde in zehn Minuten gerefft und wieder gesetzt. Ein Mann macht alle Arbeit allein.«

Drei Minuten später wurde diese Nachricht in einer Durbaner Morgenzeitung gedruckt, die man mir übergab, als ich im Hafen eintraf. Ich wußte nicht genau, wieviel Zeit ich für das Segelreffen gebraucht hatte, denn, wie schon gesagt, der Minutenzeiger meiner Uhr war abgefallen. Ich wußte nur, daß ich das Reff so schnell einband, wie ich es konnte.

Dieselbe Zeitung kommentierte die Reise so: »Nach dem stürmischen Wetter zu urteilen, das in den letzten Wochen vor unserer Küste geherrscht hat, muß die SPRAY von Mauritius nach Natal eine sehr harte Überfahrt gehabt haben.« Zweifellos hätten Seeleute in jedem Schiff dieses Wetter als stürmisch bezeichnet, doch der SPRAY brachte es lediglich eine Verspätung ein, wie sie durch Gegenwinde wohl immer hervorgerufen wird.

Die Frage, die mir oft gestellt wurde, wie ich die Slup allein segeln konnte, wird vielleicht am besten von einer Durbaner Zeitung beantwortet. Ich hätte die Worte des Redakteurs hier nicht wiedergegeben, wenn nicht die Seemannschaft und Energie, die man zum Segeln einer so kleinen Slup wie der SPRAY braucht, so oft übertrieben eingeschätzt würden. Einen Mann, der sich selbst als Seemann bezeichnete, hörte ich sagen, daß man für das, was ich getan zu haben beanspruchte, »mindestens drei Männer brauchte«; ich hatte es doch immer ohne Schwierigkeiten allein geschafft. Andere machten ähnlich alberne Bemerkungen und warnten mich auch noch, ich würde mich zu Tode schuften. Doch hier nun, was in der Zeitung in Durban stand:

»Wie bereits kurz gemeldet, lief gestern nachmittag die SPRAY mit nur einem Mann Besatzung auf ihrer Reise um die Welt in unserem Hafen ein. Das Einlaufen der SPRAY in Natal war völlig problemlos. Ihr Kapitän segelte sein Fahrzeug das Fahrwasser hinauf bis hinter die Hauptmole und ging nahe der alten FORERUNNER vor Anker, bevor irgend jemand an Bord kommen konnte. Für die Bewohner unserer Stadt war die SPRAY natürlich ein Objekt besonderer Neugier, und so wohnte eine große Menge ihrer Ankunft bei. Es war ein Augenschmaus, wie geschickt Kapitän Slocum sein Fahrzeug um die anderen Schiffe herumführte, die im Fahrwasser lagen.«

Die SPRAY lief nicht unter Grünschnäbeln ein, als sie nach Natal kam. Als sie vor dem Hafen war, kam ihr das Lotsenschiff, ein stämmiger Schleppdampfer, entgegen und geleitete sie über die Barre, denn der Wind war zu stark und die See zu grob, als daß es die Slup sicher in den Hafen schleppen konnte. So beobachtete ich denn den Dampfer, um zu erkennen, mit welchem Trick ich einfahren mußte. Ich brauchte mich nur an die Luvseite des Fahrwassers zu halten und konnte so im großen und ganzen die Brecher vermeiden.

In Durban gab es zwei Yachtklubs, beide voller Unternehmungsgeist. Ich lernte alle Mitglieder kennen und segelte mit Kapitän Spradbrow und Harry Escombe, dem Premierminister der Kolonie, in der Eliteyacht FLORENCE vom Royal Natal Yacht Club eine Regatta. Die Yacht pflügte mit ihrem Schwert Furchen durch die Schlammbänke, in die, wie Mr. Escombe witzelte, Spradbrow später Kartoffeln pflanzen wollte. Die FLORENCE gewann dennoch das Rennen, während sie ihres Skippers Land beackerte. Nach unserer Segeltour auf der FLORENCE bot sich Mr. Escombe an, die SPRAY für mich um das Kap der Guten Hoffnung zu segeln; er wies dabei auf sein berühmtes Cribbage-Brett, womit er sich die Zeit schon vertreiben wolle. Spradbrow warnte mich allerdings und witzelte zurück: »Sie hätten Ihre SPRAY verspielt, bevor Sie um das Kap herum wären.« Andere hielten es wohl eher für unwahrscheinlich, daß der Premier auch vor dem Kap der Guten Hoffnung Cribbage spielte, selbst wenn es darum ging, die SPRAY zu gewinnen.

Ich war nicht wenig stolz darüber, daß auch in Südafrika amerikanischer Humor nicht außer Kurs war. Einer der besten amerikanischen Witze, den ich jemals hörte, stammte vom Premierminister.

Als ich eines Tages mit dem Parlamentsmitglied Colonel Saunderson, seinem Sohn und Leutnant Tipping im Hotel Royal zu Mittag aß, traf ich Mr. Stanley. Der große Forscher kam gerade aus Pretoria; er hatte mit seiner spitzen Feder Präsident Krüger schon fast die Haut abgezogen. Doch das wollte nicht viel sagen, denn an Ohm Paul wagte sich jeder heran, und niemand schien einen Spaß besser vertragen zu können als er, nicht einmal der türkische Sultan. Der Colonel stellte mich dem Entdecker vor, und ich ging dicht an den Wind, um Fahrt aus dem Schiff zu nehmen; denn Mr. Stanley war selbst ein befahrener Mann – auf dem Njansa, glaube ich –, und natürlich wollte ich vor einem Mann mit seiner Erfahrung im besten Licht erscheinen. Er schaute mich durchdringend an und sagte dann: »Was für ein Beispiel an Geduld!« »Geduld ist alles, was man braucht«, wagte ich zu antworten. Er fragte mich dann, ob mein Fahrzeug wasserdichte Abteilungen hätte. Ich erklärte, daß es insgesamt wasserdicht sei und zugleich ganz aus einer Abteilung bestände. »Und was ist, wenn Ihr Schiff auf ein Riff läuft?« wollte er wissen. »Wasserdicht abgeschottete Räume würden es nicht retten, wenn es auf einen Felsen aufliefe, der auf seinem Kurs liegt.« Ich fügte noch hinzu: »Man muß es eben von Felsen freihalten.« Nach einer beträchtlichen Pause fragte Mr. Stanley: »Und was passiert, wenn ein Schwertfisch Ihren Rumpf mit seinem Schwert durchstößt?« Natürlich hatte ich auch schon an diese Gefahr gedacht, genauso wie an einen möglichen Blitzschlag. Was den Schwertfisch anging, wagte ich zu sagen: »Das erste wäre wohl, das Schwert zu sichern.« Der Colonel lud mich auch für den nächsten Tag zum Essen in derselben Gesellschaft ein.

Es klingt verrückt, wenn man Gelehrte und Staatsmänner sagen hört, die Welt sei flach. Und doch ist es eine Tatsache, daß drei Buren, bestärkt durch die Meinung von Präsident Krüger, ein Werk vorbereiteten, das diese Ansicht verbreiten sollte. Während ich in Durban war, kamen sie aus Pretoria herunter, um von mir Einzelheiten zu erfahren, und sie schienen sehr verärgert, als ich gestand, daß ich ihnen wohl keinen Beweis liefern könnte. Ich gab ihnen den Rat, einen Geist aus den dunkleren Jahrhunderten zu Hilfe zu rufen, ging an Land und ließ diese drei weisen Männer über einer Weltkarte brüten, auf der der Kurs der SPRAY eingetragen war, die ihnen freilich nichts bewies, denn es war eine Karte in der Mercator-Projektion, und – siehe da! – sie war flach. Am nächsten Morgen traf ich einen von ihnen in einem Priestergewand mit einer großen Bibel unter dem Arm, die sich wohl kaum von der unterschied, die ich selber gelesen hatte. Er sah mich an und sagte: »Wenn Sie das Wort Gottes respektieren, müssen Sie zugeben, daß die Welt flach ist.« »Wenn das Wort Gottes an einer flachen Welt hängt . . .«, begann ich. »Wie!« rief er und geriet in Leidenschaft. Er hob die Hand, als wollte er mich mit einem afrikanischen Speer durchbohren. »Wie!« schrie er vor Erstaunen und Wut, während ich zur Seite sprang, um der imaginären Waffe auszuweichen. Hätte dieser gute, aber mißgeleitete Fanatiker wirklich eine Waffe gehabt, so wäre die Crew der SPRAY wohl an Ort und Stelle als Märtyrer gestorben. Am nächsten Tag sah ich ihn auf der anderen Straßenseite, verbeugte mich und zog mit der Hand einen Kreis in der Luft. Er antwortete mit einer geraden und schwimmenden Bewegung der Hände, was wohl sagen sollte: »Die Welt ist flach.« Eine Streitschrift dieser Transvaal-Geographen mit Argumenten aus hohen und niederen Quellen, die ihre Theorie bestätigen sollten, erhielt ich noch zugeschickt, bevor ich aus Afrika absegelte, um den letzten Törn rund um den Globus in Angriff zu nehmen.

Wenn ich auch über die Unwissenheit dieser gelehrten Männer spotte, bewundere ich doch zugleich ihre körperlichen Leistungen. Vieles, was ich von Transvaal und von den Buren sah, war bewundernswert. Man weiß, daß sie zähe Kämpfer sind, großzügig gegenüber den Besiegten und tapfer vor dem Feind. Wirklich sture Bigotterie findet man nur bei den Alten; sie wird auf natürliche Weise aussterben, vielleicht schon eher, bevor wir selbst von Bigotterie völlig frei sind. Erziehung wird in Transvaal durchaus nicht vernachlässigt, Englisch und Niederländisch wird überall gelehrt, wo man es sich leisten kann. Denn auf den englischen Lehrbüchern liegen hohe Steuern, und so bleiben die ärmeren Leute notwendigerweise beim Transvaal-Holländisch und ihrer flachen Welt – genauso wie auf Samoa und anderen Südseeinseln eine falsche Politik die Eingeborenen auf dem Stand von Kanaken hält.

Ich besuchte eine ganze Reihe öffentlicher Schulen in Durban und traf auf viele helle und gescheite Kinder.

Doch alles Angenehme muß enden, und am 14. Dezember 1897 hievte die Mannschaft der SPRAY schließlich nach einem schönen Aufenthalt in Natal das Beiboot an Deck und segelte vor einer morgendlichen Landbrise ab, die sie gut über die Barre brachte – hinaus in die Einsamkeit der See.

UM DAS KAP DER GUTEN HOFFNUNG

Das »Kap der Stürme« in alter Zeit–
Ein rauhes Weihnachtsfest – Die Spray *ruht sich drei Monate in Kapstadt aus – Eine Bahnfahrt nach Transvaal –*
Präsident Krügers seltsame Erklärung über die Reise der Spray *– Seine markigen Sprüche –*
Vornehme Gäste auf der Spray -
Kokosfasern als Vorlegeschloß – Die Höflichkeit eines Admirals der Royal Navy – Auf nach St. Helena –
Land in Sicht

Jetzt galt es, das Kap der Guten Hoffnung zu umrunden. Von der Tafelbucht aus konnte ich wieder mit frischen Passatwinden rechnen, die die SPRAY bald heimwärtsbringen würden. Am ersten Tag nach dem Auslaufen aus Durban geriet ich in eine Windstille, und das gab mir Gelegenheit, das Ende der Reise zu überdenken. Die Distanz bis zur Tafelbucht, wo ich Zwischenstation machen wollte, betrug etwa 800 Meilen über wahrscheinlich grobe See. Die frühen portugiesischen Seefahrer hatten viel Geduld gehabt; mehr als 69 Jahre hatten sie mit diesem Kap gekämpft, bis sie zur Algoa Bay gelangt waren, und dort meuterte die Besatzung. Sie landeten auf einer kleinen Insel, die heute Santa Cruz heißt, wo sie in aller Frömmigkeit ihr Kreuz aufstellten und davor schworen, sie würden dem Kapitän die Kehle durchschneiden, wenn er weiterzusegeln versuchte. Dahinter, glaubten sie, liege der Rand der Welt, die auch sie für flach hielten; und da sie fürchteten, daß ihr Schiff über diesen Rand hinaussegeln könnte, nötigten sie Kapitän Diaz, ihren Kommandanten, wieder kehrtzumachen. Alle waren wohl auch froh, wieder nach Hause zu kommen. Ein Jahr später, so wird berichtet, segelte Vasco da Gama um das »Kap der Stürme«, wie das Kap der Guten Hoffnung damals genannt wurde. Er entdeckte Natal am Weihnachtstag, dem Geburtstag des Herrn –

daher der Name. Von diesem Punkt aus war der Weg nach Indien leicht zu finden.

Stürme waren an diesem Kap auch jetzt ziemlich häufig. Im Durchschnitt überfiel mich alle 36 Stunden ein Sturm. Doch einer war wie der andere, und keiner machte der SPRAY echte Schwierigkeiten, sondern schob sie auf ihrem Kurs voran, wenn er aus einem günstigen Quadranten kam, oder trieb sie ein Stück zurück, wenn er von direkt voraus kam. Weihnachten 1897 hatte ich den äußersten Punkt des Kaps erreicht. An diesem Tag versuchte die SPRAY einen Kopfstand, und sie gab mir allen Grund anzunehmen, daß sie dieses Kunststück wohl vor dem Abend noch fertigbringen würde. Schon früh am Morgen begann sie sich auf ungewöhnliche Weise aufzubäumen und herumzuwerfen, und als ich an der Nock des Bugspriets hing, um den Klüver zu reffen, dippte sie mich als eine Art Weihnachtsgeschenk sogar dreimal unter. Ich wurde naß, und das paßte mir durchaus nicht. Noch nie war ich in so kurzer Zeit, in etwa drei Minuten, mehr als einmal untergetaucht worden. Ein großer englischer Dampfer lief an mir vorbei und hißte das Signal: »Wünsche Ihnen fröhliche Weihnachten.« Ich glaube, der Kapitän war ein Spaßvogel; sein eigenes Schiff warf die Schraube aus dem Wasser.

Erst zwei Tage später hatte die SPRAY die im Sturm verlorene Distanz wieder gutgemacht und passierte zusammen mit dem Dampfer SCOTSMAN, diesmal mit raumem Wind, Kap Agulhas. Der Leuchtturmwärter auf Agulhas wechselte mit der SPRAY Signale und schrieb mir später nach New York einen Brief, in dem er mir zur Vollendung der Reise gratulierte. Das Ereignis, daß zwei Schiffe so unterschiedlicher Art gemeinsam sein Kap passiert hatten, schien ihm einen Platz auf der Leinwand wert zu sein, und so ließ er ein Bild malen. Wenigstens verstand ich so seinen Brief. Einsame Stationen wie diese machen die Menschen wohlwollend, mitfühlend und sogar poetisch. Das wurde an so mancher rauhen Küste deutlich. Ein Signal von solchen Stationen erfüllte auch mich immer wieder mit Dankbarkeit gegen alle Welt.

Hinter Kap Agulhas überfiel ein weiterer Weststurm die Spray, aber sie entging ihm, indem sie in die Simons Bay einlief. Sobald er nachließ, kreuzte ich um das Kap der Guten Hoffnung, wo, wie es heißt, noch heute der Fliegende Holländer herumsegelt. Damit war die Reise so gut wie beendet; ich wußte, daß von jetzt an das Segeln immer – oder doch fast immer – einfach sein würde.

Ich kreuzte hier auch die Wetterscheide. Im Norden war es klar und beständig, der Süden dagegen naß und stürmisch – oft genug mit plötzlichen, tückischen Böen. Aus dem harten Wetter lief die Spray mitten in eine Flaute unter dem Tafelberg; dort blieb sie ruhig liegen, bis die Sonne sich über dem Land erhob und von See her eine leichte Brise aufkam.

Dann kam von Lion's Rump auf der Suche nach Schiffen der Schleppdampfer Alert auf die Spray zu, und da er kein größeres finden konnte, schleppte er die Spray in den Hafen. Auf sanfter See ankerte sie in der Bucht vor Kapstadt und blieb dort einen Tag liegen, weil ich dem Lärm und Getriebe des Handelsverkehrs noch ein wenig entgehen wollte. Der gute Hafenmeister schickte seine Dampfbarkasse, um die Slup sogleich zu einem Liegeplatz im Dock zu bringen, doch ich zog es vor, erst einmal in der Ruhe einer glatten See allein zu bleiben und mich am Rückblick auf die Passage um die beiden großen Kaps zu freuen. Am folgenden Morgen segelte die Spray in die Alfred-Trockendocks, wo sie etwa drei Monate lang unter der Obhut der Hafenbehörde blieb, während ich das Land von Simonstad bis Pretoria bereiste; von den Kolonialregierung bekam ich einen Eisenbahnfreifahrschein für das ganze Land.

Die Reise nach Kimberley, Johannesburg und Pretoria war angenehm. In Pretoria traf ich Ohm Krüger, den Präsidenten von Transvaal. Er empfing mich herzlich. Doch mein Freund, Richter Beyers, der mich eingeführt hatte, erwähnte, daß ich auf einer Reise um die Welt war, und beleidigte damit den verehrten Staatsmann sehr, was wir beide hinterher zutiefst bedauerten. Ohm Krüger berichtigte den Richter ziemlich scharf und erinnerte ihn daran, daß die Welt doch schließlich flach sei. »Sie meinen doch nicht, *rund* um die Welt«, sagte der Präsident, »das ist unmöglich! Sie meinen, *auf* der Welt. Unmöglich!« Und dann bedachte er weder den Richter noch mich mit einem weiteren Wort. Der Richter schaute mich an und ich ihn, da er doch wissen mußte, was er sagte, und Ohm Krüger stierte uns beide zusammen an. Mein Freund schien verwirrt, doch ich freute mich. Der Zwischenfall gefiel mir besser als alles, was sonst geschehen konnte. Es war ein Goldstück, das wir da Ohm Krüger aus der Nase gezogen hatten; denn seine Sprüche sind berühmt. Von den Engländern sagte er: »Erst nahmen sie mir den Rock, dann zogen sie mir die Hose aus.« Er sagte auch: »Dynamit ist der Eckstein der Südafrikanischen Republik.« Nur gedankenlose Menschen nennen Präsident Krüger dumm.

Bald nach meiner Ankunft am Kap lud mich Ohm Krügers Freund Colonel Saunderson ein – sein bester Freund, weil er ihm geraten hatte, die Artillerie zu vergrößern. Saunderson war kurz zuvor aus Durban eingetroffen und lud mich auf Newlands Vineyard ein, wo ich viele nette Leute traf. Der Gouverneur Sir Alfred Milner fand auch Zeit, mit einer Gesellschaft an Bord zu kommen. Er verschaffte sich einen Überblick an Deck und setzte sich dann auf eine Kiste in der Kajüte; Lady Muriel saß auf einem Fäßchen, und Lady Saunderson saß beim Skipper am Steuerrad, während der Colonel vom Beiboot aus mit seiner Kodak Schnappschüsse von der Slup und ihren vornehmen Besuchern machte. Dr. David Gill, königlicher Astronom, der mit von der Partie war, lud mich für den nächsten Tag in das berühmte Kap-Observatorium ein. Eine Stunde mit Dr. Gill war eine Stunde unter den Sternen. Seine Entdeckungen auf dem Gebiet der Sternfotografie sind weltbekannt. Er zeigte mir die große astronomische Uhr des Observatoriums, und ich zeigte ihm meinen Blechwecker auf der SPRAY. Dann sprachen wir über das Verfahren, auf See die genaue Zeit festzustellen und wie sie vom Deck einer kleinen Slup aus ohne Hilfe irgendeiner Uhr gefunden werden kann. Später wurde öffentlich angekündigt, Dr. Gill würde einem Gespräch über die Reise der SPRAY vorsitzen – das allein sicherte mir ein volles Haus. Der Saal war randvoll, und viele kamen nicht einmal herein. Dieser Erfolg brachte mir genügend Geld für alles, was ich im Hafen und auf der Heimreise brauchte.

Nachdem ich Kimberley und Pretoria besucht und die SPRAY in den Docks heil wiedergefunden hatte, reiste ich nach Worcester und Wellington, in Städte, die für ihre Schulen und Seminare berühmt sind; ich war immer noch Gast der Kolonie. Die Damen in all diesen wissenschaftlichen Institutionen wollten wissen, wie man allein um die Welt reisen konnte, und das mag wohl darauf hinweisen, daß wir es in Zukunft mit Kapitäninnen statt mit Kapitänen zu tun haben. Dahin wird es auch kommen, wenn wir Männervolk immer bei unserem »Kann nicht« bleiben.

Auf den afrikanischen Ebenen fuhr ich durch Hunderte von Meilen fruchtbaren, aber noch brachliegenden Landes, auf dem nur Gebüsch wuchs und Schafherden weideten. Die Büsche standen etwa eine Schaflänge auseinander, und die Schafe schienen mir ziemlich groß; aber es war noch Platz genug für sie alle. Eine Sehnsucht nach Seßhaftigkeit ergriff mich hier wieder, wo ich soviel freies Land sah. Doch statt hierzubleiben, Wälder anzupflanzen und Felder zu bestellen, kehrte ich zur SPRAY in den Alfred-Docks zurück.

Ich wurde oft gefragt, wie es kam, daß mein Schiff und alles Zubehör nicht in einem der vielen Häfen gestohlen wurde, in denen ich es ohne Wache tagelang liegen ließ. Es war nun einmal so: Die SPRAY fiel selten unter die Räuber. Auf den Keeling-Inseln, auf Rodriguez und an vielen anderen Orten zeigte ein Büschel Kokosfasern an der Türklinke an, daß der Besitzer nicht an Bord war, und das sicherte sein Gut sogar vor jedem verlangenden Blick. Aber als ich auf eine große Insel näher der Heimat kam, wurde ein großes Vorhängeschloß nötig; in der ersten Nacht im Hafen verschwanden Dinge, die ich gewöhnlich offen an Deck liegen ließ, und es war, als ob das Deck von einer See leergewaschen worden wäre.

Ein freundlicher Besuch von Admiral Sir Harry Rawson von der Royal Navy und seiner Familie war die letzte gesellschaftliche Beziehung, die die SPRAY zum Kap der Guten Hoffnung hatte. Der Admiral, der damals das Südafrikanische Geschwader kommandierte und heute Chef der großen Kanalflotte ist, war sehr interessiert an der kleinen SPRAY und ihrem Verhalten vor Kap Horn, das ihm auch nicht fremd war. Ich muß gestehen, daß mir die Art, wie mich Admiral Rawson ausfragte, gefiel und daß ich von einigen seiner Anregungen profitierte, obwohl zwischen unseren beiden Kommandos ein so riesiger Unterschied bestand.

Am 26. März 1898 segelte die SPRAY aus Südafrika ab, dem Land der Weite und der klaren Luft, wo sie eine so angenehme und nützliche Zeit verbracht hatte. Der Schleppdampfer TIGRE schleppte sie von ihrem gewohnten Liegeplatz bei den Alfred-Docks hinaus auf See und erleichterte ihr den Start. Die leichte Morgenbrise, die eben die Segel füllte, als der Schlepper die Trosse fahren ließ, schlief bald ein, und so ritt sie, ohne Fahrt voraus zu machen, mit Blick auf den Tafelberg und die hohen Berge des Kaps der Guten Hoffnung auf der starken Dünung. Eine Weile lenkte mich die großartige Szenerie von der Monotonie ab. Einer der alten Weltumsegler, ich glaube, es war Sir Francis Drake, rief, als er zum erstenmal diese gewaltigen Felsmassen sah: »Das ist das schönste und großartigste Kap, das ich auf dem ganzen Umkreis der Erde je sah.«

Der Anblick war sicherlich herrlich. Aber in einer Flaute vergeht einem bald die Lust, einen Felsen anzuschmachten. So freute ich mich schließlich auch, als die Seen kürzer wurden, was ich als Vorzeichen des Windes nahm, der dann am nächsten Tag auch folgte. Bevor die Brise kam, spielten den ganzen Tag Robben um die SPRAY und machten große Augen, als sie gegen Abend nicht länger wie ein fauler Vogel mit gefalteten Schwingen dahockte. Sie nahmen nun Abschied, und bald ließ die SPRAY auch die höchsten Gipfel hinter der Kimm versinken. Die Welt änderte sich; ich wandte mich von dem Panorama ab und der Freude über meine Heimreise zu. Tümmler, Delphine und andere Fische, denen 150 Meilen am Tag nichts ausmachten, begleiteten die Slup nun mehrere Tage lang. Der Wind kam aus Südost; das paßte der SPRAY gut, und sie lief beständig mit Höchstgeschwindigkeit, während ich Tag und Nacht meine Nase in die neuen Bücher steckte, die man mir am Kap geschenkt hatte. Der 30. März war ein Festtag ihnen zu Ehren. Ich las und las, vergaß Hunger, Wind und See. Ich dachte, es sei alles in bester Ordnung, als plötzlich ein Brecher über das Heck brach, keck in die Kajüte hüpfte und das Buch, das ich eben las, völlig durchnäßte. Offensichtlich sollte ich daran erinnert werden, daß es Zeit war, ein Reff einzubinden, damit die SPRAY sich nicht auf ihrem Kurs überschlug.

Am 31. März hatte sich der frische Südostwind durchgesetzt. Die SPRAY lief unter einmal gerefftem Groß, Klüver und Flieger, der an dem großen Vailima-Bambus gesetzt war, während ich Stevensons wundervolle »Inland Voyage« (Reise durchs Binnenland) las. Die Slup tat ihre Arbeit wieder sanft und fast ohne zu rollen, sprang von einem Wellenkamm zum anderen, die alle weißen Rössern glichen, während ihr tausend hüpfende Tümmler Gesellschaft leisteten. Sie war auch wieder mitten unter ihren alten Freunden, den Fliegenden Fischen, den interessantesten Bewohnern der See. Wie Pfeile schossen sie aus den Wellen hervor und segelten mit ausgebreiteten Flügeln graziöse Kurven gegen den Wind; dann fielen sie wieder herab, bis sie einen Wellenkamm berührten, wo sie ihre zarten Flügel benetzten und zu einem neuen Flug ansetzten. Sie waren den lieben langen Tag vergnügt. Einer der reizvollsten Anblicke, die der Ozean an einem schönen Tag bieten kann, ist der immer wieder neu ansetzende Flug dieser unterhaltsamen Fische.

Auf einer solchen See konnte man sich niemals einsam fühlen. Das Lesen spannender Abenteuergeschichten erhöhte noch die Gemütlichkeit. Ich war jetzt auf der SPRAY und zu gleicher Zeit auf der ARETHUSA. Und so spulte die SPRAY ihre Meilen herunter, das Etmal war jeden Tag gleich gut, und der 11. April war da, bevor ich es eigentlich gewahr wurde. In aller Herrgottsfrühe wurde ich an jenem Morgen durch das barsche Gekrächze eines Tölpels geweckt, und ich erkannte darin sogleich die Aufforderung, an Deck zu gehen. Es sagte soviel wie: »Skipper, da ist Land in Sicht.« Ich sauste schnell hinauf, und tatsächlich, etwa 20 Meilen direkt voraus lag im blassen Zwielicht St. Helena.

Mein erster Impuls war, auszurufen: »Was für ein kleines Fleckchen in der See!« In Wahrheit ist die Insel neun Meilen lang und 1823 Fuß hoch. So langte ich mir lieber eine Flasche Portwein aus dem Schrank und genehmigte mir einen langen Zug auf die Gesundheit meines unsichtbaren Rudergängers – des Steuermanns der PINTA.

ST. HELENA

Die Insel, auf der Napoleon im Exil lebte – Zwei Vorträge – Gast im Geisterzimmer von Plantation House – Eine Exkursion zum historischen Longwood – Kaffee in der Hülse und ein Ziegenbock, der ihn enthülst – Die Spray *und ihr Pech mit Tieren – Vorurteil gegen kleine Hunde – Eine Ratte, die Bostoner Spinne und die kannibalische Grille Die Himmelfahrtsinsel Ascension.*

Ungefähr gegen Mittag lag die SPRAY vor Jamestown vor Anker, und »alle Mann« gingen sofort an Land, um dem Gouverneur der Insel, Sir R. A. Sterndale, ihre Aufwartung zu machen. Er sagte, heutzutage käme es nicht mehr oft vor, daß ein Weltumsegler den Weg zu ihm fände. Er begrüßte mich herzlich und arrangierte sofort Vorträge über die Reise, zuerst in Garden Hall vor den Einwohnern von Jamestown und dann in Plantation House – seiner Residenz, die eine oder zwei Meilen weiter oben in den Bergen liegt – für ihn selbst, die Offiziere der Garnison und deren Freunde. Mr. Poole, unser amerikanischer Konsul, führte mich auf dem Schloß ein und versicherte dabei, auch die Seeschlange müsse mit Sicherheit ein Yankee sein.

Der Gouverneur bewirtete die Crew der SPRAY geradezu fürstlich. Ich blieb ein paar Tage in Plantation House. Auf Befehl des Gouverneurs brachte mich der geplagte Butler in eines der Zimmer des Herrenhauses hinauf, in das sogenannte Westzimmer – ich wohnte dort wie ein Prinz. Später schaute der Gouverneur herein und erzählte mir von den Geistern, die man hier gesehen oder gehört hatte. Bis auf einen hatte er alle entdeckt, und so wünschte er mir angenehme Träume in der Hoffnung, daß mich vielleicht der unbekannte Geist aus dem Westzimmer beehren würde. Für den Rest der frostigen Nacht ließ ich die Kerze brennen, schaute oft unter den Bettdecken hervor und dachte, daß ich vielleicht den großen Napoleon von Angesicht zu Angesicht sehen würde. Doch ich sah nur die Möbel und das Hufeisen, das jemand über die Tür gegenüber von meinem Bett genagelt hatte.

St. Helena war immer eine Insel der Tragödien – Tragödien, die über dem Wehklagen um den Korsen in Vergessenheit geraten sind. Am zweiten Tag meines Aufenthalts nahm mich der Gouverneur mit auf eine Fahrt über die Serpentinenwege der Insel. Die Straße wand sich durch Hohlwege und über Felsnasen, und an einer Stelle bildete sie innerhalb von ein paar hundert Metern ein vollständiges W. Zwar waren die Straßen gewunden und steil, aber doch recht gut, und ich war betroffen, wenn ich darüber nachdachte, was für eine Arbeit ihr Bau gekostet haben mußte. Die Luft in den Bergen war kühl und frisch. Es heißt, daß dort niemand gestorben ist, seit das Hängen für triviale Vergehen außer Mode kam, wenn er nicht im Alter über die Klippen fiel oder von Steinen erschlagen wurde, die von den steilen Bergen herabrollten. Früher einmal gab es Hexen auf St. Helena, wie bei uns in Amerika in den Tagen von Cotton Mather. Heute sind Verbrechen auf der Insel selten. Während ich dort war, schenkten die Gerichtsbeamten Gouverneur Sterndale ein paar weiße Handschuhe, weil im ganzen letzten Jahr kein Kriminalfall zur Verhandlung gekommen war.

Zurück vom Gouverneurshaus in Jamestown, fuhr ich mit einem Landsmann, Mr. Clark, nach Longwood, dem Sitz Napoleons. M. Morilleau, der französische Konsulatsbeauftragte, hält den Platz in Ordnung und die Gebäude in gutem Zustand. Seine Familie in Longwood, seine Frau und eine erwachsene Tochter, sind auf der Insel geboren und von höflichem und feinem Benehmen. Sie leben hier Tage, Monate und Jahre in völliger Zufriedenheit, obwohl sie nie die Welt hinter dem Horizont von St. Helena gesehen haben.

Am 20. April war die SPRAY wieder seeklar. Bevor ich an Bord ging, war ich noch einmal beim Gouverneur und seiner Familie im Schloß zu Gast. Lady Sterndale hatte früh morgens einen großen Obstkuchen von Plantation House geschickt, den ich mit auf die Reise nehmen sollte. Es war ein großer »Mehrdecker«, und ich aß vorsichtig davon, doch er hielt nicht so lange, wie ich gehofft hatte. Das letzte Stück aß ich zu meiner ersten Tasse Kaffee auf Antigua in den Westindischen Inseln, was denn schließlich doch wohl ein Rekord war. Der Kuchen, den mir meine Schwester auf der kleinen Insel in der Bay of Fundy am Anfang der Reise gebacken hatte, hielt ebenso lange, nämlich 42 Tage.

Nach dem Essen bekam ich die Post für Ascension mit, der Insel, die als nächste auf meinem Weg lag. Dann machten Mr. Poole und seine Tochter der SPRAY einen Abschiedsbesuch und brachten mir einen Korb voll Früchte mit. Erst spät am Abend lichtete ich den Anker und zog etwas unlustig ab nach Westen, weil ich meine neuen Freunde verlassen mußte. Doch frische Winde füllten wieder einmal die Segel der Slup, und ich beobachtete das Feuer auf Plantation House, das Abschiedssignal des Gouverneurs für die SPRAY, bis die Insel in der Dunkelheit achteraus verschwand und eins mit der Nacht wurde; um Mitternacht war auch das Feuer unter den Horizont gesunken.

Als der Morgen kam, war kein Land mehr in Sicht; aber der Tag verging wie viele Tage zuvor – bis auf einen kleinen Zwischenfall. Gouverneur Sterndale hatte mir einen Sack noch nicht enthülster Kaffeebohnen mitgegeben, und der Amerikaner Clark hatte in einem bösen Augenblick einen Ziegenbock an Bord gebracht, »damit er auf dem Sack herumtrampelt und die Kaffeebohnen aus der Hülse drischt«. Er drängte mich, das Tier sei nicht nur nützlich, sondern ebenso gesellig wie ein Hund. Ich fand bald heraus, daß mein Segelgefährte, dieser Hund mit Hörnern, fest angebunden werden mußte. Mein Fehler war, daß ich nur Naturfasertaue und nicht Ketten benutzte, um ihn an den Mast zu binden, und für diese Erkenntnis mußte ich schwer büßen. Außer am ersten Tag, bevor das Biest seine Seebeine bekam, hatte ich keinen Frieden. Diese Inkarnation des Bösen muß von einem Teufel besessen gewesen sein, den es von seinen Weiden hier einschleppte. Jedenfalls drohte es alles, vom Flieger bis zum Heckausleger, aufzufressen. Es war der schlimmste Pirat, den ich auf der ganzen Reise traf. Der Ziegenbock begann seine Plünderung damit, daß er eines Tages in der Kajüte meine Karte von den Westindischen Inseln auffraß, während ich vorne arbeitete und dachte, daß das Vieh sicher auf Deck bei den Pumpen angebunden sei. Doch es gab kein Tauwerk auf der Slup, das vor den Zähnen dieses Bocks sicher war!

Es war von Anfang an klar, daß ich mit Tieren an Bord kein Glück hatte. Da war die Kokoskrabbe von den Keeling-Inseln. Kaum hatte sie eine Schere aus ihrem Käfig herausgestreckt, als sie meine Öljacke, die in ihrer Reichweite hing, auch schon in Fetzen riß. Von diesem Erfolg ermutigt, knackte sie den Käfig auf und entfloh in meine Kajüte, wo sie alles in Unordnung brachte und schließlich auch in der Dunkelheit mein eigenes Leben verunsicherte. Ich hatte gehofft, diese Kreatur lebend nach Hause zu bringen, doch das erwies sich als undurchführbar. Als nächstes fraß der Ziegenbock meinen Strohhut, und so hatte ich keine Kopfbedeckung für den Landgang. Dieser letzte unfreundliche Streich entschied sein Schicksal. Am 27. April kam die SPRAY auf Ascension an, wo die Besatzung eines Kriegsschiffs in Garnison lag. Der Bootsmann kam zu mir an Bord. Während er aus seinem Boot zu mir heraufstieg, kletterte der meuternde Bock hinein und ging augenblicklich auf den Bootsmann und seine Mannschaft los. Ich bat sie, das Vieh sofort an Land zu setzen, was sie nur zu gerne taten. Dort fiel es einem ausgezeichneten Schotten in die Hände, dem es wahrscheinlich nie wieder entwischen konnte. Ich sollte wieder einmal in tiefer Einsamkeit allein segeln; aber solche Experimente machten es mir nicht schwerer. Im Gegenteil, das Nachdenken in diesen einsamen Stunden auf See bestärkte in mir nur das Gefühl der Nächstenliebe und des Wohlwollens gegenüber allen Menschen.

In der bedrückenden Einsamkeit des öden Landes um Kap Horn war ich völlig außerstande, ein lebendes Wesen zu töten, außer wenn ich mein eigenes Leben verteidigen mußte. Und als ich weitersegelte, wurde diese Eremitenmentalität sogar noch stärker, bis mir der bloße Gedanke, daß Tiere zum Essen getötet werden, Widerwillen verursachte. Wie gut mir auch später auf Samoa ein Hühnerfrikassee schmeckte, mein neues Selbst rebellierte bei dem Gedanken, ich könnte Hühner mitführen, um sie unterwegs zu schlachten. Mrs. Stevenson, die meinen Protest hörte, stimmte mir zu, daß es Mord und Kannibalismus gleichkäme, die Gefährten der Reise zu töten und zu verspeisen.

Auf dieser langen Reise war auf der SPRAY auch kein Platz für einen noblen, großen Rassehund. Ein kleiner Köter aber war seit vielen Jahren für mich mit der Vorstellung von Tollwut verbunden. Ich war einmal Zeuge, wie ein blutjunger Deutscher an dieser furchtbaren Krankheit starb, und hörte etwa zur gleichen Zeit, daß der junge Mann, der eben noch bei seiner Gesellschaft eine Versicherung für mich abgeschlossen hatte, auch an Tollwut gestorben war. Ich habe gesehen, wie die ganze Besatzung eines Schiffs hastig ins Rigg kletterte, um einem Hund aus dem Wege zu gehen, der in einem Anfall von Tollwut über das Deck rannte. Die Besatzung der Spray, so war mein Gedankengang, würde ein solches Risiko nie auf sich nehmen; und mit diesem unauslöschlichen Vorurteil habe ich die Frage: »Hatten Sie keinen Hund mit?« wohl schon oft ungeduldig beantwortet: »Der Hund und ich wären jedenfalls nicht lange im gleichen Boot geblieben.« Eine Katze wäre ja wohl ein harmloseres Tier gewesen; doch für eine Mieze hätte es nichts an Bord zu tun gegeben, und im günstigsten Fall ist sie ja auch nur ein ungeselliges Tier. Auf Keeling Cocos gelangte zwar eine Ratte an Bord und eine andere auf Rodriguez, zusammen mit einem Tausendfüßler, der mit im Laderaum verstaut wurde; aber die eine trieb ich vom Schiff, und die andere fing ich ein. Und so kam es dazu: Für die erste bastelte ich mit unendlicher Mühe eine Falle, um sie zu fangen und zu töten; doch das schlaue Nagetier ließ sich nicht täuschen, roch den Braten und verschwand an dem Tag, an dem das Ding fertig war, an Land.

Es gilt traditionell als beruhigendes Zeichen, wenn Ratten auf ein Schiff kommen, und ich wollte das schlaue Biest aus Rodriguez schon an Bord lassen; aber eine Disziplinlosigkeit stimmte mich um. Während mein Schiff allein weitersegelte und ich schlief, wagte es eines Nachts, über mich hinwegzulaufen, und begann damit oben am Scheitel, wo ich immer etwas empfindlich bin. Ich hatte einen leichten Schlaf. Bevor es in all seiner Unverschämtheit bis zu meiner Nase vorgedrungen war, schrie ich: »Ratte!«, packte das Biest am Schwanz und warf es aus dem Niedergang in die See.

Daß ein Tausendfüßler an Bord war, hatte ich erst gemerkt, als das elende Insekt, das nur aus Füßen und Gift bestand, wie die Ratte oben an meinem Kopf herumzukrabbeln begann und mich durch einen scharfen Biß in den Skalp aufweckte. Auch das war mehr, als ich dulden konnte. Der giftige Biß war zuerst recht schmerzhaft, doch nach ein paar Behandlungen mit Petroleum machte er keinen weiteren Ärger.

Von da an störte eine Zeitlang kein lebendes Wesen meine Einsamkeit. Nicht einmal ein Insekt gab es auf meinem Schiff, außer der Spinne aus Boston, die jetzt ein Weib und eine Familie junger Spinnen hatte. Aber auf der letzten Strecke auf dem Indischen Ozean wurden plötzlich Hunderte von Moskitos mit dem Regenwasser aus dem Himmel herabgespült. Ein Faß mit Regenwasser stand etwa fünf Tage an Deck in der Sonne, da begann die Musik. Ich erkannte den Ton sofort; es war der gleiche, den ich zwischen Alaska und New Orleans gehört hatte.

In Kapstadt schließlich gefiel mir, als ich eines Tages außerhalb zu Mittag aß, das Zirpen einer Grille, und Mr. Branscombe, mein Gastgeber, erbot sich freiwillig, ein Pärchen für mich zu fangen. Am nächsten Tag wurden sie mir in einer Schachtel mit der Aufschrift »Pluto und Scamp« (was auf deutsch »Taugenichts« heißt) an Bord geschickt. In ihrer sicheren Schachtel verstaute ich sie im Kompaßhäuschen und ließ sie dort ohne Futter, bis ich auf See ging – nur ein paar Tage. Ich hatte nie gehört, daß eine Grille irgend etwas frißt. Anscheinend war »Pluto« ein Kannibale, denn von dem armen »Taugenichts« fand ich nur noch die Flügel, als ich den Deckel öffnete; sie lagen zerbrochen auf dem Boden der Schachtel. Auch »Pluto« war schwer mitgenommen; denn er lag starr und steif auf seinem Rücken und hatte zu zirpen aufgehört.

Ascension, wo der Ziegenbock ausgesetzt wurde, wird die Steinfregatte der Royal Navy genannt und ist sozusagen »Tender« für die südafrikanische Flotte. Die Insel liegt auf 7Þ55’ südlicher Breite und 14Þ25’ westlicher Länge im Herzen des Passats und etwa 840 Meilen von der Küste von Liberia entfernt. Sie besteht aus einer vulkanischen Masse, die vom Bett des Ozeans bis auf 2818 Fuß über dem Meeresspiegel aufgeworfen wurde. Die Insel ist ein strategischer Punkt und gehörte schon zu Großbritannien, bevor sie erkaltete. Auf dem wenigen, aber reichen Boden auf den Bergkuppen hat mitten unter den Wolken die Vegetation Wurzeln gefaßt. Ein Kanadier beackert dort oben ein wenig Land. Auch ein paar Rinder und Schafe werden dort für die Messe der Garnison geweidet. Man hat auch einen großen Wasserspeicher angelegt. Mit einem Wort, man hat diesen Haufen aus Asche und Lava gut verproviantiert und befestigt, so daß er wohl einer Belagerung standhalten kann.

Kurz nachdem die Slup eingelaufen war, erhielt ich eine Nachricht von Kapitän Blaxland, dem Kommandanten der Insel, worin er mir seinen Dank für die Post aussprach, die ich aus St. Helena mitgebracht hatte, und mich zum Essen mit seiner Frau und seiner Schwester im nahen Kasino einlud. Ich brauche wohl kaum zu sagen, daß ich die Gastfreundschaft des Kapitäns sofort annahm. Ein Wagen erwartete mich am Anlegesteg, und ein Matrose führte mit breitem Grinsen das Pferd vorsichtig den Berg hinauf zum Haus des Kapitäns, als sei ich ein Lord der Admiralität und außerdem noch Gouverneur. Ebenso vorsichtig führte er es wieder herunter, als ich zurückkam. Am folgenden Tag besuchte ich den Gipfel zwischen den Wolken – wieder mit dem gleichen Team aus dem alten Matrosen und seinem Pferd. Wahrscheinlich war niemand auf der Insel besser zu Fuß als ich. Der Matrose wußte das. So schlug ich ihm schließlich vor, die Plätze zu tauschen. »Lassen Sie mich die Zügel nehmen«, sagte ich, »damit das Pferd nicht durchgeht.« »Ach, du liebe Steinfregatte!« rief er und brach zugleich in ein Gelächter aus. »Dieses alte Ross würde nicht schneller durchgehen als eine Schildkröte. Wenn ich es nicht vorwärtsziehe, kommen wir nie in den

Hafen.« Den größten Teil der steilen Wegstellen ging ich zu Fuß, während mein Führer, jeder Zoll ein Seemann, allmählich mein Freund wurde. Auf dem Gipfel der Insel lernte ich Mr. Schank, den Farmer aus Kanada, und seine Schwester kennen, die hier in seinem sehr gemütlichen Haus zwischen den Felsen wohnten, das so warm und sicher wie ein Kaninchenstall war. Er zeigte mir die Farm und nahm mich mit durch einen Tunnel, der von einem Feld zum anderen führte, mitten durch eine unübersteigbare Felsspitze hindurch. Mr. Schank erzählte, er habe schon viele Kühe, Bullen und Schafe verloren, weil sie sich an den steilen Abhängen und Felsnasen das Genick gebrochen hatten. Manchmal, sagte er, boxte eine Kuh eine andere regelrecht in einen Abgrund und fraß dann völlig unbetroffen weiter. Es schien, daß die Tiere auf der Inselfarm sich wie die Menschen in der weiten Welt zu beengt fühlten.

Während ich an Land war, kamen am 26. April Brecher auf, in denen man unmöglich ein Boot zu Wasser lassen konnte. Doch die Slup lag auf tiefem Wasser außerhalb der Brecher an einer Boje fest vermurt, während ich im besten Quartier den gut erzählten Geschichten der Offiziere der Steinfregatte lauschte. Am Abend des 29. hatte sich die See beruhigt; ich ging an Bord und bereitete mich darauf vor, früh am nächsten Morgen abzureisen. Als ich am Anleger in mein Boot stieg, verabschiedeten mich der Bootsmann der Insel und seine Mannschaft mit festem Handschlag.

Aus rein wissenschaftlichem Interesse veranlaßte ich ausgerechnet hier mitten im Ozean eine sorgfältige Überprüfung der Musterrolle der SPRAY. Bisher hatten wenige an ihrer Richtigkeit gezweifelt, und vielleicht werden es in Zukunft noch weniger sein; aber für die wenigen, die mir noch nicht ganz trauten, wollte ich es über jeden Zweifel klarmachen, daß man auf einer Slup auch auf einer Reise um die Welt mit einem einzigen Mann Besatzung auskommen konnte und daß die SPRAY tatsächlich nur einen einzigen Mann an Bord hatte. So wurde verabredet, daß der diensthabende Offizier, Leutnant Eagles, an dem Morgen, kurz bevor ich absegelte, die SPRAY durchräucherte und damit sicherstellte, daß sich unmöglich unter Deck eine weitere Person verborgen halten konnte. Er bewies damit, daß wirklich nur eine Person an Bord war. Ein Zertifikat darüber, zusätzlich zu den offiziellen Dokumenten von den vielen Konsulaten, Gesundheitsbehörden und Zollämtern, mag manchem als überflüssig erscheinen. Doch diese Erzählung von meiner Reise könnte ja auch Menschen in die Hände kommen, denen die Arbeit dieser Behörden und ihr Umgang mit Schiffspapieren und vor allem mit dem Gesundheitspaß nicht vertraut ist.

Als der Leutnant das Zertifikat ausgestellt hatte, segelte die SPRAY bald klar von dem meerumspülten Felsen und flog vor dem angenehm kühlen und frischen Passat weiter auf ihrem Kurs voran. Am 8. Mai 1898 kreuzte sie auf der Heimreise den Kurs der Ausreise vom 2. Oktober 1895. An Fernando de Noronha lief sie südlich im Abstand von einigen Meilen vorbei, so daß ich die Insel nicht sah. Ich war zufrieden, weil ich nun wußte, daß die SPRAY die Erde umsegelt hatte. Auch wenn es nur ein einsames Abenteuer war, so hielt ich es doch nicht für völlig unnütz und sagte zu mir selbst: »Was auch noch geschehen mag, die Reise einhand um die Welt ist jetzt ein Ereignis.« Ein Abschnitt war abgeschlossen.

ZU DEN WESTINDISCHEN INSELN

Im Schiebestrom von Kap St. Roque – Der spanisch-amerikanische Krieg – Signalwechsel mit dem Kriegsschiff Oregon – *Vor dem Dreyfus-Gefängnis auf der Teufelsinsel – Der Polarstern scheint wieder für die* Spray *– Das Feuer auf Trinidad – Charmantes Grenada – Ein Vortrag*

Am 10. Mai änderte sich der Zustand der See; es gab jetzt keinen Zweifel mehr über meine Länge, wenn ich vorher an der genauen Position gezweifelt haben sollte. Eigenartige, langvergessene Stromkabbelungen plätscherten gegen den Rumpf der Slup – eine wohltuende Melodie. Der Ton ließ dem Ohr keine Ruhe, und so saß ich lange lauschend da, während die SPRAY weiter auf ihrem Kurs dahinzog. Nach diesen Stromkabbelungen war es klar, daß ich jetzt vor Kap St. Roque in Brasilien war und den Strom getroffen hatte, der um das Kap herumführt. Es sind die Passatwinde, so sagen wir alten Seeleute, die diesen Strom hervorbringen, der von hier aus der Küstenlinie von Brasilien, Guyana, Venezuela und – wie manche wohl auch sagen – der Monroe-Doktrin folgt.

Der Passat hatte eine Zeitlang kräftig geweht, und so lief der Strom jetzt sehr stark, etwa mit 40 Meilen am Tag. Wenn ich dies zum Log addierte, macht die Slup mehrere Tage hintereinander hübsche Etmale von jeweils 180 Meilen. Ich sah nichts von der brasilianischen Küste, obwohl ich nur ein paar Seemeilen entfernt war und immer im Brasilstrom segelte.*

Ich wußte nicht, daß zwischen den Vereinigten Staaten und Spanien ein Krieg erklärt worden war und daß ich gerade in dieser Gegend Gefahr lief, vom Feind aufgebracht und gekapert zu werden. In Kapstadt hatten mir ein paar Leute erklärt, ihrer Mei-

* »Brasilstrom« nennen wir den Strom, der von Kap St. Roque nach Süden läuft, während der Strom, in dem Slocum sich hier befindet, heute allgemein »Süd-Äquatorial-Strom« genannt wird, bis er in die »Karibische Strömung« übergeht (Anm. d. Ü.).

nung nach sei ein Krieg unvermeidlich; sie hatten mich gewarnt: »Der Spanier wird Sie zu fassen kriegen! Der Spanier wird Sie fangen!« Ich konnte dazu nur erwidern, daß er da wohl nicht viel bekommen hätte. Selbst in der fieberhaften Erregung über das Unglück der MAINE wollte ich noch nicht glauben, daß es Krieg geben mußte. Aber ich bin kein Politiker. Tatsächlich hatte ich bisher nicht einen einzigen Gedanken daran verschwendet, als ich am 14. Mai eben nördlich vom Äquator und fast auf der Höhe der Amazonasmündung achtern zunächst einen Mast mit den »Stars and Stripes« und dann wie eine Festung die OREGON rasch über die Kimm hervorkommen sah. Als sie näherkam, erkannte ich, daß das große Schiff die Flaggen »CBT« gesetzt hatte, was bedeutete: »Sind Kriegsschiffe in der Nähe?« Direkt unter diesen Signalflaggen und, wie mir schien, fast größer als das Großsegel der SPRAY flatterte die gelbste spanische Nationalflagge, die ich je gesehen habe. Noch einige Zeit später hatte ich einen Alpdruck, wenn dieses Bild in meinen Träumen auftauchte.

Ich konnte die Signale der OREGON erst ausmachen, als sie vorausdampfte, wo ich die Zeichen besser entziffern konnte; denn sie stand zwei Meilen ab, und ich hatte kein Fernglas. Als Antwort hißte ich das Signal »Nein«, denn ich hatte kein spanisches Kriegsschiff gesehen. Ich hatte auch nach keinem Ausguck gehalten. Mein letztes Signal: »Lassen Sie uns zu gegenseitigem Schutz zusammenbleiben«, schien Kapitän Clark keiner Antwort wert zu halten. Vielleicht konnte er meine kleinen Flaggen nicht ausmachen, jedenfalls dampfte die OREGON wie im Sturm davon und hielt Ausschau nach spanischen Kriegsschiffen, wie ich später erfuhr. Die große Flagge der OREGON wurde dreimal vor der niedergeholten Flagge der SPRAY gedippt, ehe sie weiterfuhr. Beide hatten den Äquator nur ein paar Stunden zuvor gekreuzt. Ich dachte an diesem Abend lange über die Gefahren des Krieges nach, die nun auf die SPRAY zukommen könnten, nachdem sie doch fast alle Gefahren der See gemeistert hatte.

Am 17. Mai lief die SPRAY bei Tagesanbruch gerade aus einem Sturm heraus, als die Teufelsinsel zwei Strich in Lee voraus in Sicht kam. Es blieb noch immer eine steife, auflandige Brise. Deutlich konnte ich die dunkelgrauen Gebäude auf der Insel ausmachen, als die Slup sie querab hatte. Ich sah keine Flagge und kein anderes Lebenszeichen an dem gottverlassenen Ort.

Später am Tag sichtete ich eine französische Bark auf dem Weg nach Cayenne. Sie segelte auf Steuerbordbug hoch am Wind und hatte starke Abdrift nach Lee. Auch die SPRAY lief hoch am Wind, und alle ihre Segel standen steif zum Brechen, während sie auf Backbordbug Seeraum zu gewinnen suchte; denn eine schwere Dünung hatte sie in der Nacht zu nahe an die Küste gedrückt. Ich wollte schon demütig um eine Winddrehung beten. Doch ich hatte meinen Anteil günstiger Winde auf den großen Ozeanen wohl schon aufgebraucht, und ich fragte mich auch, ob es wohl recht wäre, wenn der Wind jetzt für mich günstig umsprang, während der Franzose auf Gegenkurs lag. Der Gegenstrom und der ungünstige Wind setzten ihm schon jetzt genug zu. So konnte ich bei mir nur sagen: »Herr, laß alles so, wie es ist; aber hilf dem Franzosen nicht noch mehr, denn was für ihn günstig ist, würde mich verderben!«

Ich erinnerte mich, wie ich als Junge einen Kapitän in einer frommen Versammlung oft sagen hörte, daß auf sein Gebet hin der Wind von Südost auf Nordwest drehte. Er war ein guter Mann, aber ob das wohl dem Baumeister der Welten, dem Herrscher über die Winde und Wellen zur Ehre gereichte? Soweit ich mich erinnerte, war es auch kein Passatwind, der für ihn drehte, sondern einer der veränderlichen Winde, die immer umspringen, wenn man darum bittet – vorausgesetzt, man bittet lange genug. Wahrscheinlich lag auch der Bruder dieses Mannes nicht gerade auf Gegenkurs und freute sich über einen günstigen Wind, und das macht ja schließlich einen großen Unterschied!*

* Da lobe ich mir den Bischof von Melbourne. Er weigerte sich, einen Tag für ein Gebet um Regen anzusetzen, und empfahl statt dessen seiner Gemeinde, in der Regenzeit Wasser zu sammeln. Ähnlich »hortet« ein Seemann den Wind, indem er sich so weit wie immer möglich in Luv hält.

Am 18. Mai 1898 steht groß im Logbuch der SPRAY: »Heute abend auf 7Þ13’N sehe ich zum erstenmal seit fast drei Jahren wieder den Polarstern.« Am folgenden Tag loggte die SPRAY 147 Meilen. Dazu addierte ich 35 Meilen für Strom. Am 20. Mai kam bei Sonnenuntergang die Insel Tobago auf der Höhe des Orinoko West zu Nord im Abstand von etwa 22 Seemeilen in Sicht. Die SPRAY jagte der Heimat entgegen. Während ich mit gutem Abstand an der Küste von Tobago entlangsegelte und der Wind immer noch frisch blies, überraschten mich später am Abend plötzlich aufleuchtende Brecher an Backbord nicht weit vor dem Bug. Ich luvte sofort an und hielt ab vom Land, machte dann eine Wende und segelte auf das Land zu. Kurz darauf war ich dicht unter Land und wendete wieder auf See, doch die Peilung der Gefahr hatte sich kaum verändert. Welchen Kurs ich auch segelte, es schien nur vom Glück abzuhängen, ob ich das Riff in Luv bekommen konnte. Mit Sorge beobachtete ich, daß ich gegen den Strom immer mehr Boden verlor. So ging es Stunde um Stunde, während ich das regelmäßige Aufleuchten auf den Kämmen der langen Meeresdünung beobachtete, das jedesmal ein wenig näherzukommen schien. Es handelte sich um ein Korallenriff – daran zweifelte ich nicht im geringsten –, und zwar ein sehr übles Riff. Schlimmer noch, voraus konnten noch andere Riffe liegen, die eine Art Bucht bildeten, in die mich der Strom hineintrieb und in der ich schließlich Schiffbruch erleiden mußte. Zuletzt war ich als Junge in diesen Gewässern gesegelt. Ich verfluchte den Tag, an dem ich dem Ziegenbock an Bord zu kommen erlaubt hatte, der meine Karte auffraß. Ich kramte in meinem Gedächtnis und versuchte all mein Wissen um Wracks auf Unterwasserfelsen, um Piratenhäfen zwischen Korallenriffen, in die andere Schiffe nicht kamen, hervorzuholen. Doch ich fand nichts, was irgendwie mit der Insel Tobago zu tun hatte – nur das eine Wrack von Robinson Crusoes Schiff im Roman, und der konnte mir nur herzlich wenig über diese Riffe verraten. Ich erinnerte mich nur, daß Crusoe damals sein Schießpulver trockenhielt.

»Aber da bricht sie schon wieder!« rief ich. »Und wie nah es jetzt aufleuchtet! Der letzte Brecher war fast schon querab! Du schaffst es, SPRAY, altes Mädchen! Jetzt ist es querab! Eine Welle noch! Und – oh! – noch eine, dann sind deine Rippen und dein Kiel gerettet!« Und ich schlug ihr auf den Heckbalken, stolz über die letzte, noble Anstrengung, von der Gefahr freizukommen, als eine See, die größer als die anderen war, sie höher warf als zuvor, und – siehe da! – auf ihrem Kamm zeigte sich alles, was vom Riff da war. Ich fiel zusammen wie ein schlappes Tau, sprachlos und verwundert, nicht vor Entsetzen, sondern vor Freude. Aladins Lampe! Meine eigene Fischerlaterne! Es war das große Blinkfeuer auf der Insel Trinidad, 30 Meilen entfernt, das seine Blitze über die Wellen warf, die mich getäuscht hatten! Der Lichtkreis selbst tauchte jetzt über der Kimm auf, und wie prächtig war sein Anblick! Aber, lieber Vater Neptun, bei meinem Leben – und bei einem langen Leben auf See, oft genug zwischen Korallenriffen, hätte ich dieses Riff ernsthaft für echt erklärt. In der ganzen restlichen Nacht sah ich eingebildete Riffe, und da ich nicht wußte, ob nicht die Slup doch auf ein wirklich vorhandenes Riff treffen würde, kreuzte ich bis Tagesanbruch so gut wie möglich auf der Stelle hin und her. Alles nur, weil ich keine Karte hatte. Ich hätte den Ziegenbock aus St. Helena mit seinem Fell aufs Deck nageln mögen.

Jetzt nahm ich Kurs auf Grenada, wohin ich Briefe aus Mauritius zu bringen hatte. Um Mitternacht am 22. Mai ankerte ich auf der Reede vor St. George. Den Innenhafen lief ich am Morgen des 23. an, so daß ich vom Kap der Guten Hoffnung an insgesamt 42 Segeltage unterwegs gewesen war. Es war ein guter Törn, und wieder einmal zog ich meine Mütze vor dem Steuermann der PINTA.

Lady Bruce hatte mir in Port Louis auf die SPRAY geschrieben, Grenada sei eine liebliche Insel, und sie wünschte, daß die Slup dort auf ihrer Heimreise Station machte. Als die SPRAY ankam, merkte ich, daß sie erwartet wurde. »Weshalb eigentlich?« fragte ich. »Oh, wir haben nur gehört, daß Sie auf Mauritius waren, und da müssen Sie ja unseren alten Gouverneur, Sir Charles Bruce getroffen haben; da war klar, daß Sie Grenada anlaufen würden.« Das war eine nette Einführung, und sie brachte mir auch die Bekanntschaft netter Leute.

Am 28. Mai lief die SPRAY wieder von Grenada aus und segelte in Lee der Antillen nach Norden, bis sie am 30. die Insel Dominica erreichte, wo ich versehentlich auf der Quarantänereede vor Anker ging; denn ich hatte noch immer keine Karte von den Inseln, nicht einmal auf Grenada hatte ich eine bekommen können. Hierdurch hatte ich nicht nur weiteren Ärger, sondern wurde auch mit einer Geldstrafe wegen meines unvorschriftmäßigen Ankerns bedroht. Weder auf der Quarantänereede noch auf den Handelsreeden lagen Schiffe, und so sah ich keinen großen Unterschied darin, wo ich vor Anker ging. Doch ein Negerbursche, der wohl stellvertretender Hafenmeister sein sollte, kam längsseits und erklärte, für ihn bestehe da schon ein Unterschied. Er befahl mir, zu einem anderen Ankerplatz zu verholen, den ich allerdings auch schon untersucht hatte und nicht mochte, weil dort von See her ein starker Schwell stand. Statt also sofort an die Segel zu springen und den Ankergrund zu wechseln, erwiderte ich, ich würde ihn sofort verlassen, sobald ich eine Karte bekommen hätte, die ich ihn zu besorgen und herüberzuschicken bat.

»Aber ich sagen, Sie müssen weg, bevor bekommen irgend etwas«, sagte er insistierend und erhob seine Stimme, so daß alle Leute an Land ihn hören konnten: »Und zwar jetzt gleich!« Dann wurde er noch heftiger, weil die an Land kicherten, als sie sahen, daß die Besatzung der SPRAY seelenruhig auf dem Schandeck saß und nicht daran dachte, die Segel zu setzen.

»Ich Ihnen sagen, das sein Quarantäne!« schrie er noch lauter als zuvor. »Das ist ja schön, General«, antwortete ich, »ich möchte sowieso den Quarantänearzt sprechen.« »So ist es richtig, Boss«, riefen jetzt einige an Land; »das geht in Ordnung; Sie werden in Quarantäne genommen.« Andere aber schrien dem Stellvertreter zu, »den Weißen endlich da rüberzuschicken.« Die beiden Parteien am Strand für und gegen mich waren etwa gleich stark. Der Mann, der soviel Krach geschlagen hatte, gab auf, als er merkte, daß ich untersucht werden wollte, und schickte nach einem aufgeblasenen Mischling, der bald längsseits kam, stocksteif vom Schothorn bis zum Nockbändsel. Er stand im Boot auf und nieder wie ein Strahl Brunnenwasser – ein Denkmal an Wichtigkeit. »Karten!« rief ich, sobald sein Hemdkragen über der Reling der Slup erschien: »Haben Sie irgendwelche Karten?« »Nein, mein Herr«, gab er mit übersteifer Würde zurück. »Nein, mein Herr, Karten wachsen nicht auf dieser Insel.« Ich zweifelte an dieser Auskunft nicht, lichtete sofort den Anker, wie ich von Anfang an vorgehabt hatte, und setzte alle Segel nach St. John's auf Antigua. Dort kam ich am 1. Juni an, nachdem ich mich den ganzen Weg über sehr vorsichtig mitten in der Straße gehalten hatte.

Die SPRAY, die ja immer in guter Gesellschaft war, traf hier an der Hafeneinfahrt die Dampfbarkasse des Hafenoffiziers; an Bord war Sir Francis Fleming, der Gouverneur der Inseln unter dem Wind, der zur Freude der »Besatzung« dem diensthabenden Offizier den Befehl gab, mein Schiff in den Hafen zu schleppen. Am folgenden Tag besuchten mich der Gouverneur und Lady Fleming zusammen mit Kapitän Burr von der Royal Navy. Wie schon auf Grenada wurde mir auch auf Antigua kostenlos das Gerichtsgebäude zur Verfügung gestellt, und ein aufmerksames Auditorium füllte den Saal, um mich von den Fahrten der SPRAY und von den Ländern, die sie besucht hatte, erzählen zu hören.

DER LETZTE SCHLAG

Ausklariert und ab nach Hause – In den Roßbreiten – Ein Meer voll Sargassokraut – Das Klüverstag bricht mitten im Sturm – Ein Tornado vor Fire Island als Willkommensgruß – Der Plan wird geändert – Ankunft in Newport – Ende einer Kreuzfahrt über 46 000 Meilen – Die Spray liegt wieder in Fairhaven

Am 4. Juni 1898 wurde die SPRAY vom Konsulat der Vereinigten Staaten ausklariert, und zum letztenmal bekam sie ihre Lizenz zurück, die besagte, daß sie einhand um die Welt segeln durfte. Der Konsul, Mr. Hunt, schrieb auf das Papier, bevor er es mir aushändigte, einen kurzen Kommentar zur Reise, wie es auch schon General Roberts in Kapstadt getan hatte. Das Dokument wird jetzt im Schatzamt in Washington verwahrt.

Am 5. Juni 1898 segelte die SPRAY in Richtung Heimathafen; zunächst steckte ich Kurs auf Kap Hatteras ab. Am 8. Juni lief sie unter der Sonne von Süden nach Norden; die Deklination betrug an diesem Tag 22Þ54’, und genau dies war auch kurz vor Mittag die Breite der SPRAY. Viele glauben wohl, daß es direkt unter der Sonne ganz besonders heiß ist. Das ist nicht notwendigerweise so. Tatsächlich zeigt das Thermometer schon eine erträgliche Temperatur an, sobald nur eine Brise weht und die See leicht gekräuselt ist – auch genau unter der Sonne. In höheren Breiten ist es in Städten und am Sandstrand oft heißer.

Die SPRAY zog nun mit vollen Segeln freudig der Heimat entgegen; wie gewöhnlich machte sie gute Fahrt, bis sie ziemlich plötzlich in die Roßbreiten kam und ihre Segel schlaff in der Flaute hin und her flappten. Ich hatte den Kalmengürtel fast vergessen oder ihn doch als Mythos betrachtet. Jetzt merkte ich, daß es ihn tatsächlich gab und daß er auch nicht leicht zu überqueren war. So sollte es auch sein. Denn nach all den Gefahren der See, dem Staubsturm an der afrikanischen Küste, dem »Blutregen« in Australien und der Kriegsgefahr auf dem letzten

Abschnitt der Heimreise hätte mir eine natürliche Erfahrung gefehlt, wenn die Kalmen in den Roßbreiten ausgeblieben wären. Nun ja, ein philosophischer Gedankengang war jetzt nicht verkehrt, sonst wäre mir die Geduld schon fast an der Hafenausfahrt verlorengegangen. Die Zeit ihrer Prüfung währte achte Tage. Abend für Abend saß ich bei Kerzenlicht auf Deck und las. Es war nicht ein Windhauch vorhanden, und die See wiegte sich sanft und eintönig. Drei Tage lang sah ich ein Vollschiff am Horizont, das ebenso wie ich bekalmt war.

Sargassokraut breitete sich in Bündeln ringsum auf der See aus oder trieb in eigenartigen dünnen, langen Strähnen vorbei, sammelte sich dann wieder zu großen Feldern, aus denen seltsame kleine und große Seetiere herausschwammen und wieder darin verschwanden. Das eigenartigste unter ihnen war ein kleines Seepferdchen, das ich fing und in einer Flasche mit nach Hause brachte. Endlich, am 18. Juni, kam ein Sturm aus Südwest auf, der das Sargassokraut wieder in Klumpen und Strähnen auseinanderwehte.

Noch am selben Tag gab es mehr als genug Wind. Das gleiche konnte man von der See sagen. Die SPRAY war mitten im turbulenten Golfstrom. Wie ein Tümmler sprang sie über die schweren Wogen. Sie schien nur die Wellenkämme zu berühren, als ob sie die verlorene Zeit aufholen wollte. Unter dem plötzlichen Ruck und Zug begann ihr Rigg nachzugeben. Zuerst riß der Leitwagen der Großschot ab, dann brach der Block des Piekfalls an der Gaffel. Es war Zeit zu reffen und auszubessern, und so gingen »alle Mann« an Deck und machten sich an die Arbeit.

Der 19. Juni war schön, doch am Morgen des 20. kam ein weiterer Sturm auf, der eine unangenehme Kreuzsee mitbrachte, die alles schüttelte und durcheinanderwarf. Eben als ich die Segel bergen wollte, brach das Klüverstag am Masttopp und fiel zusammen mit dem Klüver in die See. Es war ein verrücktes Gefühl, das vollstehende Segel in die See taumeln und, wo es eben noch gewesen war, plötzlich freien Raum zu sehen. Doch geistesgegenwärtig war ich sofort am Bug und schnappte es in der ersten Welle wieder auf, bevor es zerriß oder unter den Boden der Slup getrieben wurde. Ich konnte all diese Arbeit in drei Minuten oder weniger erledigen, und daran merkte ich, daß ich auf der Reise durchaus nicht steif geworden war. Glücklicherweise war ich auch vom Skorbut verschont geblieben, und da ich nur noch ein paar Breitengrade bis nach Hause hatte, konnte ich ja wohl die Fahrt auch ohne Arzt vollenden. Tja, meine Gesundheit war noch gut, und ich konnte auch noch ganz lebendig auf Deck herumspringen – aber konnte ich klettern? Der große Vater Neptun testete mich damals ziemlich streng; denn da das Stag gebrochen war, pendelte der Mast wie ein Schilfrohr und war nicht leicht zu besteigen. Doch ich setzte eine Hilfstalje, und bald stand das Stag wieder steif am Masttopp; ich hatte ja genug freie Blöcke und Tauwerk an Bord. So zog auch der Klüver mit einem Reff bald wieder wie der Teufel in Richtung Heimat. Wäre der Mast der SPRAY jedoch nicht so fest eingesetzt worden, dann hätte er bestimmt »John Walker« gespielt, als das Stag brach. Die handfeste Arbeit beim Bau des Schiffs kam mir immer wieder gut zustatten.

Am 23. Juni war ich schließlich müde, müde, müde von den unberechenbaren Böen und von der aufreibenden Kreuzsee. Ich hatte tagelang kein Schiff gesehen, obwohl ich hier doch wenigstens ab und zu die Gesellschaft eines Schoners erwartet hätte. Das Pfeifen des Windes im Rigg und das Klatschen der See gegen den Rumpf waren ja auf ihre Weise ganz schön, und wir – die SPRAY und ich – konnten auch ohne dies gar nicht mehr auskommen. Aber jetzt war es doch ein bißchen viel, und es dauerte nun auch schon allzu lange! Am Mittag dieses Tages brach eine Art Wintersturm aus Nordwest über uns herein. Mitten im Golfstrom und auch noch spät im Juni prasselte Hagel auf die SPRAY herab, und Blitze zuckten aus den Wolken, nicht einzeln, sondern in fast ununterbrochenen Strömen. Tag und Nacht arbeitend, segelte ich jedoch die Slup allmählich schräg auf die Küste zu, und dort lief sie am 25. Juni vor Fire Island mitten in den Tornado hinein, der eine Stunde zuvor über New York getobt, ganze Häuser zu Wracks gemacht und Bäume zersplittert und durch die Luft geschleudert hatte. Sogar Schiffe im Hafen waren von ihren Liegeplätzen losgerissen und auf andere Schiffe getrieben worden, wobei großer Schaden entstand. Es war der schlimmste Sturm der ganzen Reise. Doch ich erkannte frühzeitig seinen Charakter, und da ich ihm nicht ausweichen konnte, machte ich an Bord alles klar und empfing ihn unter blanken Masten. Trotzdem schüttelte sich die Slup, als er auf sie einhämmerte, und legte sich widerwillig tief auf die Seite. Doch ich hatte einen Seeanker über Bug ausgebracht, und vor dem drehte sie in den Wind, richtete sich wieder auf und ritt ihn ab. Auf dem Höhepunkt des Orkans konnte ich bloß zuschauen; denn was ist ein Mensch in einem solchen Sturm? Vor der Küste von Madagaskar hatte ich schon einen schweren Gewittersturm erlebt, doch der war mit diesem nicht zu vergleichen. Hier blitzte es ununterbrochen, und überall über der See rollte der Donner. Bis jetzt hatte ich Kurs auf New York gehalten; aber als alles vorüber war, stand ich auf, setzte Segel und brachte die Slup auf den anderen Bug, um einen ruhigen Hafen anzulaufen und erst einmal alles zu überdenken. So lief sie unter gerefften Segeln raumschots die Küste von Long Island entlang, während ich mich meinen Gedanken überließ und zugleich die Lichter der Küstenfahrzeuge, die jetzt in Sicht kamen, im Auge behielt. Alle möglichen Erinnerungen an die Reise, die jetzt fast beendet war, stiegen in mir auf. Lieder, die ich wieder und wieder vor mich hin gesummt hatte, klangen mir noch einmal im Ohr. Unwillkürlich wiederholte ich Bruckstücke eines Kirchenlieds, das eine fromme Frau in Fairhaven oft gesungen hatte, während ich dort die Spray baute. Noch einmal und in tiefem Ernst sang ich den inhaltsschweren Hymnus:

Ich ward von Wind und Wellen umgetrieben.

UND WEITER:

Mein kleines Schiff hält tapfer noch
Dem argen Wind und stürm'schen Wogen stand.

Nach diesem Sturm sah ich den Steuermann der Pinta nie wieder.

Die Erlebnisse auf meiner mehr als dreijährigen Reise mit der SPRAY waren für mich wie das Lesen eines spannenden Buches, das immer interessanter wurde, je mehr Seiten ich umblätterte, bis ich jetzt zur letzten Seite kam, die für mich noch spannender war als alle übrigen.

Als es hell wurde, sah ich, daß die See nicht mehr dunkelgrün, sondern hellgrün geworden war. Ich warf das Lot aus und fand auf 13 Faden Grund. Bald danach machte ich einige Meilen östlich von Fire Island meinen Landfall und segelte vor einer angenehmen Brise die Küste entlang in Richtung Newport. Nach dem wilden Sturm war das Wetter bemerkenswert schön. Früh am Nachmittag rundete die SPRAY Montauk Point. Point Judith lag bei Dunkelheit querab. Dann kam sie nach Beavertail herein. Noch eine neue Gefahr mußte ich überwinden – der Hafen von Newport war vermint. Die SPRAY hielt sich dicht an das felsige Ufer, wo weder Freund noch Feind mit etwas größerem Tiefgang hindurch konnten und wo sie das Wachschiff in der Fahrrinne nicht beunruhigte. Es war knappe Arbeit, aber lieber wollte ich an die Felsen schrammen als auf eine Mine laufen. Als ich an einer niedrigen Landzunge vorbeilief, querab vom Wachschiff, der guten alten DEXTER, die ich gut kannte, sang jemand an Bord aus: »Da geht ein Schiff!« Ich zeigte sofort ein Licht und hörte den Anruf: »SPRAY, ahoi!« Es war die Stimme eines Freundes, und ich wußte, daß ein Freund nicht auf die SPRAY feuern würde. Nun fierte ich die Großschot, und die SPRAY schwang herum auf die Feuer des Innenhafens zu. Schließlich erreichte sie ihren Hafen sicher und ging dort um 0100 Uhr am 27. Juni 1898 vor Anker – nach 46000 Meilen rund um die Welt und nachdem sie drei Jahre, zwei Monate und zwei Tage unterwegs gewesen war.

War die Besatzung gesund? War ich es vielleicht nicht? Ich hatte in mancher Hinsicht von der Reise profitiert. Ich hatte sogar etwas Fleisch angesetzt und wog tatsächlich ein paar Pfund mehr als bei der Abreise aus Boston. Was das Älterwerden anging – nun, das Rad meines Lebens schien sich zurückgedreht zu haben, so daß alle meine Freunde sagten: »Slocum ist wieder jung.« Und das war ich auch.

Auch mein Schiff war in besserem Zustand als vor der Abfahrt zu der langen Reise aus Boston. Es war noch kerngesund und so dicht wie das beste Schiff auf dem Wasser. Es leckte nicht einen Tropfen – nicht einen Tropfen! Die Pumpe, die ich bis zur Ankunft in Australien schon kaum benutzt hatte, hatte ich seitdem überhaupt nicht mehr angerührt.

Der erste Name, der im Heimathafen ins Gästebuch der SPRAY geschrieben wurde, war der des Freundes, der immer schon gesagt hatte: »Sie wird zurückkommen.« Die SPRAY war nicht völlig zufrieden, bis ich sie weiter an ihren Geburtsort Fairhaven in Massachusetts gesegelt hatte. Auch ich selbst wollte an diesen Ort des ersten Anfangs zurück, an dem meine Verjüngungskur begonnen hatte. So walzte sie am 3. Juli vor günstigem Wind die Küste entlang und den Acushnet hinauf bis nach Fairhaven, wo ich sie an dem gleichen Zedernpflock am Ufer belegte, an dem sie auch nach ihrem Stapellauf festgemacht gewesen war.

Wenn die SPRAY keine neuen Erdteile auf ihrer Reise entdeckte, dann wohl deshalb, weil es keine mehr zu entdecken gab. Sie suchte nicht nach neuen Welten und wollte auch kein Tamtam um die Gefahren der See machen. Die See wurde schon oft genug verleumdet. Wenn man seinen Weg zu längst entdeckten Ländern findet, so ist das auch schon eine gute Sache. Jedenfalls machte die SPRAY die Entdeckung, daß für ein gut gebautes Schiff auch die schlimmste See nicht allzu schrecklich ist. Kein König, kein Land, kein Schatz wurde für die Reise der SPRAY geschröpft, und doch brachte sie alles zu Ende, was sie sich vorgenommen hatte.

Wenn man jedoch bei so einer Sache Erfolg haben will, so sollte man mit Verstand an die Arbeit gehen und auf jeden Zwischenfall vorbereitet sein. Schaue ich so auf meine eigene bescheidene Leistung zurück, sehe ich meinen Satz nicht gerade erstklassiger Zimmermannsgeräte, einen Blechwecker und ein paar Reißzwecken, die mir, wie bereits im Verlauf der Geschichte erzählt, das Unternehmen erleichterten. Doch darüber hinaus müssen wohl auch ein paar Jahre Lehre mit in Betracht gezogen werden, in denen ich mit Sorgfalt Neptuns Gesetze studierte; und diesen Gesetzen versuchte ich zu gehorchen, als ich über die Weltmeere segelte.

Und nun hoffe ich, meine Freunde nicht mit allzu detaillierten wissenschaftlichen Berichten, Theorien oder Schlußfolgerungen gelangweilt zu haben. Ich habe mich bemüht, die Geschichte meines Abenteuers zu erzählen. Dies ist nun auf meine eigene, einfache Art und Weise getan. So vertäue ich das Schiff mit seinen vom Wetter mitgenommenen Festmachern und lasse die Slup SPRAY einstweilen im sicheren Hafen liegen.

DIE SPRAY – TECHNISCH GESEHEN

Der Stammbaum der Spray *– Ihre Linien – Ihre Selbststeuereigenschaften – Segelplan und Ruderanlage – Ein Kunststück ohne Vorbild – Zum Schluß eine Ermunterung zum Nachmachen*

Aus Mangel an Selbstvertrauen vor Seeleuten mit großer Erfahrung habe ich mich in den vorangegangenen Kapiteln, die im »Century Magazine« in Fortsetzung veröffentlicht wurden, zurückgehalten, den Bau der SPRAY und die einfache Methode, nach der ich sie gesegelt habe, in allen Einzelheiten mitzuteilen. Ich hatte keinerlei Erfahrung mit Yachten und konnte also auch nicht wissen, ob die hübschen Fahrzeuge, die ich in unseren Häfen und in den Küstengewässern gesehen hatte, das gleiche oder sogar noch mehr als die SPRAY leisten konnten, zum Beispiel wenn es darum ging, mit belegter Pinne Kurs zu halten.

Mir war klar, daß kein anderes Schiff auf diese Weise rund um die Welt gesegelt war. Aber ich will damit nicht sagen, daß es kein anderes tun konnte oder daß es nicht genug Männer gab, die schon vor mir Fahrzeuge mit einem bestimmten Rigg auf ähnliche Weise so weit gesegelt hatten, wie sie es wollten. Ich habe mich deshalb über die platte Behauptung eines sogenannten Experten, so etwas gäbe es nicht, nur amüsiert.

Als ich mit der SPRAY lossegelte, war sie ein vollkommen neues Boot, das einer Slup nachgebaut war, die den gleichen Namen trug und, wie die Überlieferung sagt, zuerst vor etwa 100 Jahren an der Küste von Delaware als Austernfischer diente. Im Zollamt fand ich keinen Hinweis darauf, wo sie gebaut worden war. Einmal war sie in Noank, Connecticut, später in New Bedford, und als Kapitän Eben Pierce sie mir am Ende ihres natürlichen Lebens schenkte, stand sie, wie ich es schon beschrieben habe, aufgelegt auf einem Feld bei Fairhaven. Ihre Linien hielt man für die eines Nordsee-Fischereifahrzeugs. Beim Nachbau Spant um Spant und Planke um Planke erhöhte ich ihren Freibord mittschiffs um 12 Zoll, vorne um 18 Zoll und achtern um 14 Zoll, womit ich zugleich den Sprung verstärkte und sie damit, wie ich dachte, zu einem besseren Tiefwasserschiff machte. Die Geschichte des Nachbaus der SPRAY habe ich ja schon im ersten Kapitel erzählt und möchte sie hier nicht wiederholen, sondern nur hinzufügen, daß ihre Maße am Ende 36 Fuß 9 Zoll Länge über alles, 14 Fuß 2 Zoll Breite über alles und 4 Fuß 2 Zoll Tiefgang waren; ihr Nettoraumgehalt betrug 9 tons und ihr Bruttoraumgehalt 12,7 tons.

Ich gebe die Risse der SPRAY hier gerne wieder – mit allen Hinweisen, die meine wirklich beschränkte Yachterfahrung erlaubt, da sich ja doch mein Leben auf See größtenteils auf Barken und Vollschiffen abgespielt hat. Es wurde keine Mühe gescheut, hier größte Genauigkeit walten zu lassen. Die SPRAY wurde von New York nach Bridgeport, Connecticut, gebracht und dort unter Aufsicht des Park City Yacht Clubs aus dem Was-

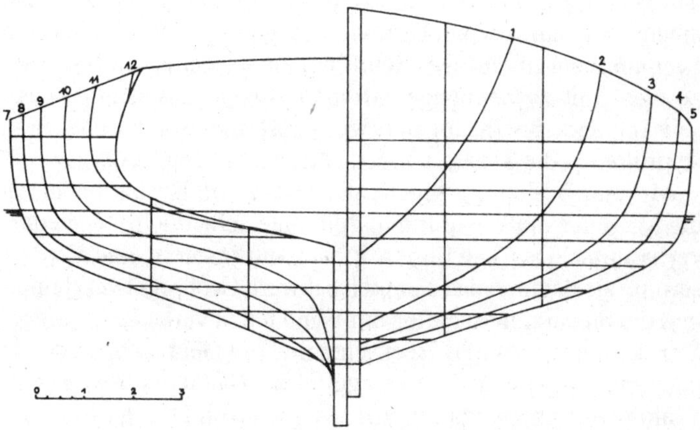

Spantenriß der SPRAY

ser geholt und sehr sorgfältig vermessen, um genaueste Ergebnisse zu erlangen. Kapitän Robins fertigte das Modell an. Unsere jungen Yachtsegler, die sich auf den »Lilien der See« vergnügen, werden natürlich von meinem Fahrzeug nicht besonders viel halten. Sie haben ein Recht auf ihre Meinung – wie ich auf meine. Sie werden sich an den kurzen Überhängen der SPRAY stoßen, deren Vorteil sich bei schwerer See so sichtbar erweist.

Einiges auf Deck der SPRAY hätte anders gestaltet werden können, ohne daß die Form des Fahrzeugs beeinträchtigt worden wäre. Ich sehe keinen Grund, warum nicht auf einer Yacht die Kajüte mittschiffs liegen sollte statt wie auf der SPRAY so weit achtern, was zwischen Niedergang und Steuerrad nur wenig Platz läßt. Einige behaupten auch, ich hätte die Form des Hecks verbessern können. Ich weiß nicht. Der Wasserfluß reißt erst ganz am Heck scharf ab, und so entsteht kein Sog, wie es bei einem schlechten Abriß passiert.

Leute, die lieber auf ruhigem Wasser segeln, fragen: »Wo sind ihre Überhänge?« Sie haben nie den Golfstrom bei Nordost überquert, und sie wissen nicht, was für jedes Wetter am besten ist. Bei eurem Leben, baut keine modischen Überhänge bei einem Fahrzeug, das ein Blauwassersegler werden soll! Wie ein Seemann sein zukünftiges Schiff mit einem kritischen Blick, sozusagen mit zusammengekniffenen Augen, anschaut – wenn sein Interesse überhaupt stark genug ist, um es anzuschauen –, so prüfte ich die SPRAY, und ich wurde nicht enttäuscht.

Mit einem Sluprigg segelte die SPRAY von Boston bis durch die Magellanstraße und traf auf die unterschiedlichsten Wetterverhältnisse. Das Yawlrigg war dann nur insofern eine Verbesserung, als dadurch das ziemlich schwere Großsegel verkleinert und die Steuereigenschaften am Wind leicht verbessert wurden. Vor dem Wind war das Hecksegel nicht in Gebrauch; es wurde dann stets aufgetucht. Mit weit gefiertem Baum und bei raumem Wind (zwei Strich achterlicher als querab) hielt die SPRAY am genauesten Kurs. Ich brauchte nie lange, um die richtige Ruderlage zu finden, mit der sie auf Kurs blieb, und dann laschte ich

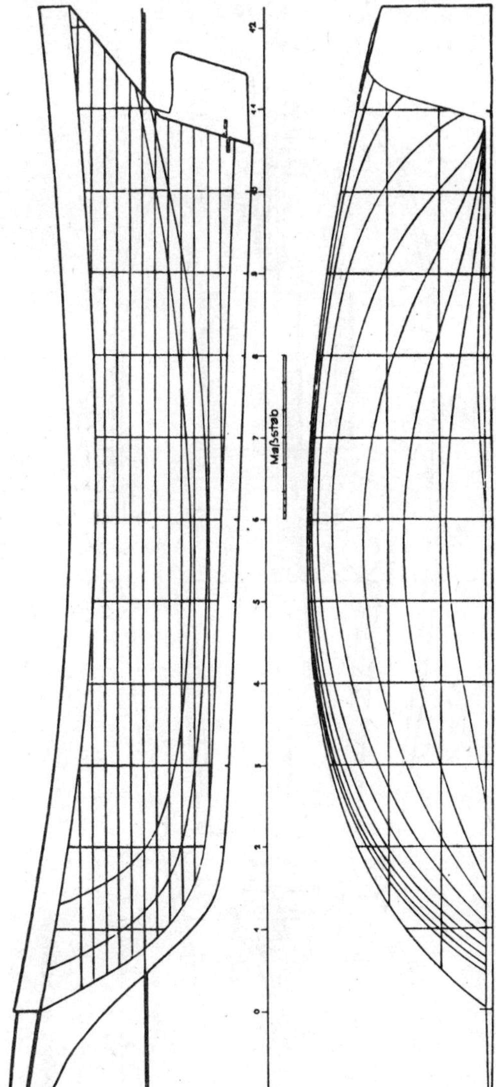

Linienriß der SPRAY

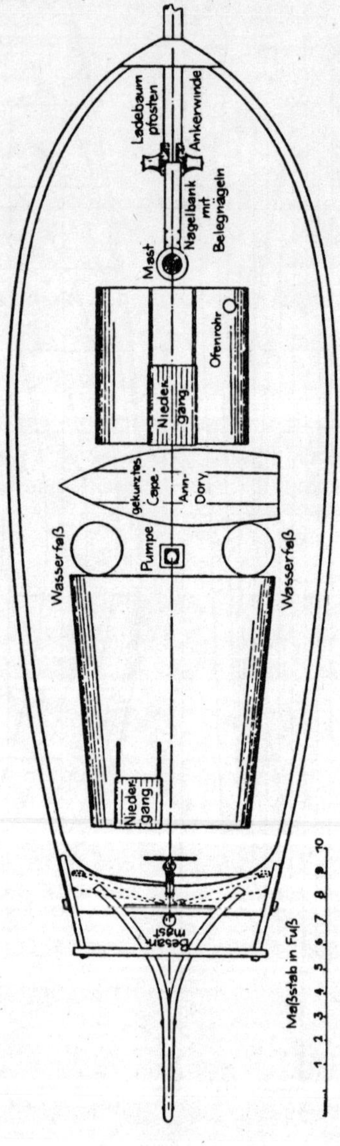

Decksplan der SPRAY

das Steuerrad in entsprechender Stellung fest. Das Großsegel trieb sie dann voran, und der Klüver, der flach mitschiffs oder ein wenig auf die eine oder andere Seite geschotet war, trug viel zur Kursstabilität bei. Auch wenn der Wind stark oder böig war, setzte ich manchmal noch einen Flieger an einem Baum, der an den Bugspriet angeschlagen wurde und darüber hinausging; auch der Flieger wurde flach mittschiffs geschotet, was ich sogar bei Sturm unbesorgt wagen konnte. Ein starker Niederholer an der Gaffel war unbedingt nötig, denn ohne ihn hätte ich das Groß bei schwerem Wind nicht herunterholen können. Die Ruderlage variierte je nach Stärke und Richtung des Windes. Doch diese Dinge lernt man ja in der Praxis sehr schnell.

Kurz und gut, ich kann nur sagen, daß die SPRAY bei leichtem Wind unter Vollzeug und bei dichtgeholten Schoten nur wenig luvgierig war. Wenn der Wind steifer wurde und ich unten war, ging ich an Deck und drehte das Rad um eine Speiche zur einen oder anderen Seite, band es wieder fest oder, wie Seeleute sagen, belegte es und überließ es dann wieder sich selbst.

Mit Vergnügen würde ich alle möglichen Fragen beantworten, doch ich würde damit mein Buch überladen. Ich kann hier nur sagen, daß man das meiste in der Praxis lernt und daß für den, der das Segeln liebt, neben der Erfahrung der Mutterwitz der beste Lehrmeister ist. Arbeitserleichternde Einrichtungen? Ich hatte keine. Die Segel wurden von Hand geheißt; die Fallen waren durch gewöhnliche Schiffsblöcke mit normalen Patentrollen geschoren. Natürlich wurden alle Schoten achtern belegt.

Das Ankerspill hatte die Form einer Winde; das heißt, die Welle stand waagrecht. Ich hatte drei Anker von 40, 100 und 180 englischen Pfund. Die Winde, der 40-Pfund-Anker und die »Krulle«, der geschnitzte Vorsteven am Ende des Vorfußes, stammten noch von der alten SPRAY. Der Ballast aus Zement war sorgfältig gesichert. Ich hatte weder Eisen noch Blei oder ein anderes Gewicht unter dem Kiel.

Wenn ich mich auch an genaue Abmessungen hielt, so schrieb ich sie doch nicht auf. Selbst nach der längsten Fahrt auf der Slup konnte ich nicht aus der Hand sagen, wie hoch der

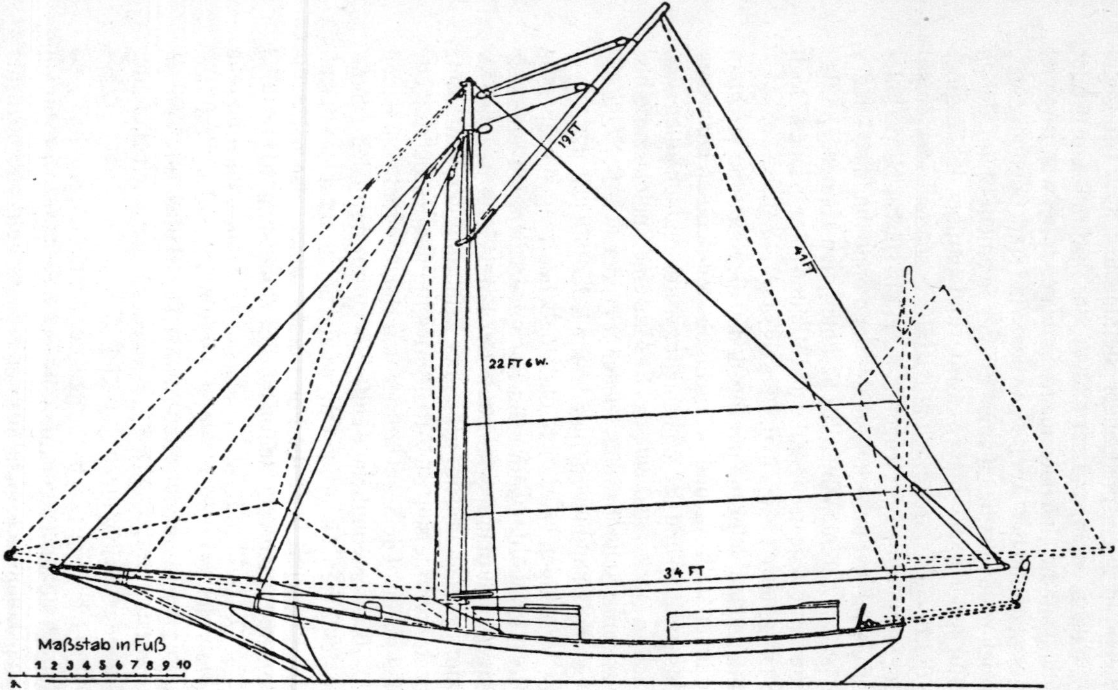

Segelriß der SPRAY

Die durchgezogenen Linien stellen den Segelriß der SPRAY zu Beginn ihrer langen Reise dar. Mit dieser Besegelung überquerte sie zweimal den Atlantik: von Nordamerika nach Gibraltar und von dort aus nach Brasilien. In den südamerikanischen Gewässern wurden Bugspriet, Mast und Baum gekürzt und ein Besanmast gesetzt. Mit diesem Yawlrigg (gestrichelte Linien) legte die SPRAY den Rest der Reise zurück

Mast, wie lang der Baum oder die Gaffel waren. Ich kannte nicht den Segeldruckpunkt, bevor er mich in der Praxis auf See traf, noch scherte ich mich einen Deut darum. Bei einem guten Boot sind mathematische Berechnungen jedoch durchaus angebracht, und die SPRAY hätte ihnen schon standhalten können. Sie war gut ausbalanciert und leicht zu trimmen.

Einige der ältesten und fähigsten Schiffsführer haben gefragt, wie es wohl möglich war, daß die SPRAY selbst vor dem Wind so genau Kurs hielt, was sie ja nun wochenlang fertigbrachte. Einer dieser Herren, ein Kapitän von gutem Ruf und ein Freund von mir, bezeugte vor nicht allzulanger Zeit als Sachverständiger in einem berüchtigten Mordprozeß in Boston, daß ein Schiff nicht so lange Kurs halten könne, daß der Steuermann das Ruder verlassen und dem Kapitän die Kehle durchschneiden konnte. Normalerweise wird es wohl so sein. Ich möchte sagen, daß es bei einem rahgetakelten Schiff wohl immer so ist. Doch als diese Tragödie geschah, war die SPRAY auf ihrer Segelreise um die Welt, und nur ziemlich selten war überhaupt jemand am Ruder. Doch das hätte wohl für den Mordfall in Boston keine Bedeutung gehabt. Aller Wahrscheinlichkeit nach griff sich die Justiz den richtigen Schurken. Mit anderen Worten, bei einem Schiff, das in Form und Rigg dem Schiff glich, auf dem sich diese Tragödie abspielte, hätte ich wohl dasselbe bezeugt wie der nautische Sachverständige im Gerichtsverfahren.

Doch dagegen steht die Reise der SPRAY von Thursday Island bis zu den Keeling Cocos Islands, 2700 Meilen Distanz in 23 Tagen, ohne daß ich von Land zu Land länger als eine Stunde am Ruder war. Kein anderes Schiff der Geschichte brachte je unter ähnlichen Umständen über eine so lange und ununterbrochene Reisestrecke das gleiche Kunststück zustande. Und dabei war es eine angenehme Sommersegelei. Niemand kann die Freude nachempfinden, die man erlebt, wenn man frei und ungebunden über die großen Ozeane segelt – nur die vielleicht, die selber die gleiche Erfahrung gemacht haben. Wenn man diese größte Freude, die Freude, um die Welt zu segeln, erleben will, dann braucht man nicht allein zu segeln, obwohl hier auch damit für mich sehr viel Spaß verbunden war, weil es zum erstenmal geschah. Mein Freund, der Sachverständige der Regierung und gesalzenste aller Salzwasserkapitäne, stand erst gestern an Deck der SPRAY und war von ihren außerordentlichen Eigenschaften überzeugt. Er sprach begeistert davon, seinen Bauernhof auf Cape Cod zu verkaufen und wieder auf See zu gehen.

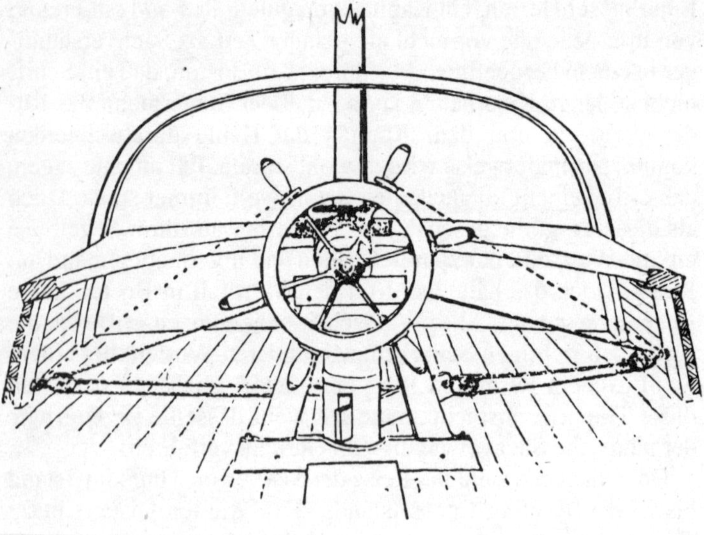

Ruderanlage der SPRAY

Die gestrichelten Linien stellen die Leinen dar, die dazu dienten, auf offener See das Ruderrad festzusetzen.

Jungen Leuten, die über eine solche Reise nachdenken, möchte ich sagen: Tut es! Die Geschichten von der Härte der Seefahrt sind zum größten Teil Übertreibungen, wie auch die Geschichten von den Gefahren der See. Ich hatte eine gute Lehrzeit auf den sogenannten »harten Schiffen« im harten

»Westlichen Ozean«, und ich kann mich nicht daran erinnern, daß ich in all den Jahren dort auch nur einmal »aus den Schuhen gekippt« bin. Solche Erinnerungen haben mich nur noch besser gelehrt, die See zu lieben. Außerdem muß ich sagen, daß die Offiziere auf all den Schiffen, auf denen ich als Junge und als Mann gefahren bin, nicht einmal nur den Finger gegen mich erhoben haben. Ich habe nicht unter Engeln gelebt, sondern zwischen Männern, die auch schon einmal aus der Haut fahren konnten. Ich war aber immer bestrebt, es den Offizieren meines jeweiligen Schiffs recht zu machen, und so kam ich weiter. Ge-

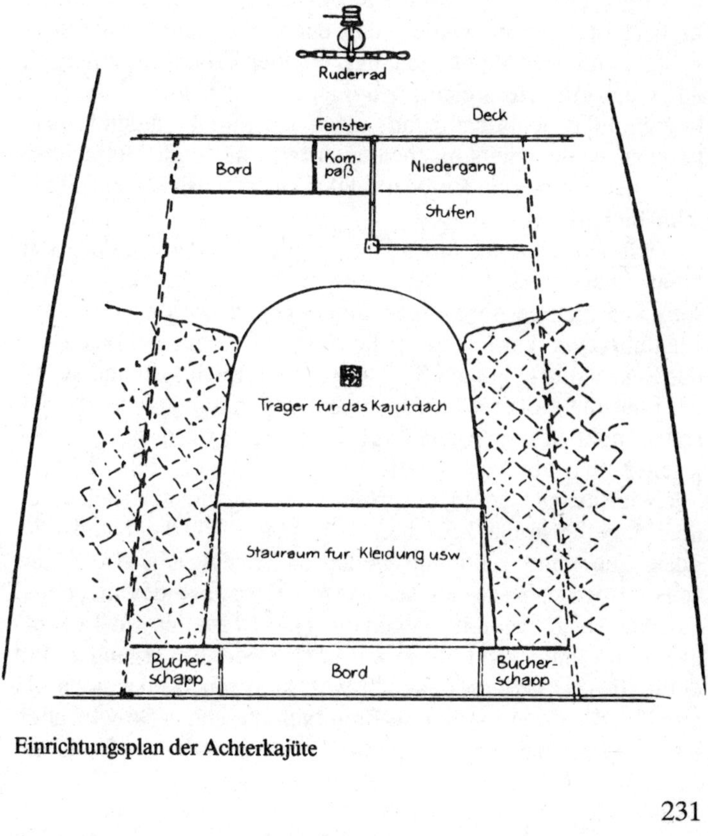

Einrichtungsplan der Achterkajüte

fahren gibt es sicher auf See wie an Land. Doch Verstand und Geschicklichkeit, die Gott den Menschen gegeben hat, reduzieren sie auf ein Minimum. Und auch das gut gebaute Schiff, das wert ist, damit die Meere zu befahren, spielt dabei eine Rolle.

Den Elementen zu trotzen, ist sicher keine leichte Sache, wenn die See sich von ihrer schlimmsten Seite zeigt. Dann muß man die See kennen und wissen, daß man sie kennt, und nicht vergessen, daß sie dazu gemacht wurde, um über sie hinwegzusegeln.

Mit den Plänen der SPRAY habe ich die Abmessungen eines Schiffes wiedergegeben, das unter allen Wetterverhältnissen und für jede See als seetauglich bezeichnet werden kann. Es muß jedoch gesagt werden, daß der Erfolg einer Reise doch weitgehend auch davon abhängt, wieviel Erfahrung mitsegelt. Aber um ein erfolgreicher Navigator oder Segler zu werden, braucht man sich nicht gerade einen Teerkübel um den Hals zu hängen. Andererseits machen auch tiefschürfende Betrachtungen über die passenden Messingknöpfe am Blazer ein Schiff nicht sicherer.

Vielleicht habe ich eines Tages Grund, die Linien der guten alten SPRAY zu ändern. Aber aus meiner beschränkten Erfahrung kann ich nur ihre vollen Linien gegenüber denen rasanter Lustfahrzeuge empfehlen. Erfahrung auf einem Fahrzeug wie der SPRAY dürfte jungen Seglern sehr lehrreich sein und sie für die Führung größerer Fahrzeuge befähigen. Ich glaube, daß ich selbst mehr Seemannschaft auf der SPRAY gelernt habe als auf irgendeinem anderen Schiff, auf dem ich gefahren bin. Vor allem lernte ich Geduld, die größte aller Tugenden, als ich durch die Magellanstraße zwischen dem steilen Festland und dem öden Feuerland hindurchsegelte; da mußte ich wegen des schwierigen Fahrwassers den ganzen Tag am Ruder sitzen und zufrieden sein, wenn ich gegen die Tide 10 Meilen am Tag aufkreuzen konnte. Und als so ein ganzer Monat vergangen und doch alles vergeblich gewesen war, kam mir immer noch ein altes Lied auf die Lippen, während ich die ganze Strecke noch einmal aufkreuzen mußte. Selbst nach 30 Stunden am Ruder im

Sturm war meine Ausdauer nicht erschöpft. Und es war auch nichts Ungewöhnliches für die Besatzung der SPRAY, wenn sie einen Riemen in die Hand nehmen und das Fahrzeug in einer Flaute in den Hafen oder aus ihm heraus wriggen mußte. Die Tage vergingen mir fröhlich, wo auch immer mein Schiff segelte.

DIE REISE
DER LIBERDADE

EIN HURRIKAN, DER PASSAT UND EIN PAMPERO

Die Bark Aquidneck *– Die Besatzung – Die Kapverdischen Inseln – Frio – Löschen in Montevideo*

Um gleich Fahrt aufzunehmen: Es war am 28. Februar 1886, als die Bark AQUIDNECK mit einer Ladung Fett von New York mit Ziel Montevideo absegelte, der Hauptstadt von Uruguay, einem kleinen Landstrich östlich vom La Plata, der von den Einheimischen auch »Banda Oriental« genannt wird. Die AQUIDNECK war ein ordentliches und schönes Schiff von 326 Registertons. Es stammte aus Baltimore, der Hafenstadt, die so viele Klipper hervorgebracht hat. Und da sie selbst unter diesen für ihre schnellen Reisen bekannt war, hatte sie auf vielen Meeren Bewunderer gefunden.

In der Musterrolle standen insgesamt zehn Mann; bei guter Fracht hätte die Mannschaft eigentlich aus zwölf Mann bestehen müssen. Neben der regelrecht ausgewiesenen Crew waren noch ein kleiner Junge von sechs Jahren und seine Mama (deren Alter unwichtig ist) an Bord und den anderen gegenüber privilegiert, da sie keine Nacht raus, das heißt keine Wache gehen mußten. Der Steuermann Victor, der noch viele Abenteuer erleben sollte, bevor er New York wiedersah, war an Bord eines Schiffes geboren und aufgewachsen. Er war von ausgezeichneter Gesundheit und stark wie ein Ankerspill. Auf dem Paketboot CONSTITUTION in San Francisco erblickte er das Licht der Welt und begann auch gleich Befehle herauszukrähen, auf jenem Schiff, das im Sturm vor Samoa verlorenging, kurz bevor dort 1889 das große Schiffsunglück passierte. Garfield, der erwähnte kleine Junge auf diesem Familienschiff, Victors Bruder, wurde im Hafen von Hongkong auf der alten Bark AMETHYST geboren, ist also ein echter Amerikaner, obwohl er in einem ausländischen Hafen zur Welt kam und nur die »Stars and Stripes« für seine Nationalität bürgten. Diese Bark hatte schon 58 Jahre lang Winden und Wogen getrotzt, doch, soweit ich weiß, bis dahin keine so lebhafte Brise erlebt, wie sie an dem ereignisreichen 3. März 1880 um ihre alten Planken herum aufsprang.

Unsere sechs Matrosen stammten aus ebenso vielen Ländern und waren Fremde für mich wie untereinander; nur der Koch, ein Neger, war ein geborener Amerikaner. Und es war schon fast eine Ausnahme, so viele Amerikaner auf einem Schiff zu haben.

Wenn das auch nichts mit dieser Familiengeschichte und der Beschreibung der Mannschaft zu tun hat: Der Tag unserer Abreise war bitterkalt und stürmisch und ließ nichts Gutes für die bevorstehende Reise ahnen, die in der Tat die ereignisreichste meines 35jährigen Seelebens werden sollte. Als wir am Morgen vor der Abreise den Wetterbericht studierten, sahen wir, daß ein Sturm aus Nordwest vorhergesagt wurde und daß sich auch noch einer aus Südwest näherte. »Die Wettervorhersage«, berichteten die New Yorker Zeitungen, »ist nicht ermutigend.« Wir wollten aber doch unbedingt losfahren, denn wir hatten die Mannschaft schon an Bord. Und als alles fertig war, segelten wir dann auch wider besseres Wissen ab. Der Nordwester blies zu dieser Zeit mit 40 Meilen in der Stunde, und bis zum 3. März nahm er bis auf 80 bis 90 Meilen zu. Das war ein Hurrikan; er dauerte den ganzen 3. März an und verursachte uns ernste Sorgen um das Schiff und alle an Bord.

New York erlebte in diesen Tagen einen Nordsturm, dessen Zentrum »irgendwo auf dem Atlantik« war, wie sich der weise Seemann von der Wetterstation ausdrückte, dem der echte alte Salzwasserbuckel heutzutage die Information über heranziehende Sturmtiefs manchmal schon Tage vorher verdankt. Die Vorhersage war korrekt, wie wir bezeugen können. Draußen auf dem Atlantik konnte unsere Bark nur einen kleinen Fetzen als Stagsegel tragen, kaum größer als ein Tischtuch, und damit flog sie diese ganzen dunklen Tage lang »mit Schaum vor dem Mund« vor dem Sturm daher und machte sogar noch gute Fahrt voraus. Riesige Seen wischten in diesem wahnsinnigen Rennen über die Bark, füllten das Deck bis zur Oberkante des Schanzkleids und schüttelten alles ordentlich durcheinander.

Unsere Männer laschten sich fest, jeder auf seinem Posten; alle freien Spieren und Hölzer, die nicht doppelt festgelascht waren, wurden über Bord gewaschen und mit ihnen alle beweglichen Gegenstände, die der wilde Sturm aus ihren Befestigungen riß und zerbrach.

Auch die Kombüse bekam ihren Teil ab. Der Koch selbst entkam nur knapp einer ernsthaften Verletzung durch eine See, die über das Deck donnnerte und Türen, Fenster, Herd, Töpfe, Kessel und auch den Kochkünstler selbst mit sich riß und das ganze Wrackzeug in die Speigatten in Lee schwemmte, wo jedoch zum Glück der Professor obenauf landete. Ein Unfall wie dieser geht einem immer unter die Haut. Wenigstens dämpft er die Gefühle, denn für einige Zeit bedeutet er kaltes Essen, wenn nicht Schlimmeres.

Der Tag nach diesem Mißgeschick war jedoch nicht mehr so schlimm. Eigentlich waren auch schon die ungeheuren Seen, die an Bord gestiegen waren, Zeichen für die Wendung zum Besseren, denn sie konnten nur so hochgehen, weil ihre Geschwindigkeit nachgelassen hatte und der Sturm schwächer geworden war.

Bald hatten wir auch mehr Segel gesetzt, und bei jedem Anzeichen, daß der Sturm weiter abflaute, kamen neue Segel dazu; denn ein Schiff soll nicht faul sein, wenn es vor einer groben See abläuft. So flogen wir voran wie eine Wolke vor dem Wind, setzten Segel auf Segel, bis am 5. März unser Schiff alle seine weißen Flügel ausgebreitet hatte und »über die Wasser spazierte wie ein lebendiges Ding«. Ein paar Tage lang hatten wir jetzt genügend, aber nicht zuviel Wind, und unser Schnellsegler lachte über die Wellen, die ihn zu fangen suchten.

Fröhlich segelten wir Tag um Tag weiter, vorangetrieben von dem günstigen Starkwind, und sahen die Sonne jeden Morgen früher aufgehen, denn wir machten täglich 4 Þ Länge gut. An diesen leuchtenden Tagen hatten wir Zeit genug, uns mit trockener Kleidung für zukünftiges stürmisches Wetter zu versorgen.

So wurden Seekisten und Seesäcke an Deck gebracht, und bei der Freiwache ging ein großes Trocknen und Flicken los, während die Wache an Deck das Schiff in Ordnung brachte. Der »Span«, wie der Zimmermann genannt wurde, besserte die Kombüse aus; die Schienbeine des Kochs wurden verpflastert, und nach ein paar Tagen war alles wieder heil. Die Matrosen waren lustig und liefen in ihren buntgeflickten Kleidern herum; sie erinnerten mich an die gefleckten Kaptauben, und ich konnte mir vorstellen, daß von beiden die Tauben das bessere Leben hatten. Eine Muck mit heißem Kaffee oder Tee, von Seeleuten »verhextes Wasser« genannt, ein Schiffszwieback und ein Stück »gesalzenes Pferd« hatten die Crew wieder frisch gemacht und auch ihre Stimmen wiederhergestellt. So hörte man in der Brise »Reuben Ranzo«, und die Großsegelhalstalje wurde mit »Johnny Boker« durchgesetzt. Während der Nachtwache waren andere herrliche Shanties zu hören. Und wenn die Shanties und das Seemannsgarn ausgingen, unterhielten sie sich darüber, was sie im nächsten Hafen tun oder lassen wollten.

Halt fest, Maat! Halt fest und beleg! Oder die Schlepper in Montevideo werden die neue Jacke überziehen, die du dir selbst versprochen hast, während du vor Kap Horn »Hol aus nach Lee« aussingst, mit einem nassen Socken um den Nacken und mit demselben alten »Schaf« um die Schultern, das schon lange allenfalls dem Namen nach »Schaf« heißt, weil von der Wolle nur noch ein Gespinst übriggeblieben ist. Kurz und gut, du wirst nur noch Kattun tragen, während die Schlepper und Landhaie deine dürftige Heuer unter sich teilen, bis du »in der Flaute« steckst und alles machst, was sie dir bieten.

Nach zehn Tagen kamen wir in den Nordostpassat – Tümmler spielten um den Bug, wie nur Tümmler spielen können. Delphine veranstalteten längsschiffs Regatten, und Fliegende Fische gab es überall. Das war tatsächlich eine glückliche Wende, als ob man in eine andere Welt geschafft worden wäre. Alle Mühen waren jetzt vergessen, denn »die See wäscht allen Jammer von den Menschen ab«.

Eine weitere Woche müheloses Segeln, während an Bord

alles nach der Ordnung lief, und die Kapverdischen Inseln kamen in Sicht. Ein großartiger und prächtiger Anblick war das! Glück zu, *terra firma*! Es ist gut, dich wieder einmal zu sehen! Mittags lagen die Inseln querab, und der frische Passat am Abend trug uns noch vor Einbruch der Dunkelheit außer Sicht.

Die langsame, schwingende Bewegung, mit der unsere Bark über die Seen gleitet, ist sehr angenehm; der Wind steht raum und treibt sie voran, bis sie fast von Kamm zu Kamm springt, als ob sie ihren Begleitern, den Fliegenden Fischen, Konkurrenz machen wolle. Ab und zu schlägt sie in eine See und wirft mit ihrem hübschen Bug Gischt hoch, der im Licht in tausend winzige Tropfen versprüht, die wie eine Strahlenkrone aufleuchten. Wir treten jetzt leichter auf ihre Decksplanken, die ganze kleine schwimmende Welt vor und hinter dem Mast ist fröhlich.

Cabo Frio (das kalte Kap) war der nächste Landfall. Bis wir diesen Punkt erreichten, hatten wir den Atlantik zweimal überquert. Wir hatten zunächst Kurs auf die Kapverden genommen, um von dort aus den SO-Passat raum zu bekommen; von den Inseln auf Frio zu hielten wir Kurs Südwest. Diese letztere Strecke machte einen leichten Bogen, weiter ist von ihr nichts zu berichten. Dann führte unser Kurs durch veränderliche Winde zum La Plata, wo wir einen Pampero erlebten, der uns wie ein Kanonenschuß überfiel und im Rigg einen »Hornpipe« blies, wie man einen schnellen Seemannstanz nennt.

Diese Pamperos (Winde aus den Pampas) sind gewöhnlich ziemlich heftig, doch sie kündigen sich früh genug an: Das erste Anzeichen ist zauberhaft schönes Wetter mit kleinen, flockigen Wolken, die so ruhig am Himmel treiben, daß man ihre Bewegung kaum wahrnimmt; doch sie ziehen voran wie eine Herde Schafe, die ungestört auf einem riesigen azurblauen Feld grast. All dies bemerkten wir und richteten uns danach ein. Dann ballen sich die Wolken allmählich und ohne erkennbare Ursache zu großen Haufen zusammen; ein Zeichen wurde gegeben, das die Elemente erkannten. Als nächstes zuckt ein Blitz hinter den Wolkenmassen hervor, dann folgt in der Ferne ein polterndes Donnern. Das ist eine Warnung, die kein Schiff unbeachtet lassen sollte. »Aufgeien und beschlagen!« war das Kommando. Wenn diese grimmigen Besucher über der See ihre Possen treiben, ist man nur sicher, wenn man alle Segel festgemacht hat und sie vor Topp und Takel erwartet. Höchstens die besten Sturmsegel sollte man anschlagen, aber sicherer ist es, auch die noch zu reffen, bevor der Sturm losbricht. Wenn der erste wilde Ansturm vorbei ist, dann erst geht die See hoch, und man braucht Segelfläche, damit das Schiff ruhiger liegt.

Der erste Angriff des Sturms, der alles vor sich niederwalzte und sogar von den noch flachen Wellen die Kämme abwehte, bot einen wilden und furchteinflößenden Anblick. Aber wir brauchten hier keine Angst vor einer Leeküste zu haben, denn der Pampero kommt von Land, wie sein Name schon sagt.

Nach dem Sturm gab es eine Flaute; dann kamen günstige Winde auf, die uns schließlich in unseren Zielhafen trugen: Montevideo. Am 5. Mai gingen wir dort vor Anker und bereiteten uns nach dem Besuch des Zolls auf das Löschen der Ladung vor. Die Ladung wurde mit Leichtern zur Pier und von dort zu den Lagerhäusern gebracht, wo die Verantwortlichkeit des Schiffs gegenüber dem Besitzer der Güter endet. Doch nicht vorher endet die Haftung des Schiffs oder die Sorge des Kapitäns um die Handelsgüter, die ihm anvertraut sind. Auf See und an Land hat eindeutig der Kapitän die Verantwortung.

DIE »BOMBELIA«

Montevideo – Bettler – Nach Antonina für Mate – Von Antonina nach Buenos Aires

Montevideo ist die Schwesterstadt von Buenos Aires und von beiden die schönere, wenn man von See her kommt; sie ist höher, stolzer gelegen und hat wie Buenos Aires viele schöne Herrenhäuser, anmutige Frauen, liberale Schulen und einen Friedhof von großer Pracht.

In Montevideo gibt es Bettler, die auf Pferden sitzen (Pferde sind billig). Sie kommen an einen herangaloppiert und flehen einen weinend an: »Um der Liebe Christi willen, Freund, schenk' mir eine Münze, damit ich mir Brot kaufen kann.«

Von »Monte« gingen wir nach Antonina in Brasilien, um dort eine Ladung Mate zu übernehmen, eine Art Tee, der als Getränk zubereitet bekömmlich und erfrischend ist. Die Einheimischen trinken ihn auf sehr gesellige Art durch ein Röhrchen, das in eine Silberschale oder Kalebasse gesteckt wird, oder was gerade zur Hand ist, »wenn sich durstige Nachbarn treffen«. Dann schlürfen alle in Seligkeit durch dasselbe Röhrchen. Doch die Eingeweihten haben keine Vorurteile. Die »Bombelia«, wie es genannt wird, muß für alle reichen. Man kann sie nachfüllen, damit der Trank ganz herumgeht, und dies auch mehrere Male, wenn die Gesellschaft groß ist. Das geschieht mit wenig Zeitverlust. In den Krug oder die Kalebasse kommen ein Löffel von den Kräutern und zwei Löffel Zucker auf etwa einen Liter Wasser, das kochend heiß darüber gegossen wird, und fertig ist das Getränk. Doch wenn es einen besonderen Luxusgeschmack bekommen soll, legt man zuvor ein Stück glühende Kohle auf den Boden des Gefäßes.

Dann geht der Topf wieder rund, wobei man dort anfängt, wo man zuvor ausgesetzt hatte. Glücklich ist der Fremde, der den ersten Zug am Röhrchen tun darf, doch die Eingeweihten haben keine Vorurteile. Während ich in diesem Land war, nahm ich oft an den geselligen Mate-Runden teil und hatte schließlich auch Spaß an einer eigenen »Bombelia«.

Die Leute in Antonina (eigentlich alle Menschen, die wir in Brasilien trafen) waren freundlich, außerordentlich gastfrei und höflich. Im allgemeinen lebten sie sparsam, und ihre Wünsche gingen kaum über ihre Möglichkeiten hinaus. Die gebirgige Szenerie, auf die man vom Hafen von Antonina blickt, war eine wahre Augenweide. Ich habe keinen Ort auf der Welt gesehen, der grandioser und gefälliger war. Auch das Klima war tadellos und gesund. Der einzige Arzt am Ort lief in einem Mantel mit durchgescheuerten Ellbogen herum; es mangelte ihm an Klientel. Antonina ist ein angenehmer Hafen.

Wir hatten hier auch musikalische Unterhaltung an Bord. Zuzuschauen, wie diese brasilianischen Sänger ihre schönen weißen Zähne zur Schau stellten, war gut für das Gemüt eines von der See gebeutelten Seemanns. Eine der Nymphen sang für mich ein Benefizlied, über das alle viel lachten. Sie sang in einem einheimischen Dialekt, so daß ich den Text nicht verstehen konnte, aber ich lachte natürlich mit den anderen mit, und das fanden sie nun erst recht lächerlich; ich mußte also annehmen, daß es auf meine Kosten ging. Es machte mir nichts aus.

Mit Mate kamen wir nach Buenos Aires, wo die Ladung auf gleiche Weise wie in Montevideo gelöscht wurde – mit Hilfe von Leichtern. Aber in Buenos Aires lagen wir viermal so weit vom Ufer entfernt, etwa vier Meilen.

Das Kraut oder *herba maté* wird in Fässer, Kisten oder Säcke aus Ochsenleder verpackt. In diese Säcke wird der Inhalt fest hineingestopft, solange die Haut frisch und elastisch ist, und so wird das Ganze hart wie ein Kanonenball, wenn sich das Leder beim Trocknen zusammenzieht. Die erste Ladung *soroes* – so werden diese Mate-Säcke genannt –, die im Verladehafen zur Bark kam, erspähte der kleine Garfield. Die Säcke waren, die haarige Seite des Leders nach außen, im Leichter bis hoch über das Schandeck gestapelt und boten einen recht seltsamen Anblick. »Oh, Papa!« rief er. »Da kommt eine Ladung Kühe! Alle Mann Hand anlegen, holt sie rein!«

CHOLERA

Rettung für eine Ladung Wein – Seemannsglück – Tod an Land – Dutch Harry – Pete der Grieche – Berüchtigte Matrosenwerber – Boot verloren – Unter Segeln nach Ilha Grande – Aus dem Hafen verbannt – In ernster Bedrängnis

Von Buenos Aires gingen wir weiter den La Plata hinauf bis fast an den Zusammenfluß von Paraná und Paraguay, um von der gestrandeten Brigg NUOVO SAN PASCUAL aus Marseille eine Ladung Wein abzubergen.

Die Strömung läuft an dieser Stelle des großen Flusses beständig seewärts. Er ist selbst fast ein Meer, und zwar ein gefährliches; daher der Verlust der SAN PASCUAL und vieler anderer Schiffe zuvor.

Wenn wir oder einer von uns vorher wie die alten Seefahrer gerufen hätten: »Wasser, Wasser überall, und nicht ein Tropfen zu trinken«, so hätten wir es jetzt in diesem freigebigen Strom vergessen. Auch Wein hatten wir unbeschränkt zur Verfügung. Der Vertreter der Versicherung rollte ein Faß vom besten herbei und schlug den Zapfen heraus, damit es keine Entschuldigung für ein Herumpfuschen an der Ladung gab. Ein paar Fässer wurden aber doch noch beim Transport angestoßen, und die Kleider der Matrosen, die sie auf dem Körper trugen, wurden von oben bis unten mit Wein durchtränkt.

Abwechslungsreiches Seemannsleben – ach ja! Die Erfahrung von Dana und seinen Schiffskameraden, die an einer sonnenverbrannten Küste getrocknete Häute auf dem Kopf beförderten, mochte auch für uns noch auf Lager sein, wenn nicht Schlimmeres. Jetzt schwammen wir wortwörtlich im Luxus, denn Wasser und Wein waren gratis. Wenn auch unserem gegenwärtigen Glück vielleicht weniger freundliche Zeiten folgen sollten, so nahmen wir es doch lieber als Ausgleich für vergangenes Unglück und hielten uns an die Devise, daß ein Unglück –

und warum dann nicht auch ein Glücksfall? – selten allein kommt.

Der Wein wurde nach einiger Zeit mit nur geringen Verlusten in Rosario angelandet, und bis auf einen blieb die Mannschaft auch nüchtern genug, so daß wir sogar auf dem schwierigen Paraná fahren konnten. Doch der eine alte Sünder, von dem ich spreche, ein alter Labrador-Fischer, entwickelte sich zu einem nutzlosen Trunkenbold, obwohl wir uns mit ihm alle Mühe gaben. Ich sage »wir«, denn der größte Teil der Mannschaft war auf meiner Seite; sie waren ja anständig behandelt worden und hatten regelmäßig zu essen bekommen.

Der Laderaum wurde verschalkt und verschlossen, und jede Stelle im Schiff, die uns nur einfiel, suchten wir eine Zeitlang ab. Dan war immer noch schrecklich betrunken. Schließlich drehten wir seine Matratze um, und hervor rollte ein Dutzend oder mehr Flaschen vom Besten. Es gab einen Krach, von Dan inszeniert; er schwor dem blutige Rache, der diesen »Grog« in seiner Koje verstaut hatte, »um ihn in Schwierigkeiten zu bringen«; ein paar von diesen jungen Leuten »würden es schon noch bereuen.«

Als der Wein gelöscht war, übernahm ich Luzerne in Ballen als Fracht für Rio. Um diese Zeit waren viele überraschend plötzliche Todesfälle aufgetreten; wir erfuhren schon bald, daß die Cholera uns ins Gesicht starrte und daß sie sich rasch über das Land ausbreitete und Krankheit und Tod in Dörfer und Städte brachte.

Sie kam uns erschreckend nahe und rief unseren Lotsen in die Schranken. Einen Tag, nachdem er unsere Bark an den Verladeplatz gebracht hatte, war seine Frau Witwe. Und der junge Mann, der uns anfangs die Fracht gebracht hatte, war einen Tag später an der Reihe. Sein Schiff war im Hafen angekommen.

Viele starke Männer und viele, viele Frauen und Kinder erlagen der Geißel; doch unser großes Vorrecht war, durch die dunkle Wolke zu kommen, ohne einen unserer Lieben zu verlieren, während Tausende von schmerzlichem Verlust und Kummer niedergeworfen wurden. Einmal schien es, als seien wir mitten im Zentrum der Wolke, die ihren häßlichen Körper schlangengleich durch das Land wand, alles, was er berührte, vergiftete und in seinem Kielwasser den Tod zurückließ. Dies war wahrlich Cholera in ihrer schrecklichsten Form!

Einen armen Kerl sah ich verwirrt im Hotel »Widow Lacinas« sitzen. »Noch vor 48 Stunden saß ich an meinem eigenen Herd«, sagte er, »meine Frau und meine drei Kinder an meiner Seite. Jetzt bin ich allein auf der Welt! Sogar mein armes Haus ist niedergerissen.« Dieser Mann hatte wahrlich Sorgen; sein ganzes Haus war niedergerissen!

Es gab keine Möglichkeit, vor dem Gift zu fliehen oder es fernzuhalten, außer durch regelmäßige und systematische Anwendung von Desinfektionsmitteln; denn es breitete sich bald über das ganze Land aus, und die Luft war voll damit. Arzneien wurden so teuer gehandelt, daß viele ohne den Versuch medizinischer Hilfe umgekommen sein müssen. Es gab einen Aufschrei gegen gewissenlose Apotheker, die ihre Arzneimittel zu überhöhten Preisen verkauften; doch es wurde nichts weiter unternommen, um ihrer Habgier Schach zu bieten. Kampfer kostete vier Dollar das Pfund, und ein Apotheker mit ein paar hundert Tropfen Laudanum und ebensoviel Chlorodyne konnte hinterher allein vom Profit aus diesen Verkäufen durch Europa reisen.

In Rosario begruben wir zu dieser Zeit unseren jungen Freund, Kapitän Speck, der von jung und alt gleich viel geliebt wurde. Seine Freunde fragten nicht, ob er an Cholera oder etwas anderem gestorben war, sondern erfüllten den letzten Akt der Freundschaft, wie es sich für Männer von Herz und Gefühl schickte. Der Priester konnte an diesem Tag nicht kommen, doch Kapitän Specks kleiner Freund Garfield sagte: »Die Flaggen sind gesetzt, damit die Engel kommen und den Kapitän in den Himmel bringen!« Mußte mehr gesagt werden?

Und die Flaggen flatterten den ganzen Tag.

Dann mußten wir eine Erinnerungstafel aufstellen und, was am schlimmsten war, der Witwe und den Waisen schreiben. Wir vollbrachten es dort in Santa Fé auf schlichte Art, doch mit Mitgefühl und Schmerz.

Danach verbrachten wir in Rosario trübsinnige Tage, die sich auf Wochen und Monate ausdehnten, und unsere Gedanken wanderten häufig in die glücklichere Vergangenheit. Wir wünschten uns fort in ein anderes Klima. Nur eine glückliche Seele gab es unter uns – das Kind, dessen Gesicht in jedem Wetter und zu jeder Zeit wie ein Sonnenstrahl war, glücklich in seiner Unkenntnis des Bösen, das das Los des Menschen ist.

Schließlich kam der Tag der Abfahrt von Rosario; und mit einem Gefühl, als ob wir unsere Fesseln sprengten, machten wir die Leinen los und verholten die Bark mit voller Ladung in den Strom. Doch statt daß wir vertragsgemäß nach Rio segeln konnten, hatte uns der brasilianische Konsul angewiesen, Ilha Grande (die große Insel), die Quarantänestation für Brasilien, etwa 62 Meilen westlich von Rio, anzulaufen, damit wir dort desinfiziert und die Ladung in Quarantäne gegeben werden konnte.

Eine neue Mannschaft wurde angeheuert und an Bord gebracht. Doch während ich mittags meine Papiere holte, stahl sie eines der Beiboote und floh so schnell sie konnte den Fluß hinunter. Ich habe weder sie noch mein Boot seitdem wiedergesehen. Sie desertierten alle – die ganze Bande! Und sie nahmen neben dem Boot einen Monatslohn mit, den sie im voraus von einem gewissen Mr. Dutch Harry, einem auf Matrosen spezialisierten Heuerbaas, bekommen hatten, der mir schon meine erste Mannschaft stahl, um, wie er sich später brüstete, »neue Leute an ihrer Stelle anheuern zu können«. Da nun dieser niederträchtigste aller Matrosenpresser das Geld verloren hatte, konnte ich den Kerlen fast den Diebstahl meines Boots verzeihen. (Normalerweise ist das Schiff 24 Stunden nach dem Absegeln für die im voraus gezahlte Heuer verantwortlich, wenn die Matrosen auf ihm in See gehen). Ich wußte ja nun, von welchem Schlag sie waren, unwürdig der Bezeichnung Seemann, und so war mein Schiff besser ohne sie dran, auch wenn ihr Abgang das Boot gekostet hatte.

Doch daß Dutch Harry der niederträchtigste aller Matrosenpresser ist, will ich zurücknehmen. Es kam ein noch schlimmerer als er nach Rosario, »Pete der Grieche«. Er hatte einem rivalisierenden Seelenverkäufer an der »Boca«, der Mündung, die Ohren abgeschnitten und ihn in den Fluß geworfen. Auf seiner Flucht kam er nach Rosario, etwa 180 Meilen weiter stromauf, und ließ sich hier im gleichen Geschäft nieder, und zwar genau gegenüber von dem »Dutchman«, den er wenig später »shanghaite«, um dann »freundlich und in Frieden an seiner Stelle zu regieren«.

Ein Kapitän, der wie ich selbst unter den Plünderungen dieses berüchtigten Edelmannes gelitten hatte, erzählte mir voll Freude, er habe Harry auf einer mit Knochen beladenen ausfahrenden italienischen Bark gesehen – »fast schon außerhalb der Flußmündung«. Das Letzte, was mein Freund, der Kapitän, von ihm sah, »hing unter den Spieren«, ein Tau um den Nacken; sie hatten ihn wohl aufgeknüpft – jedenfalls konnte ich mir nicht vorstellen, wofür das Tau sonst gut sein sollte oder wer mehr verdiente, gehenkt zu werden. Der Kapitän strahlte vor Freude: »Mindestens bekommt er eine Zeitlang Knochensuppe statt auf unsere Kosten gute Hammelkeulen aus Santa Fé.«

Meine zweite Crew lieferte der erwähnte Mr. Pete, und am 17. Dezember segelten wir von diesem Land der Revolutionen ab. Bald hatte sich alles im normalen Arbeitsgang eingespielt, und ich hatte Grund, mich über den Wechsel der Crew zu freuen. Wir glitten sanft den Fluß hinunter und wünschten, Rosario nie wieder unter ähnlich elenden Umständen sehen zu müssen, wie es sie gerade durchgemacht hatte.

Am folgenden Tag ließen wir uns von einer leichten Brise schieben, die das Wasser nur eben kräuselte. Da sahen wir einen Hund in der Strömung, der in den ziemlich starken Strudeln herumzappelte und offensichtlich nicht von alleine herauskam; er war sehr erschöpft. Als wir näher heran waren, machten wir das Großmarsfall am Mast fest, und nachdem wir das arme Ding erreicht hatten, sprang ein Matrose im hohen Bogen über Bord und band dem Hündchen den Tampen um, während ein anderer ihn vorsichtig an Bord hievte, und damit war die Rettungsaktion vollbracht. Es war ein hübscher, junger Apportierhund. Seine intelligenten Zeichen der Dankbarkeit für die Rettung vor dem Ertrinken waren kaum weniger eloquent als die menschliche Sprache.

Dieser Zwischenfall geschah an einem Freitag, und so stand natürlich der Name für das Tier fest. Sein neuer Herr war selbstverständlich Garfield, der auch sofort sagte: »Ich glaube, sie werden mich nicht wiedererkennen, wenn ich nach Hause komme – mit meinem neuen Anzug und mit einem Hund!« Die beiden tobten von da an von früh bis spät auf Deck herum. Es machte Spaß, ihrem Herumbalgen zuzuschauen, während »Freitag« vor Freude bellte.

Wir hatten jetzt zahlreiche Haustiere, und alle schienen glücklich, bis eines Tages eine Katze, ein blinder Passagier, den armen, kleinen »Pete«, unseren Kanarienvogel, tötete. Zehn oder mehr Jahre lang hatten wir in vielen Ländern in den unterschiedlichsten Klimagebieten den Lauten dieses winzigen Vogels gelauscht. Schließlich wurde der reizende und wohltönende Sänger im großen Atlantik begraben. Eine fremde Katze, ein sorgloser Steward, und sein kleines Leben war zu Ende – und damit ist die Tragödie erzählt. Es war tatsächlich für uns alle ein großer und vielbeweinter Verlust – fast wie der Verlust eines Kindes.

Zu einem Buch, das man auf See liest, entwickelt man eine Art Freundschaft, und man trennt sich nur ungern von ihm, selbst für ein besseres Buch. Und von dem bewährten Freund vieler Reisen trennt man sich natürlich noch unwilliger. Ein Ruheplatz in der immer gleich eintönigen See – im weglosen Ozean, über den sich nur in unserer Vorstellung Linien und Bögen ziehen – ist ein freudloser Anblick; doch wie viele haben dort einen Schatz liegen!

Zurück zur Reise und zum Logbuch: Unser Lotse erwies sich als unfähig, und wir entgingen deshalb nur knapp einer Strandung an der Martin-Gracia-Barre, einer gefährlichen Stelle im La Plata. Der Kapitän eines kleinen Schoners sah zu, wie wir unnötigerweise seinem Kurs folgten, und da er offenbar kein echter Seemann war, warnte er uns nicht, sondern hatte wohl seinen Spaß daran, wie wir auf unser Unglück zuliefen. Während ich meinem Lotsen vertraute und er (der Lotse) dem Schoner, der über Barren und Sandbänke gehen konnte, wo wir mit Sicherheit auflaufen mußten, ging der Bursche noch dichter an eine gefährliche Stelle heran, und mein Lotse folgte dankbar in seinem Kielwasser nach. Dann, als wir die Untiefe querab hatten, sprang er auf die Heckreling seines Schiffs und schrie wie ein Comanche meinem Lotsen zu: »Ruder Backbord!« Und was tat mein hammelköpfiger Dümmling? Er legte das Ruder hart Backbord! Die Bark lief natürlich sofort auf Grund, wie der andere geplant hatte, und mit seiner gesamten Piratencrew – denn sie waren wohl kaum etwas anderes als Piraten – brach er in ein brüllendes Gelächter aus, segelte jedoch weiter und fügte uns keinen weiteren Schaden zu.

Mit größten Anstrengungen bekamen wir die Bark frei; doch keinen Augenblick zu früh, denn sobald wir sie mit dem Warpanker ins Tiefe verholt hatten, brach ein Pampero über uns herein. Dank einer tatkräftigen Mannschaft ritt sie den Sturm sicher vor Anker ab. Dann füllten wir unsere Wassertanks und -tonnen wieder, die wir geleert hatten, um der Bark in ihrer gefährlichen Lage mehr Auftrieb zu geben.

Am nächsten Abend legte sich der Sturm, und unser Schlicklotse verließ uns auf einem vorbeikommenden Flußschiff; er nahm seinen Lohn mit und unseren guten Rat, sich lieber auf einem Bagger anheuern zu lassen, wo man seine Talente wohl besser schätzen würde.

Jetzt spielten wir selber den Lotsen und erreichten ohne weitere Zwischenfälle das Feuerschiff; wir passierten es genau am Weihnachtstag. Noch bevor die Nacht kam, waren wir klar von der Englischen Bank und allen anderen Gefahren des Landes und nahmen bei günstigem Wind Kurs auf Ilha Grande. Alle an Bord stießen einen Seufzer der Erleichterung aus. Wenn je die »alte Salzlache« freudig begrüßt wurde, dann an diesem Weihnachtstag.

Auf der Reise nach Brasilien passierte sonst nichts Erwähnenswertes mehr, außer dem Tod des kleinen Vogels, von dem ich schon erzählt habe.

Unser Ziel Ilha Grande erreichten wir am 7. Januar 1887; mittags ankerten wir auf neun Faden Wasser in Schußweite vom Wachschiff und in Rufweite von verschiedenen anderen Schiffen, die auf Quarantäne lagen. Sie machten sich untereinander mehr oder weniger durch Flaggensignale verständlich. Ein paar Schiffe, die unter den Einschränkungen durch die Quarantäne litten, »feuerten« regelrecht Signale auf das Wachschiff ab. Ich erinnere mich zum Beispiel an einen Skandinavier, der darum bat, mit seinem Reeder in Christiania über Kabel sprechen zu dürfen. Das Wachschiff gab ihm, wie die Iren sagen, eine »ausweichende Antwort«; so blieb die Kabeldepesche vermutlich liegen. Ein anderer wollte Polizeihilfe; ein dritter wollte wissen, ob er frischen Proviant bekommen könne – für zehn Milreis (er war Deutscher) –, und er nannte ein Dutzend oder mehr Artikel, die er haben wollte, »und für den Rest Zwiebeln«. Jedenfalls bekamen die jungen Leute auf dem Wachschiff gute Praxis im Signalisieren mit Flaggen.

Am nächsten Tag, dem 8. Januar, kamen die Hafenoffiziere in einer Dampfbarkasse längsseits und befahlen uns, auszulaufen, da der Hafen am gleichen Morgen geschlossen worden sei. »Aber wir sind extra hierher gekommen«, sagte ich. »Das ist gleich«, antwortete der Posten, »Sie müssen sofort abfahren, sonst feuert das Wachschiff auf Sie.« Das war eine barsche und willkürliche Behandlung. Ein Blitzschlag aus heiterem Himmel hätte uns nicht mehr überraschen oder uns größeren Schaden zufügen können – schließlich macht es wenig Unterschied, ob man vom Blitz getroffen oder sonstwie geschäftlich ruiniert wird.

Dom Pedro deutete auf etwas, das wie ein Gewehr aussah, und sagte: »*Vaya Homem!* (Fort, packt euch!) Oder ihr werdet uns die Cholera bringen.« So mußten wir den ganzen Weg zurück nach Rosario mit dieser Ladung Heu – und mit Sorgen. Doch bei unserer Ankunft dort fanden wir alles besser vor. Die Cholera hatte sich gelegt – sie war schon im Abklingen, als wir von Rosario absegelten, und als wir zurückkamen, gab es kaum noch einen einzigen Fall im ganzen Land östlich von Cordoba.

Das war natürlich ein Trost, änderte aber nichts an unserem Unglück, das schließlich nach qualvollen Heimsuchungen zum Totalverlust des Schiffes führte, wie die folgenden Ereignisse zeigen werden.

EIN RUINÖSER HANDELSKRIEG

Das Dekret von Ilha Grande – Rückkehr nach Rosario – Warten auf die Öffnung der brasilianischen Häfen – Matrosen sind knapp – Freibeuter als Lotsen – Unter Segeln den Fluß hinunter – Zum zweitenmal vor Ilha Grande – Quarantäne und Ausräucherung – Genehmigung zum Verkehr mit dem Land – Unter Segeln nach Rio – Noch ein Zwangshalt – Endlich Rio

Dieses Dekret von Ilha Grande, sicherlich politisch motiviert, brachte uns großen Ärger, obwohl es von den Brasilianern nur als Vergeltung für vorangegangene Beleidigungen durch ihre argentinischen Nachbarn gedacht war – nämlich für schikanöse Quarantäne wegen des Rio-Fiebers und für diskriminierende Zollbestimmungen für Zucker aus dem brasilianischen Kaiserreich. Es gab eine ganze Reihe von Handelshindernissen, mehr jedenfalls, als die empfindlichen Brasilianer vertragen konnten – und so waren sie so gereizt, daß eine Art Vergeltungsfieber, heißer als das *febre marello*, aufkam und sie sich entschlossen, ihren republikanischen Nachbarn eine Lehre zu erteilen. Doch sie wollten Vergeltung ohne Krieg, und das schafften sie auch. Die Häfen zu schließen am Beginn der wichtigsten Saison für argentinische Exporte nach Brasilien, und das noch mit einer plausiblen Entschuldigung, nämlich der Angst vor Magenschmerzen, dieser Schachzug erfüllte die Argentinier tatsächlich mit Bewunderung für die ihnen ebenbürtige Strategie, so daß sie bei erster Gelegenheit zwei öffentliche Feiertage zu Ehren des glänzenden Brasilien ausriefen. So wurde zur Freude aller der Streit beigelegt – mit Feuerwerk und Champagner!

Zur Freude aller, nur nicht zur Freude des Eigners und der Mannschaft der AQUIDNECK. Unsere Bark mußte dahin zurück, woher die Fracht kam, und das brachte einen ruinösen Verlust von Zeit und Geld. Wir liefen den ersten offenen Hafen an und telegrafierten dem Eigentümer der Fracht, bekamen aber keine

Antwort. Von dort segelten wir nach Buenos Aires und baten noch einmal telegrafisch um Anweisungen. Die Offiziere des Wachschiffs krümmten sich vor Lachen, als sie meinen Bericht aus Brasilien hörten, während ich, wie ich gestehe, den Witz durchaus nicht begriff. Nach zwei Tagen Warten kam vom Eigentümer der Fracht diese diplomatische Antwort: »Handeln Sie, wie es die Lage erfordert.« Dazu hörte ich verschiedene Meinungen. Jemand schlug vor, die ganze Ladung in die See zu kippen; die Lage erlaubte es!

Ich habe seitdem immer wieder bedauert, daß ich seinem Rat nicht folgte. Nirgendwo schien es Schutz für das Schiff zu geben; das Gesetz, daß einem Schiff zu leben erlaubt sein muß, wurde nicht mehr beachtet. Tatsächlich wurde dieses Gesetz ins Gegenteil verkehrt, und es gab Bauernfänger und Landhaie hinter jeder Ecke, bereit, Vorteil aus dem Mißgeschick zu schlagen oder einen gar völlig zur Verzweiflung zu treiben. Ich beschloß endlich, daß ich die ganze Sippschaft loswerden wollte, fuhr den Paraná hinauf und ankerte wieder an dem gleichen Liegeplatz, wo wir ein paar Wochen zuvor die Fracht übernommen hatten. Hanger und Gei wurden geriggt und das Ladegeschirr zum Löschen fertiggemacht. Jetzt ging es auf Biegen oder Brechen! Mir war jetzt alles gleich, und immerhin hatte ich *ein* Recht auf meiner Seite, und das behielt ich immer im Auge, nämlich das Recht, die Ladung dort wieder zu löschen, wo ich sie zuerst übernommen hatte. Doch wußte ich nicht, woher ich das Geld für Ballast oder andere Fracht nehmen sollte.

Mein Großhändler kam in großer Sorge über »mein Mißgeschick« zu mir. »Caramba!« sagte er, »meine eigenen Verluste sind groß.« Er brauchte nicht lange zu argumentieren, um mir klarzumachen, daß das billigste Verfahren für mich zugleich das sicherste war. Und da er mir anbot, für meine Einkäufe zu bezahlen, hielt ich es für das beste, die Ladung an ihrem Platz zu lassen und mit dem Schiff hier zu warten, bis die brasilianischen Häfen wieder geöffnet wurden. So tat ich es.

Don Manuel, der Händler, wird auf ein paar Millionen Pesos geschätzt. Sein Reichtum gründet auf dem Hausieren mit Holzkohle, die er, wie zu seinen Gunsten gesagt werden muß, zunächst auf dem eigenen Rücken herumschleppte; damals war er ein netter Bursche. Seitdem hat er viele harte Geschäfte gemacht, ist jetzt ein »Don« und lebt in einem 90000-Dollar-Haus. Er geht auch nicht mehr mit Holzkohle hausieren.

Vor Anker in Rosario – warten, warten. Doch alle waren gesund und auch ich schließlich weniger beunruhigt. Auch meinen alten Freund, Don Manuel, schien es besser zu gehen; vielleicht stimmte es, was man von ihm sagte: Er hätte sich geläutert und lebte jetzt sauber wie ein Ehrenmann.

Bei der Rückkehr nach Rosario fand ich einige der alten Matrosen nicht mehr vor; die Geißel hatte sie niedergestreckt, um Platz für andere zu schaffen, während vor allem jene, über die es sich weniger zu klagen gelohnt hätte, übriggeblieben waren. Von allen Schiffsagenten, die ich in Rosario kannte, und ich kannte viele, war nicht einer abhanden gekommen. Sie kamen alle davon, sie waren, wie man sagte, »epidemiefest«. Da war zum Beispiel mein Agent, Don Christo Christiano – »El Sweaga«, der Schwede, nannte ihn Don Manuel –, den nichts auf die Dauer unterkriegen konnte, außer vielleicht eine amtliche Untersuchung.

Schließlich kam am 9. April 1887 die Nachricht, daß die brasilianischen Häfen offen waren. Die Cholera war schon lange aus Santa Fé und Buenos Aires verschwunden. Die Brasilianer hatten ihre eigenen Fleischtrockenanlagen aufgebaut und konnten sich jetzt leisten, die Häfen wieder dem Wettbewerb zu öffnen. Das verursachte große Aufregung unter den Schiffen. Überall wurden aus den wenigen Bordellen, die während der Cholera nicht niedergerissen worden waren, Mannschaften zusammengefischt, ebenso von den Straßen und Feldern. Einige kamen auch direkt aus dem Busch. Unter ihnen waren viele, die überall im Land aus den Gefängnissen entlassen worden waren, damit die Plage nicht durch überfüllte Gefängnisse noch bessere Nahrung finden sollte. Von sechs Leuten, die ich anheuerte, waren vier auf diese Weise aus dem Gefängnis entkommen, wo sie wegen Mord oder Straßenraub einsaßen; all dies erfuhr ich jedoch erst, als es zu spät war. Ich werde bald wieder Gelegenheit haben, von ihnen zu erzählen.

Nun, wir gingen ankerauf und ließen uns am erstenTag ein paar Meilen den Fluß hinabtreiben – mit dieser Crew, der übelsten Bande, die je einen Fuß auf eines meiner Schiffe gesetzt hatte, und mit einem dunkelhäutigen griechischen Lotsen, den man in jedem Teil der Welt für einen Piraten gehalten hätte. Der zweite Steuermann, auch in Rosario angeheuert, sah nicht viel besser aus und hatte zusätzlich zu seiner natürlichen Häßlichkeit auch noch eine tiefe Narbe quer über das Gesicht, die an einen schweren Säbelhieb denken ließ – ein Zeichen, das er, wenn ich an die weiteren Ereignisse denke, wahrscheinlich verdient hatte. Nach der ersten Bekanntschaft mit meiner neuen und entschieden übel aussehenden Mannschaft hatte ich keine Ruhe mehr. So brachte ich die Bark früh am ersten Abend vor Anker und machte vor Dunkelheit vorsichtigerweise alles seetüchtig. Am nächsten Morgen kam der Grieche zu mir und forderte – statt, wie ich erwartet hatte, die Bark in Fahrt zu bringen – mehr Lohn für seine Dienste, wobei er wohl dachte, daß ich ohne ihn nicht auskommen könnte. Wenn ich ihm nicht wesentlich mehr als sein normales Lotsengeld bezahlen würde, wollte er an Land gesetzt werden. Ich nahm den Burschen beim Wort. Zusammen mit seiner Reisetasche wurde er ohne großes Palaver an Ort und Stelle auf einer Sandbank abgeladen. In der Mannschaft hieß es dann, so hörte ich später, daß er wohl ins Kielwasser irgendeines Schiffes fallen und sein Lotsengeld sparen würde; sie wußten nicht, was er sonst noch tun konnte, denn seine Lotsenkollegen waren alle auf anderen Schiffen beschäftigt.

Um sein Geld sorgten sich alle – schließlich auch um die AQUIDNECK! Im Morgengrauen des folgenden Tages ging sie ankerauf und befand sich bald an der Spitze einer Flotte von Schiffen, die alle mit Lotsen besetzt waren. Und da sie der schnellste Segler war, hielt sie auch leicht die Führung und war eines der Fahrzeuge, die nicht strandete, wie alle Lotsen voraussagten, während sie die Schultern bis über die Ohren hochzogen und schrien: »Kein *practico*, nicht *possebla!*« Das war nun meine zweite Fahrt den Paraná hinunter, und ich war auch schon auf anderen ebenso wundervollen Flüssen gefahren. Schließlich hatte ich auch Mark Twains »Leben auf dem Mississippi« gelesen, das endlose Informationen gibt über Flußströmungen, Windriffe, Sandriffe, Alligatorengewässer und alles, was man so über Flußschiffahrt wissen muß. So vertraute ich auf meine eigenen Fähigkeiten. Alles, was erforderlich war, war die Erregung, wie sie dieser unverschämte Lotse oder besser Freibeuter verursachte – wie man ihn auch immer bezeichnen wollte, jedenfalls war er kein echter Seemann!

Ein starker, raumer Wind und die Strömung trugen uns schnell den Strom hinunter, während wir an der Spitze der Flotte blieben und die »Stars and Strips« da wehten, wo sie immer zu sehen sein müssen, nämlich auf dem Schiff in der Vorhut! So folgten uns die Stümper, statt daß wir ihnen folgten. Wir kamen gut klar, und die guten Wünsche der Offiziere und Mannschaften halfen uns. Nur die Lotsen, die immer noch ihre Schultern hochzogen und den Refrain wiederholten: »Kein *practico,* nicht *possebla!*«, verwünschten uns bitterlich und waren in übler Stimmung, wie wir später erfuhren. Sie fluchten noch mehr als gewöhnlich, und das will etwas heißen; denn jeder, der sie einmal gehört hat, wird mir zustimmen, daß der durchschnittliche »Dago«-Lotse das größte Schandmaul auf dem Wasser ist.

Wieder kamen wir den Fluß hinunter und am Feuerschiff vorbei, auch diesmal ohne Halt, ohne daß die Segel backgenommen werden mußten, um einen Lotsen von Bord zu lassen; nichts konnte uns aufhalten. Wir bekamen eine günstige Brise, setzten alle Segel und erreichten Ilha Grande nach acht Tagen, wobei wir die gesamte Flotte um drei Tage schlugen. Garfield führte genau Buch darüber. Er war an Deck, als wir den Landfall machten. Es war eine dunkle und neblige Nacht. Durch den Dunst war nur die schwache Kontur eines Vorgebirges auszumachen. Ich glaubte die Stelle zu kennen, und Garfield sagte, er könne Land riechen, Nebel oder Kohlenteer. Das war, wie ich zugeben muß, beruhigend. Eine Gruppe lustiger Tümmler spielte um den Bug, während wir vertrauensvoll auf das Land zuhielten. Sie tauchten und kreuzten den Kurs der Bark in allen Richtungen und bewachten sie auch vor Gefahr. Ich wußte, daß wir uns nicht vor Grundberührung zu fürchten brauchten, solange Tiefsee-Tümmler bei uns waren. Als der Ausguck sang: »Tümmler fort«, nahmen wir Kurs von Land ab, setzten die Großmarssegel back und schickten die »Taube« aus – das Lot. Ein paar Sandkörner und eine glatte, weiße Muschel kamen aus 14 Faden Wasser hoch. Wir brauchten nur auf diese Warnungen und Hilfen zu achten, und unser Kurs würde klar sein, so sehr uns auch noch Nebel und Dunkelheit behinderten.

Wir loteten dauernd, während wir uns unter Segeln in der intensiven Dunkelheit vorantasteten, bis das Vorgebirge an Backbord im Dunst des grauen Morgens sichtbar wurde. Ich kann wohl verraten, daß es tatsächlich Kohlenteer war, was Garfield gerochen hatte – der Lotgast hatte in der Nacht einen Topf Teer auf Deck umgeworfen.

Im Morgengrauen des 29. April hatten wir die Einfahrt in den Innenhafen von Ihla Grande gefunden und segelten zum zweitenmal mit unserer Ladung Heu hinein. Es war noch immer ziemlich neblig, und den ganzen Tag über fielen durch die Täler zwischen den Bergen schwere Böen mit Nebel auf uns herab.

Zwei Tage später klarte das Wetter auf, und unsere Freunde liefen ein. Sie fanden uns sicher vor Anker, dicht unter dem höchsten Berg.

Acht finstere und verregnete Tage an diesem Ort. Dann suchten uns Schwefel, Rauch und Feuer heim, und wir wurden für gesund genug erklärt, um in Rio Verkehr mit dem Land aufzunehmen, wo wir am 11. Mai ankamen und einen weiteren Tag zwischen uns und unsere freundlichen Konkurrenten legten, die endlich sicher eintrafen, außer einem, der britischen Bark DUBLIN. Sie wurde zwischen beiden Häfen von Feuer zerstört. Die Mannschaft wurde von Kapitän Lunt gerettet und am nächsten Tag nach Rio gebracht.

Vor der Festung an der Einfahrt zum Hafen von Rio wurden

wir wieder aufgehalten und mitten auf der Barre zum Ankern gezwungen; die Tide lief zu der Zeit wie in einem Mühlgraben und riß die Bark mit solcher Kraft in ihre Ankertrossen zurück, daß die Ketten fast brachen.

Die AQUIDNECK hatte offensichtlich das Telegramm überholt, das ihr vorausgehen sollte. Trotzdem war es meine unbedingte Pflicht, den Anordnungen der Hafenbehörde zu folgen, die aber ihrerseits wohl besser auf die Vernunft gehört hätte. Für die in der Festung war es leicht zu sagen: »Stoppen Sie, oder wir versenken Sie!« Doch wir, in der Bark zwischen zwei Übeln, wurden fast dadurch versenkt, daß wir diesem Befehl gehorchten.

Wenn früher ein Schiff an dieser Festung zum Stoppen aufgefordert wurde, dann wurden – wenn nötig - ein, zwei oder drei Schüsse abgefeuert, und zwar auf Kosten des Schiffs. War es kein Nordamerikaner, kostete der erste Schuß 15 Shilling, der zweite 30 Shilling und der dritte 60 Shilling, doch für Schiffe aus den Vereinigten Staaten wurde der 60-Shilling-Schuß zuerst abgefeuert – Amerikaner bekommen immer das Beste!

Als alle Schwierigkeiten beigelegt, das verspätete Telegramm eingetroffen und wir erneut von den Offizieren identifiziert waren, gingen wir zum letzenmal auf diese Reise ankerauf und segelten in unseren Bestimmungshafen, den geräumigen und reizenden Hafen von Rio hinein.

GEMISCHTE FRACHT

In Rio – Weiter nach Antonina – Ein Pampero – Die Ladung wird noch mehr gemischt – Bramstengen fort – Sichere Ankunft in Antonina

Die Ladung wurde schließlich abgeliefert, und niemand beschwerte sich darüber. Auch die Ratten wurden ausgetauscht; die wir mit nach Rio brachten, machten Platz für neue aus den Dom-Pedro-Docks, vor denen wir lagen. Auch Fliegen schipperten so fröhlich wie Lerchen – und auch fast ebenso groß – im Heu herum; und auch alles andere Viehzeug, das wir in Rosario übernommen hatten – weiß Gott, was es alles war –, kam heil über das Wasser, trotz der Räucherei und des ganzen Unsinns der Quarantäne.

Wären die kleinen Mikroben tatsächlich an Bord gewesen, so hätten uns die Brasilianer wohl nicht vor der Hospitaltür abgewiesen, denn sie sind weder grausam noch schurkisch. Kranke abzuweisen, wäre doch wohl zumindest grausam und verrückt! Weshalb wir fortgejagt wurden, das habe ich ja schon erklärt.

Nachdem wir so lange unter düsteren Umständen gelebt hatten, wollten wir jetzt das vergnügliche Rio genießen. Deshalb machten wir am ersten schönen Tag nach unserer Ankunft einen Ausfall und begaben uns auf die Suche nach städtischen Abenteuern. Zuerst gingen wir in Ouvidor vor Anker, auf dem Broadway von Rio, wo meine Frau einen großen Hut kaufte, den ich nachts in meinen Träumen wie eine riesige Heumiete drohend aufragen sah – unschuldige Ursache für soviel Ärger –, und ich schwor bei allen großen Inseln, ich würde nicht mit ihm zurückfahren, sondern ihn erst in die See abladen.

Bei dem Wort Quarantäne wurde ich nervös. Ich besuchte mit meiner Familie den berühmten botanischen Garten, und ich zitterte vor Furcht, daß wir an irgendeiner Station des Weges ausgeräuchert werden könnten. Doch wir vertrieben uns die Zeit in Rio meist angenehm, und am 1. Juni setzten wir wieder Segel nach Paranaguá und Antonina, an die wir nur angenehme Erinnerungen hatten. Wir hatten Mehl, Kerosin, Pech, Teer, Rosinen, Wein und, wie ich mich erinnere, drei Klaviere an Bord, dazu eine Dampfmaschine und einen Dampfkessel. »Fracht frei«, so stand es im Frachtbrief, und auch, daß das Schiff »nicht verantwortlich für Leckage, Bruch oder Rost«, sein sollte. Diese Klausel war gut für das Schiff, denn unterwegs fiel einer der wilden Pamperos über es her, warf es heftig auf die Seite und schüttelte dabei die bewegliche Ladung völlig durcheinander. Das Schiff blieb jedoch dicht, und so entstand kein ernster Schaden. Nach einiger Zeit richtete es sich von selbst wieder auf, doch ohne seine stolzen Bramstengen, die beim ersten Überfall des Sturms mit lautem Krachen brachen.

Dieser Unfall machte auf Garfield einen tiefen Eindruck. Er war zufällig an Deck, als die Stengen herabkamen, doch er konnte davonlaufen, ohne verletzt zu werden. Wann immer später ein Schiff mit einer gebrochenen Spiere oder einem zerfetzten Segel in Sicht kam, war es »ein Pampero-Schiff«.

Der Sturm dauerte zwar nicht lange, doch war er sehr schwer und fegte über Paranaguá und Antonina mit ungewohnter Heftigkeit hinweg. Der Besitzer der Klaviere, so erzählte man mir, betete um uns und bedauerte, daß seine Güter nicht versichert waren. Doch als sie angelandet waren, nicht ganz so mitgenommen, wie man beim Herumwerfen vermuten konnte, erklärte der alte Strichine, der Besitzer (so oder so ähnlich klang sein Name, Strichnin nannten ihn die Jungs, weil, wie sie sagten, sein Gesang schlimmer als das Fiepen von Ratten war – wobei der Künstler den jugendlichen Witz sehr empfindsam aufnahm, doch ungestraft ließ) – »Strichnin« erklärte also, daß das Schiff gut sei und sein Kapitän ein guter Lotse. Und da er weder Fracht noch Versicherung bezahlt hatte, wollten er und seine Frau uns mit Musik bewirten. Er habe erfahren, daß ich besonderen Gefallen daran fände. Ein Leben lang hatten sie in Italien Opern gezwitschert – doch mir war das egal. Ich war also zur verabredeten Zeit an Deck, bereit, alles auszuhalten.

Die Klaviere waren, wie ich erwartet hatte, ganz und gar verstimmt. Sie litten wohl unter der Nachwirkung der Seekrankheit!

Ich werde immer bei meiner Vermutung bleiben, daß der Künstler einzig und allein deshalb diese Gelegenheit ergriff, um sich für die Beschädigung seiner Instrumente zu rächen, die ich in dem Sturm wirklich nicht vermeiden konnte. Der gute Strichine und seine Frau staunten, wie viele Opernarien ich nennen konnte. Und sie versuchten mich zu überreden, Il Trovatore zu singen; doch es war schon genug Schaden angerichtet worden, und so machte ich einen Rückzieher, das heißt, ich brach meinen Gesang ab.

NÄCHTLICHER ÜBERFALL

Meuterei – Raub- und Mordversuch – Vier gegen einen – Zwei gehen nieder vor einem Gewehr – Ordnung wiederhergestellt

Der 23. Juli 1887 bringt mich an einen schockierenden Punkt in der Geschichte dieser Reise, den ich gerne wieder vergessen würde; doch das wird nicht möglich sein. Zwischen 23.00 und 24.00 Uhr war ich plötzlich gezwungen, mein Leben und alles, was einem Mann lieb ist, heftig zu verteidigen.

Die Bark ankerte allein im Hafen von Antonina und war vor der Stadt in der nächtlichen Dunkelheit verborgen, in der sich beinahe die schwärzeste Tragödie abgespielt hätte, ohne daß es einer bemerkte. Meine Piraten dachten, daß hier ihre beste Gelegenheit gekommen sei, die AQUIDNECK zu kapern, und das versuchten sie auch. Der Rädelsführer der Bande war ein stämmiger Halunke, der sich damit brüstete, daß er den ersten und zweiten Steuermann des Schiffes, auf dem er ins Land gekommen war, verprügelt und dem Kapitän »eins in die Zähne« gegeben hatte, als sie in ihrem Bestimmungshafen Rio gelandet waren, wo ihn der Kapitän natürlich entlassen hatte. Dort auch heuerte der Schurke bei mir an. Er trat an die Stelle einer der Leute aus der Rosario-Bande, den die Wachmannschaften auf Ilha Grande freundlich von Bord geleitet und nach Rio gebracht hatten, damit er sich vor dem amerikanischen Konsul wegen Gehorsamsverweigerung verantworten konnte. Als ich den Rädelsführer eines Tages bat, etwas schneller zu arbeiten und in einer Bö beim Bergen der Bramsegel zu helfen, sagte er: »Oh, ich bin kein Schwachkopf, den man antreibt!« Zu der Zeit verlor die Bark ihre Bramstengen und wurde, wie schon berichtet, heftig auf die Seite geworfen. Es war wirklich keine Zeit zum Bummeln, und nach einem entschiedenen Wort eilte dieser Aufschneider denn auch nach oben und tat seine Arbeit. Was ich ihm sagte, war ernst gemeint, und es schüchterte ihn ein. Es ist nur natürlich, daß er mir danach für immer grollte und nur auf eine Gelegenheit wartete. Und er wußte auch, daß ich der Eigner der Bark war, und vermutete, daß ich Geld hatte. Ein oder zwei Tage vor dem Angriff hatte ihn jemand in einer Rumspelunke sagen hören, daß er das Geld schon finden werde – und sein Leben auch. Sein Genosse und Busenfreund kam ziemlich direkt aus dem Palermo-Zuchthaus in Buenos Aires, als ich ihn in Rosario anheuerte.

Es war kein Geheimnis an Bord, daß er zwei Jahre für Raub abgesessen hatte; außerdem hatte er einem Ranchbesitzer die Kehle von Ohr zu Ohr durchgeschnitten. Diese Erzählungen, auf die beide auch noch stolz zu sein schienen, stellten sich in beiden Fällen als wahr heraus.

Ich traf später den Kapitän, der »eins in die Zähne« bekommen hatte – Kapitän Roberts aus Baltimore, ein ruhiger Mann, der niemandem etwas Böses wollte, und ein Mann zudem, der wie ich selbst auch schon ein paar Jahre auf dem Wasser war.

Zwei aus der Bande, alte Rosario-Kumpel, hatten »nur« für Raub gesessen – sie bildeten die Nachhut! Die restlichen beiden Matrosen – der eine ein anständiger Holländer, der andere ein kleiner japanischer Seemann, ein freundlicher junger Mensch – waren von den vier Raufbolden ausgeraubt und zusammengeschlagen und dann so in Angst versetzt worden, daß sie in die Wälder desertierten, statt sich bei mir darüber zu beschweren. Sie hatten Furcht, wie der Japaner es später ausdrückte, als keine Gefahr mehr war, daß die »La-la-long-Männer (die Diebe) mich würden machen killo«!

Der Rädelsführer hatte sich ungewöhnlich angestrengt, einen Streit vom Zaun zu brechen, als ich früh am Abend an Bord zurückkam. Doch da er offensichtlich getrunken hatte, hielt ich es für die natürliche Wirkung von Rum und befahl ihm, nach vorne zu gehen. Statt dessen folgte er mir drohend bis zur Poop, als ich meine Frau nach achtern brachte. Was mich jedoch am meisten erstaunte, war das Benehmen seines Genossen, der zwar nüchtern war, doch in einer ungewöhnlich vergnüglichen Stimmung. Es war Zeit für den Feierabend, als ich da vorbeikam, wo er gerade die Besanbramstenge-Pardune festzurrte, das letzte Stück Arbeit, das von den Schäden, die der Pampero verursacht hatte, noch übriggeblieben war. Und da der Steuermann anderswo beschäftigt war, gab ich ihm den üblichen Befehl, die Arbeit zu beenden. »Mach Feierabend«, sagte ich zu ihm, »und leg dein Werkzeug weg. Das Rigg der Bark sieht gut aus, und wenn es morgen schön wird, bringen wir alles zu Ende.« Darauf lachte mir der Mann frech ins Gesicht, wiederholte meine Worte: »Bringen wir alles zu Ende« und fügte flüsternd hinzu: »Noch vor morgen!« Das war die erste Beleidigung durch »Bloody Tommy«, der kurz zuvor erst einen Mord begangen hatte; doch der Kerl hatte schon länger mit katzenähnlichen Augen jede meiner Bewegungen beobachtet.

Die volle Bedeutung seiner Worte begriff ich erst am nächsten Morgen, als ich ihn mit einer mörderischen Waffe in der Hand vor mir auf dem Boden liegen sah! Ich erwartete keinen hinterhältigen Angriff, hatte aber doch meine Waffe geladen. Wie gewöhnlich ging ich in dieser Nacht schlafen und vergaß die unangenehme Episode, sobald mein Kopf auf den Kissen lag. Doch meine Frau mit ihren feineren Instinkten blieb wach. Und das war gut für uns alle. Nahe Mitternacht weckte sie mich leise auf, da sie den ersten leisen Fußtritt auf dem Poopdeck gehört hatte. Sie sagte: »Wir müssen aufstehen und auf uns aufpassen! Irgend etwas ist los an Deck. Die Bootstalje ist ziemlich laut ausgerauscht, und – oh! nicht diesen Weg an Deck! Ich habe jemanden auf der Kajüttreppe gehört und ein Flüstern im vorderen Niedergang.«

»Du mußt geträumt haben«, sagte ich.

»Nein, wirklich nicht!« sagte sie. »Ich habe noch nicht geschlafen. Geh' nicht durch den vorderen Niedergang an Deck. Ich bin sicher, sie warten da auf dich, denn ich habe die lose Stufe im Niedergang knarren gehört.«

Wenn meine Frau nicht geträumt hat, dachte ich, gibt es keinen Zweifel an einem Komplott.

Nichts rechtfertigt nach Feierabend den Besuch auf dem Poopdeck, außer wenn jemand krank ist oder sonst ein Notfall eintritt, und dann gibt es keine Heimlichkeit und Verstohlenheit.

Für jemanden, der nicht mit Schiffen vertraut ist, mag hier erklärt werden, daß die Quartiere der Matrosen im vorderen Teil des Schiffs liegen, wo sie sich nach Feierabend im Hafen auch aufhalten sollen, ohne je bis hinter den Mast zu kommen; daher die Bezeichnung »vor dem Mast«.

Mein erster Impuls war, auf dem gewöhnlichen Weg an Deck zu gehen, doch die dringende Bitte meiner Frau erweckte in mir das Gefühl der Gefahr, die mit Vorsicht untersucht sein wollte. Ich bewaffnete mich deshalb mit einem starken Repetiergewehr mit acht Patronen im Magazin und stieg achtern an Deck statt vorne, wo ich offensichtlich erwartet worden war. Für einen Moment stand ich da und wischte mir die Augen, um sie an die dichte Dunkelheit zu gewöhnen, als eine gemeine Stimme in den vorderen Niedergang hinunterbrüllte und mich an Deck zu kommen aufforderte. »Warum kommst du nicht an Deck wie ein Mann und befiehlst deinen Leuten, nach vorne zu gehen?« war die Begrüßung. Es war das erste, was ich mit eigenen Ohren gehört hatte, und es war wahrlich genug. Mit einem Wort, ich begriff, daß ich es mit einer Meuterei zu tun hatte.

Ich konnte nur sagen: »Macht, daß ihr nach vorne kommt!«

»Ah, da bist du!« rief der Sprecher und sprang mit einem Fluch auf mich zu.

Noch einmal befahl ich ihm, nach vorne zu gehen, und fügte hinzu: »Ich bin bewaffnet – wenn du hierherkommst, schieße ich!« Doch ich ließ sofort davon ab und dachte daran, ihn mit meinem schweren Karabiner niederzuschlagen. Als er näher kam, verpaßte ich ihm einen Schlag, der wohl gereicht hätte, einen Ochsen umzuwerfen; aber die Wirkung blieb offensichtlich aus, und im Nu war er über mir. Er ergriff mich bei der Kehle, versuchte mich über die Heckreling zu stoßen, und als er fühlte, wie ich unter seiner brutalen Kraft nachgab, schrie er frohlockend auf: »Jetzt schieß, du verdammter Narr!« Zugleich versuchte er mit seinem Messer zuzustechen.

Ich konnte nicht sprechen und bekam auch keine Luft, doch

mein Karabiner sprach für mich, und der Raufbold fiel mit dem Messer in der Hand, die er gegen mich erhoben hatte! Entschlossenheit hatte sich der brutalen Gewalt überlegen gezeigt, denn ich wußte, daß in diesem Augenblick nicht nur mein eigenes, sondern auch das Leben anderer von mir abhing. Durchaus nicht entmutigt kamen die anderen wie hungrige Wölfe auf mich zu. Noch einmal rief ich: »Geht nach vorne!« Aber sie dachten wohl, daß mein Gewehr nur einen Schuß hatte oder daß ich es nicht so schnell wieder laden konnte; so mißachteten sie den Befehl.

»Und was ist, wenn ich nicht nach vorne gehe?« fragte »Bloody Tommy« drohend und fügte hinzu, während er schon auf mich zusprang: »Das habe ich für dich!« Doch er fiel in dem Augenblick, als er seine Hand erhob, und dort auf Deck beendete er sein übles Abenteuer! Wie der andere, fiel er mit dem tödlichen Messer in der Hand. Jetzt hatte ich die Oberhand. Die panische Angst vor dem kalten Stahl hatte mich verlassen, als ich mich von dem ersten Mörder befreite, und jetzt fragte ich mich nur noch, wie viele mir denn wohl noch ans Leben wollten. Doch es kam mir zu Bewußtsein, daß ja nur noch zwei Meuterer übrig waren und daß ich noch sechs Schuß im Magazin und einen schon im Lauf hatte. So stand ich bereit, den Finger am Abzug, und war überzeugt, daß sie mir jetzt nichts mehr anhaben konnten.

Weitere extreme Maßnahmen brauchte ich auch gar nicht mehr zu ergreifen, denn die Ordnung war jetzt wiederhergestellt, obwohl zwei der Angreifer sich in der Dunkelheit fortgeschlichen hatten.

Wie es kam, daß ich die Oberhand wiedergewann, nachdem ich schon einmal unten lag, weiß ich kaum. Doch ich bin sicher, daß ich nicht geschont worden wäre, wenn sie mich untergekriegt hätten. Dann trat Entschlossenheit an die Stelle der Furcht, und ich spürte, daß ich allem, was mir noch entgegentreten würde, gewachsen wäre. Und doch war ich eher heiter und gelassen und hatte nicht den Wunsch, die beiden geflohenen Piraten zu verfolgen.

Sofort nach dem zweiten Schuß, als ich wieder Herr über meine Bark war, kamen die beiden übrigen wieder nach achtern, diesmal aber auf meinen Befehl und, wie man wohl glauben mag, in ordentlicher Manier.

Es ist müßig, darüber nachzudenken, wie ich den Ärger hätte vermeiden oder – anders ausgedrückt – eine Mannschaft aus Seeleuten statt einer Bande von Halsabschneidern hätte anheuern können.

Als es zum Höhepunkt kam, konnte ich jedenfalls nur einen Kurs verfolgen; und das tat ich entschlossen. Ein Mann wird sich selbst und seine Familie bis zum Letzten verteidigen.

Es war von Bedeutung, überlegte das Gericht später, daß mein Sohn keine Zeit hatte, sich anzuziehen, sie aber alle ihre Stiefel anhatten, bis auf den, der zuletzt fiel, und der war in Sokken. Er war es, der mich, wie ich schon sagte, auf der Kajüttreppe erwartete, auf der ich gewöhnlich hinaus- und hineinging, die ich aber diesmal vermied. Die Umstände boten reichlich Beweise, so daß der Fall für die Behörden völlig klar war. Einige möchten vielleicht mehr über diese schreckliche Begebenheit hören, und es macht mir nicht das geringste aus, darüber zu schreiben. Ich hätte dies sicherlich nicht gesagt, wenn nicht ein aufstrebender Ministerialbeamter es für wichtig gehalten hätte, der Welt mitzuteilen, was er wußte, und dabei auch noch die Möglichkeit einer kleinen Nebeneinahme im Auge hatte, indem er sich der Post des Konsulats bediente und mich so zwang, die Sache an Ort und Stelle durchzufechten. Doch möchte ich mich über den kleinen Beamten nicht beschweren, sondern nur noch erwähnen, daß mir von den Behörden in der ganzen, genauen Untersuchung, die der Tragädie folgte, keine weiteren Hindernisse in den Weg gelegt wurden.

Die Verhandlung ging um Gerechtigkeit und nicht um mein Geld, und so war der Fall bald beendet.

Ich hoffe fest, daß ich nie wieder mit Leuten zu tun habe, die aus dem Gefängnis kommen und Leid und Sorge in ihrem Kielwasser mit sich schleppen.

Bald nach diesem unheilvollen Ereignis waren die Löscharbeiten beendet. Ich engagierte einen spanischen Kapitän, um die Bark nach Montevideo zu führen; mein Sohn Victor ging als mein Vertreter mit.

Ich lotste die AQUIDNECK noch aus dem Hafen und verließ sie, als sie die Ansteuerungstonne klar genommen hatte; sie sah so schmuck und ordentlich aus, wie es sich ein Seemann nur wünschen konnte. Die Schäden aus dem Pampero waren ausgebessert, neue Bramstengen waren geriggt, und alles war proper. Als ich sah, daß meine hübsche Bark alle Gefahren des Hafens hinter sich gelassen hatte, verließ ich sie voll Trauer und ruderte zurück zur Stadt. Denn, wie schon gesagt, ich mußte vor Gericht erscheinen! Ich stand unter Anklage. Das ist das richtige Wort.

DIE POCKEN UND KEINE HILFE

Wiedersehen mit der Bark in Montevideo – Eine gute Mannschaft – Die Pocken brechen aus – Nach Maldonado und Flores – Keine Hilfe – Die Matrosen sterben – In größter Not nach Montevideo – Quarantäne

Sobald der Fall ausgestanden war, fuhr ich mit einem Dampfer nach Montevideo, wo die Bark nur ein paar Tage vor mir angekommen war. Auf eine lange Liegezeit eingerichtet, fand ich sie an einem Kai. Ich hatte Victor strikten Befehl gegeben, sich auf keinen Fall in die Arbeit des Spaniers einzumischen, sondern ihm soweit wie möglich freie Hand zu lassen. So jung er auch war, hätte ich ihm doch das volle Kommando anvertrauen können. Doch es war eine neue Mannschaft mit Ausländern an Bord, für deren Behandlung man wohl manchmal ein reiferes Urteil brauchte als zum Segeln eines Schiffes. Es stellte sich jedoch heraus, daß sogar der Koch in mancher Hinsicht besser war als der angeheuerte Kapitän.

Victor kam mir mit langem Gesicht entgegen, und die Matrosen hatten einen spöttischen Ausdruck im Gesicht, als ich über die Seite kam. Besonders einer von ihnen, den ich nie vergessen werde, begrüßte mich freundlich und schüttelte dabei seinen Kopf, ein Zeichen, das Bände sprach; am nächsten Tag war er oben in der Takelage und lief freudig auf den Rahen hin und her. Ich fand heraus, daß meine brasilianische Mannschaft aus ausgezeichneten Seeleuten bestand, und bald sah alles auf der AQUINDECK, oben in den Masten und unten auf Deck, viel freundlicher aus.

Die Ladung war bald gelöscht, neue Fracht wurde übernommen, und die Bark machte sich für die See fertig. Meine Mannschaft war, wie schon gesagt, in Ordnung. Doch die armen Kerle wurden vor die Schranken eines Gerichts gerufen – das Schlimmste, was es in der menschlichen Erfahrung gibt, und viele von ihnen ergaben sich dem grimmigen Tod, bevor die

Reise beendet war. Allzuoft folgt ein Übel auf das andere. Diese Regel brachte uns in Montevideo mit einem jener kleinen Beamten zusammen, die wohl besser zu Hause blieben. Es war einer von denen, die vielleicht ein wenig mehr wissen als ein Cowboy, aber nicht genug für einen Konsul. Dieser Beamte brachte es fertig, meiner Mannschaft einzureden, daß ein Wechsel des Kapitäns sie aus ihrem Vertragsverhältnis entließ, und überredete sie dazu, an Land zu kommen und die Heuer für die gesamte Reise und dazu für die Heimfahrt auf einem Dampfer zu verlangen, als ob die Bark verkauft worden wäre.

Welche ungeheuren Schwierigkeiten inkompetente Beamte machen, wo man Vertrauenspersonen brauchte, wird die Folge zeigen. Diese unkluge, ja geradezu dumme Einmischung war die indirekte Ursache für Leiden und Tod unter der Mannschaft.

Ich konnte dem Konsul und seinen Hilfsbeamten beweisen, daß Matrosen immer für das Schiff und nie für den Kapitän angeheuert werden und daß ein Wechsel des Kapitäns überhaupt keinen Einfluß auf ihren Vertrag hatte. Doch ich zahlte die Mannschaft aus und überließ es ihr dann selbst, wieder an Bord zu kommen oder nicht; denn sie war in Ordnung und zu ihrer Handlung nur verführt worden. Außerdem wußte ich, daß sie alle nach Hause wollten, und das war auch das direkte Ziel der Bark.

Sie trugen sich aufs neue in die Musterrolle ein, außer einem langhaarigen Andalusier, den ich ohnehin nicht länger halten wollte. Die Heuer blieb dieselbe wie zuvor, und alle Mann kehrten freudig und zufrieden an ihre Arbeit zurück – doch bis zu der Entscheidung des Konsuls (die ich übrigens für ihn entschied) hatten sie in einem verseuchten Haus geschlafen und sich dort leider mit der schlimmsten Sorte Pocken infiziert.

Wir fuhren jetzt nach Hause. Der ganze »Runaway-Rum«, der von den übelsten Matrosenmaklern von Montevideo spendiert worden war, hatte diese nüchternen brasilianischen Matrosen nicht zu Deserteuren machen können.

Diese »Makler« sind Landhaie, die Matrosen betrunken machen, wenn sie können, und ihnen dann ihre Vorausheuer abnehmen. Alle Matrosen bekommen Heuer im voraus; manchmal erhalten sie auf diese Weise den größten Teil der Heuer, und wenn sie die Reise antreten, ist das Geld ausgegeben, verschwendet oder gestohlen.

Wir wissen alle, was es heißt, für die Katz zu arbeiten – Matrosen kennen die Bedeutung dieses Spruchs nur zu gut.

Als der Abreisetag näher kam, wurde für beide Wachen ein halber freier Tag beantragt, weil die Männer Geschenke für ihre Freunde und Verwandten in Paranaguá einkaufen wollten. Ich gab ihnen Erlaubnis, an Land zu gehen, und wurde dadurch belohnt, daß ich sie alle, und zwar nüchtern, zur versprochenen Zeit aufs Schiff zurückkehren sah.

Am nächsten Morgen war jeder auf seinem Posten, und sie sangen »Cheerily, ho!« und waren glücklich – außer einem, der über Schüttelfrost klagte, doch sagte, daß er dies schon länger habe und mit einer Dosis Chinin bald wieder auf den Beinen sein würde.

Es sah nicht schlimm aus. Zwei Tage später jedoch war aus diesem Schüttelfrost etwas geworden, wovon ich weniger verstand. Am nächsten Tag lagen drei weitere Männer mit Schüttelfrost, mit Schmerzen im Rückgrat und im Kopf danieder. Da wußte ich, daß wir die Pocken unter uns hatten!

Wir segelten sofort nach Maldonado, dem nächstgelegenen Hafen, jenem Ort, über den auch etwas in »Gullivers Reisen« steht, obwohl Gulliver, wie ich meine, sich in seiner Identität und Lage getäuscht hat, denn er kam dort vor einem nassen und kalten Sturm aus Ost an. Wir setzten unsere Notsignale und baten um sofortige medizinische Hilfe. Sie flatterten 36 Stunden lang, bevor ein verschreckter Yahoo (das Land war immer noch von Yahoos bewohnt) in einem von zwei anderen Lebewesen geruderten Boot heraus und an Bord kam und sagte: »Ja, Ihre Männer haben die Pocken.« *Vechega* nannte er es, doch ich verstand das Kauderwelsch der Yahoos sehr gut und konnte sogar einige Worte sprechen und den Sinn verstehen. »*Vechega!*« rief er seinen Maaten längsseits zu und sagte an mich gewandt auf Yahoo: »Sie müssen den Hafen sofort verlassen!« Dann sprang er in sein Boot und eilte mit seinen furchtsamen Genossen davon.*

In unserem Zustand einen Hafen verlassen zu müssen, das war hart. Doch in Maldonado konnte meine Mannschaft keine Hilfe bekommen, und so blieb uns nichts anderes übrig als abzusegeln, wenn wir dazu überhaupt fähig waren. Wir waren jetzt tatsächlich knapp an Mannschaft, doch Verzweiflung legte Hand mit an. Und so lichteten wir den Anker und setzten genug Segel, um aus dem ungastlichen Hafen herauszukommen. Der Wind war günstig und trug uns hinaus auf die Insel Flores zu, und mit ernsten Sorgen nahmen wir nun darauf Kurs. Dann kam plötzlich ein Sturm auf, an den ich lange denken werde, und riß die Segel wie Herbstblätter von den Spieren, bevor die Bark drei Meilen weitergekommen war. Wir hatten keine Kraft mehr, sie aufzugeien. So wurden die Segel in Fetzen davongerissen, und unter blanken Masten trieben wir vor dem wahnsinnigen Sturm dahin. Ein schneeweißer Vogel suchte Schutz vor dem Sturm und setzte sich an Deck zur Ruhe. Dieser Vorfall erfüllte meine Matrosen mit Furcht; für sie war es ein unheilverkündendes Omen, und aus lauter Angst drängten sie sich zusammen, fielen vor dem Vogel demütig auf die Knie und beteten zur heiligen Jungfrau, Gott möge sie vor Leid bewahren. Der Regen goß in Strömen auf uns herab, als die Bark rollend und taumelnd weiter vorantrieb, und der Tag wurde so schwarz wie die Nacht. Der Sturm kam aus Ostsüdost, und unser Kurs war fast Westnordwest, also fast genau vor dem Wind. Ich stand am Ruder, noch

* Unsere Unterhaltung fand auf Yahoo statt, doch viele Leser würden diese Sprache im Original nicht verstehen. Die Signale wurden mit den Symbolen des internationalen Code gegeben. Zum Beispiel bedeutet das Setzen der Buchstabenflaggen P und D: »Wünschen (oder wünsche) sofort medizinische Hilfe.« Und so weiter. Durch das Setzen von zwei, drei oder vier Flaggen, die die Konsonanten darstellen, konnten wir unsere Wünsche bekanntgeben. Jeder besitzt den Schlüssel zu diesem Code.

Unser Handelscode ist so angelegt, daß man sich, auf welche Zunge man auch trifft, vielleicht sogar auf eine Sprache, die völlig unverständlich ist, doch durch diese Zeichen mit großer Leichtigkeit verständigen kann. Das ganze System ist so schön einfach, daß es ein Kind mit normaler Intelligenz versteht. Sogar die Yahoos lernten es – wenn sie nicht farbenblind waren. Und damit sie ihre Lektion nicht vergessen, wird jedes Jahr oder jedes zweite Jahr ein Kanonenboot ausgeschickt, das sie ihnen wieder ins Gedächtnis hämmert.

in meinen Landsachen, wie ich mich zu erinnern glaube, denn ich hatte keine Zeit gehabt, sie gegen seefeste Kleidung auszutauschen. Das allein machte wenig aus. Doch es gemahnte mich jetzt daran, daß ich andere Sorgen hatte. Ich war immer ein guter Rudergänger, und so übernahm ich jetzt im Sturm das Ruder der Bark – und gab Victor und dem Zimmermann Anweisungen, wie sie für sich selbst Desinfektionsmittel und für die kranken Männer Medizin mischen sollten. Die Medizinkiste war gut ausgerüstet.

Als wir die Insel Flores sahen,war sie nur noch ein paar Schiffslängen entfernt. In den Blitzen konnten wir die niedrigen Klippen erkennen, denen wir erschreckend nahe gekommen waren, und als die Bark mit viel Fahrt an ihnen vorbeirauschte, hörten wir noch durch das Getöse des Sturms das Brüllen der Brecher auf dem Strand; es warnte uns vor einer Gefahr, vor der wir uns unter allen Umständen freihalten mußten. Ich legte dann hart Ruder, und wie ein treuer, gehorsamer Hund lief die Bark auf die Leeseite der Insel.

Wir ließen beide Anker mit der ganzen Kette aus, denn der Sturm war jetzt zum Hurrikan geworden. Trotzdem spazierte das Schiff mit den Ankern auf und davon, bis einer an einem Unterwasserkabel hängenblieb und die Kette brach und der andere es in den Wind drehte und zitternd im Sturm hielt.

Die ganze Nacht hatten wir Angst, daß auch die zweite Kette brechen könnte; doch die große Gefahr im Schiff selbst erfüllte uns alle mit noch größerer Unruhe.

Zwei Barken mit Lotsen an Bord gingen in dieser Nacht in unserer Nähe verloren, als sie dort durchzukommen versuchten, wo die AQUIDNECK ohne Lotsen und mit nur drei arbeitsfähigen Leuten an Deck unter Land gelaufen war. Ihre Mannschaften wurden unter großen Schwierigkeiten gerettet und nach Montevideo gebracht. Als alles getan war, was wir drei tun konnten, setzten wir ein Licht ins Rigg, das im Sturm flatterte und wieder ausging. Dann fielen wir naß, lahm und erschöpft in unseren durchnäßten Kleidern um und versuchten uns auszuruhen, so gut es ging – wir versuchten zu schlafen oder lauschten auf das Stöhnen unserer sterbenden Kameraden.

Bei Tagesanbruch nach dieser düstersten Nacht auf See, die ich je erlebt habe, setzten wir Signale, mit denen wir den traurigen Zustand der Mannschaft anzeigten und um ärztliche Hilfe baten. Bis zum Abend legte sich der Sturm. Doch als kein Boot herauskam, senkte sich eine Düsternis, finsterer als die Mitternacht, über die Mannschaft der pestverseuchten Bark, und aus lauter Furcht beteten sie wieder darum, errettet zu werden, um ihre Lieben, die sie zu Hause erwarteten, wiedersehen zu können.

Unsere wiederholten Signale brachten am nächsten Tag die Antwort: »Kommen Sie unter Land!« *Carramba!* Wir konnten uns kaum auf der Stelle halten und noch viel weniger die Bark in Fahrt bringen und gegen Wind und Strom aufkreuzen. Niemand wußte das besser als die auf der Insel, denn meine Signale hatten die ganze Geschichte erzählt; und da wir nur eineinhalb Meilen vom Ufer entfernt waren, hatten sie die Flaggen auch deutlich ausgemacht. Darüber gab es bei uns keinen Zweifel!

Spät am Abend kam jedoch eine Schute zu uns heraus, schlecht bemannt und schlecht gefahren von ein paar so ängstlichen Kerlen, wie sie nur je ein Boot zum Kentern gebracht hatten. Sie zitterten vor jedem Schatten! Der Steuermann hatte mehr zu sagen als der Doktor, und der Yahoo – ich vergaß zu sagen, daß wir immer noch im Yahooland waren, doch das merkt man wohl auch ohne diese Erklärung –, und der Yahoo im Bug sagte mehr als beide zusammen. Sie nahmen alle einen steifen Schluck aus einer Flasche *cachazza**, wobei der Doktor mit wenigstens ein oder zwei Zügen noch vor der Abfahrt vom Land gleich der erste war und demnach auch tapferer erschien als der Rest der Crew.

Der Doktor trank sich noch ein- oder zweimal Extra-Mut an und kam dann an Bord. Er brachte ein Pfund Schwefel, einen Liter Karbol und ein wenig Gerste mit – eben genug, um ein Rotkehlchen ein paarmal zu füttern –, aber wir waren für alles dankbar, da uns zu diesem Zeitpunkt die Desinfektionsmittel

* Dieses *cachazza* soll für alle Mikroben den Tod bedeuten, vielleicht auch für größere Würmer; es bringt wirklich alles um, außer einen Yahoo.

fast ausgegangen waren. Dann warf er einen Blick auf die niedergeworfenen Männer und eilte davon, genau wie der andere in Maldanado. Ich fragte ihn, was ich mit den Toten in der Nacht tun sollte – sie begraben, wo wir lagen? »Oh, nein, nein!« schrie der Yahoo im Bug. Aber der Doktor zeigte bedeutungsvoll auf das Wasser längsseits. Ich wußte, was es bedeutete!

In jener Nacht begruben wir José, den Matrosen, der mich in Maldonado mit seinem ehrlichen Lächeln auf der Bark willkommen geheißen hatte. Ich hatte vor der Dunkelheit Steine aus der Last an Deck bringen lassen, angeblich als Ballast für das Beiboot. Ich wußte, daß sie bald gebraucht würden. Um Mitternacht rief mich der Koch sorgenvoll und sagte, daß José ohne Beichte im Sterben lag.

So wurde der arme José in dieser Nacht im großen La Plata begraben. Ich lauschte auf das leise Plätschern, das vom Ende eines Lebens berichtete. Doch so düster, traurig und melancholisch der Fall auch war, ich mußte doch lächeln, als der Koch, der den Ballast nicht gut gesichert hatte, ihn seinem Freund nachwarf und dabei ausrief: »Auf Wiedersehen, José, auf Wiedersehen!« Ich fügte hinzu: »Auf Wiedersehen, guter Schiffskamerad, auf Wiedersehen! Ich zweifle nicht, daß du gut ruhen wirst!«

Am nächsten Tag kam dasselbe Signal vom Ufer wie am Tag zuvor: »Kommen Sie unter Land!« Das war die einzige Antwort auf meine wiederholte Bitte um Hilfe. Zu diesem Zeitpunkt waren meine Männer demoralisiert und in Panik, und die armen Kameraden baten mich, wenn ihnen schon kein Arzt helfen würde, doch wenigstens einen Priester zu rufen, der ihnen allen die Beichte abnehmen sollte. Ich sah einen Padre den Strand abschreiten und bat ihn durch Flaggensignale, an Bord zu kommen. Doch auch er nahm von dem Signal keine Notiz, und so waren wir jetzt völlig auf uns allein gestellt.

Nachdem wir noch einen aus der Mannschaft begraben hatten, entschossen wir uns, nicht länger an diesem schrecklichen Ort zu bleiben. Ein englischer Kabelleger passierte uns auf seinem Weg nach draußen, fing unsere Signale auf und berichtete freundlicherweise seinem Konsul in Maldonado, der ein Telegramm nach Montevideo schickte.

Der Wind kam vom Land, wie er immer wehen möge, wenn Freunde von mir sich dieser Küste nähern, und so beschlossen wir, ohne weiteren Zeitverlust den Anker zu lichten oder die Ankerkette zu slippen. Wir waren sicher, daß auf den telegrafischen Bericht hin jemand nach uns Ausschau halten und die AQUIDNECK im schlimmsten Fall in den Hafen geschleppt würde – falls die Krankheit auch noch den Rest der Mannschaft umgeworfen hätte. Zu dritt lichteten wir den Anker mit seinen 90 Faden Kette; die andere war im Sturm aus dem Ankerspill ausgerauscht. Dann brachten wir den Bug der Bark in Richtung Montevideo, von wo wir erst vor so kurzer Zeit voller Hoffnung und freudiger Erwartung abgesegelt waren. Wir kamen an, niedergeschlagen und mit Elend beladen, mit zwei Toten – zurück von einer Reise, die irgendwie weit entfernt zu liegen scheint.

In Montevideo ging es besser. Sie nahmen tatsächlich meine restlichen Kranken aus dem Schiff – nach zwei Tagen Verzögerung. Mein Agent sorgte für einen Schlepper, der sie in unserem Beiboot 300 Faden hinter sich her zog. Auf diese Art kamen sie nach Flores, wo uns Tage zuvor der Zugang verweigert worden war! Diesmal begleitete sie ein Befehl des Gouverneurs von Montevideo, und endlich kamen sie auch an Land. Zwei der Fälle hatten zu dieser Zeit schon eine Wende zum Besseren genommen. Aber der arme, alte Koch, der mir treu beistand und seine alten Kameraden nicht im Stich lassen wollte, ging mit ihnen auf die Insel, um für sie bis zum letzten zu sorgen, zog selber die schreckliche Krankheit auf sich, starb daran und wurde nicht weit von der Stelle begraben, wo er selbst kurz zuvor seinen Freund José dem Meer übergeben hatte. Der treue Mensch starb genau an dem Tag, als die Bark schließlich an der Insel vorbei wieder aufs Meer hinaussegelte. Sie war in Sicht des Hospitalfensters, als sein Geisterschiff ihn über die Barre hinwegtrug! Seine Witwe in Paranaguá, so erzählte man mir, starb vor Kummer, als sie von dem Schicksal ihres Mannes erfuhr.

Die Arbeit, das Schiff in Montevideo zu desinfizieren, nachdem die Kranken von Bord gebracht worden waren, erwies sich als eine Quelle der Spekulation, bei der hart ins Zeug gegangen wurde. Korbflaschen mit Karbol wurden dutzendweise an Bord gebracht, jede kostete drei Dollar, alle zum sofortigen Verbrauch verdünnt. Außerdem kam ein *guardo* an Bord, der das Desinfizieren durchführen sollte, was er auch gewissenhaft tat, indem er sich die Flüssigkeit über den eigenen Körper schüttete, und zwar in meiner Achterkajüte, so weit wie möglich von dem Schiffsende entfernt, wo die Gefahr lauerte. Jemand anderer sollte *el proa* desinfizieren, er nicht! Obwohl der Stoff im Überfluß vorhanden war, mußte ich scharf aufpassen, daß genug zum Auswaschen der Back übrigblieb, während man achtern fast knietief in dem Zeug waten konnte – und das bei drei Dollar für die Flasche! Die Harpyie, die in Maldonado an Deck gelandet war, schickte eine Rechnung über 100 Dollar – ich bezahlte 80.

Für den ganzen Ärger hatte ich, so irrelevant das auch sein mag, über 1000 Dollar zu bezahlen. Was es mich an Gesundheit und Nerven kostete, kann ich nicht annähernd schätzen. Und doch hatte ich nicht am meisten zu leiden. Man mag mir glauben, daß es meine härteste Aufgabe wurde, den Flitterkram und andere Einkäufe zusammenzutragen, die die Matrosen im Gedanken an ihre Frauen und Kinder an Bord gebracht hatten. Alles mußte verbrannt werden oder wurde vom Karbol verdorben. Hier ein Hut für einen kleinen Jungen, dort ein paar Stiefel für seine Mama und viele andere Sachen für die gesamte *familia* – alles mußte zerstört werden!

DAS ENDE DER AQUINDECK

Eine neue Mannschaft – Nach Antonina – Eine Ladung Holz – Einheimische Kanus – Strandung.

Als alle diese traurigen Ereignisse vorüber waren, heuerte ich eine neue Mannschaft an, und der Bug der AQUIDNECK wandte sich wieder seewärts. Bald danach kamen wir an Flores vorbei und beobachteten, wie die Küstenwache nach einer, wie ich erfuhr, wahrscheinlich gesunkenen Bark suchte, die zwischen den Böen des letzten Sturms mit Notsignalen zum Vorschein gekommen war. Ich war überzeugt, daß sie unsere Bark im Sturm gesehen hatten und daß die Flaggen wohl unsere zerrissenen Segel gewesen sein mußten, beziehungsweise das, was von ihnen noch übriggeblieben war und im Sturm flatterte. Doch wir verhinderten die Suche nicht, da sie ja nicht schaden konnte, und ich dachte, vielleicht könnten sie ja etwas anderes Wissenswertes finden. Das war auch der Tag, wie ich schon erzählt habe, an dem mein treuer Koch starb, während die Bark auf Sichtweite am Fenster seines Krankenlagers vorbeisegelte. Für uns war es ein heller, schöner Tag. Und wir können auch nicht behaupten, daß für ihn der Tag weniger hell war.

Wir atmeten wieder einmal die frische Luft der See und setzten alle Segel nach Paranaguá, während wir die Lichter an Land passierten, sie dann flackernd am Horizont zurückließen und schließlich völlig außer Sicht verloren. Das Wetter blieb schön, doch mit viel Gegenwind; dennoch machten wir Fahrt voraus, und kein Tag verging, ohne daß wir nicht die Distanz zu unserem Ziel etwas verringerten. Eines Tages jedoch lagen wir ohne Fahrt an einer Insel fest, die nur von Vögeln bewohnt war, als ob es unmöglich wäre, weiter auf unserer Route voranzukommen. Ein Fluch schien über uns zu liegen. Ich merkte, daß ich die Stelle gut kannte. Ein sehr enger Freund hatte ein paar Jahre zuvor bei mir an Deck gestanden, als wir gemeinsam auf die Insel schauten. Es war das letzte Land, das mein Freund je sah. Ich wäre diesmal gern um die Insel herumgesegelt, doch ein günstiger Windstoß brachte uns jetzt ein paar Meilen darüber hinaus. Bei Sonnenuntergang legte sich jedoch auch dieser Wind, und wir trieben mit der Strömung so weit zurück, daß wir am nächsten Tag auf der anderen Seite der Insel viel weiter abstanden. Doch kehrte der günstige Wind zurück, und wir liefen wieder vorbei, so daß wir doch noch den Kreis um die Insel vollführt hatten.

Mehr oder weniger günstige Winde füllten von da an unsere Segel, bis wir schließlich unseren Bestimmungshafen erreichten.

Die kleine Stadt Antonina, wo meine Frau und Garfield während dieser Reise zurückgeblieben waren, zwölf Meilen von Paranaguá die Bucht hinauf, war bald nach unserer Ankunft von Kinderlärm erfüllt. Nach ihrer eigenen Musik marschierten die Kinder durch die Stadt, allen voran mein »Jacob« mit einer brandneuen 90-Cent-Orgel als der meistbeneidete Kerl der ganzen Truppe. Die Sorgen der Vergangenheit flogen davon – oder wurden zu Hause im Schrank eingeschlossen, was der beste Platz für vergangenes Unglück ist.

Diese Reise nach Montevideo war für uns alle wirklich hart! Die Überlebenden kamen nach einer Weile zu Hause an. Ihre Gesichter sahen schrecklich gezeichnet und deformiert aus, so daß ich sie nicht erkannte, bis sie mich anredeten.

Mit Freude erinnerte ich mich des guten Charakters meiner brasilianischen Matrosen und bedauert nur um so mehr ihr Pech und ihr hartes Schicksal. Vielleicht treffen wir uns wieder. *Quien sabe!*

Das traurige Geschäft brachten wir, so gut wir konnten, zu Ende und machten uns an die nächste Unternehmung, den Kauf und das Übernehmen einer Ladung des berühmten brasilianischen Holzes. Die AQUIDNECK wurde in einen Nebenarm der Bucht verholt und dort in Lee eines Urwaldes, 20 Minuten mit dem Kanu vom Dorf Guarakasava entfernt, verankert und begann schon bald mit dem Laden.

Das Holz dieses Landes ist im allgemeinen zimlich schwer

und wird dennoch von Hand zum Wasser verholt, wo man es an Kanus festbindet und auf diese Weise zum Schiff flößt.

Diese Kanus sind manchmal aus Mammutbäumen geschickt geformt und sorgfältig ausgehöhlt. Sie dienen zugleich als Kähne und *cariole*, um die Familie zur *citio* oder den Reis zur Mühle zu bringen. Straßen sind kaum vorhanden, wo man die Kanus kennt. Männer, Frauen und Kinder fahren mit den Kanus, alle gleich geschickt und fast vollkommen. Fuhrwerke gibt es nicht in solchen Orten, sogar ein Reitpferd ist an der Wasserfront ein *rara avis*. Ein Pferd gab es allerdings in Guarakasava – und sein Besitzer war sehr bemerkenswert.

Das Familienkanu, von dem ich eben sprach, kann oft mehrere Tonnen laden, ist an den Oberseiten hübsch mit Schnitzereien dekoriert und – wie der »Geordie«, der Mann aus Tyne, wohl sagen würde, »in keiner von euren kitschigen Farben, sondern in gutem, klarem Rot oder Blau« – manchmal auch in Grün bemalt.

Diese hübschen Kanus kosten bei großer Ausstattung etwa 250 Dollar, das Ein-Mann-Boot kann man schon für fünf Milreis, etwa 2,50 Dollar, kaufen. Vom größten bis zum kleinsten werden sie alle liebevoll in Ordnung gehalten, und sie können durchaus auch viele Jahre alt werden.

Noch an etwas anderem hängt selbst der ärmste Brasilianer sehr, und das ist seine geliebte Frau, die oft wortwörtlich und im übertragenen Sinne mit ihrem Mann im gleichen Boot schwimmt und mit ihm zusammen gegen den Strom rudert. Familienbande sind stark in Brasilien, und auch die süße Blume der Freundschaft gedeiht in diesem sonnigen Klima gut. Das System der Land- und Seewinde herrscht an der Küste von Cabo Frio bis zur Ilha de Santa Catarina mit großer Regelmäßigkeit fast das ganze Jahr über; deshalb wird das Segeln auch vorteilhaft genutzt von den fast amphibienhaften Einwohnern an der Küste, die das Wasser lieben und sich auf ihm bewegen wie sonst nur Enten und geborene Seeleute.

Flaut der Wind ab, bringen sie ihre Kanus ebenso leicht mit Paddeln oder langen Stöcken voran. In den kleineren Kanus stehen die Insassen dabei und bringen es auf eine beträchtliche Geschwindigkeit. Die größeren werden, wenn der Wind nicht hilft, von Ruderdollen aus gepullt, die mit dicken Zapfen im Dollbord befestigt sind, wobei Grummetstropps lose über den Riemen liegen, so daß sie in der Hand des Ruderers frei beweglich sind.

Mit ihrem fein geschnittenen Bug kräuseln sie gerade eben das Wasser, wenn sie über die sanften Buchten und Flüsse dahinschießen, und so geben diese Kanus ein Bild unvergleichlicher Geschicklichkeit und Grazie ab.

Ich finde die folgende Eintragung in meinem Tagebuch, die ich kurz vor dem Abschluß unserer Geschäfte in Guarakasava machte. Ich muß sie hier nach Art eines wahrhaftigen Historikers wiedergeben, um die hohe Meinung, die ich von diesen Eingeborenen hatte, als ich unter ihnen war, deutlich zu machen:

Guarakasava, den 20. Dez.

Ich habe schon früher von der angeborenen Ehrlichkeit der Brasilianer und auch von ihrer Seemannschaft und Geschicklichkeit im Umgang mit den Kanus geschwärmt, doch mein Traum vom vollkommenen Paradies ist jetzt für immer ins Wanken geraten. Leider merkt man sogar hier etwas von Adams Fall: Als wir heute ein paar lange Baumstämme luden, bestand der Kontrolleur, ein Neger, darauf, denselben Stamm zweimal zu zählen. Als das erste Ende an Bord kam, hieß es *umo* (eins); als das letzte Ende im Schiff verschwand, sang er *does* (zwei) aus.

Ich hatte keine großen Schwierigkeiten damit, doch verließ ich Guarakasava mit jenem verletzenden Gefühl, das entsteht, wenn man sich überreden läßt, daß eins und eins vier sind.

Weihnachten 1887 verbrachten wir in Guarakasava. Bald danach war die Bark voll beladen. Und als wir über die Bucht segelten, wo Strömungen und Wind sie auf eine gefährliche Bank zutrieben, konnte sie nicht mehr ausweichen und lief auf. Wir brachten den Anker aus, um sie zu wenden. Aber in den lockeren Sänden hielt er nicht. So trieb sie vor Anker und strandete breitseits an einer Stelle, wo von der offenen See her ein starker Schwell hereinstand. Drei Tage lang warf sie der Schwell vor und zurück, und die Seen schlugen über ihrem ächzenden Rumpf zusammen, bis schließlich ihr Rückgrat – und warum sollte ich nicht Herz sagen? – gebrochen war. Es war aus mit ihr! Nach 25 Jahren guter Dienste beendete die AQUIDNECK hier ihre Tage.

Ich selbst hatte Last für Last getragen, doch ich konnte leider keinen Berg versetzen und war jetzt mit all meiner Geschicklichkeit und Energie am Ende. Was war zu tun? Was konnte überhaupt getan werden? Wir sahen tatsächlich wie Schiffbrüchige aus, noch dazu weit entfernt von der Heimat.

Dies war nicht die Zeit zum Weinen, denn die ganze Mannschaft war gerettet. Es war aber auch nicht die Zeit zum Lachen, denn unser Verlust war groß.

Doch die See beruhigte sich wieder, und ich verkaufte das Wrack, das davonschwamm, als der Sturm sich gelegt hatte. Und nachdem ich der Mannschaft die Heuer ausbezahlt hatte, blieb noch ein Teil für mich und meine Familie übrig – eine kleine Summe.

Dann blickte ich in die Zukunft und hielt Ausschau nach einer Möglichkeit, dem Exil zu entkommen. Die Mannschaft, die aus Ausländern bestand, fand eine Passage nach Montevideo, wo sie anstelle der kranken Brasilianer auf die AQUIDNECK gekommen war. Doch für mich und meine Familie war dieser Ausweg kaum gangbar, auch wenn es uns nichts ausgemacht hätte, noch weiter von zu Hause fortzukommen – woran wir nun wirklich nicht dachten. Und in unsere Richtung gingen auch keine Schiffe.

DER BAU DER LIBERDADE

Der Plan – Eine magere Werkzeugkiste – Nägel aus Kupfermünzen, Holz aus dem Urwald – Die Taufe – Ausrüstung als Fischerboot – Die Kajüte.

Als alles, was sich zu bergen lohnte oder was überhaupt vom Wrack abgeborgen werden konnte, gerettet war, besaßen wir immerhin noch ein paar Dinge, die bald für uns von großem Wert sein sollten, besonders mein Kompaß und meine Karten, die zwar beschädigt, aber doch noch brauchbar waren und sich in der Praxis als sehr nützlich erwiesen. Und da auch der Chronometer intakt war, zweifelte ich nicht länger, welchen Kurs ich einschlagen mußte, zumal auch meine Frau und meine beiden Söhne dem zustimmten, was ich für das Beste hielt.

Und so sah unser Plan aus: Wir konnten uns unsere Rückfahrt nicht erbetteln, und wir wollten auch nicht untätig unter den Eingeborenen herumsitzen. Für uns gehörte mehr Mut dazu, in diesem abgelegenen Land zu bleiben, als in einem Boot nach Hause zurückzufahren, das wir zu diesem Zweck zu bauen beschlossen.*

Mein Sohn Victor unterstützte stolz, begeistert und entschlossen diesen Plan, der eine baldige Rückkehr versprach. Voll Energie nahm er sich der praktischen Seite an und arbeitete an dem Boot wie ein alter Bootsbauer.

Bevor wir das Projekt jedoch in Angriff nahmen, überlegten wir uns alle wichtigen Einzelheiten. Wir bezogen die starken Meeresströmungen rings um die Kaps ebenso wie die Korallenriffe mit in die Überlegungen ein, und wir wußten, daß die heftigen tropischen Stürme, auf die wir mit Sicherheit treffen würden, uns wohl am gefährlichsten werden konnten.

* Ich mußte diese Alternative annehmen oder meine Familie als Bettler nach Hause bringen, denn mein Geld und Gut waren weg. Muß ich noch mehr erklären? Diese Erklärung wurde mir abverlangt.

Also mußte das Boot fest und stark werden, so daß wir ihm auch im Sturm unser Leben anvertrauen konnten.

Und da ich zu unserem Vorteil Erfahrung mit Schiffen und Booten verschiedener Größe auf vielen Meeren hatte, begann ich, nach meinen Kenntnissen und meinen Möglichkeiten ein Fahrzeug zu bauen, das mir für jedes Wetter und alle Umstände am besten geeignet erschien. Meine Familie pullte kräftig in der gleichen Richtung mit.

Seetüchtigkeit sollte das hervorstechendste Merkmal unseres winzigen Schiffes sein. Und dann sollte es gute Segeleigenschaften haben, zumindest vor dem Wind. Wir rechneten mit günstigen Winden, und die hatten wir dann auch auf dem größten Teil der bald folgenden Reise.

Bis dahin hatten viele Entbehrungen und schwere Enttäuschungen an unserer Gesundheit und unseren Nerven gezerrt – lange Quarantänezeiten, teure Ausräucheraktionen und ruinöse Arztbesuche ließen meine Dollars dahinschmelzen. Doch mit noch einem »Schluck im Schrank« und mit dem Gefühl, bald nach Hause zu kommen, machten wir uns an die Arbeit. Es war nur eine magere Werkzeugkiste, die wir vom Schiff gerettet hatten, Und doch hatten wir schon bald das Kommando über ein neues Schiff. Seinen Bau werde ich im folgenden beschreiben, ebenso seine Abmessungen, seine Form und das Rigg. Zunächst muß ich aber wohl noch etwas über die Werkzeuge sagen, mit denen wir es bauten.

Wir hatten eine Axt, eine Krummaxt und zwei Sägen, einen Halbzoll-Bohrer und ein ⅝-Bohreisen; zwei große Segelnadeln, aus denen wir Nagelbohrer machten; einen Marlspieker, den wir als Locheisen benutzten; und als Kostbarstes von allem eine Feile, die wir in einem alten Seesack fanden, der an den Strand gespült worden war. Eine Art rechteckiger Schnürboden war bald fertig. Zwei Bambussträbe dienten als Zirkel. Holzkohle, fein wie Mehl gemahlen und mit Wasser vermischt, trat an die Stelle von Kreide für den Riß der Linien; und diese Linien zeichneten wir freihändig. Wenn wir größere Löcher brauchten, als wir sie mit dem ⅝-Bohrer schaffen konnten, erhitzten wir ein

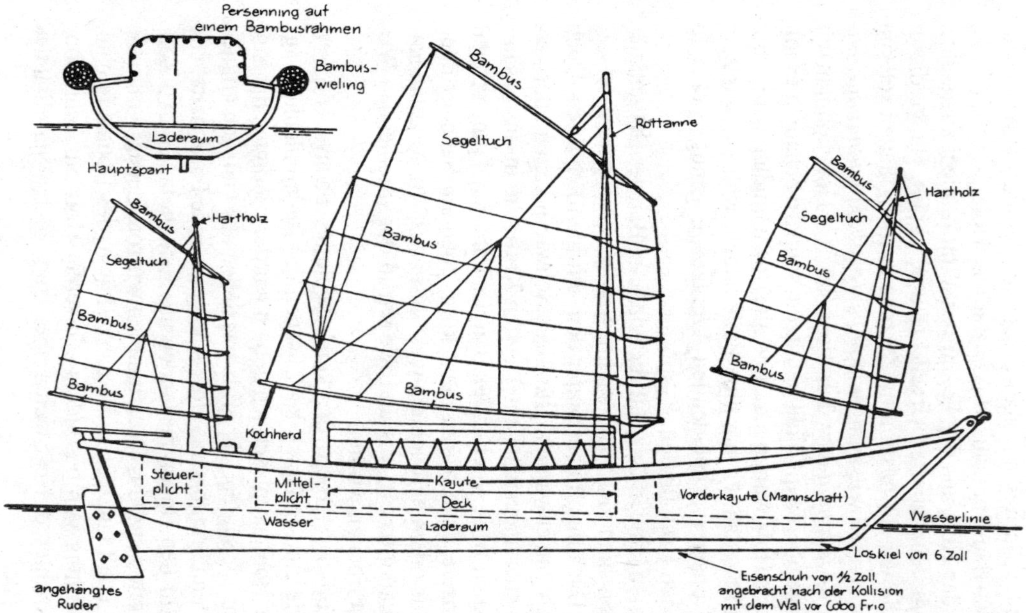

Die LIBERDADE

(Längeüberalles: 35 Fuß, Breite 7½ Fuß, Tiefgang: 2½ Fuß, Verdrängung: 6 tons)

Stück Eisen von einem Jackstag, und damit konnten wir Löcher in jeder gewünschten Größe brennen. So hatten wir schließlich doch brauchbares Handwerkszeug. Holzzwingen besaßen wir zwar nicht, schafften uns aber Ersatz aus dem krummwachsenden Guava-Baum und aus *Massaranduba*-Holz.

Wenn das Holz aus der Fracht des Wracks nicht ausreichte, wurden im benachbarten Urwald Bäume gefällt. Einige dieser Hölzer, die wir für bestimmte Zwecke suchten, hatten seltsam klingende Namen wie zum Beispiel *arregebah, guanandee, batetenandinglastampai* usw. Für dieses letztere Holz konnten wir unsere Säge überhaupt nicht benutzen, sondern behauten es mit der Axt; das Holz war zu hart, und außerdem mußten wir immer daran denken, daß wir nur eine Feile hatten, während wir zum Schärfen unserer schneidenden Werkzeuge genug Steine in einem nahen Bach fanden.

Die vielen Hindernisse, auf die wir beim Bau des Bootes stießen, sollen hier nicht aufgezählt werden. Das geringste war noch ein Dschungelfieber, unter dem wir ziemlich litten. Doch schließlich verschwanden alle diese Schwierigkeiten oder verringerten sich angesichts einer neuen Kraft, die in uns zusammen mit dem Boot wuchs. Der Bau des Fahrzeugs ging schnell voran. Unsere Tage waren nicht kurz, doch am Sabbat ruhten wir uns aus oder überdachten, was wir in der Woche getan hatten, und kalkulierten, was und wie wir in der kommenden Woche weiterarbeiten wollten.

Den Teil der Arbeit, der kein spezielles Fachwissen verlangte, wie zum Beispiel das Zusägen der Zedernplanken, aus denen das Boot hauptsächlich gebaut wurde, erledigten die Eingeborenen; sie sägten sehr grob und ließen uns viel zum Glätten und Richten übrig, bis das Holz seine passende Form hatte. Die Planken für den Boden bestanden aus Eisenholz, 1¼ x 10 Zoll. Für die Seiten und das Deck nahmen wir rote Zeder, wobei bis auf zwei jede Planke über die ganze Länge des Bootes reichte. Die Anordnung von besonders schwerem Holz am Schiffsboden und leichterem Holz weiter oben trug viel zur Stabilität des Fahrzeugs bei.

Das Eisenholz war hart wie Stein, während die Zeder, leicht und elastisch, Auftrieb und Geschmeidigkeit brachte, wie wir es uns nur wünschen konnten.

Die Befestigungen suchten wir uns an verschiedenen Stellen zusammen. Einige stammten vom Schanzkleid des Wracks, einige von den Angeln der Türen und Skylights, und andere wurden aus dem Kupferbeschlag des Schiffsbodens hergestellt, den die Eingeborenen schmolzen und zu Nägeln umgossen. Sie besorgten auch reine Kupfernägel, etwa 10 Kilo, für die ich mit Kupfermünzen bezahlte, und zwar zum Kurs von 2 kg Münzen gegen 1 kg Nägel. Die gleichen Münzen, die hier den Spitznamen »trübe Stimmung« hatten, dienten, rautenförmig zurechtgeschnitten und mit Löchern versehen, auch als Köpfe für die Nägel. Eine Reihe kleiner Augbolzen vom Besanbaum des Wracks machten wir uns als Bolzen im Deck des neuen Fahrzeugs zunutze, in die Blöcke eingeschoren werden konnten. Wenn die Nägel zu lang waren, wurden sie auf das richtige Maß zurechtgeschnitten und der Abfall zusammen mit dem Kupferbeschlag wieder zu neuen Nägeln umgeschmolzen.

Einige Wagenbolzen mit Gewinde und Mutter, die ich auf dem Lande fand, kamen mir sehr zustatten. Mit Hilfe untergelegter Holzblöcke brachte ich sie auf die richtige Länge, wobei die Blöcke natürlich an der Innenseite saßen und die Kontermuttern außen glatt in die Planken versenkt wurden. Dann schraubte ich die Bolzen von innen nach außen durch und zog die Hölzer zusammen wie mit einem Schraubstock; die Planken waren in Klinkerbauweise unmittelbar miteinander verbunden, was zweifellos für ein Boot die stärkste Art der Beplankung darstellt.

Diese Schraubbolzen, 70 Stück insgesamt, kamen uns ebenso wie die Kupfernägel teuer zu stehen, aber die Holznägel, die wir auch zur Verbindung benutzten, kosteten uns dafür nur die eigene Arbeit. Die Laschings, die wir hier und da bei den Kajütrahmen brauchten, kosteten uns ebenfalls nichts, denn sie wurden aus den Fasern von Baumrinde angefertigt, die wir einfach nur von den Bäumen abzuziehen brauchten. So war schließlich alles in allem unser Material nicht teuer, auch nicht das behauene oder zugesägte Holz, für das wir etwa drei Cents pro Quadratfuß bezahlten. Rosenholz, Eisenholz, Zeder oder Mahagoni hatten alle denselben Preis, der nur wenig höher war als der für gewöhnliches Holz. So suchten wir uns natürlich immer das beste aus – und wo nur ausgesucht gute Materialien verwendet wurden, war auch das Formen meist keine schwierige Arbeit.

Aus diesen verschiedenen Hölzern und Verbänden, so gut und fest zusammengepaßt, wie wir es konnten, entstand ein Fahrzeug, das stark und seetüchtig war und alle Schläge, die es in der Folgezeit auf hoher See einstecken mußte, aushielt.

Schließlich war der Rumpf fertig – mit allen möglichen Kniffen und Notbehelfen, bei denen manchmal auch die »Holzhammermethode« einspringen mußte, oder der Zufall, der Vater der Erfindung, seine Hand im Spiel hatte. Dann machten wir uns an den Innenausbau, der schließlich ebenso gut wurde, als wenn er mit großem Kostenaufwand auf einer Werft gemacht worden wäre.

Meine Bootsbauer scheuten vor nichts zurück, und so wurde am 13. Mai, dem Tag, an dem in Brasilien die Sklaven freigelassen wurden, unser Fahrzeug zu Wasser gelassen und auf den Namen LIBERDADE, Freiheit, getauft.

Sie hatte folgende Abmessungen: 35 Fuß Länge über alles, 7 Fuß 6 Zoll Breite über alles und 3 Fuß Raumtiefe.

Ihre Form entwickelte ich aus den Cape-Ann-Dories, wie ich sie im Gedächtnis hatte, und von einem Foto eines sehr eleganten japanischen Sampans her, das ich ständig vor mir hatte, so daß sie schließlich wie erwartet beiden Schiffstypen irgendwie ähnelte.

Ihr Rigg glich dem des chinesischen Sampans, das ich für das bequemste Bootsrigg auf der ganzen Welt halte.

Das war das Boot – ich nenne es lieber Kanu –, in dem wir nach Nordamerika und damit nach Hause segeln wollten. Während es gebaut wurde, waren wir alle sehr beschäftigt, und so war auch das Mißgeschick der Vergangenheit bald vergessen. Die gnädige Frau hatte die Segel genäht – und es waren sehr gute Segel!

Victor, Zimmermann, Reepschläger und »Mädchen für alles«, hatte seinen Teil vollbracht. Unser Kleiner, Garfield, hatte auch Arbeit gefunden, indem er beim Vernieten der Nägel den Hammer gegenhielt und viele gute Ratschläge für die bevorstehende Reise gab. Alle waren also beschäftigt, und keiner hatte einen Gedanken daran verschwendet, was wir etwa von den Hafenbehörden entlang der Küste zu hören bekommen würden; denn die meinten, daß man einem so kleinen Fahrzeug für eine so lange Reise, die nach unserer Absicht ja nach Nordamerika führen sollte, keinen Paß, keinen Fahrerlaubnisschein geben könne.

Dann fiel das Fieber wieder über den Autor und Erbauer des kleinen Fahrzeugs her, und ich mußte mich für drei Tage ins Bett legen. Schließlich erinnerte ich mich, daß sich in der Medizinkiste, die wir aus dem Wrack gerettet hatten, etwas *Arsenicum*, wie es, glaube ich, heißt, verstaut war. Ich nahm mehrere Dosen (zunächst natürlich nur kleine, wie man mir glauben mag), und bald fühlte ich in meinen Adern die gute Wirkung des tödlichen Gifts auf die Malaria. Ich erhöhte die Dosis etwas und konnte beinahe stündlich eine Besserung feststellen, und nach ein paar Tagen hatte ich mich von der Krankheit so ziemlich erholt.

So absurd es ist, daß sich Seeleute von allen möglichen hergelaufenen Möchtegern-Navigatoren beurteilen lassen müssen, wir hatten uns doch noch zu fügen, da sie sehr zahlreich waren.

So kam etwa um diese Zeit – wie die Astrologen zu sagen pflegen – ein Bote von der *Alfandega* (dem Zollhaus) und bat mich, dort am Mittag des folgenden Tages zu erscheinen. Da war ich alarmiert. Der Bote hatte seine Botschaft ja auf die höflichste Art vorgebracht, aber das brauchte nichts zu bedeuten, da Brasilianer immer höflich sind. So unwichtig das auch jetzt erscheinen mag, es warf mich fast wieder ins Fieber zurück.

Was hatte ich getan?

Nach einer Nacht mit schlimmen Alpträumen ging ich hin, bereit zu sagen, daß ich es nicht wiedertun wollte. Der freundliche Beamte, der mich empfing und mich seinem Büro bekannt machte, legte mir keinen Fehler zur Last; statt dessen hatte er ein freundliches Wort für mich übrig. Die kleine LIBERDADE, bemerkte er, hätte die Aufmerksamkeit seiner Leute und seine eigene Neugier auf sich gezogen, da sie »ein hübsches und gut gebautes Fahrzeug« sei. Er sagte noch viel mehr Schmeichelhaftes, auf das ich Überraschung heuchelte und verschlagen antwortete: »Ich glaube, Sie haben recht, Sir, und Sie haben für einen Zollbeamten auch einen guten Geschmack.« Kurz und gut, diese Schmeichelei sollte mich schließlich dazu bewegen, ein Boot für die *Alfandega* zu bauen, oder, da seine Regierung für einen Neubau kein Geld gab – wobei er auf ein Boot zeigte, das bestimmt einen neuen Kiel, neue Beplankung, neue Spanten, einen neuen Bug und einen neuen Achtersteven brauchte –, oder ob ich nicht eins reparieren könnte.

Ich bat mir Zeit aus, diesen Vorschlag zu bedenken. So schmeichelhaft die Worte des Beamten auch waren, unterstützt auch noch vom Angebot großzügiger Bezahlung, sofern das Boot »repariert« werden konnte, so hatte ich doch nicht die Absicht, länger in diesem heißen Land zu bleiben und damit einen neuen Fieberanfall zu riskieren. Aber da war immer noch derselbe alte Haken, nämlich die Fahrerlaubnis, von der, wie wir dachten, unsere Reise abhing.

Doch um die Sache abzukürzen: Ich kam darauf, daß es ja auch einen Fischerei-Erlaubnisschein gab, und ich fragte mich, warum ich nicht schon früher daran gedacht hatte, da ich doch vor langem schon einmal selber Fischer gewesen war. Ich schwenkte also auf einen neuen diplomatischen Kurs ein und begann, das Boot offen für den Fischfang auszurüsten. Dafür wurde ein Fischernetz gemacht, das wir auf jeden Fall brauchen konnten. Dann fertigten wir Haken und Leinen an und machten ein Netzkabel. Dieses Kabel oder Reep wurde aus Weinranken hergestellt, die überall an den Sandstränden eben oberhalb der Hochwassergrenze wuchsen. Wir schlugen ein paar Ranken umeinander und erhielten ein brauchbares Reep. Es war leicht und elastisch und deshalb als Ankertrosse für das Boot oder auch zum Nachschleppen beim Ablaufen vor dem Sturm geeignet. Für die Summe von 10 Milreis (5 Dollar) machten uns die Eingeborenen 90 Faden solcher Trosse.

Der Anker kam fast von allein. Aus schwerem, nichtschwimmendem Holz hatte ich einen Holzanker hergestellt. Doch eines Tages erschien ein kräftiger Rancher und brachte einen richtigen Bootsanker mit; er war, wie er sich ausdrückte, von seinen Sklaven als Kesselhaken benutzt worden. »Doch jetzt sind sie frei und fort«, sagte er, »und ich kann dieses krumme Ding nicht mehr gebrauchen.« Er hatte ein Auge auf unsere Nähmaschine geworfen, mit der wir die Segel zusammengenäht hatten und die wir jetzt nicht mehr brauchten; die tauschten wir gegen den hochgeschätzten Anker, was für uns sicherlich ein Gewinn war. Es lief also alles zu unseren Gunsten, und so wurde der Holzanker als zusätzlicher Buganker weggestaut.

Nachdem die Ausrüstung auf solche Weise vervollständigt war, nahm unser Fahrzeug allmählich das Aussehen einer Fischerschmack an, und ich fühlte mich wieder in meinem alten Element. Ich hatte auch keine Angst mehr davor, was wir tun sollten, wenn wir wieder vor unserer heimatlichen Küste waren, wo ich die Fischgründe kannte. Und bald erhielten wir von den Hafenbehörden auch ein Dokument, das in der Übersetzung folgenden Wortlaut hatte: »Erlaubnisschein für den Fischfang innerhalb und außerhalb der Barre.«

»Wie weit außerhalb der Barre dürfen wir damit fahren?« fragte ich.

»*Quien sabe!*« erwiderte der Beamte. (Wörtlich übersetzt: Wer weiß? Doch im Spanischen oder Portugiesischen steht es für: Niemand weiß es, und mich geht es nichts an.)

»Adieu, Señor«, sagte die Amtsperson. »Im Himmel sehen wir uns wieder!«

Das hieß: Sie können gehen, wenn Sie unbedingt wollen, doch ich darf offiziell nichts davon wissen; und wahrscheinlich landen Sie doch auf dem Grund. Und damit hatte er sich wie so viele andere verkalkuliert.

So besaßen wir also das benötigte Dokument für die Reise und übernahmen jetzt unsere Vorräte: 120 Pfund Schiffszwieback, 25 Pfund Mehl, 30 Pfund Zucker, 9 Pfund Kaffee, der, schwarz gebrannt und fein wie Weizenmehl gemahlen, doppelt so ergiebig war wie der Kaffee in Nordamerika und außerdem noch viel besser schmeckte.

Darüber hinaus luden wir 3 Pfund Tee, 20 Pfund Schweinefleisch, 100 Pfund gedörrtes Rindfleisch, 20 Pfund *baccalao secca* (Stockfisch), 2 Flaschen Honig, 200 Orangen, 6 Stauden Bananen, 120 Gallonen Wasser, dazu einen kleinen Korb Jamswurzeln und ein Dutzend Stangen Zuckerrohr.

Unsere Medizinkiste enthielt Paranüsse, Pfeffer und Zimt; andere Medizin oder anderes Gewürz wurden auf der Reise nicht gebraucht, außer Tafelsalz, das wir auch mitführten.

Eine Muskete und ein Karabiner mit Munition, die uns schon gut zustatten gekommen waren, wurden ebenfalls verstaut; sie sollten allerdings nur im Notfall eingesetzt werden.

Die leichten Dinge verstaute ich in den Enden des Kanus, die schwereren in der Mitte und am Boden, um so zugleich den Raum sinnvoll zu nutzen und dem Kanu mehr Stabilität zu geben. Mittschiffs verlegte ich über den Vorräten einen Boden, und darüber baute ich ein Dach aus geteertem Segeltuch, das von einem Gerüst aus Bambus getragen wurde und 3 Fuß über das Deck des Kanus hinausreichte, so daß wir eine Sitzhöhe von 4 Fuß vom Boden bis zum Dach hatten, bei 12 Fuß Länge mittschiffs. Durch diese Einrichtung der Kajüte im Zentrum des Schiffs bekamen meine Passagiere dort einen Liegeplatz, wo man die Schiffsbewegungen am wenigsten spürte. Das sagt wenig, denn was wir auch taten, wir wurden doch von den Seen ganz schön hin und her geworfen.

Wir wandten jede erdenkliche Vorsichtsmaßnahme an, soweit unsere Möglichkeiten und Fähigkeiten reichten. So verbauten wir das elastische und mit viel Auftrieb versehene Bambusholz, wo immer es ging, zum Beispiel als Gerüst und Gurte für die Kajüte, als Spieren für die Segel und schließlich auch als Wieling an der Oberseite des Schanzkleides. So mußte sich das Kanu selber wiederaufrichten, falls es kentern sollte. Zwischen je zwei Knoten in den Bambushölzern war eine Luftkammer mit mehreren Pfund Auftriebskraft, und wir hatten etwa tausend solcher Kammern verbaut.

Unsere wichtigsten Vorräte, besonders Mehl, Brot und Kaffee, wurden hermetisch versiegelt, so daß sich unser Fahrzeug nicht nur von alleine wiederaufrichten würde, wenn es auf See wirklich einmal durchkentern sollte, sondern auch die Vorräte in gutem Zustand fest an ihrem Platz blieben, so daß wir schließlich das Boot nur noch zu lenzen und wieder auf Kurs zu bringen hatten, falls wir wie bisher immer gut davongekommen sein sollten. Die Probe aufs Exempel blieb uns jedoch zum Glück erspart.

Während wir uns alle möglichen Gefahren ausmalten, gab es in der Vorstellung des kleinen Garfield nur eine einzige: Haie.

Es hieß, einige dieser Ungeheuer hätten neun Reihen Zähne; daß sie immerzu hungrig sind, wird auch von erfahrenen Seeleuten bestätigt.

Wie Seeleute angesichts einer so schrecklichen Gefahr so oft im Meer baden können, verstehe ich nicht. Bei ihrer Arbeit müssen sie bestimmt der Gefahr ins Auge sehen, doch hier setzen sie sich ihr ohne Not aus, und darauf steht manchmal die Todesstrafe. Vor gar nicht langer Zeit wurde der zweite Steuermann einer Bark mitten entzweigebissen, und der Riesenhai, den er in Versuchung geführt hatte, verschlang die beiden Portionen. Der Hai wurde bald danach gefangen und der Überrest des armen Kerls aus dem Schlund befreit.

Nun, ich lasse die Haie, wo sie sind, und kehre lieber zur Reise der LIBERDADE zurück.

STÜRMISCHE JUNGFERNFAHRT

Über die Barre – Schnelle Reise nach Santos – Im Schlepp nach Rio – In Rio

Wie tüchtig unser Kanu war, merkten wir schon bald: Ein paar Tage lang waren wir in der Bucht herumgesegelt, um uns auf das neue Fahrzeug einzustellen und alles an seinen Platz zu rütteln. Und am 24. Juni kreuzten wir die Barre und hielten hinaus auf See. Sechs große Schiffe lagen innerhalb der Barre fest, weil ihre Lotsen Angst vor dem rauhen Wetter hatten. Die Herren Lotsen standen an Deck, als wir vorbeisegelten. Sie bekreuzigten sich und riefen uns zu, die Barre sei *crudo*. Doch die LIBERDADE behielt ihren Kurs bei, und ihre Mannschaft hatte es nie zu bereuen.

Der Wind kam aus Südwest, und das hieß, daß wir auf der »guten« Seite eines abflauenden Pampero waren. Der Pampero hatte eine starke Dünung vom Ozean her mit sich gebracht, und die brach sich nun mit ohrenbetäubendem Donner und majestätischem Getue auf der Barre.

Doch unser kleines Schiff ging wie ein Fisch mitten durch die Brecher – so selbstverständlich und so frei wie die Elemente selbst!

Von den vielen Seen, die an diesem Tag so wild um uns herum brachen und unser Boot sich öfter aufbäumen ließen, stieg nicht eine an Deck, und so trugen wir schließlich den Sieg über die Grundseen auf der Barre davon. Dann legten wir unser Kanu vor den Wind, und es flog vorwärts wie ein Vogel.

Wir waren jahrelang auf großen Schiffen gefahren und brauchten jetzt Vertrauen und etwas Mut, um in so einer kleinen Nußschale dem ersten Sturm ins Gesicht sehen zu können. Doch zum Umkehren hätten wir noch mehr Mut gebraucht, und schließlich hatte der Gedanke an die Heimat sich in unseren Köpfen festgesetzt.

Bald hatte ich auch wieder ein Gefühl für das Boot entwikkelt, und die Liebe zur Sache selbst gewann Oberhand. Als das kleine Schiff Kurs auf See nahm, sagte die Mannschaft wie auf Kommando: »Weiter!« Die schwere Dünung des Südatlantiks rollte auf die Küste zu, türmte sich an der 10-Faden-Linie auf und überschlug sich in brüllenden Brechern, so daß wir nicht näher unter Land gehen konnten.

Unserer sicherster Kurs war offensichtlich vom Land weg. Draußen war die Dünung zwar auch noch hoch, sie lief aber regelmäßiger unter unserem kleinen Fahrzeug hindurch, so daß es wie eine Ameise auf dem Ozean tanzte. 24 Stunden, nachdem wir in Paranaguá-Barre überquert hatten, waren wir querab von Ponta Santos.

Als wir um das Kap kamen, packte uns eine Bö, zerfetzte unsere Segel und trieb uns unter blanken Masten nach Santos hinein.

Dort trafen wir durch Zufall einen alten Bekannten, den Postdampfer FINANCE mit Kapitän Baker, der nach Rio gehen sollte. Der warf uns freundlicherweise einen Tampen herüber und schleppte uns am nächsten Tag nach Rio, so schnell wir es nur wünschen konnten. Meine Frau und unser jüngster Matrose gingen an Bord des Dampfers, während Victor mit mir auf dem Kanu blieb und mit der Axt in der Hand bei der Trosse stand, um sie im Notfall zu kappen. Ich steuerte.

»Gib acht«, rief Baker, als der Dampfer anzog, »gib acht, daß ich euch das Kanu nicht unterm Hintern wegziehe.«

»Paß du auf deine Post auf, Baker«, konnte ich nur antworten, »und spreng das Schiff nicht in die Luft; meine Frau und mein Sohn sind an Bord. Auf das Paket am anderen Ende der Trosse passe ich schon auf.«

Baker jagte sein Schiff mit 13 Knoten voran, doch die LIBERDADE hielt es aus!

Die Schlepptrosse hatte einen Durchmesser von 1 1/3 Zoll und war 90 Faden lang. Manchmal, wenn der Dampfer die Vorderseite einer der großen Seen hinunterlief und das Kanu die Rückseite der nächsten Welle hinaufjagte, spannte sich die Trosse wie eine Harfensaite. Dann wieder sank sie schlaff in einer Bucht bis unter den Kiel, spannte sich aber sofort wieder, wenn der Dampfer seinen nächsten Satz voraus machte und uns mit einem heftigen, zitternden Ruck hinter sich herzog. Unter diesen Umständen war richtiges Steuern dringend notwendig, denn ein Ausscheren nach Backbord oder Steuerbord hätte die Laufbahn der LIBERDADE beendet; sie wäre unter Wasser gezogen worden. Deshalb fielen mir als dem ältesten und erfahrensten Rudergänger die 20 Stunden Ruderwache zu. Und ich fühlte mich auch topfit und empfand es keineswegs als lästig, bis Baker Öl auf die W.ellen gießen ließ; das wurde mir allerdings ziemlich bald zuviel.

Victor war unter dem Kajützelt, die Axt immer noch in der Hand und jederzeit bereit, die Trosse zu kappen; er konnte sie von unten erreichen und sollte sofort zuschlagen, wenn das Kanu ausscherte.

Ich fürchtete, daß der Bursche schläfrig wurde und seinen Kopf unter die Flügel steckte. Doch bei meinem Anruf war er immer wach und bereit, obwohl er sich ein wenig über die schwindelerregenden Bewegungen beschwerte.

Die Gischt durchnäßte mich am Ruder, schien aber doch nur den Schwefelgestank aus vielen Quarantänen hinwegzuspülen und meinen Geist sauberzuwaschen. Um uns herum liefen die Seen hoch und gefährlich durcheinander; manchmal waren sie höher als der Freibord des Kanus, doch mit seinen runden Formen blieb es immer oben und ritt sie alle aus.

Dieser Kanuritt war für uns alle aufregend und befriedigend zugleich. Er bewies, daß wir in dem kleinen Kanu ein außergewöhnlich seetüchtiges Boot besaßen, denn Schleppen war der beste Test seiner Seetüchtigkeit.

Der Kapitän des Dampfers befahl, von Zeit zu Zeit Öl auszugießen, wodurch wir weniger Gischt abbekamen und das Schlingern sich etwas legte, während ich am Ruder einen unangenehmen Geschmack zwischen den Zähnen hatte, weil ein großer Teil des Öls mir direkt ins Gesicht geblasen wurde. Der Kapitän sagte zu einem seiner Matrosen (einem alten Walfänger, nebenbei bemerkt, und Walfänger haben aus einem unerfindlichen Grund nie allzuviel für einen Handelsschiffer übrig): »Mr. Smith.«

»Aye, aye, Sir«, antwortete der alte Mr. Smith.

»Mr. Smith, bringen Sie dieses Öl aus.«

»Aye, aye, Sir«, sagte der alte Trankocher richtig fröhlich und machte sich munter an seine Arbeit. Und in weniger als fünf Minuten stank ich vor ranzigem Fett und das ganze Boot war von Topp bis Kiel eingeölt.

»Jetzt liegt sie gut«, sagte Mr. Smith.

»In Ordnung«, sagte Baker. Nur für mich war es durchaus nicht in Ordnung. Der Wind fiel inzwischen direkt von vorn ein, und bevor wir die Rio-Barre überquerten, hatte ich soviel Öl geschluckt, daß man damit jede Art von Verdauungsbeschwerden kurieren konnte.

Baker soll gesagt haben, so hörte ich später, daß es ihm gleich sei, wenn er Slocum ertränkte. Doch solange das Kanu nicht ausscherte, konnte mir nichts passieren. Und so kamen wir nach der aufregendsten Bootsfahrt meines Lebens sicher und gesund in Rio an. Ich wollte die Trosse, die uns so gut schleppte, nicht kappen. Und ich wußte, daß Baker sie auch nicht loslassen würde, denn es war sein Tauwerk.

In Rio konnte ich meine Fischerlizenz gegen einen besseren Paß eintauschen. Dieses Dokument mußte vom Marineminister ausgestellt werden.

Manch ein flotter Sprachkundiger war bereit, seinen Einfluß bei dieser hohen Behörde für mich geltend zu machen. Doch nach einem Monat merkte ich, daß ich gerade soviel Fahrt voraus machte wie eine holländische Plattboden-Galiot in einer Flaute und bei gegenan laufender See. Unser ehrenwerter Konsul, General H. Clay Armstrong, gab mir einen Tip, woher die Schwierigkeiten kamen und wie ich sie umgehen konnte. Dann machte ich mich selbst an die Arbeit, wie ich es von Anfang an hätte tun sollen, und merkte, daß man mir ohne die »einflußreichen« Interventionen von draußen überall hilfreich entgegenkam.

Kommandant Marquis von der brasilianischen Marine empfahl mich Seiner Exzellenz, dem Marineminister, »aus Rücksicht auf die amerikanischen Seeleute«, wie er sagte. Und als das neue Dokument kam, war es ein *Passe Especial* mit einem Siegel so groß wie ein Suppenteller. Ein Hafenbeamter stellte mich dann dem guten *Administradore* vor, von dem ich ebenfalls einen *Passe Especial* mit dem Siegel der *Alfandega* bekam.

Jetzt brauchte ich nur noch ein Gesundheitszeugnis, und dann hatte ich genug Papiere für ein Kriegsschiff. Da man Rio für einen gesunden Ort hielt, war auch das bald erledigt und unsere Ausrüstung komplett.

Ich traf hier einen höheren amerikanischen Staatsbeamten, der unter anderem die Interessen der amerikanischen Schiffe wahrnehmen sollte. »Kapitän«, sagte er, »wenn Ihre LIBERDADE so gut ist wie Ihre Papiere, werden Sie schon durchkommen.« Und er fügte hinzu: »Ja, und wenn das Boot jemals nach Hause kommt, wird es eine Rarität sein.« Womit er, wie ich rasch folgerte, meinte: »Und Sie haben gute Chancen auf einen Platz in einem Groschenmuseum.« Nach so vielen Jahren als amerikanischer Schiffsführer und Schiffseigner war dies doch eine interessante Ermutigung. Unsere brasilianischen Freunde dagegen nahmen schon jetzt die Reise für einen vollen Erfolg.

»Wir haben das größte Vertrauen«, schrieb das Journal Opiz in Rio, »in den überlegenen, kühnen amerikanischen Seemann, und wir erwarten, daß in Kürze alle Zeitungen der Alten und der Neuen Welt von der sicheren Ankuft dieses wunderbaren kleinen Fahrzeugs in seinem Bestimmungshafen berichten werden. Und wir selbst haben Anteil an seinem Ruhm.«

Mit diesen und ähnlichen freundlichen Worten aller unserer Freunde nahmen wir Abschied von Rio. Am Morgen des 23. Juli 1888 segelten wir los.

BESUCH BEI CABO FRIO

Los von Rio – Vor Anker am Cabo Frio – Begegnung mit einem Wal – Versunkener Schatz – Ein Schulmeister und ein Kaufmann – Die guten Leute im Dorf – Die vernichtende Waffe des Schwertfisches

Der 23. Juli 1888 war, wie schon gesagt, der Tag, an dem wir Rio verließen.

Wir trafen auf leichte Gegenwinde und machten nur wenig Distanz gut. Am Abend ankerten wir schließlich 20 Meilen östlich von Rio nahe der Küste. Lange, rollende Seen warfen uns hin und her und zerstoben dann auf den Felsen; bei solcher Musik schliefen wir ein. Doch der kleine Garfield hatte Sorgen, an die bisher noch niemand gedacht hatte. »Mama«, rief er, als unser Boot in der schweren See auf und nieder stampfte und den kleinen Matrosen in seinem engen Quartier hin und her warf, während er zu seinem Abendgebet niederkniete, »Mama, dieses Boot ist nicht groß genug zum Beten!« Doch auch dieses Problem wurde schließlich gelöst, und Garfield lernte auf der Reise nicht nur zu beten, sondern auch Wache zu gehen. Abend für Abend legte er sich ruhig nieder und schlief so friedlich wie jeder Christ auf See oder an Land.

Im Morgengrauen des zweiten Tages waren wir schon wieder unterwegs und kreuzten gegen Wind und See. Auch in der folgenden Nacht kreuzten wir weiter und schafften am nächsten Tag Cabo Frio, wo wir nahe bei der Einfahrt zu einem guten Hafen vor Anker gingen.

Zeit von Rio: 2 Tage; Distanz: 70 Meilen.

Wind und Tide standen uns entgegen, und so mußten wir draußen auf günstigere Umstände warten. Während wir hier gemütlich vor Anker lagen, tauchte plötzlich ein riesiger Wal unter dem Kanu auf, rempelte es an und versetzte uns in Furcht. Wir saßen gerade beim Essen. Ich brauche wohl kaum zu erwähnen, daß das Mahl ohne Dessert beendet wurde. Das Seeungeheuer – 50 bis 60 Fuß lang – zog seine Kreise um unser kleines Fahrzeug und sah schrecklich groß aus. Zweimal kam es mir dabei so nahe, daß ich es mit einem Riemen hätte berühren können. Seine Schwanzflosse, die das Wasser aufrührte wie die Schraube eines Dampfers, tauchte beunruhigend nahe und mächtig vor uns auf! Und was für ein häßliches Maul das Monster hatte! Wir hatten richtig Angst. Das Schicksal des starken Walfängers ESSEX kam mir lebhaft in den Sinn. Ich dachte schon, die Reise der LIBERDADE sei zu Ende, und schaute mich nach ein paar Bambushölzern um, auf denen ich meine Frau und meine Kinder an Land bringen konnte. Gerade da zog jedoch zu unserer unendlichen Erleichterung der Leviathan ab, ohne uns viel zu tun. Vielleicht war er zufrieden, daß wir keinen Jonas an Bord hatten.

Bei diesem Vorfall verloren wir einen Anker, und auch der Kiel wurde etwas beschädigt, doch sonst kamen wir heil davon. Sogar dabei, glaube ich heute, lag keine Absicht vor, höchstens Freude am Spiel. »Ein Hai versteht einen Spaß«, heißt es, und er macht wohl auch gelegentlich einen; doch als echter Humorist ist der Wal unübertroffen.

»Wenn das ein Beispiel ist für die Abenteuer, die uns noch bevorstehen«, dachte ich, »dann haben wir wohl am Schluß der Reise mehr als genug gehabt.« Einen Besuch dieser Art hatten wir nicht einkalkuliert. Doch Sancho Pansa sagt ja: »Wenn der Jäger liegt im Gras, springt der Has'«, womit in unserem Fall ein großer Wal gemeint war.

Als wir wieder zu Atem gekommen waren und sich unsere gesträubten Haare einigermaßen gelegt hatten, setzten wir Segel und zogen in Lee des Kaps bis zu einer Bucht, die mit einem verführerischen Sandstrand offen vor uns lag, etwa drei Meilen nordwestlich der Stelle, an der wir bei dem bemerkenswerten Treffen mit dem Wal unseren Anker verloren hatten. Der freie Buganker hing bald an der Trosse. Dann gingen wir unter Land und ankerten nahe einer Klippe, über die ein schmaler Ziegenpfad ins nächste Dorf führte, das etwa eine Meile entfernt lag. Wir ließen das Boot unter die steile Felsenküste treiben, sprangen heraus, einen Festmacher in der Hand, und befestigten ihn an einem Felsblock über der Hochwassermarke. Dann improvisierten wir aus drei Hölzern und einem Stein einen zusätzlichen Anker, der für diesen Zweck ausreichte, und kletterten über die Klippen zum Dorf.

Die Dorfbewohner merkten sofort, daß wir Fremde waren, kamen uns entgegen und rührten zu Hause alles durcheinander, um uns nach Sitte des Landes gastfreundlich zu bewirten. Unter ihnen war ein Mann aus Kanada, ein gewisser Mr. Newkirk, der hier bei ruhiger See einen Schatz abbergen wollte, der 1830 mit dem Wrack des britischen Kriegsschiffes THETIS in der Nähe des Kaps gesunken war. Der Schatz, ein paar Millionen Silbermünzen und Goldbarren, die aus Peru nach England gebracht werden sollten, wurde in eben dieser Bucht versenkt, die seitdem auch den Namen des Schiffs angenommen hatte, das ihn dorthin trug.

Ein paar Münzen bekamen wir als Andenken an den freundlichen Besuch geschenkt. Wir fanden in Mr. Newkirk einen wendigen, umherschweifenden Genius; zu Hause war er Schulmeister gewesen, Kapitän eines Schoners auf den großen Binnenseen, hatte als Mediziner praktiziert und, ich glaube, auch ein wenig als Prediger. Es kamen wohl noch ein paar Professionen mehr zusammen, mit denen er seinen Lebensunterhalt zu verdienen versucht hatte. Doch wie im Märchen Hans im Glück hatte auch er nichts ansammeln können. »Es wurde sogar immer schlimmer«, sagte der Kanadier, »bis ich schließlich, um meinen Kopf über Wasser halten zu können, in die See hinab mußte.« Und damit hatte er offensichtlich sein Glück gemacht, wenn das Gold, das er mit dem Boot anlandete, nicht trügte. Dieser Abenteurer redete immer noch wie ein Junge; niemand hatte ihm gesagt, daß er alt wurde. Er sprach davon, nach Hause zu fahren, sobald er den Schatz gehoben hätte, »nur um meine liebe alte Mutter wiederzusehen«; und die war schon 74 Jahre alt gewesen, als er vor etwa 20 Jahren das Zuhause verließ. Seit er zuletzt etwas aus der Heimat gehört hatte, waren fast zwei Jahrzehnte vergangen. Aber er blieb »der Jüngste aus einer Familie von 18 Kindern – und alle leben«, wie er sich ausdrückte, »obwohl unsere Familie gestern fast einen verloren hätte. Durch einen Wal nämlich, der offenbar Appetit auf mein Boot, meine Taucherglocke, meine Crew, mein Geld und alles hatte, als er mit aufgerissenem Maul auf uns zukam. Doch wir zogen ihm eins mit dem Riemen über und betrogen ihn um sein Mittagessen, wenn er das überhaupt wollte – wovon ich allerdings überzeugt bin. Aber hier bin ich!« rief er. »Alles in Ordnung!« Und er hätte noch hinzufügen können: »Schließlich auch noch wohlhabend!«

Als ich die Geschichte des Tauchers gehört hatte, berichtete ich auf portugiesisch von unserem Abenteuer am gleichen Tag und wahrscheinlich mit demselben Wal; das Monster war ja in Richtung auf das Boot des Tauchers abgezogen. Das Erstaunen der Zuhörer war groß; doch als sie von unserer beabsichtigten Reise nach *America do Norte* erfuhren, bekreuzigten sie sich und baten um Gottes Gnade für uns.

»Liegt Nordamerika bei New York?« fragte der Kaufmann des Dorfes, dem alle Boote und Netze am Ort gehörten.

»Wieso, Amerika liegt *in* New York«, entgegnete der Ex-Schulmeister.

»Das dachte ich mir«, sagte der selbstzufriedene Kaufmann. Und zweifellos dachte er, daß wohl ein paar von uns dumm oder ungebildet sein mußten oder auch beides zusammen, aber trotzdem mußte ich über die Miene des Kanadiers lachen, mit der er seine Aussage bekräftigte.

»Warum haben Sie ihm keine richtige Antwort gegeben?« fragte ich den Ex-Schulmeister.

»Ich habe ihm so geantwortet«, sagte Newkirk, »wie es seiner Verrücktheit zukam. Hätte ich seine geographischen Kenntnisse vor diesen einfachen, armen Fischern korrigiert, hätte er mir wohl so bald nicht vergeben. Und dem Rest der armen Seelen hier hätte diese Kenntnis auch nichts genützt.«

Ich muß wohl noch erwähnen, daß es in diesem abgelegenen Ort keine Schule gab, und mit dem wenigen, was sie in ihrer Kirche, aus dem Katechismus und von den Perlen des Rosenkranzes lernten, waren sie immer noch die unschuldigsten Menschen auf der Welt, die ich je traf. Aber sie schienen alles über den Himmel zu wissen und waren zweifellos glücklich.

Nach dem kurzen, freundlichen Klönschnack wurde Kaffee herumgereicht, und dann diskutierte man über die Reise der LIBERDADE. Sie warnten uns vor der Gefährlichkeit der *balaenas* (der Wale), die hier an der Küste häufig und in dieser Jahreszeit auch angriffslustig waren, da sie ihre Jungen zu beschützen hatten.

Nachts allein am Ruder verspürte ich oft das aufregende Gefühl, daß eine schmerzhafte Stille durchbrochen wurde, wenn einer dieser Leviathane ziemlich nahe und mit einem Geräusch wie das Brüllen einer großen See durch die Meeresoberfläche brach, und ich erinnerte mich an das Abenteuer von Cabo Frio. Ich bin sicher, daß auch meine Mannschaft das Gefühl einer schrecklichen, wenn auch unvorstellbaren Gefahr empfand. In einer dunklen, nebligen Nacht wurde dies besonders deutlich, als Victor mir aufgeregt zurief, daß irgend etwas Furchtbares voraus rasch näherkam und ihn erschreckt hatte.

Es war ein Wal, der aus irgendeinem unerfindlichen Grund die See mit seinem riesigen Körper peitschte und in alle Himmelsrichtungen sauste, so daß ich kaum wußte, wohin ich von ihm wegsteuern sollte. Ich dachte zuerst, der Krawall käme von einem Kampf, wie wir ihn einmal vom Deck der AQUIDNECK aus gar nicht weit von dieser Stelle entfernt beobachtet hatten. Wir änderten unseren Kurs, sobald wir zu sehen glaubten, wie wir dem ausweichen konnten, was da den Frieden der See störte. Besonders vor den üblen Schwertfischen wollten wir uns freihalten. Ich befürchtete, daß es hier auch welche gab und daß sie uns einfach so aufspießen konnten. Ich wußte, daß sie manchmal sogar große Schiffe mit ihren schrecklichen Waffen angreifen und durchbohren, und ich gestehe, daß mir selbst etwas kitzlig um die Rippen wurde. Auch die Freiwache unten wurde unruhig und schlaflos. Denn eines dieser Schwerter, das wußte sie, würde unser kleines Boot vom Kiel bis zum Deck durchstoßen können. Große Schiffe mußten schon gelegentlich einen

Hafen anlaufen, weil sie von einem Schlag mit dem Schwert leck geworden waren. Doch am meisten fürchtete ich, daß einer von uns durchbohrt werden konnte.

Einmal schlug ein Schwertfisch sein Schwert durch die Außenhaut, den Spant und die dicke Innenbeplankung eines Walfängers hindurch und ließ es als eine Art Spund dort stecken; beim Löschen der Ladung in New Bedford fand man, daß das Schwert sogar noch durch ein Faß im Laderaum gedrungen war.

UNTER DER KÜSTE VON BRASILIEN

Abreise von Cabo Frio – Um Cabo de São Tomé – Hohe Seen und starke Strömungen – Im Passat – Gefährliche Riffe – Unversehens in einem Hafen – In Caravelas – Schönes Wetter – Ein Sturm – Der Hafen São Paolo – Eine Bande von Betrunkenen – Kurs Bahia

Nach dem angenehmen Besuch am Kap segelten wir am 30. Juli früh am Tag ab nach Norden. Zur Erinnerung an den Besuch bei Cabo Frio nahmen wir noch ein paar Seemuscheln und die Andenken von der THETIS mit.

Cabo Frio war ein wichtiger Punkt auf unserer Reise gewesen, und dort war, wie bereits berichtet, die Seetüchtigkeit unseres kleinen Fahrzeugs ernsthaft geprüft worden. Wir hatten auch erkannt, daß wir die normale Meeresbrut nicht zu fürchten brauchten (eines der größten Meeresungeheuer hatte uns ja nicht einmal umwerfen können), und so wuchs unser Vertrauen in unser Schiff; aber wir blieben wachsam, damit wir nicht von irgendeinem Zufall überrascht wurden.

Ein frischer Polarwind trieb uns unter gerefften Segeln auf das sanftere Passatwindgebiet zu. Doch um Mitternacht drehte der Wind auf Ost zurück und schob uns wieder unter Land. »Backbordwache, alle Mann an Deck! Ausreffen!« war dann der Ruf. Um Cabo de São Tomé in Lee zu bekommen, mußten wir alle Segel setzen und dichtholen. Und wir gingen über die Untiefen mit einer kochenden See und einer günstigen Strömung. Nach 24 Stunden von Cabo Frio war das Kreuz des Südens um 3 Þtiefer gesunken – das entsprach 180 Meilen.

Als wir um das Kap herumrauschten – das Kanu stand manchmal hoch auf seinen Enden und war dann wieder tief in der See begraben –, war das Feuer von São Tomé bald außer Sicht, und mit freien Schoten segelten wir weiter. Am nächsten Tag flaute der Wind zum regulären Süd-Passat ab. Unser Zedernkanu schipperte munter voran über eine freundliche See, die uns heimwärtstrieb; die Wellenkämme brachen immer nur voraus, in unsere Richtung, nie zurück, schlugen gegen die Bordwand und plätscherten dann an den dünnen Zedernplanken entlang, die allein zwischen der Crew und der Unendlichkeit lagen, während unser Vertrauen in das kleine Schiffchen wuchs, das auf dem Weg nach Hause war.

Doch in einer dunklen Nacht trafen wir auf Korallenriffe. Wir lauschten, wie sich die Seen mit unaufhörlichem Gebrüll über ihnen brachen. Wie ungeheuer einsam sie waren! Kein Lebewesen war zu sehen, manchmal nur der phosphoreszierende Streifen, den ein hungriger Hai im Wasser zurückließ: Zeichen der schlechten Gesellschaft in unserem Kielwasser, was die Düsternis dieses Ortes nur noch verstärkte.

Eine Nacht suchten wir Schutz in Lee der ausgedehnten Riffe, *Paredes* (Wände) genannt. In der Dunkelheit konnten wir die Brecher überhaupt nicht sehen, obwohl das Riff gar nicht weit entfernt war. Ein anderes Mal, als wir in einer dunklen und stürmischen Nacht alle Segel dichtgeholt hatten, um uns von einer Leeküste freizukreuzen, gelangten wir plötzlich auf ruhiges Wasser, warfen Anker und bargen die Segel. Bis Tagesanbruch glaubten wir, in einem verzauberten Hafen zu liegen. Erst dann sahen wir, daß wir uns mitten in einem Irrgarten häßlicher Riffe befanden, über die sich rings um uns herum die hohen Seen brachen, soweit das Auge reichte; nur die schmale Einfahrt, in die wir nachts unerwartet geraten waren, war frei von Brechern. Dieser eigenartig futuristische Hafen liegt auf 16 Þ48'S und 39 Þ30'W. Wir nannten ihn »Port LIBERDADE«.

Als nächstes sichteten wir die trügerischen Abrolhos und den Ort Caravelas gleich hinter dem Riff-Archipel. Als wir uns dort mit frischem Proviant versorgen wollten, stellten wir fest, daß ein Huhn 1000 Reis kostete, eine Staude Bananen 400 Reis, aber ein Dutzend Limonen nur 20 Reis – einen Cent. Ausrüstungsgegenstände für den Walfang lagen im ganzen Ort verstreut herum, und am Strand sahen wir den Kadaver eines Wals, den man hier neun Tage zuvor getötet hatte. An einem hübschen Boot lehnte ein grauhaariger Fischer; Boot und Mann waren ein

Relikt aus New Bedford, beide jetzt hier in ihrem gewohnten Beruf beschäftigt. Der alte Mann war barfüßig und dem Klima gemäß nur dünn bekleidet. Und doch erkannte ich an den wenigen Lumpen, die er trug, und an der Art, wie er seinen weiten Strohhut (»Esels-Frühstück«) riggte und abnahm, als wir ihn grüßten, den Fischer und Seemann. *»Filio do mar do Nord Americano«*, sagte ein leutseliger Eingeborener neben uns und wies dabei auf eben diesen »Sohn des Meeres aus Nordamerika«; so stellte er uns vor und machte klar, daß auch wir aus jenem Land kamen. Ich versuchte herauszubekommen, warum dieser alte Seemann hier gestrandet war. Vielleicht war er vom Wal an Land geworfen worden, jedenfalls brachte ich nichts anderes aus ihm heraus.

Wir suchten einen Ankerplatz gut in Luv von dem toten Wal, den der »alte Mann des Meeres« dort vielleicht angelandet hatte, blieben dort für die Nacht, setzten ein Licht ins Rigg und legten uns schlafen. Am nächsten Morgen war der ganze Ort beizeiten auf den Beinen. Kanus wurden ins Wasser geschoben, und das Echo vom Geklapper der Masten, Riemen und Fischkästen und vielen anderen Sachen, die für den täglichen Fischzug hastig in jedes Kanu geworfen wurde, schallte als Zeichen des geschäftigen Lebens von den hohen Palmenhainen zurück und zeigte uns an, daß es Zeit war, Anker zu lichten und unter Segel zu gehen. Wir gehorchten dem Ruf, beeilten uns, auf den Weg zu kommen, und hatten bald schon den Hafen hinter uns gelassen. Am frühen Morgen segelten wir dicht am Strand entlang, bis unsere Segel eine Landbrise einfingen, die nach den Düften des Tropenwaldes roch und die Gesänge vieler Vögel zu uns herübertrug. Wir segelten voll Fröhlichkeit und brauchten uns vor keiner Gefahr der See zu fürchten.

Durch diesen Gürtel mäßiger Winde, angefacht nur von wechselnden See- und Landbrisen, zogen wir langsam voran, bis wir in eine Region mit stärkeren Passatwinden kamen, die manchmal Sturmstärke erreichten. So waren wir nach tagelangem Schönwettersegeln nicht überrascht, als uns ein Sturm überfiel und uns in den Hafen von São Paolo hineintrieb, 30

Meilen von Bahia entfernt. Dort suchten wir zwei Tage lang Schutz.

Zeit von Caravelas: 3 Tage; Distanz: 270 Meilen.

Ein paar Fischer lagen an diesem Ort. Sie lebten offenbar in großer Ärmlichkeit, verbrachten ihre Tage damit, auf das Fallen und Steigen der Tide zu warten, die vielleicht Fisch in ihre Standnetze trieb. Das schien ihre einzige Sorge zu sein. Ihre schlecht gedeckten Hütten, im Stich gelassen von den luftgetrockneten Ziegeln, die sich einst über den geflochtenen Wänden erhoben, standen grinsend in Reihen wie Sinnbilder unserer Sterblichkeit.

Wir fanden in diesem São Paolo alles andere als Heilige. Fremde sollten diesen jämmerlichen Ort meiden, wenn sie nicht wie wir zum Schutz vor schwerem Wetter dorthin vertrieben werden. Beim ersten Anzeichen, daß der Wind abflaute, verließen wir den Ort. Eine Bande grober, halbbetrunkener Burschen hatte uns angegriffen und in Angst und Schrecken versetzt; sie drängten unverschämt an Bord, rempelten herum und schnatterten in einem Dialekt, den ich jedoch zufällig verstand. Mit meinem gebrochenen Portugiesisch bekam ich sie wieder von Bord und war entschlossen, sie auch nicht wieder zurückzulassen. Mein Argwohn, daß sie umkehren und noch einmal an Bord zu kommen versuchen würden, bestätigte sich bald, aber das konnte meinen Entschluß, sie fernzuhalten, nicht erschüttern. Ich ließ sie wissen, diesmal in ihrem eigenen Jargon, daß ich gut bewaffnet war. Schließlich paddelten sie zurück ans Ufer, und alle Besuche waren damit beendet. In der Nacht hielten wir gut Wache, und im Morgengrauen am 12. August segelten wir los. Wir gerieten in eine heftige Dünung, deren Charakter ich allerdings besser kannte und der ich mehr vertraute als einem Hafen mit gefährlichen Betrunkenen.

Früh am nächsten Morgen erreichten wir die Baia de Todos os Santos (Allerheiligenbucht), mit dem liebenswerten Hafen Bahia und reichem Land ringsum. Von hier aus übrigens segelte Robinson Crusoe nach Afrika, um für seine Plantage und für die seines Freundes Sklaven zu besorgen – so berichtet es der Roman.

In Bahia trafen wir viele Freunde und nette Bekannte. Nicht das Uninteressanteste in diesem Hafen sind die hübsch gebauten Negermädchen, die man auf den Marktplätzen und in den Straßen sieht. Leicht und graziös balancieren sie Körbe mit Früchten oder Wasserkanister auf dem Kopf, während sie hüftschwingend mit einem würdevollen Gesichtsausdruck vorbeigehen.

IM KIELWASSER VON KOLUMBUS

In Bahia – Meditationen über die frühen Entdecker – Die Ureinwohner der Karibik

In Bahia nahmen wir neuen Proviant über und reparierten den Kiel; als wir das Boot aus dem Wasser holten, sahen wir, daß er bei dem Zusammentreffen mit dem Wal vor Frio arg beschädigt worden war. Er bekam einen Schuh aus Eisen übergezogen, damit auch alle Meeresungeheuer etwas davon hatten, wenn sie sich ihren Rücken an unserem Kanu kratzen wollten.

Unter den vielen Bekannten, die wir in Bahia trafen, waren auch Kapitän Boyd und seine Familie von der Bark H. W. PALMER. Wir sollten die PALMER und die Boyds auf der Reise noch einmal sehen. Sie hatten schon lange in Südamerika Handel getrieben und besaßen auch in diesem Hafen viele Freunde, die uns zu einem angenehmen Aufenthalt verhalfen. Und ihr kleiner Sohn Rupert war von der »RIBERDADE«, wie er sie nannte, sehr eingenommen und besuchte uns oft. Auch die Hafenbeamten interessierten sich sehr für unsere Reise und kamen öfter an Bord. Niemand hätte uns freundlicher behandeln können als sie.

Der *Administradore* selbst begrüßte uns im Hafen und verabschiedete uns ebenso freundlich, wobei er meiner Frau noch eine seltene weiße Blume schenkte, die wir dann auch sorgfältig pflegten, da sie von einem wahren Gentleman kam.

Ein paar Leute, die scharfe Gegner der Sklaverei waren, wollten uns im Andenken an den Namen unseres Kanus aufs beste bewirten. Wir hatten es ja LIBERDADE genannt, weil es am 13. Mai zu Wasser gelassen wurde, dem Tag, als in Brasilien endlich jeder sagen konnte: »Ich habe nur noch einen Herrn über mir.« Ich schlug die Einladung jedoch aus, da ich noch viel zu tun hatte, um das Kanu vor den Bohrwürmern zu schützen, die es in den vor uns liegenden Gewässern angreifen würden. Ich dachte daran, welche Schwierigkeiten unter anderem auch mit diesen Bohrwürmern mein großer Vorgänger auf seiner

Fahrt durch die Karibik gehabt hatte. Ich mußte mich gegen diesen Feind wappnen.

Man wird sich vielleicht daran erinnern, daß den guten Kolumbus die Gicht und sein Schiff die Würmer befielen, während Schiff und Admiral mitten unter bedrohlichen Wilden gestrandet waren. Und dabei umgab ihn auch noch eine gesetzlose, üble Bande seiner eigenen Landsleute, die nicht weniger treulos waren als die schlimmsten Kannibalen. Sein Zustand war wirklich kritisch. Das eine Elend hatte seine Ursache in allzu gutem Leben – davor würde ich mich schon zu schützen wissen –, das andere entstand aus der Nachlässigkeit seiner Leute, die nicht auf seemännische Weise für das Schiff gesorgt hatten. In diesem Punkt durfte ich kein Risiko eingehen.

Faul und gesetzlos, aber unter religiösem Vorwand appellierte die üble Mannschaft an die frommen Gefühle des guten Admirals, so daß er in jedem Hafen eine Messe las, statt den Boden des Schiffs reinigen zu lassen. So brachten sie durch kleine Intrigen und schwere Versäumnisse Unglück und Sorgen über ihren Leiter und stifteten Verwirrung in ihren eigenen Köpfen. Ihre Religion, die ohnehin nicht tief saß, konnte keinen Teredowurm vom Boden des Schiffs fernhalten, und so wurde das Holz zerstört und alles ruiniert. Armer Kolumbus! Wäre er nur mit seinem Sohn Diego und seinem noblen Bruder Bartholomeo allein als Mannschaft und Begleitung gesegelt, nicht zu vergessen die Hilfe einer guten Frau, dann wäre Amerika entedeckt worden ohne alle die qualvollen Geschichten von Leid und wirklich herzzerreißendem Elend, die seinen ränkevollen Leuten im Kielwasser nachfolgten. Sein Schiff wäre dann auch nicht schlechter besetzt gewesen als die LIBERDADE, die Jahrhunderte später über das gleiche Meer und zwischen denselben Inseln segelte, die der große Entdecker besucht hatte. Und die LIBERDADE segelte ohne jeden ernsten Zwischenfall und ohne Krankheit oder Unzufriedenheit. Wir waren gegenüber Kolumbus sehr im Vorteil, nicht nur weil uns Daten und Erkenntnisse aus ein paar Jahrhunderten zur Verfügung standen, sondern auch, weil wir eine willige Mannschaft ohne Zwiespalt oder Murren bildeten. Wir saßen schließlich alle im selben Boot.

Man wird nachdenklich, wenn man sozusagen über den Spielplatz der »Neuen Welt« segelt. Wir versuchten uns auf dieser angenehmen Kanureise in die Erlebnisse langvergangener Seefahrer hineinzudenken, und das war richtig aufregend.

Das Segeln zwischen Inseln, die von ewigem Grün überwuchert sind – denselben Inseln, die schon Kolumbus mit wunderbarer Vorahnung betrachtet hatte und auf die auch der verehrte Las Casas mit frommer Verwunderung blickte –, brachte uns irgendwie im Geiste näher an die alten Entdecker heran. Und das Gefühl, daß wir hinter einer nahen Landspitze plötzlich auf ihre Schiffe treffen könnten, setzte sich tief in uns fest, als wir den Inseln näher kamen. Alles lag da, gefällig hingebreitet zum Phantasieren und Träumen, in der gleichen duftigen, schläfrigen Atmosphäre, in der Juan Ponce de Leon so gerne jung geblieben wäre und doch rasch starb, mitten in diesem unentwegt neu aufsprießenden Leben. Will man in diesem Klima lange leben, muß man den Gesetzen der Natur gehorchen. Das mußten der wackere Juan und seitdem Millionen fühlen, und so wird es immer bleiben.

Alles lag da vor uns – Zeugnis der Vergangenheit. Was wir nicht sahen, waren die ersten Besitzer dieses Landes. Die armen Ureinwohner der Karibik und ihre Lagerfeuer waren schon viele Jahre zuvor ausgerottet worden. Und kein mitfühlender Mensch kann über die grausamen Foltern und die endgültige Ausrottung dieser Inselbewohner, obgleich sie Wilde waren, lesen, ohne Schmerz und Bedauern über diese unschöne Seite in der glorreichen Geschichte der Zivilisation zu empfinden.

VON BAHIA NACH BARBADOS

Nach Pernambuco – Treffen mit der Finance *auf See – Um das Cabo de São Roque – Ein Sturm – Brecher – Der Schlag nach Barbados – Fliegende Fische an Deck – Entmastet – Ankunft in der Carlysle-Bucht*

Von Bahia nach Pernambuco führte unser Kurs an dem Teil der brasilianischen Küste entlang, der von den beständigen Passatwinden befächelt wird. Nichts Ungewöhnliches störte den Frieden unserer Reise oder brachte uns vom Kurs ab, und so jagten wir Tag und Nacht voran, wie wir es uns von Anfang an gewünscht hatten.

Victor und ich wechselten uns auf See gewöhnlich alle vier Stunden mit der Wache ab.

Bei schönem Wetter bestand für uns die größte Schwierigkeit darin, daß wir nachts durch das ununterbrochene Beobachten der schwingenden Kompaßnadel so ungeheuer schläfrig wurden; sogar tagsüber kann einen diese Bewegung einschläfern.

Bald fanden wir es erforderlich, ein Signalsystem zwischen dem Rudergast und der Freiwache zu entwickeln. Wir verbanden beide mit einer Leine, und sie machten sich verständlich, indem der eine oder der andere an ihr zog. Dreimal bedeutete zum Beispiel: »Komm raus!«, ein Zug als Antwort »Aye, aye, ich bin wach, und was willst du?«. Wieder einmal vom Rudergänger hieß: »Es ist 8 Glasen«, usw. Doch drei schnelle Rucke bedeuteten: »Rasch raus und reffen!«

Victor sollte die Leine an seinen Arm oder sein Bein binden, wenn er sich hinlegte, so daß ich sicher sein konnte, ihn mit einem Zug an der Leine aufzuwecken oder ihn sogar einfach unsanft aus der Koje zu ziehen. Einmal jedoch versagte dieses Signalsystem. Ein Stiefel hing am Tampen, als ich zog, und war so leicht, daß ich einen Trick vermutete. Offensichtlich handelte es sich um ein durchdachtes Manöver, um einen Moment länger schlafen zu können. Es war eindeutig eine Täuschung des Rudergängers!

Wir hatten auch ein Zeichen in diesem Telegrafensystem, das bedeutete, daß Fliegende Fische – das Manna der See – an Bord waren und für die *cuisine* eingesammelt werden konnten. Wann auch immer sie auf Deck landeten oder fielen, in der Tat ziemlich oft, sie wurden stets mit offenen Armen empfangen.

Die Wache mußte nie an die Segel. Ich selbst brauchte auch nie geweckt zu werden, da mir die ganze Zeit Gedanken über die Reise und ihr sicheres Ende im Kopf herumgingen, was mich ständig in Alarmbereitschaft hielt. Ich kann wohl behaupten, daß ich auf der ganzen Reise nie so tief schlief, daß ich vergaß, wo ich war. Und immer, wenn ich auch nur eindöste, träumte ich vom Boot und von der Reise.

Weiter! Weiter! war die Losung auf See, aber im Hafen hatten wir unseren Spaß. Wir vergaßen unsere Sorgen, ruhten uns aus und genossen es und nahmen noch genügend Überschuß mit hinaus auf See, wo wir wieder auf die Segel achten mußten. Wenn ein Mast brechen sollte, so würde auch das noch kein Anlaß für ernste Sorgen bedeuten; denn nirgendwo war es schwierig, für dieses Fahrzeug neue Spieren zu setzen und aufzuriggen.

Am dritten Tag nach Bahia bekamen wir schönes Wetter. Ein paar Fliegende Fische machten erfolglose Versuche, von der Oberfläche der See abzuheben, erregten aber kaum die Aufmerksamkeit der Seemöwen, die mit zusammengefalteten Flügeln nachdenklich über der ungebrochenen Tiefe trieben.

Die LIBERDADE tat ihr Bestes, um durch diese Flaute hindurchzukommen, machte aber kaum Fahrt voraus. Ein leckerer Fisch spielte in ihrem leicht gekräuselten Kielwasser, bis er seinem üblen Appetit auf Fliegen nachgab und an einem Haken in der Plicht landete und schließlich in der Pfanne, wo schon so mancher vor ihm sein Leben beendet hatte. Zu früher Stunde war das Frühstück abgeräumt; der folgende Tag bot dann einige Überraschungen – das »Treffen der Schiffe«.

Auf schweigsamer See allein wir waren
Freudlos Tag und Nacht gefahren.
Oh, wer's gefühlt, der weiß, wie schön,
Am sonnigen Morgen ein Segel zu sehn.

Aller Augen glänzen sofort,
»Schiff ahoi! Schiff ahoi!« ruft's von jedem Ort.
Und als Antwort hören wir das Rufen stets:
»Schiff ahoi! Schiff ahoi! Wie geht's? Wie geht's?«
Die Segel stehn back, wir kommen uns näher.
Von Freunden, von der Heimat geht's hin und her.
Doch bald, zu bald ist das Treffen vorüber,
Unser Kurs übers stille Meer hat uns wieder.

Über der klaren Kimm konnten wir ein Schiff ausmachen und erkannten bald unsere tüchtige alte Bekannte, die FINANCE, die wieder auf der Fahrt nach Brasilien war und fast genau auf uns zukam. Sofort änderten wir unseren Kurs und hielten auf sie zu. Schnell kam sie näher, ihre schönen Linien waren unverkennbar, und die »Stars and Stripes« flatterten im Flaggenmast. Auch an Bord des großen Schiffes wurde unser kleines Boot bald ausgemacht, und ein tiefer Ton aus der Pfeife dröhnte über die See zu uns herüber zum Zeichen, daß wir erkannt worden waren. Noch ein paar Augenblicke, und die Maschinen stoppten. Dann kam der Ruf: »Brauchen Sie Hilfe?« Auf unser »Nein« hörten wir ein »Hurra!« vom Deck des Dampfers, während die LIBERDADE sich vor ihrer alten Bekannten verbeugte. Kapitän Baker hatte schon an den großen Seemannsluxus gedacht und befohlen, eine Trosse an ein Faß Kartoffeln anzuschlagen – frisch aus der Heimat! Mit einem Plumps fiel es ins Kanu, so daß es ein paar Zoll tiefer eintauchte. Auch anderer frischer Proviant kam noch herüber, dazu ein paar Bücher und nicht mehr ganz frische Zeitungen. Der Theologe D. D. Aspinwill Hodge, der sich im Auftrag der Presbyterianischen Mission in Brasilien auf einer Inspektionsreise befand, schoß vom Deck der FINANCE aus mit seiner Kamera ein ausgezeichnetes Foto von dem Kanu.*

* Wir trafen den Geistlichen auf Barbados und in New London wieder, und schließlich hörten wir auch in Newport einen Vortrag über seine Reisen; dort sahen wir auch das Foto der LIBERDADE an der Wand, das der Doktor mitten auf dem großen Ozean gemacht hatte.

Einer der Schiffsgäste schickte uns eine Flasche Wein herüber, auf deren Etikett der Name eines alten Bekannten, eines Kaufmanns aus Rio, geschrieben war. Wir ließen Mr. Gudgeon und alle anderen Passagiere mit dem Wein hochleben und behielten noch etwas für später, um auf den Kapitän des Schiffs und seine Mannschaft zu trinken. Für Worte war wenig Zeit, und so war die Begrüßung nur kurz. Wir hatten kaum einen Blick auf die gute Verarbeitung der Stahlplatten am Rumpf der FINANCE geworfen, ein vertrauenerweckendes Zeichen amerikanischer Schiffbauarbeit, als sie uns auch schon ihr »Goodbye« zupfiff, Fahrt aufnahm und bald außer Sicht war. Das kleine Boot segelte auf Backbordbug mit Kurs Heimat, umgeben von dem Duft einer freundlichen Begrüßung, der aber doch einen Eindruck von fühlbarer Einsamkeit hinterließ. Zwei Tage nach diesem Treffen hatten wir den Hafen von Pernambuco erreicht.

Purzelnd vor einem frischen Passatwind, der am Abend zusammen mit langen, rollenden Seen aufgekommen war, kam unser Kanu ausgezeichnet um die Landspitze zwischen dem befeuerten Riff und der Tonne.

Gischt von den Brechern auf dem Riff machten die Segel gerade dann naß und straff, als wir es brauchten und dicht an den Wind gehen mußten.

Das Fahrwasser in den Hafen hinein war uns nicht unbekannt, und so segelten wir vertrauensvoll in Lee des wunderbaren Korallendamms, dem allein Pernambuco seinen ausgezeichneten Hafen verdankt. Dieses Korallenriff erstreckt sich weit an der brasilianischen Küste entlang und schützt sie vor der See.

Um 2000 Uhr lagen wir an einem gemütlichen Platz nahe der *Alfandega*, und früh am nächsten Morgen empfingen wir den offiziellen Besuch der freundlichen Hafenbeamten.

Zeit von Bahia: 5 Tage; Distanz: 390 Meilen.

Pernambuco, die Hauptstadt einer großen und reichen Provinz gleichen Namens, ist ein blühender Ort; wertvolle Fracht, vor allem Zucker und Baumwolle, geht hier aus in alle Welt. Ich hatte hier in der Vergangenheit schon öfter Fracht übernommen.

Zwar traf ich auch diesmal meinen alten Großhändler wieder, konnte aber auf der LIBERDADE seine Waren nicht transportieren. Doch Früchte aus seinem Garten und ein Spaziergang unter den Bäumen erfrischten meine Mannschaft und gaben ihr Kraft für die bevorstehende Reise nach Barbados, zu der wir auch eilig aufbrachen.

Hinter Pernambuco hatten wir einen starken Strom im Rükken, gelegentlich mit schlimmen Kreuzseen, die über uns hinwegwuschen. Aber die schnelle Drift im Strom war für uns Ausgleich genug dafür, daß wir so oft rauf und runter geworfen wurden. An diesem Teil der Küste (von Pernambuco bis zum Amazonas) folgten einem schönen Tag drei stürmische Tage; aber der Sturm kam immer aus dem richtigen Quadranten und trug uns mit beträchtlicher Fahrt voran.

Auf halbem Wege zwischen Cabo São Roque und dem Amazonas wuchs sich der Wind, der schon zwei Tage lang hart aus Ostsüdost geblasen und eine ganz hübsche See um uns herum aufgebaut hatte, zum Sturm aus, und die Wellen schlugen mehr als je zuvor über unser kleines Fahrzeug hinweg. Die Sache wurde allmählich monoton und ermüdend. So ging ich unter Land, um der häßlichen Kreuzsee weiter draußen im Strom auszuweichen. Und das war ein falscher Kurs. Wir waren noch gar nicht weit gekommen, als sich das Kanu plötzlich hob und ungewöhnlich lange auf dem Rücken einer See hinabsauste; wir befanden uns in einer Gefahr, an die wir kaum zu denken wagten. Da brach auch schon ein mächtiger Kamm, aber, wie die Vorsehung wollte, knapp vor dem Kanu, das mit großer Fahrt unter gerefften Segeln vor dem Sturm lief.

Wir waren auf einer Bank mitten zwischen den Grundseen! Die nächste Riesensee rollte heran, türmte sich auf, hoch, höher, noch höher, bis nichts mehr den Berg aus Wasser halten konnte – er schien stillzustehen vor seinem Fall und sein Ziel anzuvisieren, um uns nur um so besser mit seiner ungeheuren Gewalt niederwalzen zu können.

Ich legte das Ruder nach Lee; nichts anderes konnte ich tun, vielleicht noch beten. Mit harter Ruderlage drehte das Kanu rund, den Bug der Gefahr entgegen, und in atemloser Furcht warteten wir das Ergebnis ab. Bevor wir noch sagen konnten: »Rette uns, oder wir verderben«, brach die See mit schrecklicher Kraft, zog davon und ließ uns in Seiner Hand, hilfloser als je zuvor. Andere große Seen folgten, türmten sich auf und brachen. Wie sie über der Untiefe brüllten! Ich konnte den schlickigen Grund der See riechen, wenn sie brachen! Ich konnte den salzigen Sand schmecken!

In dieser kritischen Situation, manchmal in den schäumenden Brechern begraben, dann wieder hin und her geworfen wie ein Schilfrohr hoch auf dem Kamm einer See, kämpften wir mit aller Kraft an Pinne und Schoten, fierten sie auf oder zwangen sie vorsichtig dicht an den Wind, bis unser Boot endlich aus der Gefahr heraus war, seine Federn wie ein Seevogel schüttelte und auf den weniger gefährlichen Seen ritt. Dann hatten wir Zeit und Mut, zurückzuschauen, aber erst dann.

Und was für ein Anblick bot sich uns da! Der Horizont war hell von den leuchtenden Brechern. Der Regensturm, der die Küste verborgen hatte, war verzogen, so daß wir den ganzen Bereich der Gefahr hinter uns überblicken konnten. Eine Stelle besonders, wo die Brecher über einen Felsen spülten, der gelegentlich auftauchte. Hier leuchtete plötzlich ein Lichtstrahl auf, der bis zum Himmel reichte.

Dies war bisher unsere gefährlichste Situation gewesen. Die Elastizität unseres Kanus, nicht seine Masse, rettete es vor der Zerstörung. Sein leichtes, elastisches Holz, die Auftriebskraft der Bambuswieling richteten es in den starken Brechern immer wieder auf. Wir staunten über die Wundertaten unseres tapferen kleinen Fahrzeugs.

Ermüdet und erschöpft von der Angst, legten wir es dicht gerefft an den Wind, den Bug auf See gerichtet, und ruhten uns alle bis zum Morgengrauen aus. Dann gingen wir wieder auf raumen Kurs, setzten soviel Segel, wie das Kanu tragen konnte, und jagten vor dem immer noch günstigen, wenn auch harten Wind dahin. Trotz allem empfanden wir das Wetter zu diesem Zeitpunkt als schön und angenehm. Für ein Fahrzeug, das ge-

rade einer Leeküste entronnen ist, ist jedes Wetter angenehı das es eben aushalten kann.

Nach diesem aufregenden Erlebnis wollten wir vor alle Seeraum gewinnen, dazu günstigen Wind, und davon je Menge. Alle Mann an Bord waren ohne Einschränkung derse ben Meinung. Also nahm ich Kurs weiter hinaus auf See, kl von allen Gefahren des Landes.

Der heftige tropische Sturm der letzten Tage flaute allmä lich zum milden Passatwind ab, und unser Zedernkanu schi perte wieder einmal flink über eine ruhige See. Auch unsere e gene Erregung hatte sich gelegt, und so segelten wir gelasse weiter. Sanfte Winde trugen uns über freundliche Seen, und n zu gerne rechneten wir mit schönen Tagen voraus und ließe alle Gedanken an stürmische Zeiten hinter uns. In dieser erwa tungsvollen Stimmung segelten wir viele Tage; nie schlich sic schlechte Laune ein, und oft war sie noch besser im Gedanke an die elende Lage, in die wir durch Pech an einer fremden Kü ste geraten waren. Wenn ein Stern aufging, kam er als Freund als einer, den auch schon alte Bekannte und Freunde gesehe hatten. Wenn alle Sterne klar zu sehen waren, hatten wir ein schöne, helle, freudige Zeit auf See. Welby sah oder dachte a einen Tag, wie wir ihn jetzt öfter in dem sanften, klaren Pass erlebten, als er seine hübschen Zeilen niederschrieb:

Die Stunden der Dämmerung flogen wie Vögel,
So leicht und so frei,
Zehntausend Sterne standen am Himmel,
Zehntausend in der See,
Jede krause, tanzende Woge
Schien in die Luft zu springen,
Hatte einen Stern in ihrem Gehege
Und hielt ihn zitternd gefangen.

»Die Tage ziehen vorbei, und unser Schiff fliegt schnell auf seinem Kurs voran.«

Mehrere Tage lang sahen wir in der Nähe des Äquators Stern-

bilder aus beiden Hemisphären, doch da wir nach Norden segelten, ließen wir die des Südens schließlich hinter uns, auch das Kreuz des Südens – das schönste Sternbild am Himmel. Wir setzten alle Segel in eine muntere Brise und segelten also auf die Sternbilder des Nordens zu.

Dieses angenehme Segeln blieb uns lange erhalten. Alle unsere Freunde standen um uns herum, und keinen Augenblick zweifelten wir an unseren Lotsen oder an unserem Schiff.

Eines Nachts erschien das Phantom der stattlichen AQUIDNECK, schwang vorbei im Schmuck all ihrer Segel, die an den Sternen entlangstreiften. Keine Geistererscheinung hätte uns mehr anrühren können als der Anblick dieser schwimmenden Schönheit, so ähnlich der AQUIDNECK, die aus irgendeinem fremden Land kam und schnell und ruhig dahinglitt – auch sie mit Kurs Heimat.

Als uns so um Mitternacht auf See der Geist der AQUIDNECK überholte, behielten wir für eine Weile ein Gefühl der Einsamkeit zurück.

Doch am nächsten Tag kam eine Brieftaube und setzte sich auf den Mast, als wolle sie uns sagen, daß wir noch einen Freund hatten. Willkommen, Vorbote des Guten! Du bringst uns Engelsgrüße.

Der liebliche Besucher blieb zwei Tage bei uns, aber am dritten verabschiedetete er sich, als wir raumschots an Avis Island vorbeizogen, was vielleicht sein Ziel gewesen war. Er kam aus Ost und flog nach West auf die Insel zu, als er uns verließ, und so erinnerte er uns an Kingsleys »Last Buccaneer«:

Wär' ich doch nur eine Seetaube, so flög' ich quer übers Meer
Hin zur schönen Insel Avis, ich käm' so gern wieder her.

Der »letzte Buccaneer«, der alte Freibeuter, vielleicht war er es gewesen – doch wir sahen in ihm nur den kleinen Vogel, was er höchstwahrscheinlich auch war, der, wie Dibdin reimt, oben im Mast sitzt und für »poor Jack«, das arme Hänschen, Ausschau hält:

Ein kleiner, süßer Cherub sitzt hoch oben im Rigg
Und hält Ausschau nach einem Liegeplatz für poor Jack.

Auch eine Motte, die mitten im Ozean auf unser Boot geweht wurde, fand Schutz und Willkommen. Die Taube vergötterten wir insgeheim.

Nach manchen aufregenden Abenteuern hatten wir das höchste Vertrauen in unser kleines Fahrzeug und setzten nun, gleich wie stark es blies, alle Segel, bis es gelegentlich mit einem Knochen im Maul vorantaumelte, ganz wie es seiner Mannschaft gefiel. Als wir eines Tages seinem Mast, der sich schon hoffnungsvoll nach vorn bog, noch mehr Segel aufbürden wollten, machten wir einen groben Fehler, denn unter dem zusätzlichen Druck ging der Großmast über Bord, und der Fockmast stolperte über den Bug. Dann hingen Masten, Bäume und Segel längsseits wie die gebrochenen Flügel eines Vogels, doch wir packten sie und brachten sie ohne viel Zeitverlust wieder an Bord. Der gebrochene Mast wurde geschient und bandagiert.

Bald standen beide Masten wieder an ihrer Stelle und trugen auch wieder Segel, soviel es eben ging. Wir schafften an diesem Tag 175 Meilen, eines unserer besten Etmale.

Ich protestiere an dieser Stelle gegen die Behauptung, daß meine Frau nicht »Mehr Segel! Mehr Segel!« geschrien haben soll, als schon alle Segel oben waren, die das Kanu eben tragen konnte. Bis wir Barbados erreichten, passierte sonst nichts, was unseren gewöhnlichen Tagesablauf umwerfen konnte. Fliegende Fische schlugen nachts oft gegen unsere Segel, fielen auf Deck und lieferten uns manch schmackhaftes Mahl. Das geschah täglich, solange wir durch das Passatgebiet segelten. Wenn man von solch einem Fisch im Fluge getroffen wird, wie es manchmal geschieht, so trägt man, besonders wenn er gegen das Gesicht schlägt, leicht eine schöne Beule oder auch ein blaues Auge davon. Der Kopf der Fliegenden Fische ist ziemlich hart, und so kann man sich schon vor diesem unverhofften nächtlichen Fausthieb fürchten. Solange es hell ist, kommen sie nie an Bord. Der schnelle, fliegende Schnabelfisch ist ebenso gefährlich; in tropischer Nacht sollte man ihm besser ausweichen. Er kommt hauptsächlich im Pazifik vor; deshalb reisen die Leute von den Südseeinseln so ungern in der »Schnabelfisch-Saison«.

Ich schätze, daß die Fliegenden Fische nie höher als 15 Fuß und nie weiter als 500 Yards, oft nicht halb so weit fliegen. Die Schnabelfische, die wie ein von der Bogensehne abgeschnellter Pfeil durch die Luft sausen, haben zum Glück für den Seemann keine große Flugkraft; sie kommen nicht sehr hoch über den Meeresspiegel und fliegen kaum weiter als vielleicht 250 Fuß, wenn für sie überhaupt »Flugtag« ist. Von den vielen schnellen Fischen im Meer bewundere ich den Delphin wohl am meisten. Auch seine so oft gerühmte Schönheit ist bemerkenswert. Ein paar dieser Renner fingen wir auf der Reise, fanden sie aber zäh und tranig. Zwar hatten andere Feinschmecker schon ein Loblied auf sie gesungen, aber wir schmissen den Fraß über Bord. Vielleicht hatten wir die tyrrhenischen Piraten gefangen, die vor alters »in Delphine verwandelt« worden waren.

Am 19. Tag nach Pernambuco machten wir weit entfernt im Westen Barbados aus. Erst erschienen die blauen, fruchtbaren Hügel, dann kamen auch die grünen Felder in Sicht, darauf viele weiße Gebäude, von riesigen Windmühlen bewacht, die fast so alt wie die Hügel selbst waren. Barbados ist die schönste der Antilleninseln. Um ihren von Korallen besetzten grünen Saum herumzusegeln, ist einfach ein Vergnügen. Wir gingen schon in Luv dicht unter die Küste und segelten kurz vor den Brechern vorbei, um das ganze hübsche Panorama gut überblicken zu können. Um Mittag rundeten wir die Südspitze der Insel und schossen in die Carlysle-Bucht hinein, so daß wir für die Fahrt von Pernambuco bis hierhin genau 19 Tage gebraucht hatten. Im Durchschnitt hatten wir damit beträchtlich mehr als 100 Meilen pro Tag zurückgelegt. Durch unsere krumme Route erhöhte sich die gesamte Distanz auf 2150 Meilen.

LANDFALL IN NORDAMERIKA

Auf Barbados – Mayaguez – Über die Bahamabänke – Der Golfstrom – Ankunft in South Carolina.

Auf Barbados besuchten uns viele alte Freunde und Bekannte, um das eigenartige Fahrzeug zu inspizieren. Auch unser alter Freund, die PALMER, die wir in Bahia zurückgelassen hatten, lief ein, weil ein Mast gebrochen war, »als sie uns zu schlagen versuchte«, wie es Garfield gerne gehabt hätte. Immerhin hatten wir sie um vier Tage geschlagen. Wer mag da noch behaupten, daß wir nachts ankerten oder viel Zeit unter der Küste vertrödelten? Und schließlich lag da auch die CONDOR unter dem Kommando eines alten Freundes, begleitet von seiner hübschen Gehilfin und Gefährtin, die mit ihm zusammen ein Jahr zuvor in einem Hurrikan zwischen den Inseln einen Schiffbruch durchgestanden hatte.

Wir trafen also viele erfahrene Freunde, und so freuten wir uns, daß wir hier eingelaufen waren, und beschlossen hierzubleiben, bis die Hurrikansaison vorbei war. Schließlich lief auch die FINANCE ein, bleib aber nur ein paar Stunden und zog dann weiter mit ihrer Post – ab nach Hause.

Die schönen Tage auf Barbados flogen rasch vorüber. Und am 7. Oktober segelten wir wieder ab, acht Tage vor dem Ende der Hurrikansaison; eigentlich rechnet man mit ihrem Ende erst am 15. Oktober.

Wir segelten von dort durch die Antillen in das Karibische Meer, und damit begann ein neuer Abschnitt unserer Reise. Günstige Brisen füllten die Segel der LIBERDADE, und wir glitten über ruhige See dahin, warfen einen prüfenden Blick auf die Inseln, sobald sie in Sicht kamen, jede für uns geheiligter Grund der frühen Entdecker – und sie erschienen uns ja auch nicht anders als ihnen! Selbst die Vögel »von seltenem Gefieder« waren da und flogen von Insel zu Insel, wie sie auch schon die Entdekker gesehen hatten. Die See wimmelte von Fischen in leuchtenden Farben, letzter Tupfer auf einem Bild, dessen Schönheit ebenso wie der Glanz an Land und in der Luft auch heute noch den Reisenden packt.

Vögel mit Schwimmhäuten oder Fische mit Flügeln oder was immer auch die alten Reisenden sahen, sie wunderten und freuten sich.

»Berge aus Zucker, Flüsse aus Rum und Fliegende Fische habe ich gesehen, Mutter«, sagte der Sohn nach der Rückkehr von seiner Reise zu diesen Inseln. »John«, antwortete die entzückte Mutter, »bei dem Fisch mußt du dich irren. Lüg' mich nicht an, John. Berge aus Zucker hast du bestimmt gesehen, und sogar Flüsse aus Rum, mein Junge, aber *Fliegende Fische*, das geht nicht an.«

Und doch gab es diese Fische.

Unter den Inseln, die wir sahen, interessierte uns vor allem Santa Cruz. Die Insel ist berühmt für ihre tapferen, entschlossenen Frauen aus früheren Tagen, die, als ihre Männer fort waren, erfolgreich Heim und Glück gegen christliche Eindringlinge verteidigten und deshalb als wütende Wilde bezeichnet wurden. Ich hätte gerne als Andenken an diese tapferen Frauen etwas Erde von der Insel mitgenommen. So klein auch unser Schiff war, für ein solches Andenken hätten wir doch Platz gehabt. Aber der Passat kam jetzt etwas mehr aus Nord, und so mußten wir auf das Vergnügen, an dieser Küste anzulanden, verzichten.

Bald erreichten wir Porto Rico, die nächste Insel auf unserem Kurs von dieser »Insel der tapferen Frauen« aus. Wir machten unseren Landfall in der Nähe der Südostkaps und segelten dann die ganze Südküste entlang – das Wasser war so glatt wie auf einem Mühlenteich –, vorbei an einer Inselszenerie, die die Gefahren von zehn Reisen wert war, um sie zu sehen. Am 12. Oktober machten wir in Mayaguez im Westen der Insel fest, und dort schüttelten wir auf angenehmen Spaziergängen im tropischen Schatten die Kinken aus unseren Gliedern.

Zeit von Barbados: 5 Tage; Distanz: 570 Meilen.

Das sollte unser letzter Spaziergang unter den Bäumen der Westindischen Inseln sein, und so nutzten wir die Gelegenheit aus. »Solch einen Seehafen werde ich nie wiedersehen!« Die Hafenbeamten waren freundlich und gegenüber der seltsamen *barco piquina* die Höflichkeit selbst.

Der amerikanische Konsul, Mr. Christie, der dänische Konsul, Mr. Falby, und der gute französische Konsul wetteiferten darin, uns unseren Aufenthalt angenehm zu machen.

Fotografen in Mayaguez wollten ein Bild vom Kanu machen mit der Besatzung an Deck, als wir uns gerade am Strand im Schatten ausruhten. So setzten sie anstelle des Kapitäns einen Neger an Bord. Und diese Fotos fanden ihren Weg zu den Zeitungen in Paris und Madrid und wurden dort mit schmeichelhaften Begleittexten veröffentlicht, in denen dann auch stand, daß der Kapitän zwar nett, aber »schrecklich verbrannt« aussah! Der Kerl wurde zu dieser Gelegenheit voll aufgeriggt und sah dann auch ziemlich kräftig aus, so daß ich mich nicht zu schämen brauchte; aber er hätte mir wohl ähnlicher gesehen, wenn sie ihn von hinten geknipst hätten.

Wir machten ausgedehnte Kutschfahrten über reiche Güter in Mayaguez. Schmerzvoll wurden wir jedoch gewahr, daß über allem eine militärische Atmosphäre hing und die ganze Luft wie Pestgestank verseuchte.

Mit Musketen, Säbeln und ausgepolsterten Uniformen, von den Einwohnern gehaßt und ohne Selbstachtung, marschierten die Soldaten verbissen hin und zurück und wußten dabei, daß sie auf der Insel verhaßt und ihre Tage in der Neuen Welt gezählt waren. Die Söhne der Kolonien sind zu zivilisiert und christlich, als daß man sie auf immer mit Schwert und Gewehr regieren könnte. *

Am 15. Oktober, nach drei Tagen Ruhe, übernahmen wir wie gewöhnlich, bevor wir einen Hafen verließen, soviel frischen Proviant, daß wir damit bis zum nächsten Hafen reichen konnten. Dann setzten wir Segel, verließen Mayaguez und hielten

* Porto Rico – heute Puerto Rico genannt – erlebte in der zweiten Hälfte des 19. Jahrhunderts mehrere Aufstände gegen die spanische Herrschaft, bis es 1898 während des spanisch-amerikanischen Krieges von den USA besetzt wurde, unter deren Herrschaft – bei beschränkter Selbstverwaltung – es auch heute noch steht. (Anm. d. Übers.)

auf den Bahamakanal zu. Wir ließen Haiti östlich liegen, gingen dann an seiner Nordküste entlang bis zu Westspitze, segelten hinüber nach Kuba und folgten dessen Küste bis nach Cardenas. Dort nahmen wir endgültig Abschied von den Inseln und bedauerten, daß wir nicht um sie alle herumsegeln konnten.

Das Gebiet an der Nordseite von Kuba wird oft von außerordentlich starken Stürmen heimgesucht, die es zu einer gefährlichen Leeküste machen. So hielten wir unsere Augen offen und hatten besonders die Richtung, aus der die Stürme kamen, Nord bis Nordwest, immer im Blick. Aber wir erlebten Stürme aus anderen Quadranten, meist aus Ost. Jeden Nachmittag brachten sie heftige Böen, Regen, Donner und Blitz mit sich. Wenn man das einmal gehört hat, vergißt man es nie. Krach um Krach ballerte die Artillerie der Natur ein paar Stunden lang jeden Tag, begleitet von hellen Blitzen, und dann war alles wieder heiter.

Die Nächte nach diesen heftigen Stürmen waren immer klar und angenehm, und der Himmel stand voll vertrauter Sternbilder.

Meine Mannschaft wollte jetzt nicht mehr den nächstgelegenen Hafen an unserer heimatlichen Küste anlaufen, sondern spannte jeden Nerv an und trimmte alle Segel auf rasche Fahrt, weil sie ungeduldig den Polarstern höher am Himmel sehen wollte.

Nassau, wohin wir uns Briefe hatten nachschicken lassen, kam nicht mehr in Frage. Dies war die einzige Änderung im vorgesehenen Programm unserer »Charterreise«. Wir segelten nicht ins Blaue hinein. Täglich machten wir Beobachtungen zur Bestimmung von Länge und Breite, wenn die Sonne nicht verdeckt war. Das Ergebnis dieser astronomischen Beobachtungen war zuverlässiger, als man annehmen mag, weil sie ja doch auf einem winzigen Kanu gemacht wurden. Nach ein paar Tagen Praxis bekamen wir heraus, wie wir die Sonne gut auf die Kimm setzen konnten, wenn das Kanu sich auf den Kamm einer Woge hob; damit erhielten wir eindeutig die besten Ergebnisse. Der Beobachter saß rittlings auf dem Kajütdach wie auf einem Pferd; Victor und ich »schossen« dort abwechselnd die Sonne und wurden noch vor dem Ende der Reise Experten in »Schnappschüssen«.

Eines Nachts im Bahamakanal, als wir vor einem steifen Passat nach Nordwesten auf die Bänke zujagten, rief mich während der ersten Nachtwache Victor, schnell herauszukommen, weil es am Himmel Anzeichen für den furchtbaren »Norder« gab. Unser zuverlässiges Barometer hatte tief gestanden, änderte sich jetzt aber zum Besseren. Das brachte mich etwas durcheinander, bis wir beim Näherkommen entdeckten, daß wir nur die Spiegelung der weißen Bänke am Himmel gesehen hatten und keinerlei Grund zur Beunruhigung bestand.

Bald danach erspähten wir den schwachen Schein von Lobos-Feuer an der Kimm, zwei Strich in Luv voraus. Ich änderte den Kurs drei Strich nach Luv, denn ich hatte beschlossen, die kleine Bank, auf der der Leuchtturm steht, anzulaufen; ein Strich war für Abdrift nach Lee, und das war nicht zuviel.

Drei Stunden später liefen wir in Lee des Riffs oder des Cay, wie es hier gewöhnlich heißt, und fanden auf 1 1/2 Faden Wasser einen Liegeplatz.

Dann erblickten wir über uns in wunderbarer Schönheit, was uns aus der Ferne zuerst so erschreckt hatte – eine Art Karte der erleuchteten Bänke, sichtbar am Himmel markiert.

Wir tuchten die Segel auf, hängten ein Licht ins Rigg und legten uns schlafen, denn es waren noch drei Stunden bis zur Dämmerung. Wir hatten in dieser kurzen Nacht viel Interessantes erlebt. Bei Tagesanbruch war meine Crew schon wieder auf den Beinen und bereitete sich auf den Landgang zum Nachfüllen der Wasserfässer vor. Etwas weiter um die Huk in Lee hatten wir eine Stelle ausgemacht, an der die Brandung nicht so stark war.

Auf dem Cay gibt es ein paar 100 000 Gallonen Regenwasser in Zisternen am Fuße des eisernen Leuchtturms; sein Feuer hatten wir ja auf dem Kanu aus 14 Meilen Entfernung ausgemacht.

Der Leuchtturmwärter, ein kräftiger Mann aus Nassau, entdeckte den Neuankömmling auf *seiner* Insel und hißte die britische Handelsflagge an einem Mast im Zentrum seiner kleinen Welt. Dann kam er heran und dachte zuerst, wie er sagte, daß wir schiffbrüchige Seeleute wären – was wir ja nun auch tatsächlich waren, aber nicht in Not, wie er annahm, als er seine Flagge hißte, die Hilfe für in Not befindliche Seeleute signalisierte. Als er unsere Geschichte hörte, betrachtete er uns jedoch mit Argwohn und verweigerte Victor das Wasser, der schon mit Pützen gelandet war. Der Kapitän solle seine Papiere an Land bringen und Bericht erstatten. Der Bericht des Steuermanns würde nicht akzeptiert. So verwandelte sich in einem Augenblick der Freund in der Not in den *Gouverneur einer Insel*. Mich amüsierte das nur, und ich ließ durch den Maat antworten, daß er sich auf meinen zahlreichen Reisen zu vielen Inseln immer um den Zoll gekümmert habe. Seine Exzellenz wurde bei dieser Antwort ziemlich wütend, ließ seine Hosenträger mehrmals kräftig schnappen und stapfte am Strand hin und her, während er darauf wartete, daß ich mich den Gesetzen der Insel unterwarf. Dieser Gouverneur war voll Argwohn gegenüber Schmugglern und Stranddieben.

Aber um der peinlichen Genauigkeit dieser Exzellenz, da sie ja nun einmal Gouverneur einer Insel war, zu willfahren, legte ich meine Papiere in meinen Hut, sprang in die Brandung, watete an Land und wurde dort empfangen wie von einem Monarchen.

Ich präsentierte den originalen *Passe Especial* – man erinnert sich vielleicht an das riesige Siegel –, der auf portugiesisch abgefaßt war. Wäre er in Choctaw-Indianisch geschrieben gewesen, der Gouverneur hätte ihn ebenso leicht gelesen; jedenfalls starrte er den Paß sehr wissend an und sagte: »In Ordnung, nehmen Sie soviel Wasser, wie Sie haben wollen; Sie brauchen nichts zu bezahlen.«

Ich vertraute dem Gouverneur einen genauen Bericht von der Reise an und erklärte ihm, wo die »Insel Rio« lag, wie Seine Ehren Rio de Janeiro beständig nannte und wo meine Papiere ausgestellt waren.

Wir redeten also von Inseln, was ihm die ganze Welt bedeutete, und dabei blieb er argwöhnisch, weil dies eine Wort in meinen Dokumenten fehlte und nicht einmal ein Inselchen erwähnt war. Sicher war New York, das in den Papieren vorkam, auf einer Insel gebaut. Ich bot an, die Wahrheit meiner Angaben zu beschwören, »soweit mir bekannt«, wie Schiffsführer in vielen Teilen der Welt zu schwören gewohnt sind. »Nicht auf der Insel!« rief schnell der Gouverneur dazwischen. »Denn du sollst nicht den Namen des Herrn mißbrauchen, steht in der Bibel.«

Ich versicherte dem Gouverneur, daß ich seine fromme Gesinnung über das Schwören teilte – ein lobenswerter Vorsatz, den sogar die Chinesen als Höflichkeit empfänden und von dem ich nach meiner Rückkehr berichten würde, damit wir vielleicht alle die Gesetze dieser Insel annähmen. Und der Gouverneur drängte mich hocherfreut, doch etwas mehr Wasser überzunehmen, und erinnerte mich wieder daran, daß es kostenlos war.

In ein paar Minuten bekam ich soviel Wasser, wie ich wollte, auch ein paar Auroramuscheln von der Dame des Gouverneurs, die sich zugleich mit der Sonne erhoben hatte, um dem Tag ihre Gnade zu erweisen, und in ihrem Schoß passenderweise wunderschöne Auroramuscheln hielt, die ich – womit die Poesie verdorben ist – für Kokosnüsse und fleckige Jamsknorren eintauschte.

Die Dame war nur zu Besuch bei ihrem Herrn und Meister, dem Herrscher über alles, was er sah. Außer ihnen waren noch ihre drei Kinder da, auch auf Besuch aus Nassau, und zwei Gehilfen des Leuchtturmwärters, und das war die gesamte Bevölkerung dieser kleinen Welt im Ozean.

Es war das kleinste Königreich, das ich je besuchte, bevölkert von glücklichen Menschenwesen, so isoliert wie keine sonst.

Die paar Grashalme, die um ihre Existenz kämpften, nicht genug, um eine Ziege zu ernähren, waren alles, was sie sehen konnten – außer dem Leuchtturm, dem Sand und sich selbst.

Ein paar kleine Gebäude und ein Flaggenmast hatten einst den Ort geschmückt, waren aber zusammen mit einem Stall voller Hühner – neben einem Hund die einzigen Tiere auf der Insel – kurz zuvor von einem Hurrikan hinweggeweht worden. Da wir das Wasser jetzt an Bord hatten und meine Leute auf mich warteten, sagte ich dem ehrenwerten Gouverneur auf Wiedersehen, salutierte seiner charmanten Inselkönigin auf Seemannsart und stapfte eilig zurück in meine eigene kleine Welt. Und wieder einmal zogen wir davon nach Norden. Wir segelten von hier aus über die kristallklare See der Großen Bahamabänke und beobachteten auf dem weißen Mergelgrund viele seltsame Lebewesen, darunter auch zart getönte Seemuscheln mit glatt poliertem Haus, Seesterne in ihren seltsam geformten Hüllen und andere Bewohner dieser See.

»Die auf das Meer fahren in Schiffen, die sehen die Wunder des Herrn«, schrieb mir ein Freund nach Erhalt von ein paar dieser kuriosen Dinge, die ich von der Reise mitgebracht hatte. Und er fügte hinzu: »Alle diese seltsamen und schönen Dinge sind Sein Werk. Wer kann dies alles sehen, ohne daß sein Herz sich in Bewegung erhebt?«

Welcher Seemann würde nicht für solche Worte die Höhlen des Ozeans absuchen? Worte, die übrigens von einer Dame stammten.

Zwei Tage munteres Segeln über die weißen Bahamabänke brachten uns nach Bimini. Von dort brauchten wir nur noch einen kleinen Schubs bis zur heimatlichen Küste. Der Wind war inzwischen vom regulären Nordost-Passat auf Südwest umgesprungen. Das versprach eine ruhige Überfahrt, und so stürzten wir uns sofort in den Golfstrom. Am ersten Tag machten wir vor Wind und Strom 220 Meilen. Das war ein Riesenetmal für das kleine Kanu. In der zweiten Nacht machten wir ebensoviel Fahrt. Da knallte das Kanu auf ein Stück Treibholz und sprang mit einem Satz darüber hinweg. Ein Stück vom Kiel brach bei diesem Schlag ab, aber wir schüttelten es bald ab, und das Kanu kam auch so gut zurecht. Unser Fahrzeug erlitt keinen anderen Schaden, obwohl seine Rippen gelegentlich ganz schön knackten, bis es diesen lebhaften Ozean hinter sich gelassen hatte. Mitten im Strom, wo die See zwar berghoch, aber regelmäßig war, lief das Boot in einer weiten, schwingenden Bewegung. Aber am Rande trafen wir auf eine sehr konfuse See, und das Kanu bäumte sich immer wieder auf, wie selbst ein Seemann es sich kaum vorstellen kann. Die Bewegungen der LIBERDADE waren hier alles andere als poetisch oder angenehm. Der Wind hatte inzwischen wieder auf Nordost gedreht und kam von voraus. Also stand Wind gegen Strom, und die See türmte sich höher auf und war konfuser als je, so daß wir einige Schwierigkeiten hatten. Tatsächlich taumelte ein paarmal unwillkommener Besuch an Bord unseres Fahrzeugs, und einer dieser Besucher, der besonders wild darauf einschlug, ließ das ganze Holzwerk erzittern und knarren. Aber mit einer Kursänderung konnte ich dieser Gefahr wenigstens etwas entgegenwirken.

»Solche Seen können diesem Boot nichts anhaben«, sagte unser junger Bootsmann; »es ist zu stark.« Es war gut, daß die Mannschaft sich in dem braven kleinen Fahrzeug so sicher fühlte. Auch ich vertraute seiner Seetüchtigkeit. Dennoch kürzte ich die Segel, brachte es an den Wind, gab acht auf das vorübergehende Abflauen und half ihm über die Brecher, so gut ich konnte. Doch der grimmige Neptun wollte uns nicht so leicht davonkommen lassen, und im nächsten Moment brach eine See über dem Rudergänger, machte ihn naß bis auf die Haut und, was wir als grobe Unfreundlichkeit betrachteten, löschte unser Feuer aus – Haschee und Ofen kapzeisten auf dem Boden. So hatten wir also nur »Flüssiges« zum Frühstück. Es besserte sich jedoch im Laufe des Tages, und abends gab es ein großes, prächtiges Festmahl. Früh am Nachmittag machten wir unseren Landfall und gelangten auf ruhiges Wasser. Das allein war für uns schon ein Fest.

Das Land, das wir jetzt voraus sahen, waren Hügel Amerikas, und für diesen Anblick waren wir Tausende von Meilen gesegelt. Als wir näher unter die Küste gingen, machten wir zunächst die weiten reichen Wälder aus, dann offene Felder und Dörfer mit Anzeichen von Zivilisation. Wir fanden heraus, daß wir vor Bull's Bay an der Küste von South Carolina waren, und da es schon Nacht wurde, konnten wir auch klar das Feuer von Cape Romain im Norden ausmachen. Der Wind wurde leicht, als wir näher unter die Küste gingen, und da ein Strom gegen uns stand, ankerten wir in etwa zwei Meilen Abstand vom Ufer auf 4 Faden Wasser. Es war jetzt 20.00 Uhr, der 28. Oktober 1888. 13 Tage seit Mayaguez, 21 Tage seit Barbados usw.

Die folgende Aufstellung gibt annähernd die tatsächliche Zeit auf See und die Distanz von Punkt zu Punkt auf unserem Kurs wieder:

	Tage	Distanz
Paranaguá – Santos	1	150
Santos – Rio (in Schlepp)	3/4	200
Rio – Cabo Frio	2	70
Cabo Frio – Carvelas	4	370
Carvelas – São Paolo	3	270
São Paolo – Bahia	1/2	40
Bahia – Pernambuco	5	390
Pernambuco – Barbados	19	2150
Barbados – Mayaguez	5	570
Mayaguez – Cape Romain	13	1300
	531/4	5510

Wenn ich alle Schläge, die wir unter Land und wieder nach draußen machten, hinzurechnen würde, wäre die Gesamtdistanz beträchtlich höher. So ist es also fast noch untertrieben, wenn ich sage, daß die LIBERDADE in 53 Tagen ein durchschnittliches Etmal von 103 Meilen erreichte.

Das war die Reise in einem Boot, das – abgesehen von unserer eigenen harten Arbeit – weniger als 100 Dollar gekostet hatte. Zeitungen in aller Welt haben nicht unfreundlich von dem Kunststück berichtet; als wir in Washington vor Anker lagen, erreichten uns Lobreden in sieben verschiedenen Sprachen. Wenn auch dieses kleine literarische Schiffchen soviel Glück hat, wie es der LIBERDADE folgte, dann wird es seinen Weg in viele Länder finden. Aber auch ohne Seitenblick auf dieses Glück wurde das Logbuch der Reise ebenso sorgfältig konstruiert wie die LIBERDADE selbst – wenn auch leider durch eine Hand, die öfter nach dem Sextanten griff als nach Papier und

Bleistift. Vielleicht wäre es besser gewesen, wenn ich diese Entschuldigung an den Anfang des Berichtes gesetzt hätte, aber sie fällt mir jetzt ein, und wie so oft reagiere ich auf den Impuls des Augenblicks und schreibe sie nieder.

IN HEIMATLICHEN GEWÄSSERN

Meeresströmungen – Besuch in South Santee – Am Typee River – Quarantäne – South Port und Wilmington, N.C. – Durchs Binnenland nach Beaufort, Norfolk und Washington, D.C. – Ende der Reise

Niemand war mehr überrascht über den vollständigen Erfolg der Reise und ihre Schnelligkeit als wir selbst, die wir sie unternahmen.

Ein Faktor besonders half uns voran, und der ist wert, ausdrücklich erwähnt zu werden, nämlich die Meeresströmungen.

Es gibt zahlreiche Theorien unter Süßwasser-Philosofastern über die Strömungen, aber in der Praxis des Segelns, wo man die Sache greifbar nahe erlebt, sieht man nur eine einzige Ursache, nämlich die Kraft des Windes, der auf die Wasseroberfläche einwirkt und die Wellen vorantreibt. Auf dem weiten Ozean ist die Wirkung zunächst kaum wahrnehmbar, aber die beständig aus einer Richtung wehenden Passatwinde verursachen schließlich eine mächtige Bewegung, die der Seemann manchmal als Feind erlebt, der ihn zurückhält und Verpätungen verursacht, manchmal auch als Freund, wie in unserem Fall, der ihm auf seinem Weg hilft. So sieht es ohne Überprüfung durch die Theorie in der praktischen Erfahrung aus.

Bei Tagesanbruch am 29. Oktober lichteten wir Anker und segelten nach Norden. Wind und Strom standen immer noch gegenan, aber wir hielten uns dicht unter Land und kreuzten hier, wo der Strom am wenigsten stark war, den ganzen Tag mit kurzen Schlägen auf. Und als die Nacht wieder hereinfiel, waren wir dicht unter Cape-Romain-Feuer. Am nächsten Tag arbeiteten wir uns in Lee des Kaps und ankerten in South Santee, dem kleinen Hafen nördlich des Kaps, noch innerhalb der Sichtweite des Feuers. Dort wollten wir bleiben, bis der Wind gedreht hatte.

Am nächsten Morgen, als der Wind immer noch aus der gleichen Richtung kam, gingen wir ankerauf und weiter den Fluß hinauf auf der Suche nach Menschen, denn wir wollten wieder einmal andere als unsere eigenen Stimmen hören. Bald wurde unsere Suche belohnt, denn als wir um eine bewaldete Landspitze kamen, lag vor uns auf dem Flußufer ein Bauernhaus. Wir gingen ans Ufer und sprangen an Land. Aber kaum waren wir dort, als wie aus dem Erdboden hervorgezaubert tausend Hunde, wie es uns schien, vor uns aufsprangen und uns anbellten. Aber eine hübsche Frau kam aus dem Haus und machte klar, daß unser Besuch freundlich war, indem sie einem besonders heftig kläffenden Köter einen Schlag mit einem Knüppel über den Schädel gab. Dann war wieder alles friedlich und ruhig. Der gute Mann arbeitete nahebei auf dem Feld, kam aber bald mit seinen beiden handfesten Söhnen nach Hause; jeder trug einen Sack Korn. Die Andersons – so hieß die Familie – waren in jeder Hinsicht isoliert und so einsam, wie man es sich nur wünschen konnte. Die liebenswerte Einfachheit dieser netten Leute nahm uns ganz gefangen. Wir trafen auch andere Menschen an der Küste, die nicht habgierig waren, aber der ältere Anderson war unter allen Selbstlosen sicher der König.

Wir wollten von ihm ein wenig Gemüse kaufen, und er konnte nicht auf den Dollar, den ich ihm anbot, herausgeben. Ich sagte, daß ich auf die paar Cent verzichten könnte, denn er hatte mir mehr Gemüse gegeben, als man mir je irgendwo für einen Dollar angeboten hatte. Ich war wirklich zufrieden. Doch der Farmer war es nicht und bot mir einen oder zwei Waschbärpelze an, und als ich die nicht wollte, nahm ich an, daß damit die Angelegenheit erledigt war. Ich hatte es schon vergessen, als er sich später am Abend anbot, für uns einen Brief zu bestellen, der etwa 7 Meilen weiter abgeliefert werden sollte, und sagte, damit seien dann die 20 Cents vom Morgen erledigt. Der Brief ging ab, und wir bekamen auch bald Antwort.

Es war nicht so, daß wir unbedingt etwas für unsere 20 Cents haben wollten, und ich fürchte, daß Anderson bei dem Handel durchaus nicht gut davonkam. Doch am Ende waren alle zufrieden, und über einem improvisierten Feuer redeten wir uns warm.

Diese guten Leute konnten kaum verstehen, worum es ging, als ich ihnen auseinandersetzte, daß die Brasilianer ihre Sklaven befreit hatten, ohne einen Krieg zu machen. Mr. Anderson rief immer wieder aus: »So, so – ja, so ist's. Haben ihre Nigger befreit und hatten keinen Krieg. Mister«, sagte er nach längerer Pause und drehte sich zu mir um, »Mister, glaub'n Sie, der Süden spinnt? Er hatt'n Krieg, und er mußte auch seine Nigger freilassen.«

»O ja, Mister, ich weiß Bescheid! Da drüben hinter diesen Eichen war mein Haus.«

»Ja, Mister, ich hab' auch gekämpft, und hart gekämpft, aber es hatte keinen Zweck nich'.«

Wie manch harter Kämpfer war auch Anderson fromm und lebte in fast beneidenswerter Zurückgezogenheit. Seine Jahre auf der neuen Inselfarm waren extrem hart und schwierig gewesen. Mein eigenes Unglück verblaßte, als ich mir das härtere Los der Andersons vor Augen führte. Und mein Entschluß, eine Farm zu kaufen, wurde hier erschüttert und löste sich schließlich in Zweifel auf über die Klugheit eines solchen Vorhabens. Auf dieser Farm hatten sie zunächst »mit der Aufzucht von Schweinen« begonnen, aber gemerkt, »daß es sich nicht lohnte, denn die Schweine wilderten und mußten mit den Hunden gejagt werden.« Und wenn sie schließlich zusammengetrieben waren, »wollten ihre Wunden nicht heilen, und die meisten zogen sich eine Vergiftung zu.« Sie steckten also das Unternehmen auf. Statt dessen versuchten sie den Boden zu beackern, legten eine Saat, »aber ein paar Schweine, die die Hunde nicht gefangen hatten, kamen nachts aufs Feld und wühlten alle Saat heraus«. So sollte ein Zaun gebaut werden. »Also«, sagte er, »machten die Jungs und ich einen Zaun, der das Vieh abhielt, aber, Sir, die Ratten konnten rein! Sie wühlten jeden einzelnen Schößling aus dem Boden! Aus all dem, was ich gesät habe, und das war all meine Arbeit, sah ich nicht einen Halm wachsen.« Wie es kam, daß im Jahr zuvor die Ratten die Saat für ihre Verwandten, die Schweine, übriggelassen hatten, das schien jetzt vor allem den Farmer durcheinanderzubringen. Dennoch, »es gab noch Korn in Ägypten«; und im Kreis der Familie um den Tisch spielte denn auch in jener Nacht ein Lächeln der Hoffnung auf des Farmers Gesicht, als er sagte, daß sie dankbar für das waren, was sie noch hatten. Wir bekamen von dieser Familie eine Lehre in Geduld und waren froh, daß uns der Wind an ihr Ufer getrieben hatte.

Der Farmer sagte: »Und Sie kamen den ganzen Weg von Brasilien in diesem Boot? Frau! Sie fährt nämlich nicht einmal nach Georgetown in dem Kahn, den ich gebaut habe. – Und die ließen ihre Nigger laufen und hatten keinen Krieg! So, so, ich versteh's!«

Nirgends werden wir bessere Menschen treffen als hier in South Santee. Früh in der Dämmerung des nächsten Morgens sagten wir ihnen auf Wiedersehen und segelten ab vor einer leichten Landbrise, die jedoch schon bald einschlief.

Dann kam die S.S.PLANTER vorbei und nahm uns in Schlepp bis nach Georgetown, was auch ihr Ziel war. Wir sahen jedoch nichts von dieser netten alten Stadt. Denn wir hatten ein halbes Dutzend Kokosnüsse an Bord, den Rest unseres kleinen Reisevorrats, und so verwies uns ein wachsamer Beamter auf den Quarantäne-Liegeplatz. Bis einschließlich 1. November war die Einfuhr von Früchten aller Art nach South Carolina verboten. Zwar war es jetzt schon Spätnachmittag am 1. November, aber trotzdem mußten wir die Nacht auf Quarantäne liegen, wenn auch mit dem Versprechen auf »Erlaubnis zum Verkehr mit dem Land« am nächsten Morgen. Aber am nächsten Tag ging kein Dampfer den Fluß hinauf. Nur die PLANTER kam wieder herunter und brachte uns etwas Proviant mit, was wir auf dem Bauernhof am Santee nicht erhalten hatten. Wir gingen dann wieder hinaus auf See und kreuzten langsam gegen Wind und Strom an.

Wie zu erwarten war, setzten jetzt die Herbststürme ziemlich heftig ein. Der schwerste von ihnen überfiel uns bei den Fryingpan Shoals (den Bratpfannenbänken), trieb uns zurück in Lee von Cape Fear, wo wir Schutz suchen mußten. Von dort waren South Port und Wilmington nicht weit, und so beschlossen wir, beide Orte zu besuchen. Zwei Wochen in diesen Häfen machten die Mannschaft wieder frisch und bereit für die See.

Wir segelten dann innen durch das Corn-cake Inlet, eine Art Haff, das sich hier an der ganzen Küste entlangzieht; so brauchten wir nicht draußen bei Cape Fear und den Frying-pan Shoals herum. Wir wollten jetzt versuchen, die ganze Küste von Carolina innerhalb des Inlets zu fahren, um so bald wie möglich auf die Binnengewässer kommen zu können.

Zum Glück trafen wir im Corn-cake Inlet einen alten fähigen Lotsen, einen gewissen Kapitän Bloodgood, der uns mit seinem Schoner PACKET durch den Kanal führen wollte. Der Schoner war ein Frachter von 40 Registertons, der an der Küste von Carolina Pech und Baumwolle transportierte. Die Mannschaft bestand nur aus dem Kapitän selbst und seinen beiden Söhnen, einer 12 und der andere 10 Jahre alt. Ich fand die Mannschaft noch interessanter als den Schoner. Bloodgood gab Befehl zum Aufbruch, als die Tide für uns günstig war. »Los, Kinder«, sagte er, »wir wollen's versuchen.« Und wir versuchten es gemeinsam, die PACKET voran. Der unsichere Westwind, der unsere Segel füllte, als wir dicht vor den Brechern am Strand entlangglitten, trug uns nur ein paar Meilen weit, sprang dann plötzlich auf Nordost um und begann zu pfeifen.

Bald hatten wir Sturm, und ich beschloß, das New River Inlet hinaufzulaufen, das dicht in Lee vor uns lag, allerdings mit einer gefährlichen Barre davor, die wir nur mit großer Vorsicht überqueren konnten.

Aber der Sturm war fürchterlich geworden, und drinnen konnten wir einen ruhigen Hafen liegen sehen. Auch meine Leute schrien: »Jeder Hafen ist gut in dem Sturm!« So warf ich schnell entschlossen das Ruder herum und drehte ab. Jetzt vor dem Wind, jagte das Kanu atemberaubend schnell über die Grundseen auf der Barre hinweg, lag dabei aber doch bemerkenswert ruhig. Nur einen Brecher fingen wir uns ein; der war nicht schlimm, durchnäßte uns aber von oben bis unten. Das war die letzte der vielen Seen, die auf dieser denkwürdigen Reise über uns hereinbrachen.

Der Hafen innerhalb der Barre des New River war gut. Fisch und Wild im Überfluß trugen viel zu unserer Zufriedenheit bei.

Die PACKET hatte sich von uns getrennt und lief ihren Bestimmungshafen etwa drei Meilen weiter an. Als letztes sahen wir, wie die Kinder die Großschot durchholten, während ihr Vater am Ruder stand. Wie alte Seebären flogen sie an uns vorbei durch den Nebel.

Die kleine Stadt South Port war fast ausschließlich von Lotsen bewohnt, die alle Qualitäten des Seemanns und des Gentleman in sich vereinigten.

Wir lagen im Inlet sicher vor Anker und lauschten gemütlich auf das Brüllen der Brecher auf der Barre; weniger gemütlich war der Gedanke an die hochgehende See weiter draußen. So stellte sich fast von allein der Plan ein, einen Graben, der von New River nach Bogue Sound durch die Marsch führte, für die Weiterfahrt zu benutzen und ihn, wenn nötig, stellenweise etwas tiefer auszuheben. Von dort aus konnten wir den Rest der Reise ohne Schwierigkeiten binnen absegeln. Wir machten also einen Plan, wie wir das Kanu über die Untiefen hieven wollten, und liehen uns von einem freundlichen Schoner-Kapitän eine Schaufel. Doch die vorherrschenden Nordoststürme hatten das Wasser im Westen des Sunds so ansteigen lassen, daß alle Bäche und Gräben bis zum Rand voll waren. So zögerte ich nicht länger, sondern nahm bei Hochwasser vor einem guten Westwind Kurs auf den Graben durch die Marsch; mit Haken und Ösen – oder wenn nötig mit Spaten und Schaufel – wollten wir hindurch.

Der »Coast Pilot« sagt, daß es dort nie mehr als einen Fuß Wasser geben soll und auch das nur selten. Die LIBERDADE probierte den Graben aus und fand zwei Fuß und vier Zoll Wassertiefe vor – was bewies, daß der Beharrlichkeit auch weiterhin das Glück folgte!

Ich verlor mich fast in diesem Irrgarten von Sümpfen und Bächen, die uns bald nach der Einfahrt in das Marschgebiet in jede Richtung, nur nicht in die richtige zu führen schienen. Aber als ich einen Jäger nahebei an Land anrief, fand ich mich bald erfolgreich zurecht. Dieser Jäger war wohl der erstaunteste Mensch in ganz North Carolina, als ich ihn fragte, ob er den Graben kenne, der hier durchführen solle.

»Tja, Fremder«, sagte er, »min Großvadder het den ja man 'macht!« Ich hüpfte, ich sprang! Das war der richtige Lotse für uns!

»Tja, Fremder«, sagte er als Antwort auf meine Anfrage, »wenn een di dor den Graben bringen kann, Fremder, dann ich.« Aber zweifelnd fügte er hinzu: »Ik heff aber noch nich davon gehört, dat hier een Schip van Brasilien door'sailt is. Aber wenn du durchmußt, dann mußt du eben durch. Tja, so ist's. Wenn du durchmußt, dann mußt du.«

Der Handel war bald perfekt, und mein Lotse kam an Bord – bewaffnet mit einem langen Schießprügel, der sich beim Weitersegeln als Schrecken der Enten erwies. Die Einfahrt in den Graben lag nahebei; wir schafften sie mit fliegenden Schoten, und ich merkte bald, daß mein Lotse sein Handwerk verstand. Schilfbewachsene Sümpfe und Kornfelder ließen wir an Backbord und Steuerbord zurück, und manchmal verschwanden wir völlig zwischen Gestrüpp, das rechts und links an der Bordwand entlangstrich, während unser Kanu munter durch die Engen hindurchschwamm und dabei gelegentlich auch knapp an Land ankratzte. An einem bestimmten Punkt in den Krümmungen des Kanals warf mein Lotse seinen Hut in die Höhe und rief, so laut er konnte:

»Din Trouble is vorbi! Ich wette zehn zu ein! Und bist den ganzen Weg von Brasilien gekommen und hier durch Großvadders Graben gefahren! Kaum zu fassen!«

Ich schloß daraus, daß wir alle zweifelhaften Stellen hinter uns gebracht hatten, und so war es auch. Vor Sonnenuntergang versuchte mein Lotse, Wechselgeld für ein Fünf-Dollar-Stück zu bekommen. Und wir auf der LIBERDADE saßen in der Dämmerung vor einer heißen Pastete, wie wir sie auf der ganzen Reise noch nicht gekostet hatten; die Substanz war aus Wasserhuhn, das unser Lotse geschossen hatte, als wir durch die Wiesen und Sümpfe gesegelt waren. Der Lotse selbst kam zurück, als der

Topf noch dampfend heiß war, und erklärte, es sei »beser als Waschbär«.

Das war ein amüsanter Segeltörn durch den »Graben, den Großvadder grub«. Am Feuer des Fischercamps, an dem wir diesen Abend festgemacht hatten, erzählten dreißig kräftige Männer aus ihrem Leben. Mein Lotse war der beste Erzähler und brachte das ganze Lager immer wieder zum Lachen. Ich selbst war stets für einen Spaß zu haben, doch in dieser Nacht stand ich heiser vor Lachen vom Feuer auf. Was sie von ihren Abenteuern mit Waschbären und Alligatoren berichteten, war schon kurios.

Manche aufsehenerregende Geschichte wurde hier erzählt. Aber oft kehrten sie zur Reise der LIBERDADE zurück, und immer versicherten sie wie mit einer Stimme, es sei »das größte Ding seit dem Krieg«. Ich nahm es als freundliche Höflichkeit. »Wenn sie auf einer Sandbank steckenblieb«, sagte der Lotse, »tja, da sprang der Käpt'n über Bord, und der Sohn sprang auch über Bord, und sie schleppten sie rüber, und die Frau vom Käpt'n, die packte auch mit an.«

Bei Tagesanbruch am nächsten Morgen segelten wir von diesem netten Lager ab, und am folgenden Tag, dem 28. November, kamen wir mittags in Beaufort an.

Bürgermeister Bell und viele andere Bürger mit ihm kamen uns schon auf dem Kai entgegen, und sie begrüßten mich und meine Mannschaft, daß wir fast denken mußten, das halbe Land gehöre uns.

»Willkommen, willkommen zu Hause«, sagte der gute Bürgermeister; »wir haben schon ab und zu von Ihren Abenteuern gelesen und Ihr Vorwärtskommen mit großem Interesse und Sympathie verfolgt.«

So erfuhren wir jetzt, daß man an Land für das kleine Kanu auf See gebetet hatte. Das war tatsächlich Amerika und unsere Heimat, nach der wir uns so gesehnt hatten, als wir Tausende von Meilen auf dem Ozean entfernt waren.

Von Beaufort nach Norfolk und von dort nach Washington war angenehmes Segeln im Binnenland; wir hatten fast immer günstige Winde und ruhiges Wasser. Weihnachten verbrachten wir auf dem Chesapeake – es war ein schöner Tag, den man genießen konnte. Auf der ganzen Bucht nicht eine weiße Welle! Enten schwammen vor dem Kanu her, als es sich langsam voranbewegte; bei so leichter Brise waren sie zu faul zum Fliegen, flatterten aber doch weg, halb paddelnd und halb fliegend, wenn wir ihnen näher kamen, und hielten sich so immer auf Schußweite entfernt. Aber da wir im letzten Hafen schon einen schönen dicken Truthahn erlegt hatten, den wir jetzt in der »Kombüse« an Bord rösteten, konnten wir den Enten ohne Mordgedanken zuschauen. Mit dem Truthahn und einem riesigen Rosinenpudding gelang uns sogar auf der LIBERDADE ein richtiges Weihnachtsessen.

Viele Weihnachtstage fallen mir jetzt wieder ein – Tage auf See und in fremden Ländern, wie es das Los des Seemanns mit sich bringt –, und es ist schwer zu sagen, welcher von ihnen der fröhlichste war. Sicher bin ich allerdings, daß dieser Weihnachtstag an Bord der LIBERDADE auf dem Chesapeake nicht der unglücklichste von allen war.

Am Tag nach Weihnachten schwammen wir auf dem Potomac. Wir hatten immer noch schönes Wetter und unendlich viel gutes Essen übrig vom Tag zuvor. Günstige Winde begleiteten uns über die ganze Flußstrecke, und das Glück, das unserer kleinen Bark schon am Anfang der Reise durch stürmisches Wetter gefolgt war, ließ sie auch am Ende nicht im Stich. Die Tage waren mild, und der Sonnenschein wärmte uns.

Am 27. Dezember 1888 trug uns ein Südwind in den Hafen von Washington, D.C., wo wir das Boot für den Winter vermurten, die Segel abschlugen und das Tauwerk zusammenrollten. Es war eine Reise voller Hochs und Tiefs gewesen, jedoch zuletzt gekrönt von Freuden, hinter denen vergangene Pein versank.

Die LIBERDADE war also vermurt und winterfest gemacht. Da bleibt nur zu berichten, daß wir schließlich das kleine Kanu liebengelernt hatten, so sehr man etwas lieben kann, das von Menschenhand gemacht ist, nachdem es uns sicher über tropische

Gewässer, über Riffe und Untiefen, durch Brecher und alle Stürme getragen hatte, ohne daß auch nur ein ernsterer Unfall passierte.

Wenn ich behaupten würde, wir hätten in jedem Augenblick der Reise nichts als Wohlbefinden gespürt, wäre das nicht die ganze Wahrheit.

Meine Frau war tapfer genug, den schlimmsten Stürmen standzuhalten, wie es Frauen manchmal auf See und an Land tun, war nicht nur bei bester Gesundheit, sondern hatte auch eine gesündere Hautfarbe bekommen.

Victor war am Ende der Reise um einen Zoll gewachsen und durchaus nicht »aus den Stiefeln gekippt«.

Der kleine Garfield – nun, auch er war etwas gewachsen; er war immer noch ein netter Junge und hatte seinen Verstand durch alle Hochs und Tiefs behalten. Er stand am Bug, um die LIBERDADE schnell festzumachen, als sie am Ende der Reise an der Pier anlegte.

Und ich – als letzter, wie es sich gehört –, ich war ein paar Pfunde leichter geworden, aber wie die anderen auch bei bester Gesundheit. So haben wir alle zusammen also nur angenehme Erinnerungen an die Reise.

Trotz seines stetigen Wandels liebe ich immer noch das Leben auf dem weiten, freien Ozean und habe meine Berufswahl noch nie bereut.

Doch die Zeit ist gekommen, von Bord der LIBERDADE zu gehen. Ich lasse sie jetzt für eine Zeitlang an der Pier liegen, denn meine Leute sind sicher im Hafen gelandet.

DAS WEITERE SCHCKSAL DER LIBERDADE

Etwa Mitte April 1889 warf die LIBERDADE ihre Festmacher vom Dock in Washington los, breitete ihre Segel vor einem schönen Westwind aus und ging ebenso leicht den Potomac hinunter, wie wir im Dezember vor einem Wind aus Süd heraufgekommen waren. Dann nahm sie durch die Binnenfahrwasser über Baltimore und Philadelphia Kurs auf New York. Die Reise war der reinste Ausflug. Der Frühling kleidete die Landschaft ringsum in ihr schönstes Gewand, und so fanden die Reisenden nach ihrer Rückkehr, daß unser nördlicher Wald nicht weniger bezaubernd war als »tropischer Schatten« in fremdem Klima. Und das Trillern des Rotkehlchens klang hier sogar noch süßer, als die Besatzung es je gehört hatte, denn sie lauschte ihm hier in dem Land, das sie liebte.

Von New York segelte die LIBERDADE über New London, New Bedford, Martha's Vineyard und Newport nach Taunton, wo sie aus dem Wasser geholt wurde und die Besatzung bis nach Boston etwas Neues kennenlernte, eine »Segeltour über Land«.

Da lag die LIBERDADE nun sicher in Boston, und ihre Besatzung verbrachte den Winter wieder unter Freunden. Hier traf sie auch den Mann wieder, der dem Kapitän in Buenos Aires geraten hatte, die Heuladung der AQUIDNECK in die See zu werfen; und daß er – der weise Mann! – diesen Rat mißachtet hatte, war der Anfang der ganzen Quälerei gewesen.

Im darauffolgenden Frühjahr schließlich wurde die LIBERDADE überholt und ging dann auf ihrem alten Kurs zurück nach Washington. Dort soll sie ihre Tage in der Smithsonian Institution vollenden – eine große Ehre, über die sich viele freuen werden.

DIE REISE DER 'LIBERDADE'
90°
75°
60°
45°
30°
45°
30°
15°
15°
30°
Boston
Neuschottland
New York
New Bedford
Washington
27/12/1888
Azoren
Cape Roman
28/10
Bahamas
Puerto Rico
Barbados
Abreise 7/10
Fernando de Noronha
Pernambuco
Bahia
Abrolhos
Rio
Santos
Kap Frio
Paranaguá
24/6/1888

Boston 24/4/1895 - Azoren 20/7/1895 (Fayal auf Pico) - Gibraltar
Magellanstraße 11/2/1896 - Ausfahrt aus der Magellanstraße 13
Sydney 10/10/1896 - Melbourne 22/12/1896 - Tasmanien
11/6 - 24/6/1897 - Keeling Cocos 17/7/ - 22/8/1897 - Rodriguez 7/
Guten Hoffnung) 25/12/1897 - Kapstadt ab 26/3/1898 - St. Hele

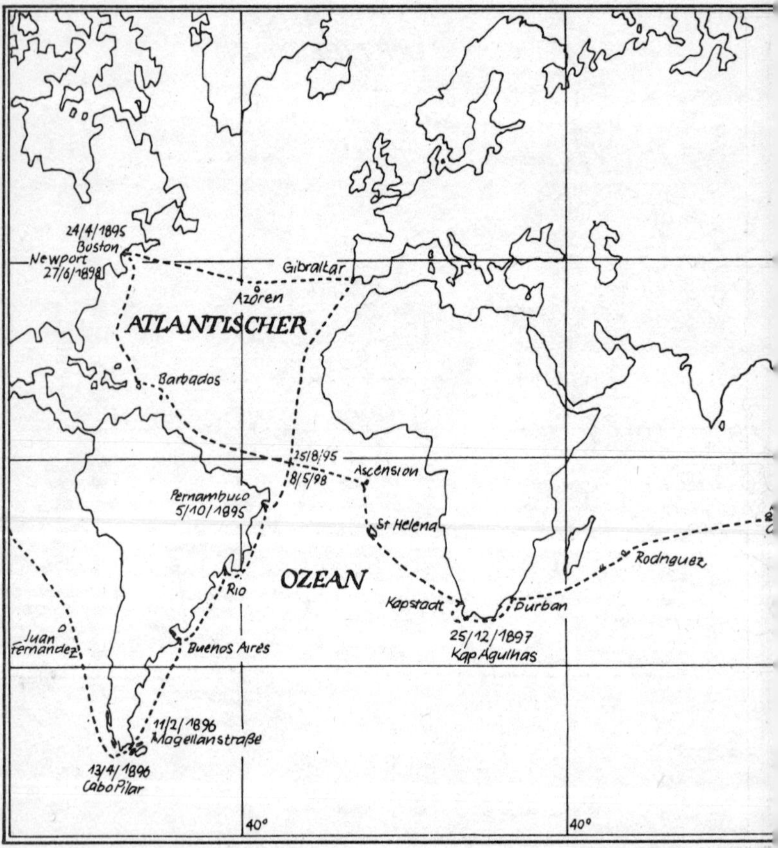

Kurs der SPRAY auf ihrer Reise um die Welt vom 24/4/1895 (Bosto
Am 8/5/1898 kreuzte die SPRAY den Kurs ihrer Ausfahrt vom 2/1

'5/8/1895 - Pernambuco 5/10 - 24/10/1895 - Einfahrt in die
6 - Juan Fernandez 26/4 - 5/5/1896 - Samoa 16/7/ - 20/8/1896 -
ydney 22/4 - 9/5/1897 - Torres Straße (Thursday Island)
/1897 - Durban 17/11 - 14/12/1897 - Kap Agulhas (Kap der
4 - 20/4/1898 - Grenada 23/5 - 28/5 - Newport 27/6/1898.

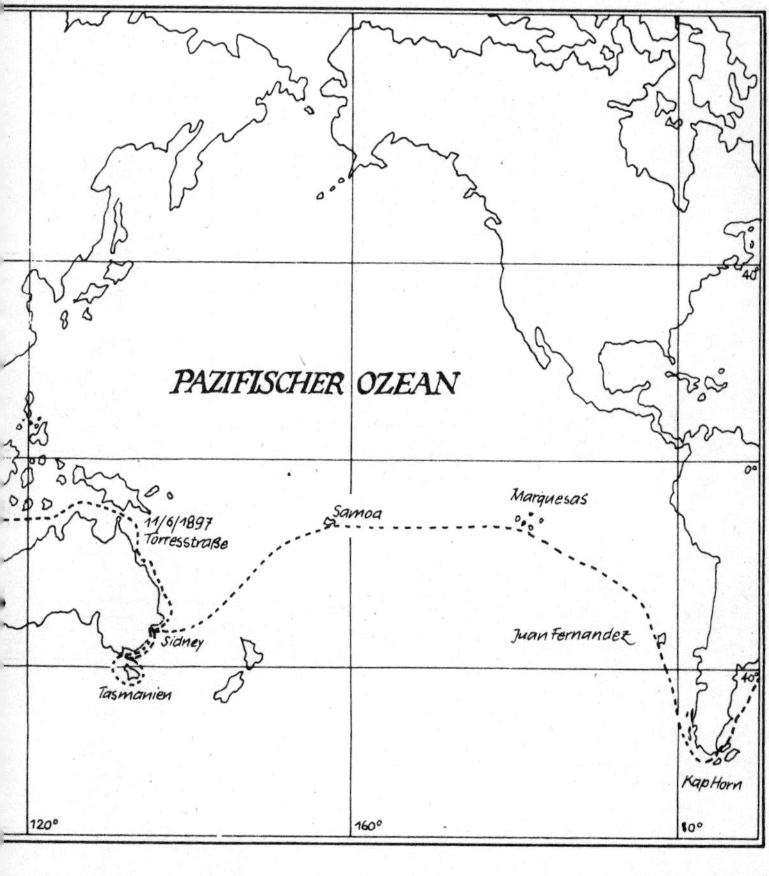

27/6/1898 (Newport).
in der Nähe von Fernando de Noronha.